# LA
# DÉFENSE DE PARIS

## (1870-1871)

PAR

Le Général DUCROT

---

TOME PREMIER

accompagné de 45 cartes en couleur

---

PARIS

E. DENTU, LIBRAIRE-ÉDITEUR

PALAIS-ROYAL, 17 ET 19, GALERIE D'ORLÉANS

1875

# LA DÉFENSE
# DE PARIS
(1870-1871)

# LIBRAIRIE E. DENTU

---

DU MÊME AUTEUR :

## LA JOURNÉE DE SEDAN
### 5ᵉ ÉDITION
*Augmentée des ordres de mouvement de l'état-major allemand.*
1 vol. gr. in-18 jésus, avec 3 cartes : 2 fr. »

---

## WISSEMBOURG
### RÉPONSE A L'ÉTAT-MAJOR ALLEMAND
Brochure gr. in-8°, avec carte : 1 fr. »

---

## LA VÉRITÉ SUR L'ALGÉRIE
Brochure gr. in-8° : 2 fr. »

---

## QUELQUES OBSERVATIONS
### SUR LE SYSTÈME DE DÉFENSE DE LA FRANCE
Brochure in-8° : 50 cent.

---

PARIS. — IMPRIMERIE PAUL DUPONT, 41, RUE JEAN-JACQUES-ROUSSEAU

# LA DÉFENSE DE PARIS

(1870-1871)

PAR

Le Général DUCROT

---

TOME PREMIER

---

PARIS
E. DENTU, ÉDITEUR
LIBRAIRE DE LA SOCIÉTÉ DES GENS DE LETTRES
PALAIS-ROYAL, 17 ET 19, GALERIE D'ORLÉANS

1875
Tous droits réservés.

# AVANT-PROPOS

Au lendemain du siége de Paris, il a été publié une foule de récits plus ou moins exacts sur les événements qui venaient de se passer.

Ces assertions contradictoires, et souvent passionnées, la presse ne cesse de les reproduire, le public les répète; ainsi se propagent indéfiniment, même parmi les gens éclairés, même à la tribune, les erreurs, les appréciations les plus fâcheuses, et cela au grand détriment de la vérité, de la justice historique.

Sollicité par un grand nombre de chefs de corps et de chefs de service qui, pendant ces moments de terrible crise, ont été nos coopérateurs fidèles et dévoués, nous avons entrepris la tâche de faire le récit consciencieux de la Défense de Paris.

Cette tâche était d'autant plus difficile, que les archives de l'état-major général de la 2ᵉ armée et de notre état-major particulier avaient été soustraites ou détruites au moment de l'insurrection du 18 mars (1).

Pour les reconstituer, nous avons dû recourir au zèle, à la bonne volonté de tous ceux qui, ayant été sous notre commandement, possédaient quelques documents officiels ou intéressants.

Grâce à la persévérance, à l'esprit d'ordre de notre aide de camp, M. le capitaine Louis, et de M. le capitaine Gillon, notre officier d'ordonnance, tous ces documents ont pu être classés, reliés entre eux, et servir de base à un véritable historique de toutes les troupes, régulières ou irrégulières, qui ont combattu sous les murs de Paris.

---

(1) Une partie des archives de l'état-major se trouvait à Auteuil, dans le logement du général Appert, chef d'état-major général. — Pendant le siége de la Commune, un obus vint frapper le meuble dans lequel elles étaient renfermées et les réduisit en poussière....

Quant aux documents de l'état-major particulier, notamment le registre de correspondance du siége, que le général Ducrot avait conservé, il se trouvait dans une malle qui fut saisie le 19 mars 1871 par des gardes nationaux.... Avertis de l'arrivée du général, ces hommes l'attendaient à la gare de Lyon pour s'emparer de sa personne... Prévenu par son aide de camp, le général descendit à Melun ; mais à Paris, la malle fut prise par les gens de la Commune. (Voir aux pièces justificatives A.)

Nous basant exclusivement sur les rapports des généraux, des chefs de corps, rapports faits, pour ainsi dire, sur le terrain même du combat, nous avons cherché à rendre une éclatante justice à ces braves officiers, à ces héroïques soldats auxquels certainement, un jour, la France et surtout Paris rendront un juste tribut de reconnaissance.

Qu'il nous soit permis de signaler en première ligne le vaillant général Renault, avec qui nos relations ont été de tous les instants, du 18 septembre au 30 novembre, jour où il est tombé sur le champ de bataille de Villiers.

Cet illustre vétéran, doyen de nos divisionnaires, loin de se montrer froissé d'être sous nos ordres, n'a cessé de nous témoigner une confiance, une déférence dont nous avons conservé au profond de notre âme un cher et précieux souvenir.

Nous en dirons autant des généraux Frébault, Tripier, d'Exea ; bien que nos anciens par l'âge, le grade, les services, bien que nos supérieurs à plus d'un titre, tous nous ont secondé avec un zèle, un dévouement qui ne se sont pas démentis au milieu des plus difficiles, des plus cruelles épreuves...

Nous le disons hautement, si nous avons pu jusqu'au bout supporter le lourd fardeau sous lequel nous nous sentions parfois écrasé, c'est grâce à la confiance, à l'amitié de ces vaillants et excellents camarades.

En publiant aujourd'hui ce travail, nous usons de l'autorisation qu'a bien voulu nous accorder M. le Ministre de la guerre par sa lettre en date du 22 avril 1872.

Le Général A. DUCROT.

# DÉFENSE DE PARIS

## LIVRE I

### PREMIÈRES OPÉRATIONS DEVANT PARIS

## PREMIÈRE PARTIE

### CHAPITRE PREMIER.

#### RECONNAISSANCES QUI PRÉCÈDENT L'INVESTISSEMENT DE PARIS.

Evadé de Pont-à-Mousson le 11 septembre 1870, le général Ducrot arrive à Paris le 15 ; il se rend immédiatement chez le Gouverneur, qui lui fait l'exposé suivant :

*15 septembre. Le général Trochu fait au général Ducrot l'exposé de la situation de Paris.*

« L'ennemi arrive à marches forcées; malgré tous
« nos efforts nous ne sommes pas en mesure de le rece-
« voir. La place est mal armée, elle manque d'appro-
« visionnements, de poudre, de munitions, de projec-
« tiles.

« Du côté de Vincennes, de Saint-Denis, sur toute la
« zone comprise entre Saint-Denis et le Mont-Valérien,

« nous sommes faibles... Nous avons beaucoup d'hom-
« mes, mais peu de soldats (1).

« Comme troupes régulières il n'y a que le 13ᵉ corps;
« encore n'a-t-il que deux régiments d'ancienne for-
« mation, le 35ᵉ et le 42ᵉ qui viennent de Rome; le
« 14ᵉ corps (2), commandé par le général Renault, ne se
« compose que de fractions de dépôts sans consistance,
« sans homogénéité, partant sans beaucoup de disci-
« pline et de solidité.

« Cela constitue une soixantaine de mille hommes de
« troupes régulières, si toutefois on peut les appeler
« ainsi; le 35ᵉ et le 42ᵉ seuls méritent ce titre.

« Quant aux mobiles nous en avons beaucoup, mais
« c'est tout au plus s'ils sont habillés, équipés, armés;
« leur instruction militaire est nulle; les officiers n'en
« savent guère plus que les hommes.

« Nous avons une nombreuse garde nationale.....
« trop nombreuse peut-être; beaucoup cependant, parmi
« ces ouvriers, ces bourgeois, sont pleins de patriotisme
« et d'ardeur; mais les bons, comme les mauvais, sont
« ignorants autant qu'il est possible du métier des ar-
« mes; par suite de considérations politiques, hors de
« propos d'énumérer, cette garde nationale peut devenir
« un embarras. Si l'ennemi, profitant de son immense
« supériorité morale et matérielle, tente une attaque de
« vive force, il a donc, je le crains, toutes chances de
« réussir.

« Quelques ouvrages extérieurs ont bien été entrepris
« aux environs de la ville, principalement dans la pres-
« qu'île de Gennevilliers, sur les hauteurs de Montretout,
« Meudon, Châtillon; mais, depuis le 4 septembre, j'ai

---

(1) Voir aux pièces justificatives, nº I.
(2) Voir aux pièces justificatives, nᵒˢ II et III.

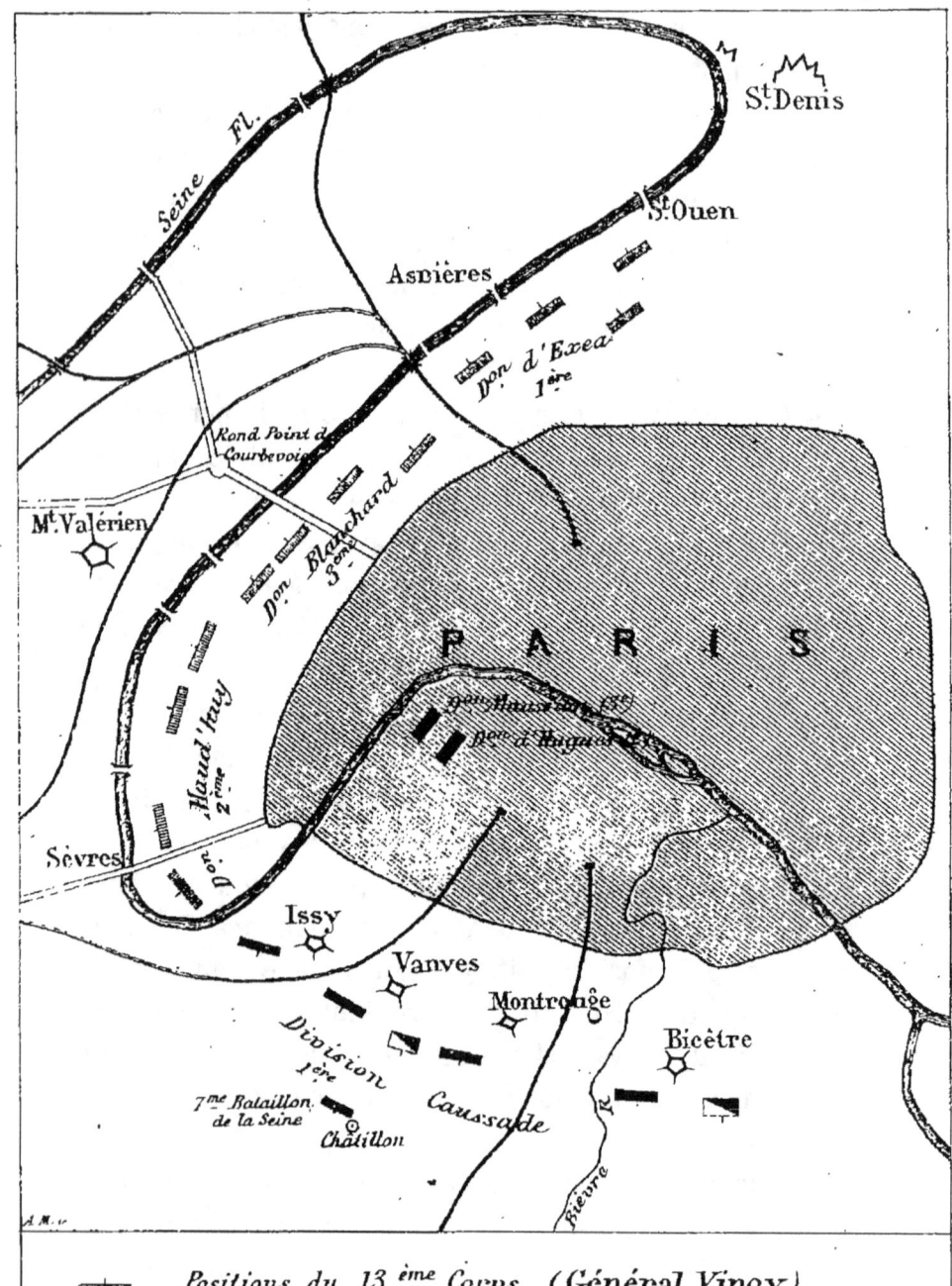

« eu tant à faire au point de vue politique et militaire,
« que je n'ai pu m'occuper de ces travaux.

« La plupart de ces ouvrages ont été négligés, quel-
« ques-uns même abandonnés.

« En somme, tout cela est peu avancé, et si, comme
« je le redoute, l'ennemi arrive d'ici deux ou trois jours,
« on ne pourra en tirer grand parti.

« Après avoir mûrement réfléchi, j'ai donc renoncé
« à l'idée de conserver les ouvrages extérieurs; je me
« bornerai à défendre le corps de place et les forts.

« C'est, je crois, vu le temps et les moyens dont nous
« disposons, tout ce que nous pouvons faire. »

Tel fut à peu près l'exposé du général Trochu.

Le général Ducrot objecta que l'abandon des hauteurs de Montretout, Meudon, Châtillon, dominant les forts de la rive gauche et même le corps de place, pouvait avoir les conséquences les plus fâcheuses; selon lui, il fallait, à tout prix, trouver un moyen de se maintenir sur ces positions très-favorables, par leur nature même, à une action défensive. « Que l'ennemi, dit-il, nous
« laisse un moment de répit, nous travaillerons avec
« tant d'ardeur que nous arriverons à nous y établir
« solidement. »

*Le général Ducrot veut conserver les hauteurs de Châtillon et de Montretout.*

« Eh bien, soit! répondit le général Trochu, je veux
« bien essayer. Ce qui me paraissait impossible hier, est
« peut-être possible aujourd'hui; dès demain nous irons
« examiner ces hauteurs et nous prendrons un parti. »

Ce même jour, 15 septembre, le Gouverneur recevait du chef de gare de Joinville une dépêche datée de 9 heures 50 minutes du matin, lui annonçant que l'ennemi se dirigeait en force sur ce point.

*Nouvelles de l'arrivée des Prussiens vers Joinville.*

Immédiatement il donna l'ordre au commandant du 13ᵉ corps de se porter entre Vincennes et l'enceinte, en appuyant sa droite à Charenton.

Depuis le 11 septembre, le 13ᵉ corps occupait tout l'espace compris entre le pont de Sèvres et le village de Saint-Ouen.

La division d'Exea, campée entre Asnières et Saint-Ouen, fournissait des travailleurs à la redoute inachevée de Gennevilliers; la division de Maud'huy, établie entre Boulogne et Billancourt, fournissait également des ouvriers aux redoutes de Montretout, Brimborion, Châtillon.

Suivant les instructions du Gouverneur, le 13ᵉ corps se mit en marche dans l'après-midi du 15.

La division d'Exea chargée particulièrement de la garde du pont de Charenton, établit ses bivouacs depuis ce pont jusqu'aux tribunes des courses.

La division de Maud'huy s'étendit depuis les tribunes jusqu'à la Pyramide, au milieu du plateau de Vincennes.

La division Blanchard campa aux abords du fort de Vincennes jusqu'au lac des Minimes.

Le quartier général du 13ᵉ corps s'établit dans la grande rue de Saint-Mandé.

Depuis le 13 septembre, la division de Caussade (1ʳᵉ du 14ᵉ corps) avait pris position en avant des forts du Sud, pendant que les deux autres divisions de ce corps achevaient de se former au Champ-de-Mars. En outre, le 7ᵉ bataillon de garde mobile de la Seine (commandant de Vernou-Bonneuil) était en avant-poste dans le village de Châtillon.

Pendant que le 13ᵉ corps occupe le plateau de Vincennes, tout le 14ᵉ corps sort de Paris pour garder l'intervalle entre le Bas-Meudon et Ivry.

La 1ʳᵉ division (de Caussade) appuie sa droite à la Seine près du Bas-Meudon, sa gauche un peu en avant du fort de Vanves; la 2ᵉ division (d'Hugues) s'étend

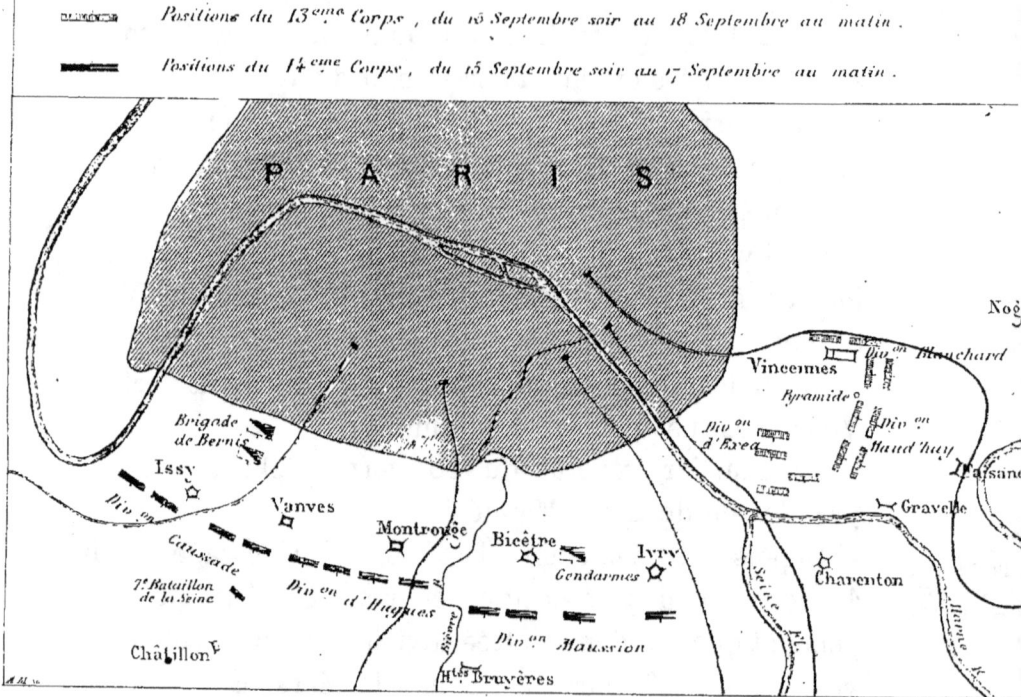

depuis Vanves jusqu'à la Bièvre; la 3ᵉ division (de Maussion) garde l'intervalle entre la Bièvre et la Seine en avant des forts de Bicêtre et d'Ivry; le régiment de gendarmes à cheval prend position entre ces deux forts; la brigade de Bernis, composée de deux régiments de marche, s'établit près du village de Vanves.

Le 7ᵉ bataillon de la Seine conserve sa position dans le village de Châtillon.

Le 16 septembre, au matin, les généraux Trochu et Ducrot visitent toutes les positions depuis la redoute de Montretout jusqu'à Bagneux, en passant par Meudon et Châtillon.

*Les généraux Trochu et Ducrot, reconnaissent les positions depuis Montretout jusqu'à Bagneux.*

La redoute de Montretout était loin d'être terminée.

Le général Ducrot la trouva mal placée, dominée par les hauteurs entre Garches et Buzenval; toute la face gauche particulièrement était enfilée; il en fit l'observation au colonel Guillemaut, chef du génie : « Oh! gé-
« néral, répondit cet officier supérieur, nous avons pensé
« à cela, nous allons faire une traverse en maçonnerie,
« que nous couvrirons d'une grosse masse de terre, et
« la face sera complétement défilée.

— « Combien de temps, colonel, vous demandera un
« pareil travail?

— « Vingt jours, un mois au plus.

— « Mais, mon cher colonel, répondit un peu vive-
« ment le général, songez donc qu'il faut compter par
« heures, et non par jours. Mettez-vous tout de suite à
« l'œuvre, faites là une bonne traverse en terre avec
« quelques troncs d'arbres, déblayez vos parapets, mettez
« immédiatement quelques pièces en batterie; en un
« mot, tenez-vous prêt demain à recevoir l'ennemi. »

Le colonel observa que s'il demandait tant de temps, c'est que les bras lui faisaient défaut; le peu d'ouvriers qu'il avait voulaient être payés fort cher et travailler fort peu. — Quant au travail de nuit, ils s'y refusaient absolument.

A Meudon, la situation paraissait pire encore : le commandant du génie Lévy était désespéré ; abandonné par ses ouvriers depuis plusieurs jours, il n'avait plus qu'une compagnie de dépôt, forte de soixante hommes, mise à sa disposition pour garder le château et les ouvrages soi-disant en construction ; là encore on avait perdu un temps précieux en voulant faire de la fortification permanente, et rien n'était défendable.

A la redoute de la Capsulerie on n'avait rien achevé.

A Châtillon l'ouvrage n'était pas fermé à la gorge, les réduits n'avançaient pas, les parapets se trouvaient dans un tel état de bouleversement, qu'on ne pouvait y mettre une pièce en batterie. Comme à Montrétout, comme à Meudon, on avait tenu à faire de la maçonnerie : partout chaos, confusion, manque de direction, défaut d'exécution.

Le général Ducrot, après avoir pesé le pour et le contre, et de nouveau étudié rapidement l'ensemble des positions, déclara au Gouverneur que, malgré le mauvais état des choses, il lui semblait indispensable de se maintenir sur ces hauteurs, ou au moins de les disputer énergiquement à l'ennemi.

Le général Trochu se rangea à son avis, et, dès le 17 au matin, le 14ᵉ corps qui défendait alors tout le sud de Paris, depuis les Moulineaux jusqu'à Vitry, fut concentré sur les pentes du plateau de Châtillon.

<small>Le 14ᵉ corps se concentre sur les pentes de Châtillon.</small>

La 1ʳᵉ division (de Caussade) s'établit entre Clamart et Châtillon ; la 2ᵉ division (d'Hugues) à Châtillon, en avant d'elle le 7ᵉ bataillon de la Seine ; la 3ᵉ division (de Maussion) à Bagneux ; le quartier général du 14ᵉ corps à Châtillon ; le général Ducrot, nommé, à la date du 16,

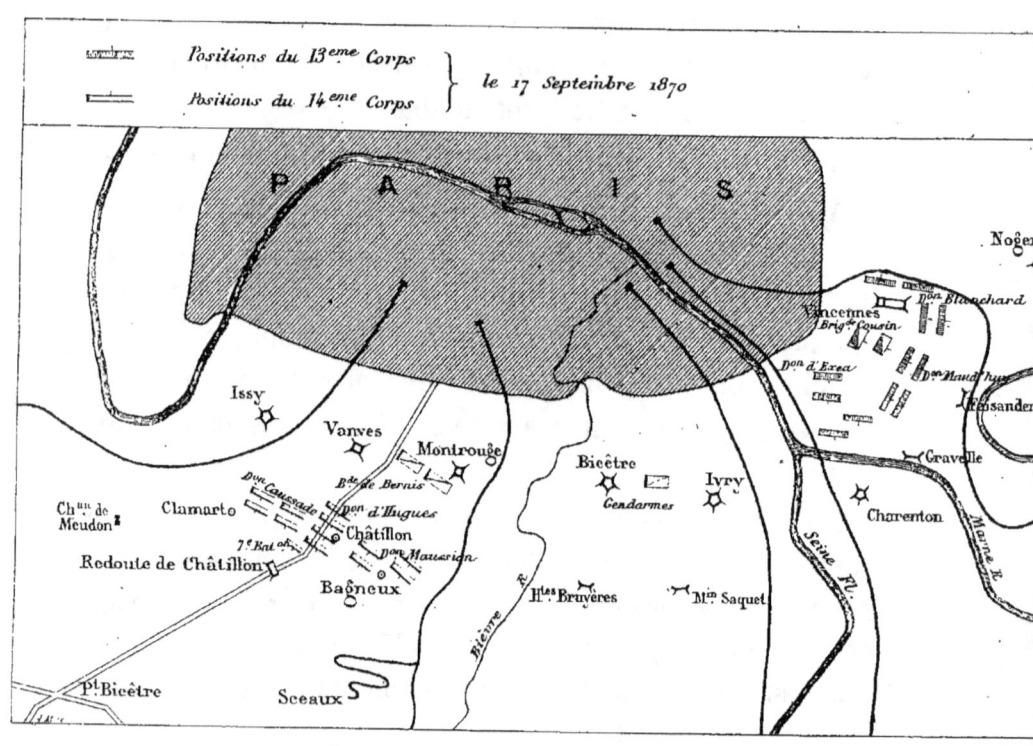

commandant en chef des 13ᵉ et 14ᵉ corps (1), s'installa dans ce village, afin d'être à portée du 14ᵉ corps, dont l'organisation laissait le plus à désirer.

On employa le reste du jour à rendre ces positions défendables. Les villages de Fontenay-aux-Roses, de Clamart, les abords de la redoute de Châtillon furent rapidement fortifiés. On fit des épaulements pour l'artillerie, sur les hauteurs du télégraphe à gauche de la redoute, ainsi que sur les escarpements de droite face au bois de Meudon; on organisa la défense de Bagneux, on plaça des batteries sur l'éperon qui s'avance en pointe vers le sud et dont les déclivités viennent aboutir aux premières maisons de Bourg-la-Reine.

Pendant ce temps le capitaine Faverot, officier d'ordonnance du général Ducrot, exécutait une reconnaissance sur tout le terrain compris entre la route de Toulouse et la route de Versailles par Villacoublay. Cet officier, ayant avec lui deux pelotons de guides, explora la vallée de la Bièvre; ses éclaireurs poussèrent jusqu'à Palaiseau et Saclay, parcoururent tout le plateau; nulle part l'ennemi ne fut rencontré.

*Reconnaissance du capitaine Faverot, le 17 septembre, dans la vallée de la Bièvre.*

Dans la soirée, le capitaine Faverot vint rendre compte de sa mission au quartier général. — Informé du combat livré le jour même à Montmesly et persuadé que les Allemands franchiraient la Seine pendant la nuit, le général Ducrot voulut avoir des renseignements précis sur la direction de leurs colonnes après le passage. — Il ordonna donc au capitaine Faverot d'exécuter, le lendemain, une seconde reconnaissance sur le terrain déjà exploré dans la journée, lui recommandant de se porter en avant jusqu'à ce qu'il eût échangé des coups de feu avec l'ennemi.

---

(1) Voir aux pièces justificatives, nᵒˢ IV, V, VI.

Sur la rive droite de la Seine, dès le 15 septembre, quelques cavaliers prussiens s'étaient montrés dans la grande plaine en avant de Maisons-Alfort; ils appartenaient à la 2ᵉ division de cavalerie, qui, s'avançant isolément, était chargée d'éclairer, à plusieurs jours d'intervalle, la marche de l'armée allemande du côté sud de Paris.

Le 16 septembre, le commandant Franchetti, chef des volontaires à cheval de la Seine (1), exécutant une reconnaissance en avant de Créteil, s'engagea avec les avant-postes de cette cavalerie.

Parti avec une soixantaine d'éclaireurs, cet officier s'était avancé jusqu'au carrefour Pompadour. Tout à coup son avant-garde se trouve en présence d'un peloton de hussards prussiens... Chargés à l'improviste, quelques-uns de nos cavaliers sont sabrés... Aussitôt, le commandant Franchetti se précipite à la tête de son escadron, dégage nos blessés et force les cavaliers ennemis à se replier sur Montmesly (2).

Avant de rentrer dans Paris le commandant Franchetti informa de ce petit engagement le général d'Exea, dont la division était campée sur le plateau de Vincennes, entre Saint-Mandé et Charenton.

Afin d'avoir de nouveaux renseignements, le général d'Exea envoie, le 17 septembre, dès 2 heures du matin, deux compagnies chargées de fouiller tout le terrain compris entre la Seine et la Marne, depuis le carrefour de Pompadour jusqu'à Bonneuil... La reconnaissance a ordre de ramener des prisonniers... Quatre heures après,

---

(1) M. Franchetti, ancien officier démissionnaire, avait été autorisé, dans les premiers jours de septembre, à recruter et organiser un escadron de volontaires qui prit le titre d'escadron des Volontaires à cheval de la Seine.

(2) Voir aux pièces justificatives, nº VII.

vers les 6 heures, il fait partir le capitaine d'état-major Louis pour aller à la découverte dans la même direction et obtenir par tous les moyens et le plus promptement possible des nouvelles de l'ennemi.

Cet officier rencontra au delà de Créteil quelques-uns de nos soldats qui lui annoncèrent que leur reconnaissance n'avait aperçu aucun cavalier prussien. Il s'avança alors jusqu'à la descente de Montmesly, d'où l'on découvre toute la plaine comprise entre Bonneuil et Choisy-le-Roi.

Rien ne paraissait dans cette plaine, si ce n'est des paysans et des femmes venant de tous les villages voisins et se dirigeant effarés vers Paris; ces gens, interrogés, racontèrent que de nombreux cavaliers ennemis avaient passé la nuit aux villages de Marolles, de Villecresnes, de Boissy-Saint-Léger, et que tous avaient demandé le chemin de Choisy-le-Roi.

Le capitaine Louis était à peine rentré au quartier général de Saint-Mandé, qu'arrivaient trois cavaliers prussiens (du 1er régiment de dragons de Silésie n° 4) faits prisonniers par l'une des reconnaissances du matin (1).

Ces cavaliers confirmèrent les renseignements des paysans, et déclarèrent qu'ils faisaient partie du 5e corps, lequel devait se rendre dans la journée entre Choisy-le-Roi et Villeneuve-Saint-Georges.

---

(1) Ces trois cavaliers (1 maréchal des logis et 2 dragons), formant pointe d'avant-garde, étaient derrière un mur, sur le bord de la route, à la sortie de Créteil. En revenant de Montmesly, vers 8 heures, nos soldats les aperçurent, se jetèrent sur eux et les firent prisonniers.

Ces dragons allemands déclarèrent avoir vu passer très-près d'eux le capitaine Louis, une première fois, quand il était parti pour aller à la découverte du côté de Bonneuil, une seconde fois, lorsqu'il était revenu; ils n'avaient pas tiré, disaient-ils, parce que leur mission était non de faire le coup de feu, mais d'observer le débouché du village de Créteil, pendant que les colonnes du 5e corps prussien exécutaient leur marche vers Choisy-le-Roi et Villeneuve-Saint-Georges.

## CHAPITRE II.

### COMBAT DE MONTMESLY.
(17 septembre 1870.)

*La division d'Exea exécute une reconnaissance offensive dans la direction de Montmesly et Bonneuil.*

Dans cette même matinée du 17 septembre, le général d'Exea fut chargé d'exécuter, avec sa division, une reconnaissance offensive au delà de Créteil; cette reconnaissance, dirigée par le général Vinoy, commandant le 13ᵉ corps, devait s'avancer jusqu'au château de la Piple, près de Boissy-Saint-Léger, où se trouvaient des approvisionnements considérables de denrées diverses : ordre était de les détruire ou d'assurer leur entrée dans Paris.

La colonne du général Vinoy, comprenant la division d'Exea (1ʳᵉ du 13ᵉ corps) et le 1ᵉʳ régiment de chasseurs à cheval (brigade Cousin), chargé d'éclairer la marche, prend, après avoir passé la Marne au pont de Charenton, la route de Créteil, laisse à sa droite le fort de Charenton, qui au besoin doit soutenir l'opération, traverse le long village de Créteil et suit la grande route de Bâle.

Bientôt les éclaireurs, arrivés sur le sommet du Montmesly, annoncent la présence de plusieurs colonnes ennemies dans la plaine, entre Valenton et la route de Boissy-Saint-Léger ; ils signalent également plusieurs groupes de cavaliers allemands qui se retirent en abandonnant les maisons situées à la jonction de la route de Bonneuil et de celle du carrefour Pompadour (1).

---

(1) Ces colonnes étaient 2 bataillons de l'avant-garde du 5ᵉ corps prussien, qui allaient prendre leurs positions de grand'garde à la ferme de la Tour et au village de Mesly.

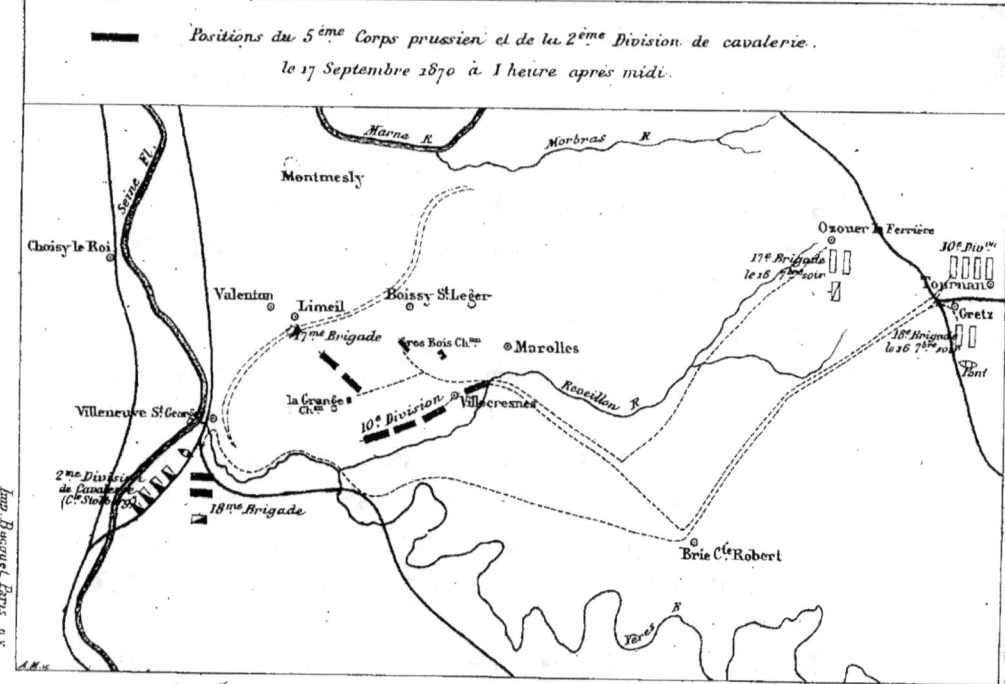

# Combat de Montmesly, (17 Septembre 1870)

**Positions du 13ème Corps français**
**Positions du 5ème Corps prussien**
à 2h après-midi

Immédiatement (il est 1 heure et demie), le commandant en chef établit, à droite de ce dernier point, une batterie d'artillerie sous les ordres du chef d'escadron de Cossigny. L'avant-garde, composée des deux compagnies de chasseurs à pied de la division, se place auprès de la batterie pour la soutenir ; la brigade Daudel, qui tient la tête de colonne, fait par le flanc droit et garnit la crête du Montmesly ; deux mitrailleuses sont envoyées en avant, une batterie est placée à la sortie de Créteil, du côté du village de Mesly, pour garantir le flanc droit de la position. La brigade Mattat reste en réserve en avant de Créteil.

Notre artillerie ouvre son feu, l'ennemi répond avec une batterie installée près du bois de Brevannes ; ses colonnes s'arrêtent, d'une part, près de la ferme de la Tour, de l'autre, à hauteur du bois sur la route de Valenton à Mesly, ses tirailleurs s'avancent jusqu'à la route du carrefour Pompadour à Boissy-Saint-Léger.

Pendant près de deux heures, une vive fusillade s'engage ; nos jeunes soldats voyaient le feu pour la première fois, beaucoup même n'avaient jamais tiré un coup de fusil.... Aussi impressionnés par le bruit de leurs armes que par le sifflement des balles, ils sont très-inquiets.... Il faut, pour les empêcher de lâcher pied,

---

Cette avant-garde, composée de la 17e brigade (9e division), était arrivée à Limeil à midi, venant d'Ozouer-la-Ferrière.

Le reste du 5e corps d'armée, 18e brigade et 10e division, installé depuis la veille aux environs de Tournan, était venu, dans la journée du 17, prendre position dans la vallée de l'Yères, entre Villecresnes et Villeneuve-Saint-Georges, de façon à passer la Seine sur le pont de bateaux qui devait être établi un peu en amont de Villeneuve.

Ce pont, commencé vers 2 heures, fut terminé à 3 heures et demie. L'emplacement avait été choisi la veille par un capitaine du génie.

Dès 4 heures du soir, toute la 2e division de cavalerie, qui était massée sur la rive droite de la Seine, près du fleuve, passa sur la rive gauche et prit position sur le plateau, entre Ablon et Athis.

toute l'énergie du général d'Exea et du général Daudel, qui restent constamment à cheval au milieu des tirailleurs.

Dans la direction de Pompadour, l'ennemi se tient à cinq cents mètres des nôtres environ ; sur le front Sud, au contraire, il s'avance jusque sur les pentes du Montmesly, à une petite distance de nos artilleurs ; heureusement, de ce côté, clef de la position, se trouvent les deux compagnies de chasseurs, anciens soldats pour la plupart ; ils luttent énergiquement et protègent nos batteries.

Mais bientôt des pelotons de cavalerie ennemie paraissent à Pompadour et menacent notre droite ; des renforts s'avancent de Valenton, de Boissy-Saint-Léger, une nouvelle batterie entre en ligne près du bois de Brevannes.... La situation pouvait devenir critique.... Le but militaire que se proposait le commandant en chef était suffisamment atteint : il avait la certitude que les têtes de colonne de l'ennemi étaient arrivées sous Paris et qu'elles prononçaient leur mouvement d'investissement en se dirigeant sur Choisy-le-Roi. Il donna donc l'ordre de battre en retraite vers 3 heures et demie. La brigade Daudel ainsi que l'artillerie se replia vers Créteil, pendant que les deux compagnies de chasseurs et une compagnie du 8ᵉ de marche (3ᵉ du 3ᵉ bataillon) formant arrière-garde, maintenaient les tirailleurs ennemis sur la grande route de Bâle.

Quelques obus tombant dans la longue enfilade de la rue de Créteil occasionnèrent un certain désordre promptement réprimé, et la retraite s'opéra sans qu'on fût autrement inquiété.

A 5 heures et demie, la division d'Exea rentrait à son campement du bois de Vincennes.

Ce petit combat nous avait coûté 5 hommes tués, 2 of-

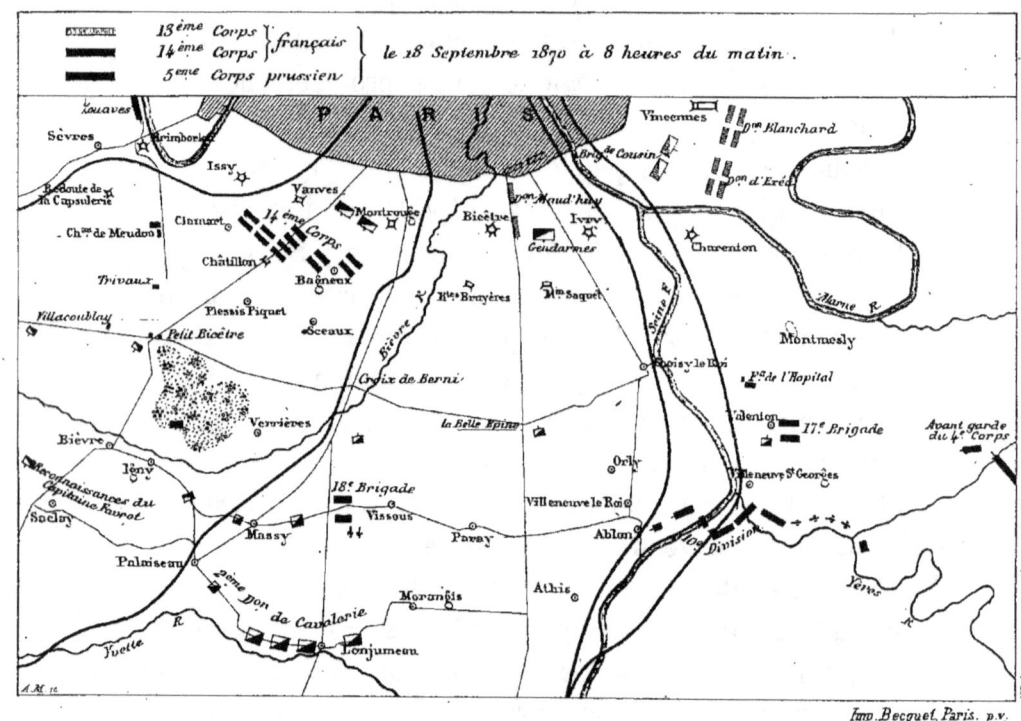

ficiers blessés, et 50 hommes blessés ; total, 57 hommes hors de combat.

L'ennemi avait eu 1 officier tué, 3 officiers blessés, 11 hommes tués, et 39 blessés : total, 54 hommes hors de combat.

## CHAPITRE III.

### JOURNÉE DU 18 SEPTEMBRE.

Le 18 septembre au matin, pour donner satisfaction aux demandes du général Ducrot, le Gouverneur de Paris donne l'ordre au lieutenant-colonel Méric, commandant le régiment de zouaves de marche, de se rendre de Montretout (1) à Meudon, dans le but de défendre le château et les positions voisines. A 10 heures, les zouaves arrivent au château de Meudon, occupé seulement par une compagnie d'infanterie, deux compagnies de mobiles et un détachement de gendarmes, sous les ordres du commandant du génie Lévy.

*Le régiment zouaves va occuper Meudon et les positions voisines.*

Le lieutenant-colonel Méric place immédiatement ses grand'gardes :

1° 600 hommes à la Capsulerie de Meudon ; cette grand'garde détache un poste de 100 hommes au rond-point de la Belle-Étoile ; en outre, elle fournit des travailleurs pour continuer la redoute commencée près de la Capsulerie.

2° 100 hommes à l'Étoile-de-la-Patte-d'Oie, surveillant les pentes vers Chaville et Vélizy ;

3° 170 hommes à Dame-Rose avec un petit poste à la

---

(1) Ce régiment avait été envoyé à Montretout le 17 au matin pour fournir des avant-postes de ce côté et aider à la construction de la redoute.

ferme dite Pointe-de-Verrières; cette grand'garde surveille le terrain entre Vélizy et Villacoublay;

4° 100 hommes à la ferme de Trivaux.

A midi et demi, toutes ces grand'gardes sont à leurs emplacements.

*Reconnaissance du capitaine Louvencourt vers Saint-Germain.*

Ce même jour, 18 septembre, deux reconnaissances s'exécutent : l'une vers la Bièvre, commandée par le capitaine Faverot; l'autre vers Bougival et Saint-Germain, sous les ordres du capitaine de Louvencourt, également officier d'ordonnance du général Ducrot. Cette dernière ne rencontre pas l'ennemi; il n'est pas encore en vue de ce côté.

*Reconnaissance du capitaine Faverot vers Palaiseau.*

Le capitaine Faverot, qui a passé, avec ses deux pelotons de guides, la nuit du 17 au 18 à Petit-Bicêtre, reçoit, avant le jour, deux nouveaux pelotons du même corps. Pendant que les deux premiers forment soutien, l'un à Petit-Bicêtre, l'autre à l'Hôtel-Dieu sur la route de Versailles, les deux nouveaux pelotons, dès 6 heures du matin, se dirigent : celui de droite, vers le plateau de Toussus et du Trou-Salé; celui de gauche, dans les environs de Palaiseau et de Longjumeau; ils doivent marcher, ainsi que nous l'avons dit plus haut, jusqu'à ce qu'ils aient rencontré l'ennemi.

A quelque distance de Palaiseau, les éclaireurs du peloton de gauche ayant échangé des coups de fusil avec plusieurs cavaliers allemands, le capitaine Faverot fait arrêter sa reconnaissance; puis, jugeant qu'il a affaire à l'avant-garde d'une grosse colonne, il se retire par la route de Bièvre, traverse le village d'Igny et se jette dans le bois de Verrières. De l'extrémité du plateau qui s'avance en pointe au-dessus d'Amblainvilliers, il découvre, derrière l'avant-garde prussienne, une colonne de quatre escadrons, marchant dans la direction de Versailles....

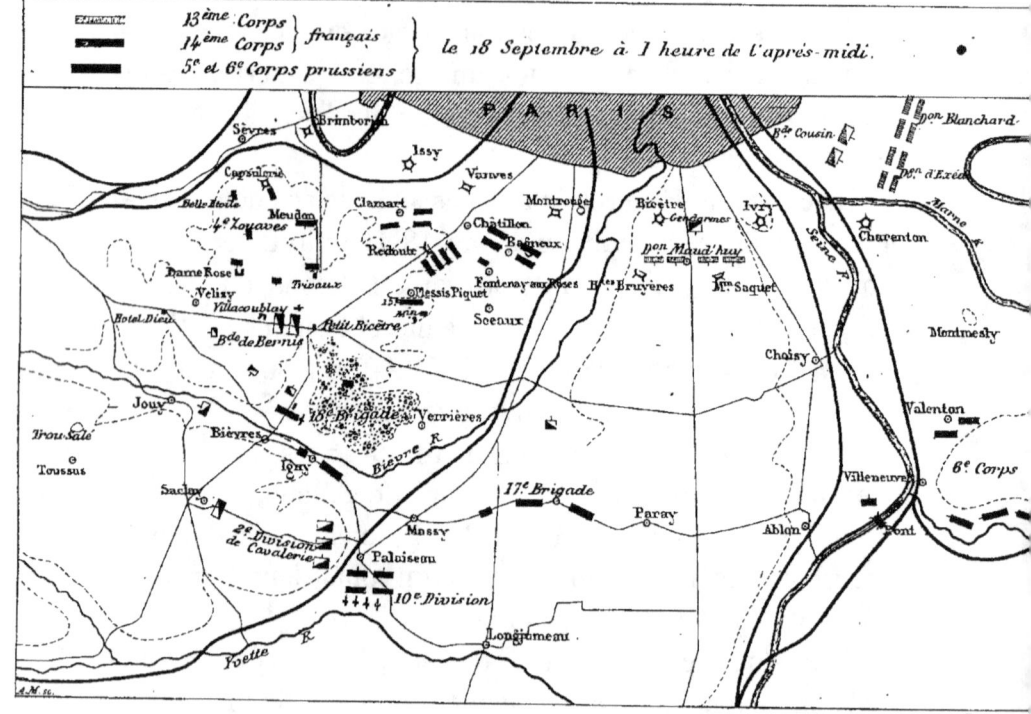

Un peu auparavant le capitaine Faverot, craignant que son peloton de droite, qui opérait vers Toussus, ne fût coupé et pris, lui avait ordonné de se retirer sur Paris par Versailles et Sèvres. Ce peloton, commandé par le sous-lieutenant Sébille, parvint à échapper à la poursuite des hussards prussiens, sans perdre un seul homme.

En même temps, le capitaine Faverot envoyait à toute bride un cavalier au peloton de l'Hôtel-Dieu, pour lui prescrire de rejoindre celui qui était au Petit-Bicêtre ; tous ses éclaireurs se retirèrent également vers ce point, en cherchant à entraîner à leur suite, sur le plateau de Châtillon, les cavaliers allemands. Puis, de sa personne, cet officier vint informer le général Ducrot du mouvement de l'ennemi.

Au reçu de ces nouvelles, le général en chef ordonna au général de Bernis (1), dont la brigade était campée près du fort de Montrouge, d'exécuter avec sa brigade et une batterie d'artillerie, une forte reconnaissance dans la direction de Verrières.

Le capitaine Faverot, chargé de porter l'ordre, devait guider la reconnaissance, dont le but était de tenter un coup de main contre les troupes signalées qui nous prêtaient le flanc.

Pour parer à toute éventualité, le général en chef porte en avant le 15ᵉ de marche, de la division Caussade, sous les ordres du lieutenant-colonel Bonnet ; ce régiment occupe solidement le village de Plessis-Picquet, pendant que deux compagnies de chasseurs à pied s'établissent en grand'garde au Moulin-Plessis, sur le bord du plateau. La 1ʳᵉ division (de Caussade) prend position à la lisière du bois de Meudon, échelonnée

*Le 15ᵉ régiment de marche prend position Plessis-Picquet*

---

(1) La brigade de Bernis, composée d'un régiment de marche de cuirassiers et du régiment de marche mixte, venait d'être mise à la disposition du général commandant les 13ᵉ et 14ᵉ corps.

depuis la ferme de Trivaux jusqu'au-dessus de Clamart; ses avant-postes se relient à gauche avec ceux du 7ᵉ bataillon de la Seine, qui occupe le bord du plateau à droite de la redoute de Châtillon ; la 2ᵉ division (d'Hugues) s'établit sur la gauche de la redoute.

Le général Ducrot monte à cheval, et, escorté par un peloton de cavalerie, il va visiter les défenses de Plessis-Picquet et du Moulin-Plessis.

*18 septembre. Reconnaissance de la brigade de Bernis.*

Dans le même temps, la brigade de Bernis s'était mise en mouvement. Partie à 11 heures et demie, elle s'était dirigée vers Plessis-Picquet, pendant que ses patrouilles exploraient les environs de la Croix-de-Berni sans rencontrer l'ennemi. Au milieu de Plessis-Picquet, elle avait tourné à gauche pour déboucher sur le plateau par le chemin qui sépare les deux grands parcs au sud du village, puis elle s'était massée à l'abri du mur de l'un de ces parcs, de manière à être masquée aux vues de l'ennemi.

Ses dispositions prises, le général de Bernis envoie un escadron en éclaireurs vers le bois de Verrières et Petit-Bicêtre ; il espère que les cavaliers ennemis donneront la chasse à nos fourrageurs et qu'il pourra avec ses régiments les charger en flanc.

Mais rien ne s'étant montré, notre brigade de cavalerie, formée en colonne serrée, se porte en avant pour appuyer l'escadron d'éclaireurs : arrivé à Petit-Bicêtre, cet escadron (composé de chasseurs de la garde) s'était trouvé en présence d'un groupe de dragons prussiens ; il les avait immédiatement chargés dans le chemin qui conduit à Bièvre, mais arrêté par une vive fusillade partie de l'Abbaye-au-Bois, il avait dû rétrograder sur Petit-Bicêtre (1).

---

(1) C'était le moment où la pointe d'avant-garde du 5ᵉ corps venait

Le général de Bernis continue à s'avancer vers Villacoublay, des patrouilles envoyées dans diverses directions explorent tout le plateau jusqu'à Mont-Clain.

Ne voyant plus rien, et jugeant sa reconnaissance terminée, le général fait faire demi-tour à sa colonne qui reprend le chemin de Châtillon.

De son côté, le général Ducrot, traversant le plateau de Châtillon, s'était rendu à la tour du Moulin-Plessis, d'où l'on découvre toutes les pentes de Sceaux et de Chatenay; mais le pays, très-boisé de ce côté, l'empêcha d'apercevoir les colonnes ennemies cheminant par la vallée de la Bièvre. Le général longea ensuite le bord du plateau, en prenant le chemin de Petit-Bicêtre; à hauteur de la mare des Noyers, il fut accueilli par une fusillade partie de la lisière du bois de Verrières. Changeant alors de direction, il descendit dans Plessis-Picquet, et, après avoir examiné les dispositions prises pour la défense de ce village, remonta sur le plateau entre la pointe de Châtillon et la pointe de Trivaux, où il rencontra la brigade de Bernis, revenant lentement de sa reconnaissance.

A ce moment même on aperçut un groupe ennemi qui s'élançait sur la ferme dite Pointe-de-Trivaux. Le général fait faire demi-tour à la brigade, la déploie, et deux pièces d'artillerie se portent en avant. Nos obus obligent les Prussiens à abandonner la ferme, et à se replier vers la garenne de Villacoublay.

La brigade de cavalerie reprend sa marche sur Châtillon; arrivée près de la redoute à 4 heures et demie environ, elle s'établit pour la nuit entre cet ouvrage et le cimetière.

---

d'arriver à l'Abbaye-au-Bois; le gros de l'avant-garde était près de Bièvre.

En même temps la division Caussade portait sa grand'-garde jusqu'à la ferme de Trivaux.

*18 septembre.
Escarmouche
de Dame-Rose.*

Pendant que la reconnaissance du général de Bernis revenait vers Châtillon, une échauffourée s'engageait à la ferme de Dame-Rose, sur la lisière du bois de Meudon.

L'avant-garde du 5ᵉ corps prussien (1), venue par la vallée de la Bièvre, était arrivée vers midi et demi à l'Abbaye-au-Bois ; elle se disposait à placer ses grand'-gardes, lorsque les détachements envoyés vers Petit-Bicêtre reçurent quelques coups de feu de nos tirailleurs qui, après avoir fouillé le bois de Verrières, se retiraient du côté de Trivaux.

Le colonel von Flotow, commandant cette avant-garde, fait avancer deux bataillons du régiment n° 47 vers Petit-Bicêtre, tandis que le bataillon de fusiliers du même régiment, gravit les pentes de gauche et

---

(1) Voir aux pièces justificatives, n° VIII. (Composition du 5ᵉ corps prussien.)

Le 18 septembre, à 7 heures du matin, la 2ᵉ division de cavalerie prussienne s'était mise en route pour aller prendre position sur le plateau de Saclay et explorer la vallée de la Bièvre. En même temps, tout le 5ᵉ corps prussien avait passé la Seine, sauf la 17ᵉ brigade, qui attendait, à Valenton, l'arrivée de la tête de colonne du 6ᵉ corps. (Voir croquis n° 6.)

La 18ᵉ brigade, réunie aux environs d'Orly, forma une colonne sous les ordres du général major von Sandrart (commandant la 9ᵉ division) et suivit la route de Paray, Wissous, Massy.

Son avant-garde se composait du régiment d'infanterie n° 47, du 1ᵉʳ escadron du 4ᵉ régiment de dragons et de la moitié du 3ᵉ, ainsi que de la 1ʳᵉ batterie légère, sous les ordres du colonel von Flotow.

La 10ᵉ division, avec toute la réserve d'artillerie, forma une deuxième colonne qui suivit la route d'Athis, Morangis, Longjumeau, Palaiseau, et s'établit en cantonnement dans cette dernière ville.

Après l'arrivée de la tête de colonne du 6ᵉ corps à Valenton, le colonel von Bothmer quitta ce point, traversa le pont derrière la 10ᵉ division et suivit le général von Sandrart, par Paray et Wissous, jusqu'à Massy. (Voir *Opérations du 5ᵉ corps prussien*, par Stieler von Heydekampf, capitaine à l'état-major du 5ᵉ corps.)

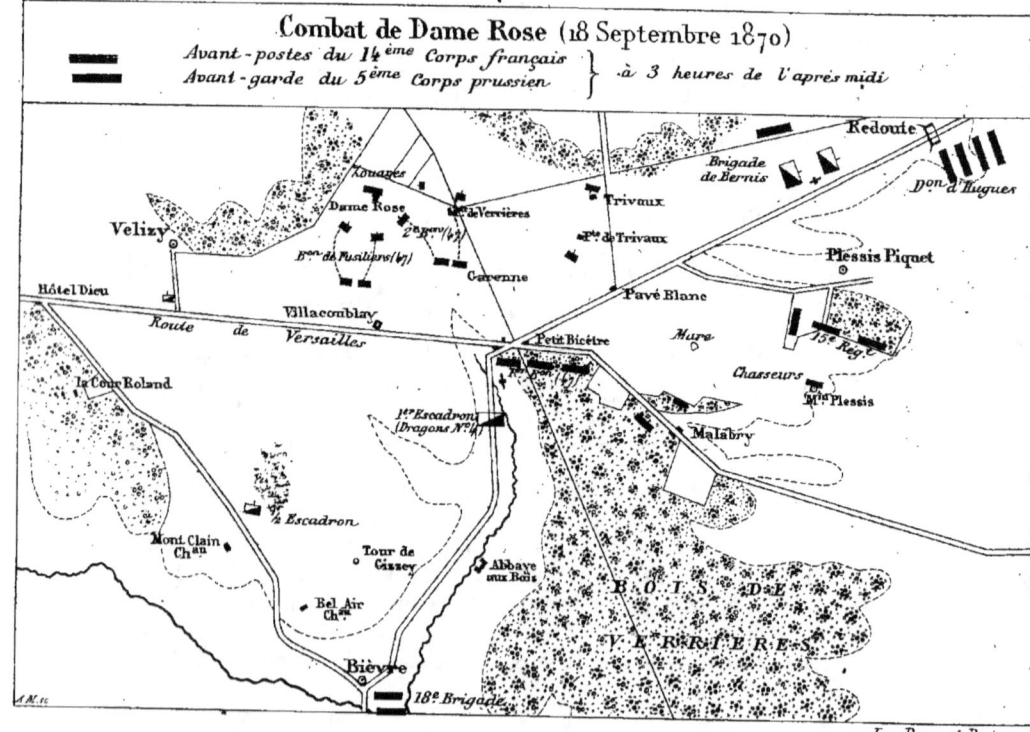

marche sur Villacoublay ; un demi-escadron envoyé du côté de Mont-Clain couvre le flanc gauche.

Le 2ᵉ bataillon prussien se porte sur le bois de la Garenne; nos quelques tirailleurs qui s'y trouvaient se replient par Pointe-de-Verrières sur Dame-Rose.... La grand'garde des zouaves établie dans cette ferme (1) ayant tiré sur la compagnie prussienne qui poursuit les nôtres, le colonel von Flotow ordonne d'enlever Dame-Rose. Le 1ᵉʳ bataillon du régiment nº 47 reste en réserve à Petit-Bicêtre, le 2ᵉ bataillon envoie deux compagnies par Pointe-de-Verrières jusqu'au bois de Meudon pour tourner Dame-Rose par la droite, pendant que le bataillon de fusiliers, venant de Villacoublay, l'attaque de front....

Les zouaves ne résistent que très-faiblement... Vers 3 heures, les Prussiens entrent dans la ferme et font une soixantaine de prisonniers.

Quelques coups de feu seulement ont dû être tirés par nos soldats, car l'ennemi n'eut que quatre blessés. Ce fait explique pourquoi la reconnaissance de cavalerie qui revenait vers la redoute de Châtillon n'a rien entendu.

Les tirailleurs prussiens que nous avions vus s'élancer sur la Pointe-de-Trivaux, et que nos obus avaient chassés, appartenaient à un demi-peloton que le 1ᵉʳ bataillon du 47ᵉ régiment prussien, établi à Petit-Bicêtre, avait envoyé contre cette ferme, pour couvrir le flanc droit des troupes engagées vers Dame-Rose.

Vers 4 heures, le colonel von Flotow rallia tout son régiment à Petit-Bicêtre; ses sentinelles s'avancèrent seulement jusqu'à la Garenne de Villacoublay et au Pavé-

---

(1) Cette grand'garde appartenait au régiment de zouaves posté au château de Meudon.

Blanc ; la compagnie qui occupait la ferme de Trivaux, put donc, vers 5 heures, faire une reconnaissance jusqu'au delà de la Pointe-de-Trivaux sans rencontrer l'ennemi.

---

Rentré à Châtillon, le général Ducrot trouva une lettre du Gouverneur, conçue en ces termes :

« Paris, le 18 septembre 1870.

« Mon cher Général,

« Vous savez qu'il ne m'a été possible de réaliser qu'en partie les différentes demandes que vous m'avez adressées hier au soir. Cependant vous avez dû voir arriver, ce matin, entre Bicêtre et Ivry, la division de Maud'huy, que je mettais avec son canon à votre disposition, et à laquelle vous avez dû donner direction. Je vous ai également expédié (route de Chevreuse, entre Montrouge et Vanves) un renfort important de munitions d'artillerie. Mais à votre droite, j'ai dû remplacer les six bataillons de mobiles que vous me demandiez par un régiment de marche de 2,000 zouaves qui était à Montrétout, où il ne reste plus, conséquemment, que 600 à 800 hommes.

« Enfin, je n'ai pas pu vous envoyer non plus les deux bataillons de mobiles que vous souhaitiez pour occuper le bois de Plessis-Picquet.

« Votre droite est faible ; mais j'estime que, pour aujourd'hui, vous avez peu à craindre de ce côté. Tout le mouvement de l'ennemi, qui a passé la Seine à Villeneuve-Saint-Georges et à Choisy-le-Roi, le porte vers les hauteurs que vous occupez, ou, parallèlement à ces hauteurs, vers Versailles, qui sera un de ses principaux points de concentration. D'autres troupes prussiennes viennent à Versailles par le Nord-Ouest ; mais elles ne peuvent passer la Seine qu'à Mantes, et elles n'arriveront que plus tard au point de concentration.

« J'aurais donc souhaité que l'ennemi vous attaquât aujourd'hui même. D'une part, je ne le crois pas en force supérieure, et dans la position où vous êtes (bien que nous ne puissions pas tirer parti du fort des Hautes-Bruyères et du Moulin-Saquet) avec 40,000 hommes d'infanterie environ, plus de 100 pièces et l'appui des forts, vous êtes en mesure.

« Si l'ennemi s'allongeait devant vos positions, cheminant vers

*Positions du 14ème Corps français*
*Positions du 5ème Corps prussien* } le 18 Septembre au soir

Versailles, vous pourriez tâter son flanc, mais avec la plus grande circonspection, car en sortant de la position défensive où vous êtes et perdant l'appui des forts, vous perdriez du même coup une part notable de vos avantages. Vous jugerez, d'après cette donnée qui m'est fournie, que l'ennemi avait, cette nuit, le plus gros de sa masse posté à deux ou trois kilomètres en avant de Villejuif.

« Si vous n'êtes pas attaqué aujourd'hui et si vous ne pouvez pas attaquer, il faut penser à la journée de demain et aux jours suivants, car vous avez aujourd'hui un maximum de facilités et d'équilibre que le temps réduira infailliblement.

« Deux cas se présenteront alors :

« Ou nous nous entêterons à garder la position que vous tenez; mais alors je devrai penser à assurer votre droite et j'aurai l'obligation de faire passer le reste du 13ᵉ corps à Meudon et Montretout, abandonnant à sa destinée Vincennes, que je regarde comme très-hasardé. Nous aurions alors près de 60,000 hommes en ligne, de Bagneux à Montretout, et tous nos œufs seraient, comme on dit, dans le même panier. En outre, nos positions de Clamart à Montretout seraient infailliblement percées, à un jour donné, par des colonnes cheminant dans les bois et par les routes de Chaville et Saint-Cloud. Il ne me paraît donc pas que nous puissions prétendre à tenir indéfiniment dans une position contre laquelle l'ennemi, quand il lui conviendrait, pourrait conduire, après sa concentration à Versailles, des masses considérables ;

« Ou nous nous déciderons à céder les hauteurs, et alors, nous devrons convenir des termes dans lesquels il faudra effectuer sur Paris cette retraite, qui devra être étudiée à l'avance avec précision, en raison des difficultés que présente l'étroitesse des issues.

« J'ai voulu mettre ces réflexions sous vos yeux, afin d'appeler les vôtres sur la situation d'avenir que nous ferait l'ennemi, s'il ne veut pas nous attaquer ou se laisser attaquer aujourd'hui.

« Je vous prie d'en dire votre sentiment à l'officier très-sûr qui vous portera cette lettre.

« Votre bien affectionné,

« *Signé* : Général Trochu.

« Je dois ajouter à cet exposé que la route de Choisy-le-Roi à Versailles, nº 186, et les routes qui y aboutissent, ainsi que toutes les voies de quelque importance qui traversent les bois de Meudon, ont été dépavées et obstruées. Aujourd'hui et demain, on va procéder de la même manière pour les routes qui vont de Versailles à Paris, à Saint-Cloud, Montretout, etc. Cela ne pourra empêcher l'ennemi de menacer d'atteindre notre droite, mais son entreprise sera retardée. »

<small>Le général Ducrot se décide à attaquer de flanc les colonnes ennemies marche sur Versailles.</small>

« .... Si l'ennemi s'allongeait devant vos positions, cheminant sur Versailles, vous pourriez tâter son flanc, mais avec la plus grande circonspection.... » disait le Gouverneur.

Le général Ducrot ne fut pas de cet avis; d'après lui, il fallait agir tout de suite vigoureusement ou s'abstenir.

Car, si l'on attendait que les deux grandes colonnes ennemies venant par le Nord et par l'Est eussent fait leur jonction au sud de Paris, le général pensait que la résistance ne serait plus possible sur les hauteurs de la rive gauche : en effet, cheminant par les bois entre Meudon et Montretout, les masses allemandes émergeraient bientôt sur le plateau de Châtillon, d'où une puissante artillerie ne tarderait pas à nous balayer.

En attaquant immédiatement au contraire : notre bonne position, nos 100 pièces d'artillerie, nous permettaient d'espérer un avantage contre un adversaire en flagrant délit de mouvement; pourvu, toutefois, que les 30,000 hommes de troupes dont nous pouvions disposer fussent passables. L'avant-garde de l'ennemi n'était pas nombreuse, ses colonnes étaient morcelées depuis Choisy-le-Roi jusqu'à Vélizy, peut-être même toutes ses forces n'avaient-elles pas entièrement franchi la Seine vers le sud.... à coup sûr, pas une de ses colonnes venant par le nord de Paris n'avait encore traversé le fleuve; la reconnaissance du capitaine Louvencourt l'établissait surabondamment.

Toutes ces réflexions se présentaient à l'esprit du général et le préoccupaient d'autant plus vivement, qu'à

Frœschwiller et à Sedan, il avait vu que nous avions été écrasés, parce que nous nous étions tenus constamment sur la défensive, laissant à l'ennemi les moyens et le temps d'exécuter toutes ses combinaisons stratégiques et tactiques.

Cette fois nos adversaires n'étaient pas concentrés, ils étaient en pleine opération; si nous tombions brusquement sur leur flanc droit, nous avions chance de les rompre, peut-être même de les refouler jusqu'à la Seine; il ne fallait donc pas laisser échapper une telle occasion.

Bien décidé à prendre l'offensive, le général Ducrot réunit, dans la soirée, tous ses divisionnaires, et leur donne ses instructions pour le lendemain :

La première division, sous les ordres du général de Caussade, formera la droite de notre ligne de bataille; elle devra, en longeant les bois, se porter sur la droite de Villacoublay, appuyée dans ce mouvement, à l'extrême droite par les zouaves, qui, de Meudon, marcheront sur la ferme de Dame-Rose. *Ordre de bataille pour le combat du 19 septembre*

La deuxième division, sous les ordres du général d'Hugues, formera la gauche; elle suivra la route de Châtillon à Versailles, sa gauche couverte par les troupes établies au Moulin-Plessis et dans le parc de Plessis-Picquet.

Au centre marchera la brigade de cavalerie de Bernis suivie de l'artillerie.

Cette brigade comprenant : le 2ᵉ régiment de marche de cuirassiers (4 escadrons), le 1ᵉʳ régiment de gendarmerie (6 escadrons) (1), le régiment de marche de cavalerie mixte (4 escadrons), sera formée en six colonnes, les deux extrêmes de 4 escadrons, les autres de

---

(1) Le régiment de gendarmerie à cheval avait été adjoint à la brigade de Bernis dans la journée même du 18 septembre.

2 escadrons serrés en masse ; toute la brigade s'avancera ainsi, de manière à relier entre la route de Petit-Bicêtre et le bois de Meudon, les deux divisions d'infanterie. Derrière chaque colonne marchera un groupe de deux batteries.

On conservera cet ordre jusqu'à la rencontre de l'ennemi. Aussitôt sa présence signalée, l'artillerie, passant dans les intervalles des escadrons, se déploiera sur le plateau.

Ces 68 bouches à feu, appuyées en arrière par la cavalerie, sur leurs flancs par les deux divisions d'Hugues et de Caussade, couvriront de projectiles le front des bataillons prussiens (1).

L'objectif de la 1$^{re}$ division sera Villacoublay, Dame-Rose, et, plus tard, Vélizy ; l'objectif de la 2$^e$ sera Petit-Bicêtre, le bois de Verrières.

Ces points occupés, l'artillerie, conversant à gauche, viendra border les crêtes du ravin de la Bièvre ; enfilant toute la vallée, elle canonnera les colonnes ennemies qui chemineront entre les deux versants.

Pendant ce temps, la 3$^e$ division du 14$^e$ corps établie à Bagneux, gardera le débouché de la vallée de la Bièvre ; elle détachera un bataillon à Fontenay-aux-Roses, et un régiment sur le plateau de Châtillon, pour tenir la redoute et ses abords.

Le 15$^e$ régiment de marche, résistant énergiquement dans Plessis-Picquet, couvrira notre flanc gauche.

Ce plan était simple, d'une exécution facile. On ne pouvait demander davantage à des troupes si jeunes. Hélas ! elles étaient malheureusement plus novices encore que le commandant en chef ne le supposait.

---

(1) Les 12 batteries ne comptaient que 68 pièces, parce que les 2 batteries à cheval du commandant Villate n'avaient que 4 pièces chacune.

La division de Maussion, remplacée la veille à Villejuif, à Moulin-Saquet et aux Hautes-Bruyères, par la division de Maud'huy du 13ᵉ corps, était venue occuper Bagneux, ainsi que l'éperon situé en avant. Le 19 septembre, à 4 heures du matin, elle devait, pendant que les deux premières divisions du 14ᵉ corps marcheraient à l'ennemi, détacher l'un de ses régiments, le 26ᵉ de marche, à la redoute de Châtillon.

*Mouvement de la division de Maussion et derniers préparatifs avant le combat.*

Le 2ᵉ bataillon serait placé dans l'ouvrage ; le 1ᵉʳ bataillon, à droite dans les tranchées dominant Clamart ; le 3ᵉ, à gauche, dans des tranchées ou derrière des haies, jusqu'au Télégraphe.

Dans la nuit, 8 pièces de douze furent établies dans la redoute, vis-à-vis des embrasures imparfaites que les travailleurs s'empressaient d'achever.

Ces 8 pièces étaient :

6 pièces de la batterie Buloz (17ᵉ du 2ᵉ régiment) ;

2 pièces de la batterie Lesage (18ᵉ du 3ᵉ régiment) ;

Les 4 autres pièces de cette dernière batterie furent placées derrière de petits retranchements construits à la hâte au bord de l'éperon sud du plateau, près de l'ancien Télégraphe ; croisant leurs feux avec les batteries de l'éperon de Bagneux, elles devaient battre les routes de Sceaux à Châtenay et à Plessis, fouiller les bois d'Aulnay, de Robinson et les coteaux environnants.

Toutes ces pièces étaient en position avant le jour, et les servants travaillèrent avec ardeur à rendre les retranchements capables de les abriter.

La réserve d'artillerie campait aux abords de la redoute de Châtillon ; la cavalerie était également sur le plateau, à droite de l'ouvrage.

La nuit du 19 se passa sans incident. Vers une heure du matin, le général Ducrot ayant reçu avis que les zouaves manquaient de cartouches, il en fit demander au fort de Vanves, et prévint le colonel de ce régiment, M. Méric, qu'il recevrait son complément de munitions à la ferme de Trivaux, point de jonction des zouaves avec la 1re division.

# DEUXIÈME PARTIE

## CHAPITRE PREMIER.

### COMBAT DE CHATILLON.

(19 septembre 1870.)

*Les colonnes se mettent en marche à 5 h. du matin.* Le 19, à cinq heures du matin, l'infanterie, la cavalerie, l'artillerie, se mettent en mouvement dans l'ordre prescrit.

La division de Caussade laisse ses sacs au point A (croquis n° 10) : longeant la lisière du bois de Meudon, elle se dirige, en colonne serrée par division, sur la ferme de Trivaux ; sa deuxième brigade (17e et 18e, général Lecomte) est en tête de colonne ; le 16e forme réserve (1) ; l'extrême droite est formée par le régiment de zouaves, qui doit s'étendre jusqu'à la ferme de Dame-Rose.

La division d'Hugues, ayant également laissé ses sacs près de la redoute, s'avance sur le plateau, entre la route de Versailles et le bord du ravin de Plessis-Pic-

---

(1) Le 15e était chargé de la défense de Plessis-Picquet.

*Ordre de bataille du 14ème Corps, le 19 Septembre à 6 heures du matin.*

quet; les deux brigades, à distance de déploiement, sont formées en colonne serrée par division; la première brigade (19ᵉ, 20ᵉ, général Bocher) tient la tête.

Au centre et à droite de la route, mais un peu en arrière des têtes de colonne d'infanterie, marche la cavalerie, suivie de l'artillerie : les colonnes de deux escadrons sont espacées de façon à livrer un passage facile aux batteries.

Le brouillard est si épais qu'on ne distingue rien devant soi; vers 6 heures 1/4, nos francs-tireurs se trouvent subitement à très-peu de distance des tirailleurs prussiens; quelques coups de feu sont échangés (1).

Les colonnes d'infanterie s'arrêtent, celle de droite à hauteur de la Pointe-de-Trivaux, celle de gauche à la tête du ravin de Plessis-Picquet, où elle peut se masquer aux vues de l'ennemi.

Vers 6 heures 1/2, le brouillard se dissipe... quelques groupes ennemis paraissent entre Petit-Bicêtre et Villacoublay; on voit également des tirailleurs allemands évacuer la petite maison du Pavé-Blanc et se replier sur la Tuilerie, située un peu en arrière et bordant la grande route de Versailles.

Immédiatement le général en chef donne l'ordre au commandant du 7ᵉ bataillon de la Seine, d'envoyer une compagnie de mobiles vers la Tuilerie et d'en déloger l'ennemi. La 1ʳᵉ compagnie (capitaine De Rivoire) se porte vivement dans cette direction; mais à cent mètres de la route, notre ligne de tirailleurs est arrêtée par une vive fusillade.

*Le 7ᵉ bataillon de la Seine enlève la tuilerie du Pavé-Blanc.*

Le général en chef prescrit alors au commandant de Vernou-Bonneuil d'aller lui-même entraîner ses hommes

---

(1) Il avait été formé une compagnie de francs-tireurs par bataillon. Ces compagnies, composées d'officiers et de soldats choisis, jouaient le rôle d'éclaireurs en avant de leurs divisions.

et enlever la position. Électrisés par leur chef, les mobiles s'élancent sur la Tuilerie, pénètrent dans la cour de ce bâtiment, et chassent les Allemands qui se replient en désordre vers le bois de Verrières.

*Combat d'artillerie.* — Pendant ce temps, les 8 pièces des deux batteries du groupe de droite (commandant Villate) sont portées en avant, au delà de la Pointe-de-Trivaux ; elles ouvrent le feu sur le groupe de maisons appelé Petit-Bicêtre.

Aussitôt l'ennemi répond d'une batterie placée à gauche de ce hameau. Le général en chef appelle le deuxième groupe (commandant Warnesson) et lui prescrit de se porter à la droite du premier. Ces 20 pièces font converger leurs feux sur la batterie ennemie ; bientôt, réduite au silence, elle va se reformer dans le ravin qui descend vers Bièvre... elle a trois pièces mises hors de service, son commandant et une dizaine d'hommes sont grièvement blessés, une douzaine de chevaux tués, plusieurs blessés (1).

L'artillerie ennemie disparue, nos batteries prennent pour objectifs les maisons de Petit-Bicêtre et les troupes d'infanterie établies aux abords du village ; cette canonnade prépare l'attaque de la division d'Hugues qui doit enlever Petit-Bicêtre, pendant que le 7ᵉ bataillon de la Seine gardera la Tuilerie.

Vers 7 heures environ, une nouvelle batterie ennemie venant de Mont-Clain prend position à gauche de Petit-Bicêtre ; puis une deuxième paraît (c'est la première engagée que son lieutenant, après l'avoir complétée en hommes et en chevaux, ramène au combat); enfin une troisième (batterie bavaroise venant de Bièvre) entre en ligne.

---

(1) Voir *Opérations du 5ᵉ corps prussien dans la guerre contre la France,* par Stieler von Heydekampf, capitaine à l'état-major du 5ᵉ corps, traduit par Humbel, capitaine d'état-major.

Presque toutes nos autres batteries (deux exceptées, faute de place), traversant les intervalles de la cavalerie, s'établissent à la gauche des précédentes jusqu'à la grande route de Versailles ; nous avons ainsi une ligne de plus de 50 bouches à feu, allant de cette route au delà de la Pointe-de-Trivaux, qui couvre de projectiles tout le terrain entre Petit-Bicêtre et Villacoublay.

Pendant ce temps, le 19ᵉ régiment, de la division d'Hugues, s'est porté en avant ; mais un peu au delà de la Tuilerie, son 1ᵉʳ bataillon s'arrête devant la violente fusillade partant de toute la lisière du bois de Verrières. Voyant cette hésitation, le général en chef fait battre la charge, et prescrit à nouveau de marcher contre Petit-Bicêtre. Après avoir assuré ces dispositions au centre et à gauche, il se porte vers la colonne de droite et ordonne au général de Caussade de faire enlever la Garenne de Villacoublay par un bataillon.  *Le 1ᵉʳ bataillon du 19ᵉ s'avance sur Petit-Bicêtre.*

Le 1ᵉʳ bataillon du 17ᵉ régiment formant tête de colonne, se porte immédiatement en avant et se déploie pour aborder la Garenne ; il engage bientôt le feu avec les tirailleurs ennemis postés à la lisière du bois et poursuit sa marche.  *Le 1ᵉʳ bataillon du 17ᵉ de marche s'avance contre la garenne de Villacoublay.*

A ce moment même des cris affreux se font entendre sur la droite ; ce sont les zouaves, qui, non loin de la ferme de Trivaux, ont été effrayés par quelques obus tombés à proximité et s'enfuient en poussant de véritables hurlements (1).

Le général Ducrot arrive au galop, se jette au mi-  *Debandade des zouaves.*

---

(1) C'était précisément l'instant où les zouaves, dont la marche avait été retardée, étaient occupés à recevoir leur complément de cartouches.

La plupart de ces hommes étaient, à l'exception de quelques échappés de Sedan, des engagés volontaires à qui l'on venait de donner le pantalon et la chachia garance.

lieu des fuyards, les interpelle, les menace; les officiers de son état-major courent après ces hommes entassés comme un troupeau de moutons.... On leur barre la route, on les ramène, on les reforme et le général les lance dans la direction de la ferme de Dame-Rose; mais ces malheureux ont à peine fait une centaine de pas, qu'à la vue de nouveaux obus, dont un blesse cinq d'entre eux, ils s'enfuient à toutes jambes à travers bois; affolés, perdus, ils descendent à toute vitesse les pentes qui conduisent à la Seine; la plupart rentrent à Paris, où, dès huit heures du matin, ils jettent la terreur en criant partout qu'on les a trahis. Un certain nombre de ces zouaves, trois cents environ, anciens soldats pour la plupart, sont ralliés par leurs officiers vers la grille de Meudon et, grâce à l'énergie du commandant Lévy, ils s'établissent dans la redoute en construction (1). Un autre groupe rassemblé par le capitaine Jacquot et quelques autres officiers prend position dans le bois de Clamart entre ce village et Fleury.

*Opérations de la division de Caussade.* Pendant que ce triste incident se produit du côté des zouaves, la division de Caussade gagne du terrain entre Villacoublay et Dame-Rose.

Le 18ᵉ de marche, se déployant à droite du 17ᵉ, va appuyer sa droite au bois de Meudon; le 16ᵉ reste en réserve derrière la ferme de Trivaux.

---

(1) Le commandant Lévy fut aidé dans sa résistance au château de Meudon par quelques officiers de zouaves, ainsi que par M. Henri de l'Espée, officier auxiliaire du génie; ingénieur distingué, M. de l'Espée avait offert ses services au Gouvernement, qui le chargea de construire la redoute de la Capsulerie. Commencé le 15 août, cet ouvrage était presque achevé, quand, le 19 septembre, M. de l'Espée reçut du Gouverneur l'ordre de l'abandonner.

C'est alors qu'il vint à Meudon, prêter au commandant du génie Lévy le concours de son énergie.

En mars 1871, M. de l'Espée, préfet à Saint-Étienne, fut assassiné, victime de son devoir et de son dévouement à la cause de l'ordre.

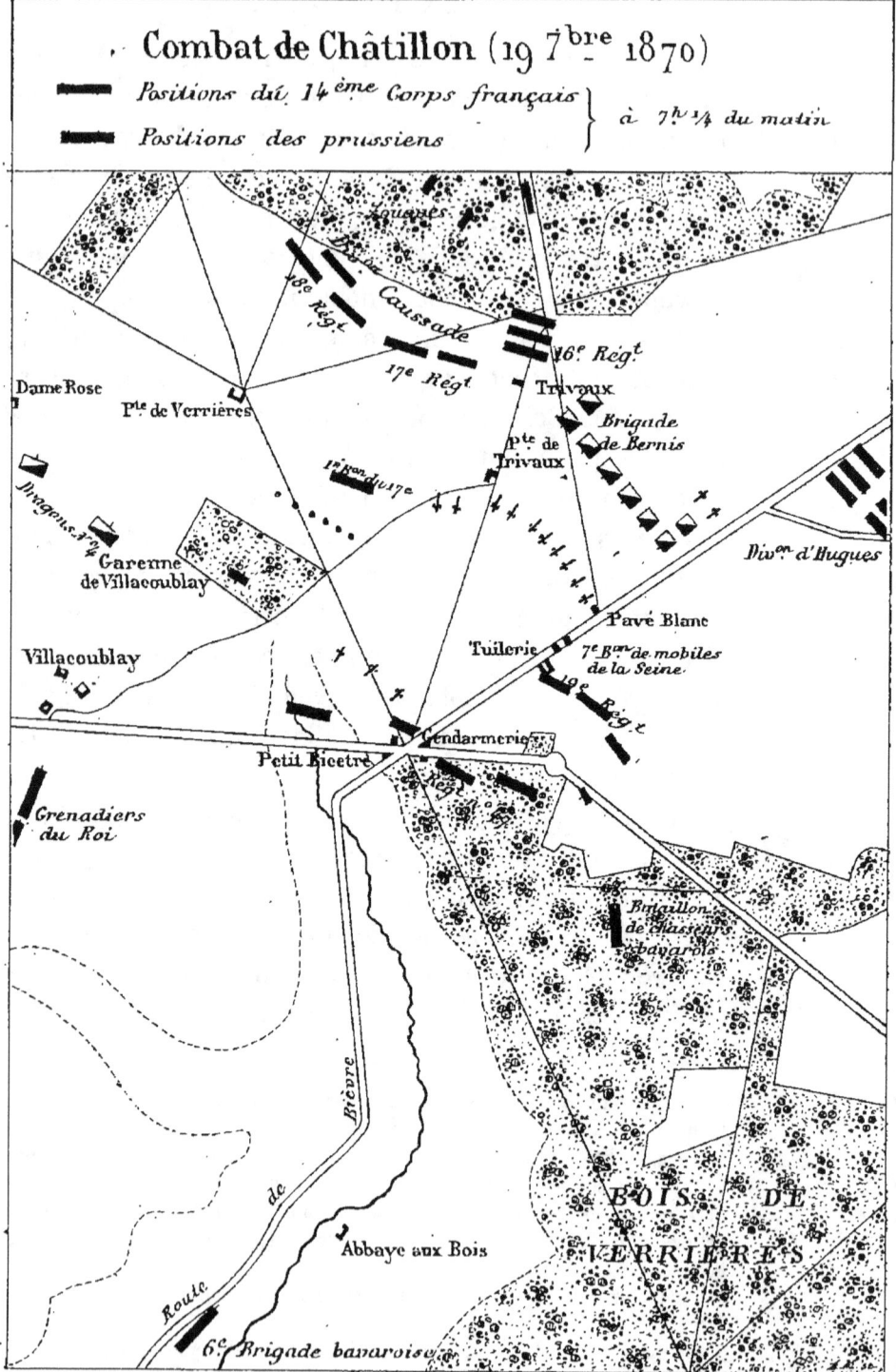

Mais ces régiments de nouvelle formation sont vivement impressionnés par la fuite des zouaves et par la retraite du 1ᵉʳ bataillon du 17ᵉ de marche qui, après s'être avancé jusqu'à la lisière du bois de la Garenne, s'est replié précipitamment devant les renforts ennemis.

Déjà troublés, les soldats de la division de Caussade deviennent plus hésitants lorsqu'ils voient l'ennemi chercher à déborder leur droite. En effet, les tirailleurs du régiment des grenadiers du Roi et du bataillon des chasseurs n° 5 s'avançant en une multitude d'essaims, occupent bientôt tout le terrain découvert qui s'étend de Dame-Rose au bois de la Garenne; deux batteries établies à l'angle de ce bois soutiennent le mouvement tournant. Quelques hommes, bien embusqués dans des fossés, font cependant subir à ces batteries des pertes sensibles...; l'une d'elles même voit tomber tous ses officiers (1), mais le tir des pièces n'en est ni moins vif, ni moins bien dirigé..., et leurs obus portent la terreur dans les rangs de nos jeunes troupes...., L'infanterie ennemie profite de ce désordre pour pousser en avant, elle arrive jusqu'au bois de Dame-Rose, nos tirailleurs reculent, se jettent sur la ligne de bataille qui faiblit, se rompt sur différents points..., la confusion est extrême... Le général en chef accourt au milieu de cette troupe effarée...; il la contient, la reforme, l'encourage et parvient à rétablir un peu d'ordre....; mais, dès lors, toute action offensive devient impossible; le général Ducrot, voyant l'ennemi gagner du terrain et menacer de tourner notre droite, se décide à la retraite.

Il envoie l'ordre aux généraux d'Hugues et de

---

(1) Voir *Opérations du 5ᵉ corps prussien*, par Stieler von Heydekampf, capitaine à l'état-major du 5ᵉ corps (page 163).

Caussade de rallier les emplacements quittés le matin.

*Combat d'artillerie sur le plateau.*

Pendant que ces événements se passaient à la droite, l'artillerie continuait au centre une lutte vigoureuse; à la gauche la lutte était également très-vive.

Toutes nos batteries, formant un vaste arc de cercle depuis la ferme dite Pointe-de-Trivaux jusqu'à la grande route de Versailles, éteignent un instant le feu de l'artillerie prussienne, mais elles ont bientôt à combattre de nouvelles batteries établies depuis Petit-Bicêtre jusqu'à Villacoublay, et de nombreux tirailleurs ennemis qui leur font éprouver des pertes sérieuses.

Les deux batteries à cheval du commandant Villate, installées les premières, sont les plus maltraitées; en peu de temps la batterie Bocquenet est réduite à sept servants pour les quatre pièces, le capitaine a ses deux chevaux tués; le capitaine Bécler, de la deuxième batterie, a également un cheval tué : l'entrain de nos braves artilleurs n'en est pas ralenti et la lutte se poursuit avec acharnement.

La cavalerie, restée en position pour soutenir notre artillerie, continue à tenir ferme sous les batteries des Prussiens.

Au centre le combat se poursuivait donc avec avantage, lorsque le général en chef vint lui-même donner au général Boissonnet, commandant l'artillerie du 14e corps, l'ordre de se retirer par échelons.

*Le 19e de marche attaque Petit-Bicêtre.*

A la gauche, le 19e régiment est aux prises. Pendant que les 2e et 3e bataillons restent en réserve à hauteur du Pavé-Blanc, le 1er bataillon (commandant Collio), dépasse la Tuilerie, qu'occupaient toujours les mobiles et continue sa marche avec les francs-tireurs de la division, en appuyant à gauche pour laisser libre la grande route enfilée par notre artillerie. Arrivé près des bouquets de bois qui précèdent la route de Malabry, le commandant Collio déploie en tirailleurs ses deux premières compagnies (capitaines Parseval et Durand) ; de nombreux groupes ennemis paraissant à quatre ou cinq cents mètres, sur toute la lisière du bois et sur la route n° 186, le commandant Collio suspend le mouvement en avant et demande du renfort au commandant Montels, chef d'état-major de la 2ᵉ division, venu pour se rendre compte de la situation.

Bientôt les 2ᵉ et 3ᵉ bataillons du 19ᵉ rejoignent le 1ᵉʳ ; alors l'ennemi fait avancer ses batteries, quelques volées de mitraille jettent promptement le désordre au milieu de nos tirailleurs, particulièrement dans le 3ᵉ bataillon. Cependant, grâce aux efforts énergiques des officiers, la majeure partie des deux premiers bataillons revient en avant ; quelques compagnies même, obliquant à gauche, cherchent à déborder la droite prussienne. La 3ᵉ compagnie du 1ᵉʳ bataillon (capitaine Barret), la plus engagée, arrive à 300 mètres de Petit-Bicêtre, à 100 mètres au plus des tirailleurs ennemis ; elle fait des pertes nombreuses ; mais, maintenue par l'énergie de son chef, elle soutient la lutte, lutte bien inégale, car elle a affaire à plusieurs compagnies prussiennes du régiment n° 47. Le commandant Collio la faisait renforcer lorsqu'on vint le prévenir qu'il était tourné par sa gauche ; obligé de battre en retraite précipitamment, il ne put venir en aide à la compagnie Barret, qui fut faite tout entière prisonnière, après avoir eu presque tous ses hommes blessés.

Les autres compagnies qui ont prononcé un mouvement sur la gauche, s'arrêtent devant la fusillade terrible qui part des bois ; cependant un certain nombre d'hommes parviennent à franchir la route de Malabry et pénètrent dans les taillis ; là ils luttent vigoureusement avec les fusiliers du régiment prussien n° 47, mais l'arrivée d'un bataillon de chasseurs bavarois les force à faire demi-tour; exposés à découvert au feu violent partant de toute la lisière, presque tous sont tués ou blessés.

L'ennemi se sentant en force, sort du bois et poursuit notre gauche; notre 1ᵉʳ bataillon suit le mouvement de retraite.

Le commandant Collio, déjà blessé au commencement de l'action, dirigeait encore ses troupes, lorsqu'une deuxième balle vint le mettre hors de combat; quelques hommes seulement se trouvaient alors auprès de lui, le reste du régiment était déjà loin; il était 7 heures et demie environ.

A ce moment parvenait l'ordre du général en chef prescrivant à la division d'Hugues de reprendre sa position de la veille près Châtillon.

Cette lutte d'une heure avait coûté au 19ᵉ de marche 11 officiers et 241 hommes tués ou blessés.

Le lieutenant-colonel de Colasseau, commandant le régiment, avait été frappé à mort; nous avions également à déplorer la perte du brave Fauveau, capitaine adjudant-major du 1ᵉʳ bataillon, tué sur la ligne même des tirailleurs, au milieu de la compagnie Barret.

*Dispositions de retraite.* — Le vaillant général Renault, qui, resté près du Pavé-Blanc pendant tout l'engagement d'artillerie, avait contribué par son calme à maintenir la cavalerie, fait protéger la retraite du 19ᵉ par des tirailleurs, et de sa personne il marche en arrière de la division d'Hugues jusqu'à la redoute de Châtillon.

D'après l'ordre du général en chef, les 1ʳᵉ et 2ᵉ divisions doivent réoccuper les positions tenues pendant la journée du 17 :

La division d'Hugues en arrière du Télégraphe et dans la direction de Fontenay-aux-Roses; la division de Caussade dans le village de Clamart. Ces deux généraux

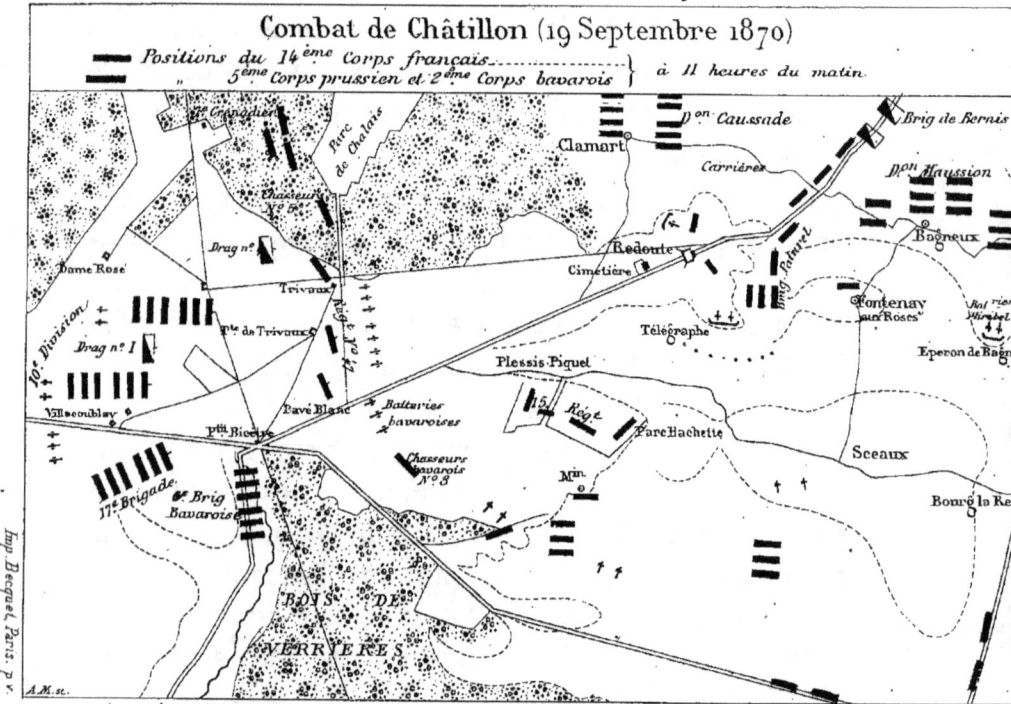

protégeront ainsi la droite et la gauche de la redoute de Châtillon, qui va devenir l'objectif de l'ennemi.

Pour soutenir dans ce mouvement rétrograde nos jeunes troupes quelque peu ébranlées, le capitaine de Néverlée porte l'ordre aux bataillons établis à Plessis-Picquet de s'y maintenir le plus longtemps possible; ils ne doivent se replier en passant par le ravin du Télégraphe que lorsque toutes les troupes engagées sur le plateau les auront dépassés.

Pendant que la division d'Hugues et le 7ᵉ bataillon de mobiles de la Seine suivent, pour se retirer, la grande plaine entre la route de Châtillon et les pentes de Plessis-Picquet, la division de Caussade effectue son mouvement par les bois de Clamart, plusieurs bataillons cheminant sur la lisière du bois.

Au centre l'artillerie, contenant l'ennemi, protége les deux divisions d'infanterie. Elle exécute sa retraite en échelons par la droite, les batteries restées en avant continuant le feu. L'artillerie prend ainsi quatre positions successives; le mouvement se fait au pas, avec tout le calme possible, sans perte de matériel; les batteries sont soutenues par les escadrons s'arrêtant en même temps qu'elles pour faire face à l'ennemi; nos cavaliers font, en général, bonne contenance malgré la pluie d'obus qui tombe autour d'eux; un certain trouble se produit un instant dans le régiment de gendarmerie, mais il est promptement réprimé. *Retraite de l'artillerie par échelons.*

Cette opération, dirigée par le général en chef, se fait avec assez d'ordre pour en imposer à l'infanterie allemande, qui ne se laisse voir qu'à la lisière des bois.

Un seul instant l'ennemi se montre audacieux : nos batteries de droite, arrêtées par le large fossé courant de la ferme de Trivaux à la route de Plessis-Picquet, sont obligées de passer, les unes après les autres, sur un seul endroit comblé par les débris d'un petit pont.

Ce véritable passage de défilé gêne, arrête le mouvement de retraite... une certaine confusion se produit... L'infanterie prussienne profite de cet instant critique, elle sort des taillis et semble menacer nos pièces... mais, le général en chef la fait charger, et elle retourne précipitamment sous bois.

<small>Position de l'ennemi vers 10 heures.</small>

Ces mouvements alternatifs de retraite durèrent près d'une heure et demie ; l'artillerie ennemie seule nous inquiéta sérieusement, mais en se tenant toujours à très-grande portée. Au début de la retraite, notre artillerie avait eu à lutter contre sept batteries ennemies (1$^{re}$ division montée de la 9$^e$ division et 3 batteries bavaroises) placées entre Petit-Bicêtre et la Garenne.

Au moment où nos troupes arrivaient vers Châtillon, les batteries allemandes avaient été renforcées par trois autres, et avant 10 heures, une ligne de 10 batteries allait du Pavé-Blanc jusqu'au bois de Trivaux.

Presque tout le 5$^e$ corps prussien se trouvait alors sur le plateau derrière Villacoublay et du côté de Bièvre, Petit-Bicêtre et Trivaux. Le régiment de grenadiers du Roi, le bataillon de chasseurs n° 5 et le 2$^e$ bataillon du régiment n° 47, arrivés à travers bois, étaient parvenus jusqu'au bas de l'avenue de Meudon, près du parc de Chalais, où ils firent prisonniers quelques zouaves débandés.

De plus, une division bavaroise occupait le terrain entre Petit-Bicêtre et le moulin Plessis-Picquet ; le reste du 2$^e$ corps bavarois arrivait à Sceaux.

<small>Le général Ducrot prend ses dispositions pour défendre la redoute de Châtillon.</small>

Ainsi qu'il a été dit plus haut, le général en chef avait renoncé à toute offensive, mais il était bien décidé à continuer la lutte et à disputer pied à pied la redoute de Châtillon ainsi que les positions voisines.

# Combat de Châtillon
*Défense de la Redoute et de ses abords dans l'après-midi.*

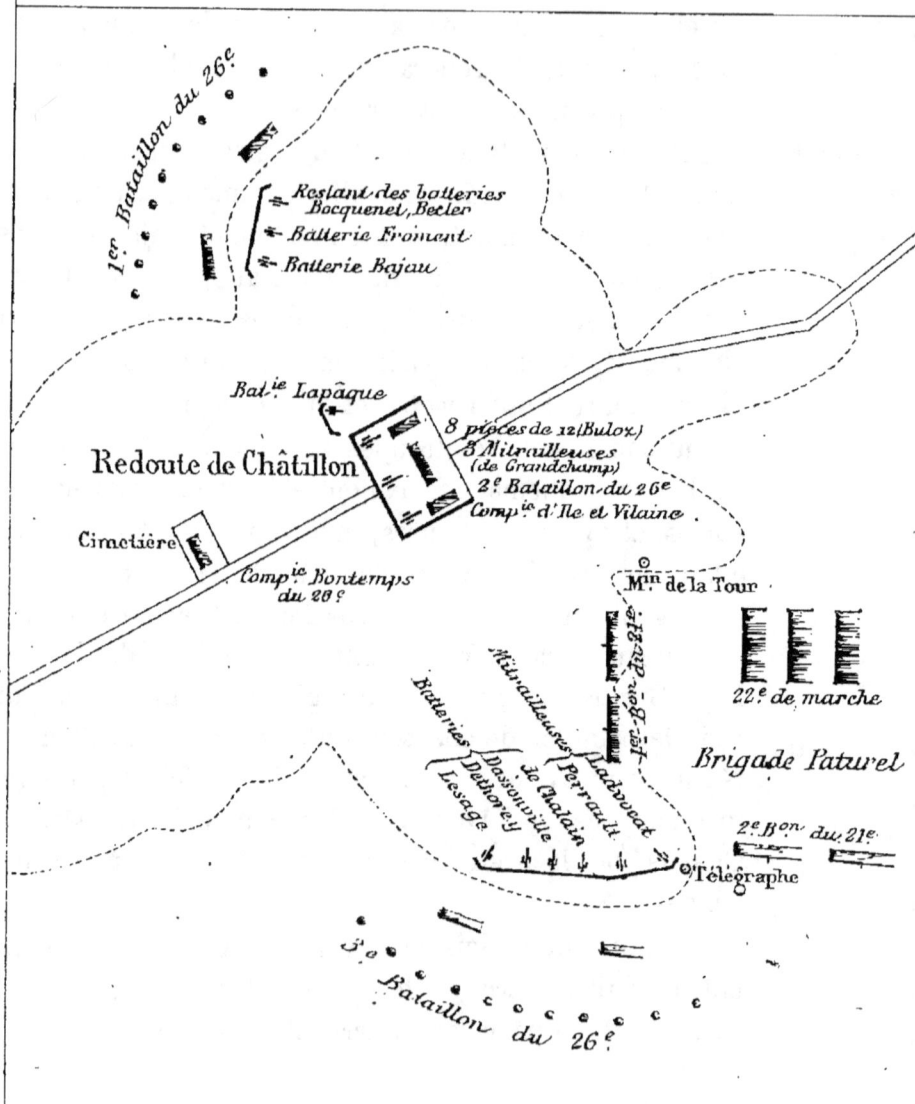

En somme, ses pertes étaient peu considérables, si l'on excepte les 2 à 3,000 fuyards de Dame-Rose.

Dans la division d'Hugues, un seul régiment, le 19ᵉ de marche, avait sérieusement souffert.

La division de Caussade, un peu ébranlée, se reformait et allait reprendre courage à la vue des ouvrages de Châtillon.

Le 15ᵉ régiment de marche résistait vigoureusement à Plessis-Picquet.

La cavalerie ne pouvait plus être utilisée sur le terrain où nous allions avoir à combattre; elle pouvait même devenir gênante; le général en chef ordonna donc au général de Bernis de la faire rentrer dans Paris. *Cavalerie.*

Deux escadrons seulement restèrent en position près de la redoute, jusqu'au moment où l'infanterie fut établie derrière les défenses du plateau.

Arrivé vers 10 heures à la redoute de Châtillon, le général Ducrot prescrivit toutes les dispositions nécessaires pour assurer la résistance.

Huit pièces étaient dans l'ouvrage ; on y ajouta trois mitrailleuses, sous les ordres du capitaine de Granchamp. Les deux batteries du groupe Cavalier, 17ᵉ du 14ᵉ régiment (capitaine Bajau), et 17ᵉ du 15ᵉ régiment (capitaine Froment), furent immédiatement placées derrière les épaulements de droite pour surveiller les débouchés des bois de Meudon et Clamart. A ces batteries vinrent se joindre les quelques pièces qu'on put réorganiser dans les deux batteries à cheval, 13ᵉ du 18ᵉ régiment (capitaine Bocquenet) et 13ᵉ du 19ᵉ régiment (capitaine Bécler), si éprouvées pendant le combat sur le plateau. *Artillerie.*

La batterie de 4 Lapâque (17ᵉ du 19ᵉ) fut établie derrière un petit épaulement grossièrement ébauché sur le glacis, en avant de l'angle d'épaule de droite de la redoute.

Ces 24 pièces étant suffisantes pour assurer la sécurité de ce côté, le général Boissonnet porta tout le reste de son artillerie vers la gauche sur l'éperon du Télégraphe, véritable clef de la position.

De là, on dominait admirablement toute la vallée de Sceaux et l'on pouvait battre avantageusement les versants et les plis de terrain, à la faveur desquels l'ennemi s'avançait pour tourner notre gauche, entre Sceaux et Fontenay-aux-Roses.

Les petits épaulements commencés, la veille, sur le bord de cet éperon, avaient été consolidés autant que possible et même quelques plates-formes volantes y avaient été préparées. Bien que ces petits ouvrages n'eussent pas une forte consistance, leur insuffisance était grandement compensée par la position dominante qui contraignait l'ennemi à un tir défavorable de bas en haut.

Voici quelle fut, de la gauche à la droite, la disposition de nos batteries sur l'éperon du Télégraphe :

2 batteries à balles (Ladvocat et Perrault), sous la surveillance momentanée du commandant Viguier (moins 2 pièces dégradées), soit . . . . . . . . 10 pièces

1 batterie de 12 (de Chalain) .⎫
1 — 4 (Dassonville). ⎬ soit . . 18 —
1 — 12 (Déthorey). . ⎭

surveillées momentanément par le commandant Warnesson ;

1 batterie de 12 (Lesage) { 4 pièces seulement, les 2 autres dans la redoute . . . . 4 —

Total . . . . . . 32 pièces

Toutes ces batteries furent placées sous la direction du lieutenant-colonel Villiers, commandant la réserve d'artillerie du 14ᵉ corps d'armée.

L'infanterie était disposée de la manière suivante : *Infanterie.*

Dans la redoute, le 2ᵉ bataillon du 26ᵉ de marche (commandant Méda), une compagnie des mobiles d'Ille-et-Vilaine, et une cinquantaine d'hommes du 22ᵉ de marche.

Sur la droite, dans les tranchées, et servant de soutien aux batteries dominant Clamart, le 1ᵉʳ bataillon du 26ᵉ de marche (commandant Neltner), et une cinquantaine d'hommes du 17ᵉ de marche, avec le capitaine Fayet. Une compagnie du 1ᵉʳ bataillon du 26ᵉ, la compagnie du capitaine Bontemps, avait été chargée d'occuper le cimetière, bordant la route de Versailles, à 200 mètres en avant de la redoute. Sur la gauche, dans les tranchées construites sur les pentes au-dessous du Télégraphe, le 3ᵉ bataillon du 26ᵉ de marche (capitaine Coignet); ce bataillon devait protéger les batteries du Télégraphe contre les tentatives des tirailleurs ennemis venant de Sceaux et des pentes de Robinson; il se reliait au 15ᵉ de marche solidement retranché dans Plessis-Picquet et dans les parcs qui dominent ce village.

La division d'Hugues, vivement impressionnée par les obus qui, venant des environs de Trivaux et des abords de Sceaux, se croisaient sur l'extrémité du plateau, s'était précipitée en désordre sur les pentes de Châtillon et de Bagneux; cependant le général Paturel, commandant la 2ᵉ brigade de cette division, avait, grâce à son énergie, réussi à maintenir presque tout le 21ᵉ de marche, ainsi qu'une fraction du 22ᵉ; ces deux régiments étaient placés à l'abri des projectiles, dans un pli de terrain qui va du Télégraphe à Fontenay-aux-Roses.

Plus en arrière, la division de Maussion se trouvait à Bagneux, ayant toujours un bataillon chargé de la défense de Fontenay-aux-Roses ; ses deux batteries divisionnaires (commandant de Miribel) occupaient les épaulements construits à l'éperon de Bagneux, et devaient, grâce à leur admirable position, croiser avantageusement leur feu avec celui des batteries du Télégraphe.

Sur la droite, la division de Caussade, après avoir repris ses sacs sur le plateau, et descendu, débandée en partie, les pentes de Clamart, allait se reformer, maintenant qu'elle était à l'abri des projectiles ; elle devait occuper le village de Clamart, en se reliant à Châtillon, et couvrir ainsi notre droite.

Plus en arrière, en troisième ligne, venaient les forts d'Issy, de Vanves, de Montrouge, qui, en cas d'échec, empêcheraient l'ennemi de tenir sur les pentes du plateau et de nous poursuivre.

Grâce à toutes ces dispositions, le général en chef comptait pouvoir facilement résister et se maintenir sur l'extrémité du plateau de Châtillon, qu'il considérait comme une position de premier ordre.

*Nos batteries de la redoute de Châtillon et du Télégraphe engagent le feu avec les batteries prussiennes établies sur le plateau et les batteries bavaroises installées aux environs de Sceaux.*

Dès que la retraite eût été effectuée, le feu fut ouvert par les 8 pièces de 12 de la redoute ; dirigé avec calme, à une distance d'environ 2,000 mètres, ce feu contribua beaucoup à retarder la formation et l'approche des lignes prussiennes sur le plateau ; il maintint à distance l'artillerie ennemie, qui, vers midi, croyant avoir affaire à des pièces de position de gros calibre, cessa de tirer.

En même temps notre artillerie du Télégraphe engageait l'action contre les batteries prussiennes établies sur les hauteurs de Sceaux ; elle en eut facilement raison et les força à prendre une position plus en arrière, et hors de la portée de nos mitrailleuses....

Mais des renforts ne cessaient d'arriver aux Allemands : le 2ᵉ corps bavarois prononçait de plus en plus son mouvement, bientôt nous pûmes voir de nouvelles batteries s'installer sur tous les coteaux, depuis Bourg-la-Reine jusque au-dessus de Plessis-Picquet. Notre position se trouvait ainsi enveloppée, sur une immense étendue, par des feux convergents.

Vu la disposition du terrain, ces feux produisirent peu d'effet : au delà de nos épaulements, le plateau se terminant par des pentes très-raides, tous les coups courts y pénétraient sans ricocher, les coups longs tombaient entre le Télégraphe et la redoute, mais il n'y avait personne en cet endroit ; nos batteries eurent peu à souffrir, même quand le tir de l'ennemi fut parfaitement réglé, car les coups les plus justes, ceux qui rasaient la crête des épaulements, venant de bas en haut, allaient éclater à quelque distance en arrière.

Pendant cet engagement d'artillerie, le général en chef, pour parer à tous les incidents qui pourraient se produire, dictait à son chef d'état-major, le général Appert, l'ordre suivant :

ORDRE.

« Dans le cas où nous serions obligés d'évacuer la position de Châtillon, la retraite se ferait avec autant d'ordre que possible, en se couvrant par des masses de tirailleurs défendant les maisons et tous les obstacles pied à pied.

« La 1ʳᵉ division irait se placer en arrière du fort d'Issy ; la 2ᵉ, en arrière du fort de Vanves ; la 3ᵉ, en arrière du fort de Montrouge ; les réserves d'artillerie, dans l'intervalle entre les forts de Vanves et de Montrouge.

« Après l'évacuation complète de la redoute de Châtillon, si l'on était forcé de rentrer dans Paris, la 1ʳᵉ division rentrerait par le village d'Issy et les portes qui y donnent accès ; la 2ᵉ division et l'artillerie de réserve, par la porte de Châtillon et celle du chemin de fer ; la 3ᵉ division, par la porte de Montrouge. *(Ce mouvement ne s'exécutera que sur un ordre précis du général en chef.)*

« Au quartier général de Châtillon, le 19 septembre 1870.

« Par ordre :
« *Le Général, chef d'état-major général,*
« *Signé :* Appert. »

<small>Le général de Caussade a abandonné la position.</small>

Tout en étant bien décidé à se maintenir énergiquement sur ces dernières positions du plateau de Châtillon, le général Ducrot devait nécessairement prévoir le cas de la retraite. Il ne la croyait pas probable, mais il devait admettre cependant que nous pourrions être obligés de nous replier derrière les forts, peut-être même derrière les remparts ; en conséquence, il était indispensable de prescrire ce que chacun aurait à faire, le cas échéant ; — toutefois le général en chef entendait bien assumer entièrement la responsabilité d'une si grave détermination et se réserver le droit absolu d'en ordonner l'exécution.

Aussi son étonnement fut grand, lorsque ayant envoyé un officier d'état-major porter des instructions au général de Caussade, qui devait se trouver à Clamart, il lui fut rendu compte que le village était entièrement évacué.

Le général Ducrot se refuse tout d'abord à croire à un pareil fait ; il lui est impossible d'admettre que la 1ʳᵉ division a, sans aucun ordre, abandonné son poste (1). Pensant que le général de Caussade, pour une raison quelconque, a pu être forcé de se porter en arrière, il ren-

---

(1) Dans l'enquête qui eut lieu plus tard, le général de Caussade dit au général Ducrot que, vers 11 heures, ayant vu la route couverte de fuyards, et n'entendant plus le canon, il avait été convaincu que tout était fini, que tout notre monde avait été délogé du plateau ; craignant d'être enveloppé, il s'était décidé à rentrer dans Paris.

## Combat de Châtillon

*Positions du 14ème Corps français à 1 heure de l'après-midi.*

voie un autre officier d'ordonnance dans la direction d'Issy.

Cet officier cherche en vain la division de Caussade à Clamart, à Issy, à la Californie; il n'en voit aucune trace.

Le général Renault a non moins vainement tenté d'avoir des nouvelles de sa première division; il n'y a plus à en douter, le général de Caussade est rentré dans Paris.

Notre aile droite n'était donc plus en ligne; de ce côté, nous n'avions plus d'autre appui que quelques centaines de zouaves maintenus par le commandant Lévy et le capitaine Jacquot vers Meudon et Fleury, encore le général en chef l'ignorait-il.

Quant à la division d'Hugues, qui devait occuper Fontenay-aux-Roses et le haut de Châtillon, très-impressionnée par la canonnade très-vive dirigée sur ces deux villages, elle s'était en partie repliée dans la direction du fort de Montrouge. Mais, sous l'énergique impulsion du brave et digne général d'Hugues, qui se mit à la tête de ses jeunes troupes, elle fut promptement reformée entre Châtillon et Fontenay-aux-Roses.

Malheureusement notre extrême gauche se trouva complétement dégarnie par suite d'un regrettable malentendu.

Avant que le général Ducrot n'eût dicté les ordres relatifs aux mouvements que chacun pourrait avoir à exécuter ultérieurement, mouvements qui ne devaient commencer que sur un nouvel ordre formel et précis, le général Appert, chef d'état-major général, ayant cru devoir faire rétrograder la division de Maussion, du village de Bagneux vers le fort de Montrouge, avait envoyé le capitaine Fayet porter des instructions dans ce sens au général de Maussion. Puis, lorsque l'ordre relatant la décision du général Ducrot fut dicté et transcrit, le général chef d'état-major négligea de rappeler

*Ordre de retraite indûment donné à la division de Maussion.*

le capitaine Fayet, de manière à annuler la communication de l'ordre antérieur dont il était porteur.

Au reçu des instructions verbales de cet officier, le général de Maussion ne put cacher son étonnement et son désappointement; il hésita à obéir, il se demanda s'il ne devait pas attendre un ordre écrit. Mais, après avoir entendu les observations de ses officiers, disant qu'un ordre verbal porté par un officier d'état-major connu, équivaut, d'après le règlement, à un ordre écrit, le général de Maussion se décida, bien qu'à regret, à abandonner Bagneux et les hauteurs de Bourg-la-Reine. Les batteries divisionnaires du commandant de Miribel, établies à l'éperon de Bagneux, se retirèrent en même temps, abandonnant une admirable position où elles auraient pu rendre de si grands services pendant le reste de la journée.

*Abandon de Bagneux et de Bourg-la-Reine.*

Notre extrême gauche se trouvait par ce fait complétement découverte.

Dès que le général Ducrot fut informé du mouvement en arrière de cette division, il prescrivit au général d'Hugues de faire réoccuper Fontenay-aux-Roses pour empêcher un mouvement tournant de ce côté.

Immédiatement, le 3ᵉ bataillon du 21ᵉ de marche se dirige vers ce village; le 2ᵉ bataillon du même régiment reste sur les pentes du Télégraphe, face aux coteaux de Sceaux, et le 1ᵉʳ bataillon borde le plateau depuis le Télégraphe jusqu'à la redoute. Il était une heure environ.

*Résistance du 15ᵉ de marche à Plessis-Picquet.*

Pendant ce temps, le lieutenant-colonel Bonnet, commandant le 15ᵉ de marche, se conformant aux ordres du général en chef, continuait à se maintenir dans Plessis-Picquet.

Ce régiment (1), envoyé la veille sur cette position, afin

---

(1) Le 15ᵉ de marche avait été renforcé d'une compagnie de chasseurs

de couvrir le flanc gauche de la reconnaissance exécutée sur le plateau de Châtillon, s'était fortifié dans le village et dans le moulin Plessis. Ce dernier point avait été occupé par les chasseurs à pied et une section du 15ᵉ de marche.

A 600 mètres environ en arrière, se trouvent le grand parc Hachette et un vaste enclos, dont les murs forment un front qui couvre le village ; une rue descendant dans Plessis-Picquet sépare le parc et l'enclos.

Le 1ᵉʳ bataillon (commandant Angamarre) fut placé déployé dans l'enclos, occupant la partie du front regardant Petit-Bicêtre, ainsi que celle qui fait face au moulin. L'intervalle entre le clos et le parc fut fermé par une forte barricade.

Le 2ᵉ bataillon (commandant Lourdes-Laplace) occupait la face Sud du grand parc, jusqu'à l'angle au-dessus d'Aulnay.

Le 3ᵉ bataillon (commandant Gravis) formait réserve et gardait la porte et les brèches du parc.

Chaque bataillon s'était retranché, avait pratiqué des créneaux dans les murs et établi des appuis pour avoir un second étage de feux à la crête ; les rues tournées vers Petit-Bicêtre étaient barricadées.

Toutes ces dispositions s'achevèrent dans la soirée du 18.

Le lendemain, dès 6 heures du matin, des tirailleurs allemands se présentent pour tâter les défenses de ce côté ; après une fusillade de quelques instants, ils se retirent.

A 8 heures l'ennemi renouvelle sa tentative avec des forces plus nombreuses ; ses tirailleurs sont soutenus par

---

à pied (capitaine Battisti), et d'une autre section de chasseurs (lieutenant Soultz).

quelques pièces d'artillerie qui rendent intenable le moulin Plessis, et notre avant-poste retraite vers les retranchements de Plessis-Picquet.

Pendant toute la matinée le combat se continue, mais sans grands efforts de part et d'autre, l'ennemi placé à la lisière du bois de Verrières et sur les bords du plateau, échange seulement quelques coups de feu avec les défenseurs du village.

Vers 1 heure, les Allemands sortent des taillis en grand nombre et s'avancent à découvert sur le plateau. Écrasés par la mousqueterie qui part de tous les murs du parc et de l'enclos, ils sont obligés de se replier précipitamment en abandonnant leurs morts et leurs blessés. Mais peu de temps après apparaît sur la lisière du bois une batterie qui ouvre son feu sur Plessis..... L'ennemi veut trouer et renverser les murs avant de tenter un nouvel assaut.

La situation du lieutenant-colonel Bonnet était critique; nos troupes avaient évacué la plus grande partie du plateau; cet officier pouvait être enveloppé avec son régiment.

Il envoya donc un officier à cheval, M. Tarigo, demander les instructions du général Ducrot, qui lui prescrivit de se retirer immédiatement par la route de Fontenay-aux-Roses.

Sur l'ordre du colonel, chaque bataillon abandonna la position en diminuant successivement son feu. Protégée par les chasseurs à pied et les francs-tireurs, qui maintinrent constamment à distance les tirailleurs ennemis, cette retraite s'opéra dans un ordre parfait.

Il était près de 3 heures quand le régiment arriva à hauteur de Châtillon, derrière la redoute.

Toute cette opération, très-bien conduite, fait honneur au 15e de marche et à son digne chef, le lieute=

nant-colonel Bonnet; grâce à l'énergique résistance de ce régiment, notre gauche, malgré le départ de la division de Maussion, resta couverte pendant une grande partie de la journée, et toutes les tentatives de l'ennemi pour nous tourner de ce côté furent sans résultat.

Le 15ᵉ de marche eut dans cette affaire 3 officiers et 38 hommes hors de combat.

Vers 1 heure la lutte recommence sur le plateau; l'ennemi redouble d'efforts, il fait entrer en ligne de nouvelles batteries face à la redoute; son infanterie, si prudente jusqu'alors, s'avance dans la plaine à gauche de la route de Versailles; de nombreux tirailleurs sortent également des bois de droite, et poussent jusqu'à 1 kilomètre de nous. Mais nos mitrailleuses et un feu roulant de mousqueterie ont facilement raison de cette tentative. Reconnaissant son impuissance, l'infanterie se défile et semble renoncer à tout mouvement offensif; bientôt même l'artillerie ennemie cesse son feu; pour la seconde fois elle est réduite au silence (1). *Combat très-vif d'artillerie sur le plateau de Châtillon.*

Notre artillerie du Télégraphe, vu sa position dominante, luttait également avec avantage contre les batteries bavaroises dont le nombre allait toujours croissant; néanmoins, nos mitrailleuses obligèrent successivement toutes ces batteries à prendre des positions plus en arrière, et vers 2 heures, toute l'artillerie ennemie s'éloigna jusqu'à la portée extrême de ses pièces.

Nous n'avions donc, pour le moment, rien à redouter sur notre front; mais complétement découverts à droite par la défection de la première division, nous pouvions

---

(1) L'auteur de l'ouvrage : *Opérations du 5ᵉ corps prussien*, dit que « l'artillerie allemande cessa le feu parce qu'elle ne pouvait lutter avec *des pièces de place* bien abritées. » Il n'y avait pas de pièces de place, mais seulement dans la redoute, huit pièces de 12 de campagne et des mitrailleuses.

craindre que l'ennemi, cheminant sous bois par Meudon, Fleury et Clamart, ne vînt occuper Châtillon et couper nos communications avec Paris.

Vers midi le général Ducrot avait envoyé une dépêche au Gouverneur, lui faisant part de la situation et de ses inquiétudes (1).

A midi 40 minutes, le général Schmitz, chef d'état-major du Gouverneur, répondait :

« Gouverneur est parti vous rejoindre ; je pense
« comme vous que l'ennemi sera bientôt sur les hauteurs
« de Meudon, et je vous conjure de vous inspirer de
« votre propre valeur pour ne pas vous laisser cerner
« et nous priver de votre concours qui peut nous être
« encore si utile ; je fais appel à tous vos sentiments de
« prudence. »

Il est facile de voir que l'abandon des hauteurs de la rive gauche était chose décidée, arrêtée, non-seulement dans l'esprit du Gouverneur, mais encore dans celui de son entourage.

Il suffit pour cela de rapprocher la dépêche du général Schmitz de la lettre du Gouverneur datée du 18 au soir, dans laquelle il était dit :

« Ou nous nous entêterons à garder la position que

---

(1) Déjà, vers 10 heures, le général Ducrot envoyait le commandant Bibesco rendre compte au Gouverneur de ce qui se passait.

Le commandant Bibesco, aide de camp du général Trochu, avait reçu la mission de suivre les opérations de la journée ; il avait, pendant tout le combat, accompagné le général en chef ; il était revenu avec lui dans la redoute de Châtillon, et c'est après avoir pris toutes ses dispositions de défense que le général Ducrot l'avait dépêché auprès du Gouverneur, pour lui dépeindre la situation.

Le Ministre de la guerre, préoccupé de ce qui se passait sur le plateau, avait envoyé auprès du général Ducrot l'un de ses officiers d'ordonnance, M. Du Lau, lieutenant de mobiles ; cet officier était arrivé à la redoute de Châtillon vers 11 heures ; il avait accompagné le général en chef jusqu'à l'éperon du Télégraphe, et il avait pu constater que partout nos artilleurs faisaient bonne contenance et luttaient vigoureusement.

« vous tenez, alors je devrais penser à assurer votre
« droite et j'aurais l'obligation de faire passer le reste
« du 13ᵉ corps à Meudon et Montretout; nous aurions
« alors près de 60,000 hommes en ligne de Bagneux à
« Montretout, et tous nos œufs seraient dans le même
« panier... »

Au lieu de ces mesures énergiques que commandaient les circonstances et qu'il importait de prendre, si l'on voulait réellement disputer à l'ennemi les hauteurs de Châtillon, Meudon, etc., le chef d'état-major dans sa dépêche disait : « Je vous conjure de ne pas vous laisser « cerner; je fais appel à tous vos sentiments de prudence. »

Néanmoins le général Ducrot ne peut se résoudre à abandonner entièrement ces hauteurs, clefs de Versailles et de Paris. Plutôt que de laisser à l'ennemi la redoute de Châtillon, il songe à s'y enfermer avec quelques centaines d'hommes et à tenir jusqu'à la dernière extrémité.

<small>Le général Ducrot prend ses dispositions pour conserver et défendre la redoute de Châtillon.</small>

Mandant le sous-intendant, il lui ordonne de prendre ses dispositions pour approvisionner l'ouvrage : déjà on s'apprêtait à transporter 50 à 60,000 rations réunies dans les premières maisons de Châtillon, quand le général se préoccupa de la question de l'eau.

Sur le terrain environnant, on ne trouvait ni ruisseau, ni source; dans la redoute, il n'y avait pas une goutte d'eau. Plusieurs hommes s'étaient déjà plaints de la soif... elle commençait à se faire sentir pour tous.

Afin de parer à ce grand inconvénient qui, se prolongeant, pouvait devenir un péril, le général envoie son chef du génie, le colonel Corbin, pour reconnaître si, dans le haut de Châtillon, il n'y aurait pas des fontaines, des puits, des réservoirs, quelques moyens, enfin, de faire boire les hommes et les chevaux. Au bout d'une heure, le colonel revint en disant qu'il n'existait rien absolument ; que, par suite d'un accident dont il ignorait la cause (1), les conduites d'eau ne fonctionnaient plus, que tous les réservoirs étaient à sec, et qu'il ne voyait aucun moyen d'approvisionner la redoute.

Ceci constituait une situation fort grave. Il est bien évident que si l'ennemi parvenait, en tournant notre droite, à occuper le village de Châtillon et à nous bloquer dans la redoute, nous ne pourrions nous y maintenir plus de vingt-quatre ou quarante-huit heures.

Comme se présentait cette difficulté, le général commandant l'artillerie rendait compte au général en chef que les munitions pour les pièces de 12 étaient à peu près épuisées. Depuis plusieurs heures on en avait demandé, mais on n'avait reçu aucun avis de leur envoi. Malgré tout, le général Ducrot résolut d'attendre encore, car le Gouverneur, annoncé par la dépêche de midi 40 minutes, pouvait arriver d'un moment à l'autre.

Rien ne pressait, du reste : toutes les tentatives faites par l'infanterie ennemie jusqu'à 7 à 800 mètres de la redoute avaient été repoussées par l'artillerie et la mousqueterie.

Notre position était excellente... Le cimetière, placé à 200 mètres environ de la redoute, servait de véritable ouvrage de contre-approche. La compagnie du capitaine Bontemps, qui l'occupait, fusillait de la face gauche les Bavarois quand ils tentaient de prendre pied sur le plateau au-dessus de Plessis-Picquet, et de la face perpendiculaire à la route, cette même compagnie tenait les Prussiens en respect dans la direction de Villacoublay.

---

(1) Le village de Châtillon est alimenté par la pompe à feu de Choisy-le-Roi. Le 18 septembre, l'ennemi arrivant, M. le Directeur de la Compagnie générale des eaux avait donné l'ordre au personnel de l'usine de Choisy de se retirer, après avoir démonté une pièce de la machine, afin qu'elle ne pût être utilisée par l'ennemi. (Voir aux pièces justificatives, n° IX.)

Le combat avait presque cessé : il n'y avait plus qu'une canonnade à grande distance, et une fusillade partant d'une haie située à 1,000 mètres de la redoute, lorsqu'un incident vint jeter le trouble dans la défense. Au moment où les Bavarois cherchaient à se maintenir sur le plateau, le général Paturel ordonna à deux compagnies du 1ᵉʳ bataillon du 21ᵉ, établi un peu en retour vers la droite, entre la redoute et la batterie du Télégraphe, d'ouvrir le feu contre leurs têtes de colonne. Le feu se propagea instinctivement dans le reste du bataillon ; quelques balles sifflèrent aux oreilles des défenseurs de l'ouvrage ; cette fusillade, venant presque d'arrière, les impressionna vivement.

Le général en chef donna immédiatement l'ordre de cesser le feu... les mitrailleuses, seules, continuèrent à tirer.

Mais ce fait, apparemment sans importance, fit une mauvaise impression sur nos jeunes soldats..... Il leur ôta une partie du calme et de la résolution qu'ils avaient montrés jusque-là. Sur le champ de bataille, il ne faut souvent qu'un léger incident, pour enlever la confiance aux troupes...

Enfin, vers 3 heures 1/4, ne voyant pas arriver le Gouverneur, et ne pouvant conserver aucune illusion sur l'envoi de renforts, le général Ducrot se décide à abandonner la position. *Le général Ducrot donnne l'ordre de la retraite.*

Ordre est envoyé aux batteries du Télégraphe, ainsi qu'aux batteries dominant Clamart, de se retirer vers Montrouge.

Toutes les troupes établies derrière la redoute et sur les pentes de Châtillon devront suivre la même direction.

Vers 4 heures, l'évacuation de la redoute s'effectue avec le plus grand calme.

Conformément aux ordres reçus, les seconds caissons

et tous les impedimenta commencent le mouvement ; les voies, un peu débarrassées de ce matériel, les troupes à droite et à gauche de l'ouvrage battent en retraite par échelons ; elles doivent se reformer en bataille entre les forts d'Issy, de Vanves et de Montrouge.

Resté dans la redoute avec le 2ᵉ bataillon du 26ᵉ de marche, la 4ᵉ compagnie du 4ᵉ bataillon des mobiles d'Ille-et-Vilaine et quelques sapeurs du génie, le général Ducrot fait exécuter, pendant tout le temps que durent ces diverses opérations, un feu très-vif de mousqueterie et d'artillerie.

Pas un canon ne serait tombé aux mains de l'ennemi sans une déplorable erreur de quelques conducteurs d'artillerie : les avant-trains des pièces de 12 et des mitrailleuses qui étaient dans la redoute avaient été placés dans le haut du village de Châtillon, faute de place dans l'ouvrage ; les hommes qui les conduisaient, voyant défiler, vers quatre heures, les seconds caissons et le gros matériel d'artillerie, crurent devoir suivre le mouvement. Quand, au dernier instant, on voulut faire avancer les avant-trains, on ne les trouva plus ; ils étaient déjà retournés à leur ancien campement entre le fort de Vanves et le fort de Montrouge. Les faire revenir sur leurs pas, gravir le plateau au milieu des troupes en mouvement, eût été sinon tout à fait impossible, du moins fort long. Il fallait se hâter, de crainte d'être enlevé, car les troupes qui devaient protéger les flancs de la redoute étaient déjà loin. Dans l'ouvrage, il ne restait plus qu'une poignée d'hommes cherchant, il est vrai, par un feu très-vif, à dissimuler leur petit nombre ; mais il ne fallait pas espérer tromper longtemps l'ennemi, qui, d'un moment à l'autre, pouvait arriver en force et prendre d'un seul coup de filet les derniers défenseurs.

Les mitrailleuses sont attelées à des chevaux de selle et d'officiers, mais on ne peut songer à employer ce moyen pour les lourds canons de 12; le général les fait enclouer par le capitaine du génie de Saint-Vincent, et surveille pièce par pièce cette opération.

Enfin, ordre est donné au 2ᵉ bataillon du 26ᵉ et à la compagnie des mobiles de quitter la redoute; le général en chef sort le dernier. Pas un coup de canon, pas un coup de fusil n'est tiré sur cette petite arrière-garde qui, vers cinq heures, se trouve à hauteur du fort de Vanves.

Le général Ducrot, après avoir établi ses dernières troupes, entra dans ce fort; il voulait donner un coup d'œil à l'armement et juger de la situation.

C'est dans le fort de Vanves qu'il reçut, des mains du commandant, un télégramme du Gouverneur :

*Dépêche du Gouverneur au commandant du fort de Vanves.*

4 heures 40 minutes.

« *Gouverneur de Paris au Commandant fort de Vanves.*

« Avez-vous des nouvelles de la personne du général Ducrot? »

On le voit, l'isolement du général Ducrot sur le plateau de Châtillon avait été si complet, qu'on ignorait même ce qu'il était devenu. On craignait qu'il n'eût été tué ou enlevé dans la bagarre; en un mot, personne dans Paris ne savait au juste ce qui se passait sur le lieu du combat, parce que depuis onze heures du matin personne n'y était venu voir.

Le Gouverneur s'était mis en route; mais à la porte de Paris il avait rencontré la division de Caussade qui rentrait tranquillement, disant qu'on ne se battait plus, que toutes les troupes revenaient. Le général Trochu s'était alors borné à faire l'inspection des remparts pour y préparer la défense.

Le général Ducrot télégraphia immédiatement au Gouverneur pour rendre compte de la situation, et demander des instructions.

Ordre ayant été donné de faire entrer le 14ᵉ corps dans Paris, ce mouvement fut exécuté vers huit heures du soir.

*Résumé la journée.*   Tel est le combat de Châtillon, qui, à vrai dire, ne fut qu'une longue et vigoureuse canonnade, pendant laquelle nos batteries improvisées luttèrent énergiquement et avec un certain avantage contre les batteries allemandes supérieures par le nombre, par le personnel aguerri, par les engins perfectionnés.

De notre côté, nous eûmes 76 bouches à feu engagées, 68 sur le plateau, 8 dans la redoute; elles tirèrent 11,000 coups de 7 heures du matin à 4 heures du soir.

Les Allemands comptaient 60 pièces sur le plateau, de la ferme de Trivaux au ravin de Plessis-Picquet, 30 entre Bourg-la-Reine et Sceaux.

Comme dans la plupart des canonnades, les pertes furent peu considérables de part et d'autre, mais sauf l'incident des zouaves qui se produisit au début de l'action, nos jeunes soldats firent généralement bonne contenance sous une pluie de projectiles.

Quelques fractions sérieusement engagées, notamment le 15ᵉ, le 19ᵉ d'infanterie et le 7ᵉ bataillon des mobiles de la Seine, firent preuve d'une solidité vraiment remarquable et tout à fait inattendue de la part de jeunes gens qui, la plupart, n'avaient jamais tiré un coup de fusil.

La journée du 19 septembre nous coûta :
4 officiers tués, 28 blessés, 1 disparu;
94 hommes tués, 535 blessés et 61 disparus.
Total, 723 officiers ou soldats hors de combat.

Les Prussiens avaient eu de leur côté :

6 officiers tués, 11 blessés ;

83 hommes tués et 302 blessés.

Total, 402 officiers ou soldats hors de combat.

Les ambulances divisionnaires du 14ᵉ corps étaient bien incomplètes ; cependant elles suffirent pour assurer le service du champ de bataille.

*Service des ambulances pendant la journée du 19 septembre.*

Les blessés furent transportés jusqu'à la fortification ; là, à chacune des portes du Sud, se trouvaient cinquante infirmiers munis de brancards et commandés par un officier d'administration des hôpitaux. Ces infirmiers recevaient les blessés et installaient temporairement les plus grièvement atteints dans des maisons de la rue militaire disposées en ambulance.

A chaque porte il y avait un sous-intendant chargé de diriger sur telle ou telle ambulance les voitures de blessés et les brancardiers.

On espérait, de cette façon, éviter le désordre ; mais on avait compté sans le zèle trop ardent de la population et des personnes qui avaient fondé des ambulances privées.

Beaucoup allèrent, avec des voitures, ramasser des blessés jusque sur le champ de bataille, et les conduisirent dans l'intérieur de Paris. Les militaires, soignés les uns dans les ambulances privées, les autres chez des particuliers, échappèrent la plupart au contrôle et à la surveillance militaire.

Pour éviter qu'une pareille confusion ne se reproduisît à l'avenir, ordre fut donné aux postes des portes de la ville de ne laisser passer les jours de combat que les voitures-ambulances de la Presse, celles de la Société de secours et les directeurs d'ambulances pourvus de cartes spéciales (1).

---

(1) Voir le chapitre : SERVICE HOSPITALIER.

## PERTES DU 14ᵉ CORPS AU COMBAT DE CHATILLON
(19 septembre 1870).

| NOMS | GRADES | OFFICIERS | | | TROUPE | | |
|---|---|---|---|---|---|---|---|
| | | TUÉS | BLESSÉS | DISPARUS | TUÉS | BLESSÉS | DISPARUS |
| **INFANTERIE.** | | | | | | | |
| **15ᵉ régiment de marche et une compagnie et demie de chasseurs à pied.** | | | | | | | |
| N..., chasseur à pied... | Lieutenant | » | 1 | » | » | » | » |
| N..., dº ... | Sˢ-lieutenant | » | *1 | » | » | » | » |
| Gœpp, 15ᵉ de marche... | dº | » | 1 | » | » | » | » |
| Troupe........ | ..... | » | » | » | 5 | 33 | » |
| Totaux......... | | » | 3 | » | 5 | 33 | » |

* Ce signe indique que l'officier est mort de ses blessures.

**16ᵉ régiment de marche.**

| | | | | | | | |
|---|---|---|---|---|---|---|---|
| Cœuré ........... | Lieutenant | » | 1 | » | » | » | » |
| Lenglin........... | Sˢ-lieutenant | 1 | » | » | » | » | » |
| Troupe......... | ..... | » | » | » | 3 | 20 | » |
| Totaux......... | | 1 | 1 | » | 3 | 20 | » |

**17ᵉ régiment de marche.**

| | | | | | | | |
|---|---|---|---|---|---|---|---|
| Montaru ......... | Lieut.-colonel | » | 1 | » | » | » | » |
| Patriarche ........ | Capitaine | 1 | » | » | » | » | » |
| Lallouette ........ | dº | » | 1 | » | » | » | » |
| Marvy .......... | dº | » | 1 | » | » | » | » |
| Troupe......... | ..... | » | » | » | 21 | 129 | » |
| Totaux......... | | 1 | 3 | » | 21 | 129 | » |

# DÉFENSE DE PARIS.

| NOMS | GRADES | OFFICIERS | | | TROUPE | | |
|---|---|---|---|---|---|---|---|
| | | TUÉS | BLESSÉS | DISPARUS | TUÉS | BLESSÉS | DISPARUS |
| **18ᵉ régiment de marche.** | | | | | | | |
| Hoffer............ | Capitaine | » | ★ 1 | » | » | » | » |
| Troupe........... | ......... | » | » | » | 7 | 22 | » |
| Totaux.......... | | » | 1 | » | 7 | 22 | » |

\* Ce signe indique que l'officier est mort de ses blessures.

| NOMS | GRADES | OFFICIERS | | | TROUPE | | |
|---|---|---|---|---|---|---|---|
| | | TUÉS | BLESSÉS | DISPARUS | TUÉS | BLESSÉS | DISPARUS |
| **19ᵉ régiment de marche.** | | | | | | | |
| De Colasseau...... | Lieut.-colonel | 1 | » | » | » | » | » |
| Collio............ | Chef de bat^on | » | 1 | » | » | » | » |
| Fauveau.......... | Cap. adj.-maj. | 1 | » | » | » | » | » |
| Ritouret.......... | Capitaine | » | 1 | » | » | » | » |
| Noël............. | Lieutenant | » | 1 | » | » | » | » |
| Amyot............ | d° | » | 1 | » | » | » | » |
| Bertrandy........ | d° | » | 1 | » | » | » | » |
| Rousset.......... | d° | » | » | 1 | » | » | » |
| Michaud.......... | Sˢ-lieutenant | » | 1 | » | » | » | » |
| Colin............. | d° | » | 1 | » | » | » | » |
| Delanoix.......... | d° | » | 1 | » | » | » | » |
| Troupe........... | ......... | » | » | » | 35 | 205 | 1 |
| Totaux.......... | | 2 | 8 | 1 | 35 | 205 | 1 |
| **20ᵉ régiment de marche.** | | | | | | | |
| Officiers.......... | ......... | » | » | » | » | » | » |
| Troupe........... | ......... | » | » | » | » | » | » |
| **21ᵉ régiment de marche.** | | | | | | | |
| Chinouffre........ | Lieutenant | » | 1 | » | » | » | » |
| Troupe........... | ......... | » | » | » | 2 | 3 | » |
| Totaux.......... | | » | 1 | » | 2 | 3 | » |

|  |  | OFFICIERS ||| TROUPE |||
| NOMS | GRADES | TUÉS | BLESSÉS | DISPARUS | TUÉS | BLESSÉS | DISPARUS |
|---|---|---|---|---|---|---|---|
| **22e régiment de marche.** ||||||||
| Lacronique | Lieutenant | » | 1 | » | » | » | » |
| Troupe |  | » | » | » | 5 | 18 | » |
| Totaux |  | » | 1 | » | 5 | 18 | » |
| **4e régiment de zouaves.** ||||||||
| Uteza | Lieutenant | » | 1 | » | » | » | » |
| Clément | Ss-lieutenant | » | 1 | » | » | » | » |
| Troupe |  | » | » | » | 5 | 21 | 60 |
| Totaux |  | » | 2 | » | 5 | 21 | 60 |
| **26e régiment de marche.** ||||||||
| Troupe |  | » | » | » | » | 2 | » |
| Total |  | » | » | » | » | 2 | » |
| **7e bataillon de garde mobile de la Seine.** ||||||||
| Troupe |  | » | » | » | 3 | 14 | » |
| Totaux |  | » | » | » | 3 | 14 | » |
| **CAVALERIE.** ||||||||
| **Régiment de gendarmerie.** ||||||||
| Martenot de Cordoue | Colonel | » | 1 | » | » | » | » |
| Allavène | Lieut.-colonel | » | 1 | » | » | » | » |
| Yvon | Capitaine | » | 1 | » | » | » | » |
| Martin | do | » | 1 | » | » | » | » |
| Troupe |  | » | » | » | » | 8 | » |
| Totaux |  | » | 4 | » | » | 8 | » |

3 chevaux tués, 9 blessés.

## DÉFENSE DE PARIS.

| NOMS | GRADES | OFFICIERS | | | TROUPE | | |
|---|---|---|---|---|---|---|---|
| | | TUÉS | BLESSÉS | DISPARUS | TUÉS | BLESSÉS | DISPARUS |
| **2ᵉ cuirassiers de marche.** | | | | | | | |
| Matisse............ | Sˢ-lieutenant | » | 1 | » | » | » | » |
| Troupe.......... | ...... | » | » | » | 1 | 8 | » |
| Totaux.......... | | » | 1 | » | 1 | 8 | » |

6 chevaux tués, 9 blessés.

| | | | | | | | |
|---|---|---|---|---|---|---|---|
| **Régiment mixte.** | | | | | | | |
| Troupe........... | ...... | » | » | » | 1 | 8 | » |
| Total.......... | | » | » | » | 1 | 8 | » |

1 cheval tué.

| | | | | | | | |
|---|---|---|---|---|---|---|---|
| **ARTILLERIE.** | | | | | | | |
| N............. | Capitaine | » | 1 | » | » | » | » |
| Costa............ | Lieutenant | » | 1 | » | » | » | » |
| Deport........... | dº | » | 1 | » | » | » | » |
| Troupe.......... | ...... | » | » | » | 7 | 50 | » |
| Totaux.......... | | » | 3 | » | 7 | 50 | » |

| | | | | | | | |
|---|---|---|---|---|---|---|---|
| **GÉNIE.** | | | | | | | |
| Officiers.......... | ...... | » | » | » | » | » | » |
| Troupe........... | ...... | » | » | » | » | » | » |

## RÉCAPITULATION DES PERTES.

| | | OFFICIERS | | | TROUPE | | |
|---|---|---|---|---|---|---|---|
| | | TUÉS | BLESSÉS | DISPARUS | TUÉS | BLESSÉS | DISPARUS |
| Division Caussade | 15ᵉ régiment de marche et une comp. et demie de chasseurs. | » | 3 | » | 5 | 33 | » |
| | 16ᵉ régiment de marche. | 1 | 1 | » | 3 | 20 | » |
| | 17ᵉ  dᵒ  dᵒ | 1 | 3 | » | 21 | 129 | » |
| | 18ᵉ  dᵒ  dᵒ | » | 1 | » | 7 | 22 | » |
| Division d'Hugues | 19ᵉ régiment de marche. | 2 | 8 | 1 | 35 | 205 | 1 |
| | 20ᵉ  dᵒ  dᵒ | » | » | » | » | » | » |
| | 21ᵉ  dᵒ  dᵒ | » | 1 | » | 2 | 3 | » |
| | 22ᵉ  dᵒ  dᵒ | » | 1 | » | 5 | 18 | » |
| 4ᵉ régiment de zouaves | | » | 2 | » | 5 | 21 | 60 |
| 26ᵉ  dᵒ  de marche. | | » | » | » | » | 2 | » |
| 7ᵉ bataillon de mobiles de la Seine. | | » | » | » | 3 | 14 | » |
| Cavalerie | Régiment de gendarmerie (1). | » | 4 | » | » | 8 | » |
| | 2ᵉ régiment de cuirassiers (2) | » | 1 | » | 1 | 8 | » |
| | Régiment mixte (3) | » | » | » | 1 | 8 | » |
| Artillerie. | | » | 3 | » | 7 | 50 | » |
| Génie | | » | » | » | » | » | » |
| Totaux | | 4 | 28 | 1 | 95 | 541 | 61 |
| TOTAL GÉNÉRAL | | | | | **730** | | |

(1) 3 chevaux tués, 9 blessés.  (2) 6 chevaux tués, 9 blessés.  (3) 1 cheval tué.

## PERTES DES ALLEMANDS AU COMBAT DE CHATILLON

(19 septembre 1870).

| RÉGIMENTS | OFFICIERS | | | TROUPE | | |
|---|---|---|---|---|---|---|
| | TUÉS | BLESSÉS | DISPARUS | TUÉS | BLESSÉS | DISPARUS |
| **5ᵉ corps prussien.** | | | | | | |
| Régiment de grenadiers du Roi nº 7 | » | » | » | 6 | 19 | » |
| Régiment d'infanterie nº 47 (Basse-Silésie) | » | 2 | » | 34 | 77 | » |
| 4ᵉ régiment de dragons | » | » | » | 1 | 1 | » |
| 5ᵉ   dº   d'artillerie de campagne | » | 3 | » | 5 | 31 | » |
| Totaux | » | 5 | » | 46 | 128 | » |
| TOTAL pour le 5ᵉ corps | | | 179 | | | |
| 50 chevaux hors de combat au 5ᵉ corps. | | | | | | |
| **2ᵉ corps bavarois.** | | | | | | |
| 6ᵉ régiment d'infanterie | » | 3 | » | » | 9 | » |
| 7ᵉ   dº   dº | 3 | 2 | » | 12 | 59 | » |
| 8ᵉ bataillon de chasseurs | » | » | » | 1 | 8 | » |
| 14ᵉ régiment d'infanterie | 1 | 4 | » | 4 | 24 | » |
| 15ᵉ   dº   dº | 1 | » | » | 4 | 5 | » |
| 3ᵉ bataillon de chasseurs | » | » | » | 8 | 31 | » |
| 5ᵉ régiment d'infanterie | » | » | » | 1 | 9 | » |
| 6ᵉ bataillon de chasseurs | » | » | » | 1 | 4 | » |
| 1ᵉʳ régiment d'infanterie | » | » | » | 2 | 4 | » |
| 9ᵉ   dº   dº | » | » | » | » | 1 | » |
| 4ᵉ   dº   d'artillerie | 1 | » | » | 4 | 20 | » |
| Totaux | 6 | 9 | » | 37 | 174 | » |
| TOTAL pour le 2ᵉ corps bavarois | | | 226 | | | |

TOTAL des pertes ... { 5ᵉ corps .... 179 / 2ᵉ bavarois .. 226 }  405.

*Observations sur le combat de Châtillon.*

Malgré les quelques défaillances partielles qui se sont produites au début de la journée, le combat de Châtillon n'a rien que de très-honorable pour la majorité des jeunes troupes qui y ont été engagées.

Le 19ᵉ de marche a lutté longtemps devant Petit-Bicêtre contre des forces supérieures embusquées dans les bois ; les officiers de ce régiment ont chèrement payé leur dévouement. 11 d'entre eux sont restés sur le terrain.

Le 7ᵉ bataillon de mobiles de la Seine, entraîné par son chef, M. de Vernou-Bonneuil, a enlevé brillamment la ferme de la Tuilerie du Pavé-Blanc... Forcé d'abandonner cette position, il a retraité avec assez d'ordre et de fermeté pour mériter les éloges particuliers du général Renault (1).

Le 15ᵉ régiment de marche, avec une compagnie et demie de chasseurs, a tenu tête dans Plessis-Picquet aux diverses attaques de l'ennemi ; un instant ce régiment s'est trouvé compromis, par la retraite d'une partie de la division d'Hugues et de la division de Maussion : complétement isolé, abandonné à ses propres forces, il est cependant parvenu, dirigé par son chef énergique le lieutenant-colonel Bonnet, à couvrir notre flanc gauche, et il n'a cédé le terrain que sur l'ordre du général en chef.

L'artillerie surtout a fait preuve de solidité ; de 7 heures du matin à 4 heures du soir, elle a vaillamment soutenu le combat et n'a pas tiré moins de 11,000 coups

---

(1) Ce même jour, 19 septembre, était la date fixée pour l'élection des officiers de garde mobile, conformément au décret du 17 septembre. L'ironie du sort avait voulu que cette date fût un jour de combat, et que l'élection pût avoir lieu sous le feu même de l'ennemi, comme le demandait M. Picard. Le 7ᵉ bataillon de la Seine, qui était un bataillon bien commandé, qui venait de se conduire bravement, renomma tous ses officiers. Nous verrons plus loin que d'autres bataillons, n'ayant pas la même énergie, s'empressèrent de déposer une partie de leurs chefs.

de canon. Elle a souvent eu l'avantage; à plusieurs reprises elle est même parvenue à réduire au silence l'artillerie ennemie.

Le général Boissonnet, qui dirigeait nos batteries, a montré la bravoure et l'énergie qu'il devait déployer dans toutes les affaires de Paris. Le lieutenant-colonel Villiers, à la tête de la réserve d'artillerie du 14ᵉ corps, s'est également fait remarquer par un sang-froid et une ténacité au-dessus de tout éloge.

En somme, malgré la panique de 2 ou 3,000 hommes n'ayant du soldat que le nom et l'habit, malgré la défection de la 1ʳᵉ division qui dégarnit notre flanc droit, malgré le malentendu qui fit porter en arrière la 3ᵉ division et découvrit momentanément notre gauche, la position de Châtillon fut conservée. Il a fallu qu'une fatalité nouvelle vînt se joindre aux fatalités premières de toute cette journée; il a fallu que l'eau manquât par suite d'une circonstance imprévue, pour que le général en chef se décidât à abandonner ces hauteurs, d'une si grande importance.

La retraite a été toute volontaire, et, contrairement à ce que l'on a dit et écrit, elle s'est effectuée dans le plus grand ordre et avec le plus grand calme; l'ennemi, qui par deux fois avait été repoussé et contraint à taire son feu, songeait tellement peu à nous poursuivre, que ce n'est que quelque temps après qu'il a occupé la redoute de Châtillon (1).

Les Allemands, à la vérité, se trouvaient ainsi maîtres de tout le plateau qui domine à la fois la route de Versailles et les murs de Paris. Mais comment a-t-on pu dire que

---

(1) Les Allemands ont attribué la prise de la redoute à l'*impétuosité bavaroise*... Quand les Bavarois se sont élancés *impétueusement*, il y avait déjà plusieurs heures qu'il n'y avait plus un seul soldat français dans l'ouvrage.

sans le combat de Châtillon ils ne l'auraient pas occupé ?

Nous avons vu que le Gouverneur ne se croyant pas en mesure de tenir des positions aussi avancées, ne songeait qu'à défendre les remparts, et voulait faire rentrer toutes les troupes derrière les forts.

Le plateau de Châtillon abandonné... l'ennemi n'eût pas manqué de l'occuper immédiatement; son importance lui était connue au moins aussi bien qu'à nous.

A la suite de ce combat, des exagérations, des excitations de toute sorte se répandirent dans la ville. On avait vu des fuyards, on en concluait que toute l'armée avait fui. Comme en ces temps de malheur on est toujours prêt à crier à la trahison, il n'y eut pas dans la presse, sur les places publiques, d'injures suffisantes pour qualifier les soldats et les chefs qui avaient pris part à l'action du 19 septembre.

Laissant de côté les déclamations d'une presse ignorante et les grossièretés d'une démagogie en délire, nous allons seulement examiner, d'une manière très-succincte, si ce combat, cela a été dit, a eu pendant le reste du siége une funeste influence sur le sort de nos armes.

Loin d'avoir affaibli la défense de Paris, nous sommes convaincu que la journée de Châtillon l'a rendue plus facile et plus efficace.

Après les désastres de nos armées, l'ennemi était loin de s'attendre à trouver une troupe et surtout une artillerie capables de lui résister avec une pareille énergie pendant toute une journée.

Les Allemands furent d'autant plus surpris que, malgré leur supériorité numérique, ils firent des pertes sérieuses : ils perdirent 400 hommes, nous 700 hommes, et cependant ils engagèrent le 5$^e$ corps et le 2$^e$ corps bavarois contre notre seul 14$^e$ corps, composé de jeunes troupes à peine encadrées. Ils eurent ainsi la preuve que s'ils voulaient tenter une attaque de vive force contre les forts ou l'enceinte, ils trouveraient une très-vive résistance et que très-probablement ils échoueraient.

Loin d'enhardir l'ennemi, le combat du 19 septembre le rendit donc circonspect et hésitant.

A l'appui de notre opinion nous citerons le passage d'une lettre que M. de Chaudordy écrivait à M. Jules Favre à la date du 25 septembre :

« ......... Il paraît certain que les Allemands ont
« beaucoup souffert devant Issy (combat de Châtillon),
« qu'ils ne s'attendaient pas à la défense de Paris et
« qu'ils en sont troublés. »

Aurions-nous pu faire plus?

Oui, très-certainement, avec des renforts envoyés en temps opportun.

Et cela aurait eu lieu, si le Gouverneur, conformément à sa dépêche de midi 40 minutes, était venu sur le plateau.

Voyant la position conservée, la possibilité et la nécessité de s'y maintenir, il aurait, nous n'en doutons pas, fait avancer les troupes de la division Blanchard, qui, rappelées précipitamment de Vincennes, avaient reçu l'ordre de garnir le rempart de la Bièvre à la Seine.

Mais nous avons vu comment, au sortir de Paris, le général Trochu, trompé par les renseignements du général de Caussade, abandonna l'idée de venir sur le plateau de Châtillon qu'il croyait abandonné.

Plus tard encore, vers 2 heures, le général Vinoy, commandant du 13ᵉ corps, installait son quartier général à la gare Montparnasse; si, à ce moment, il avait eu l'inspiration d'envoyer un de ses aides de camp sur le plateau de Châtillon, il eût appris que le général Ducrot tenait toujours la position principale et qu'il était sérieusement menacé sur ses flancs dégarnis ; il n'eût certainement pas hésité, alors, à lui apporter le concours de la division Blanchard, composée en partie de vieilles troupes, laissant à la division de Caussade le soin de garder les remparts sur lesquels elle était déjà établie.

<small>la possibilité 'une attaque e vive force tre l'enceinte après journée du 19 septembre.</small>

On a dit qu'après le combat de Châtillon, l'ennemi aurait pu profiter du trouble que les fuyards du matin avaient jeté dans l'armée et dans la population pour tenter de pénétrer dans la place. Nous ne croyons pas qu'une entreprise semblable aurait eu de grandes chances de succès. Et cependant cette hypothèse n'était pas sans préoccuper sérieusement le Gouverneur, ainsi que tous ceux, nous n'hésitons pas à le dire, qui jouaient alors un rôle dans la défense. Cette inquiétude, à la vérité sans fondement, prenait naissance dans l'extrême pénurie et la faiblesse des ressources du moment.

L'armée régulière était restreinte, et, à quelques exceptions près, peu solide; la garde mobile, supérieure en nombre à la troupe de ligne, était loin de la valoir comme qualité ; quant à la garde nationale, c'était une masse d'hommes sans instruction, sans discipline, sans cadres véritables, dans les rangs de laquelle s'agitaient déjà les ambitieux de bas étage et les fauteurs de désordre qui devaient faire le 31 octobre et le 18 mars.

Néanmoins, ces troupes insuffisantes n'annihilaient pas entièrement les obstacles très-sérieux que la défense pouvait opposer à un coup de main; l'excellence des forces fixes compensait la mauvaise qualité des forces mobiles.

Ainsi sur tout le front Sud, l'ennemi était forcé de passer entre des forts se flanquant réciproquement à une distance de 1,500 à 2,000 mètres; ses colonnes eussent été désorganisées et détruites avant de venir se heurter contre la ligne de rempart gardée par la division

Blanchard, où se trouvaient deux vieux régiments, 35ᵉ et 42ᵉ.

Tenter l'assaut du côté du Point-du-Jour, était également bien périlleux, le fort d'Issy et le Mont-Valérien croisant leurs feux sur ce point.

Cependant les Allemands auraient pu faire une fausse attaque au sud, et une attaque sérieuse vers Asnières ou vers Joinville.

Dans le premier cas, après avoir effectué le passage de la Seine à Bezons et à Argenteuil, ils auraient de nouveau franchi de nuit la Seine à Asnières ; couverts par les nombreuses habitations de Clichy-la-Garenne et le remblai du chemin de fer, ils se seraient avancés jusqu'au pied du saillant, situé entre Batignolles et Montmartre... Restait, à la vérité, l'escalade, opération toujours bien risquée.

Du côté de Joinville, malgré le pont détruit, il était facile à l'ennemi, les redoutes de Gravelle et de la Faisanderie n'étant pas armées, de passer la Marne sur un point quelconque de la presqu'île de Saint-Maur...

Mais alors, ses colonnes d'attaque se fussent trouvées resserrées entre la Marne et les pentes du plateau de Vincennes, occupé par la division d'Exea. — Quoique peu solides encore, nos jeunes troupes seraient parvenues probablement à repousser l'ennemi, grâce à l'avantage de la position.

Partout ailleurs, Saint-Denis et les forts couvraient suffisamment la ville.

Dans tous les cas, ces assauts pouvaient amener des échecs et l'ennemi ne voulait rien risquer... Il redoutait la moindre défaite, surtout au point de vue de l'effet désastreux qu'elle produirait sur le moral des troupes. Il pensait, non sans raison, qu'un insuccès sous les murs de Paris compromettrait gravement les avantages de la campagne si péniblement obtenus... Cet insuccès, grossi par la presse française et étrangère, pouvait changer la face des choses en relevant l'énergie de toute la nation envahie et en ôtant la confiance aux armées alliées qui s'avançaient au cœur de la France, non sans une certaine appréhension. — Tout ce que les Allemands ont publié jusqu'à ce jour, sur le siége de Paris, établit cette préoccupation constante de leur état-major.

## CHAPITRE II.

### OPÉRATIONS SUR LE PLATEAU DE VILLEJUIF ET EN AVANT DU FORT DE CHARENTON.

(19 septembre 1870.)

*Reconnaissances de l'ennemi sur les hauteurs de Villejuif.*

Pendant que se livre le combat de Châtillon, de fortes reconnaissances, voulant tâter le terrain et constater l'état de nos forces, s'avancent contre les positions occupées par la division de Maud'huy, établie de la Bièvre à Bercy.

Ayant pour objectif le moulin Saquet, l'ennemi se divise en deux masses principales : infanterie et cavalerie... L'infanterie s'avance par les pépinières du versant de Vitry et cherche à déborder notre gauche...

La cavalerie débouche par la route de Fontainebleau et menace l'intervalle entre Villejuif et Moulin-Saquet... Un moment elle pousse jusqu'à 300 mètres de l'ouvrage, mais, fort maltraitée par les décharges de mousqueterie et d'artillerie, elle se retire en abandonnant ses morts et ses blessés.

Plus à droite, Villejuif et les Hautes-Bruyères sont attaqués de front par des tirailleurs, semblant avoir pour but de couvrir la marche des colonnes ennemies vers Bourg-la-Reine et Sceaux ; maintenus à distance, ils ne cherchent pas à pousser plus avant.

Déjà à 4 heures du matin, une patrouille de 4 volontaires commandée par M. Racine, sous-lieutenant au 9ᵉ de marche, avait tué 2 cavaliers prussiens en avant des Hautes-Bruyères et était rentrée à la redoute avec leurs armes et harnachements.

Pendant le reste de la journée la fusillade se continua sur le plateau de Villejuif sans résultats de part et d'autre. Ces escarmouches coûtèrent au 10ᵉ de marche, à Villejuif : 3 tués, 8 blessés ; au 12ᵉ de marche, à Moulin-Saquet : 2 tués, 8 blessés.

Dans l'après-midi, les Allemands s'étant retirés vers Chevilly et l'Hay, le général de Maud'huy, afin de se rendre compte des forces qui occupent ces deux villages, envoie une reconnaissance, sous les ordres du lieutenant-colonel Lespieau.

*Reconnaissance vers Chevilly et l'Hay.*

Forte d'un bataillon du 12ᵉ de marche (4ᵉ bataillon du 90ᵉ), de deux compagnies du 9ᵉ de marche (54ᵉ) et d'une section d'artillerie (2 pièces de 4), cette colonne se met en marche, précédée d'une compagnie déployée en tirailleurs. — La ferme de la Saussaye enlevée, le lieutenant-colonel Lespieau pousse sur Chevilly, mais à 300 mètres du village, l'ennemi montre des forces supérieures et cherche à nous envelopper... Un autre peloton, rapidement déployé vers la droite, dégage nos tirailleurs. — Nous n'en sommes pas moins obligés de nous retirer en abandonnant nos blessés (35 environ) ; parmi eux se trouvait le capitaine Benoît, du 12ᵉ de marche, atteint mortellement.

La retraite s'opère sous la protection d'une batterie de mitrailleuses (capitaine Dufour), établie dans la redoute des Hautes-Bruyères.

Nos pertes sur le plateau de Villejuif s'élevèrent, dans cette journée du 19 septembre, à 60 hommes tués ou blessés, et 1 officier tué, le capitaine Benoît. De leur côté, les Prussiens eurent 2 officiers blessés et 39 hommes hors de combat, appartenant principalement au 6ᵉ corps.

*Reconnaissance en avant du fort de Charenton.*

Ce même jour, le général d'Exea, commandant la 1ʳᵉ division du 13ᵉ corps, campée sur le plateau de Vincennes, faisait en avant du fort de Charenton et de Maisons-Alfort, une reconnaissance avec un bataillon d'infanterie et un peloton de chasseurs à cheval.

La colonne trouva l'ennemi posté le long du remblai du chemin de fer de Lyon, ainsi que dans le bouquet de bois entre cette ligne et la Seine. Après une fusillade d'une heure environ, on rentra au campement.

## CHAPITRE III.

### LES TROUPES SE CONCENTRENT DANS PARIS.

Nos essais malheureux d'offensive dans les journées des 17 et 19 septembre par les 13ᵉ et 14ᵉ corps, semblèrent (1) donner raison à ceux qui, avec le Gouverneur de Paris, pensaient que nos jeunes troupes n'étaient, ni matériellement ni moralement, à même de tenir en rase campagne : à Mesly, à Châtillon, l'ennemi était de flanc, en flagrant délit de mouvement, mouvement d'autant plus compromettant qu'il opérait le passage de la Seine

---

(1) Nous disons *semblèrent*, car il est bien évident que, si le Gouverneur avait voulu nous donner le 13ᵉ corps, composé des meilleures troupes, et comprenant, spécialement, une brigade de vieux régiments, s'il avait ainsi consenti, pour nous servir de son expression, à mettre tous ses œufs dans le même panier, afin de frapper un coup décisif, nous aurions vu couronner de succès notre tentative contre les têtes de colonnes prussiennes.

sur plusieurs points, et cependant, malgré ces avantages incontestables, nous n'avions pas réussi à le repousser, à *fortiori* ne pourrions-nous l'entamer une fois qu'il serait de front, concentré et dans de bonnes positions.

Le général Trochu, plus décidé que jamais à défendre uniquement l'enceinte et les forts, donna l'ordre à toutes les troupes établies en dehors de la fortification de rentrer dans Paris le soir même du 19 septembre (1).

Il n'y eut d'exception que pour la division d'Exea, 1ʳᵉ du 13ᵉ corps, qui devait rester sur le plateau de Vincennes.

Tous les ouvrages commencés furent abandonnés ; on fit sauter tous les ponts qui subsistaient encore : Billancourt, Sèvres, Saint-Cloud, Asnières, Clichy, Saint-Ouen ; on ne conserva que le pont de Neuilly, considéré comme indispensable pour établir les communications avec le Mont-Valérien, ainsi que le pont du chemin de fer d'Asnières.

C'est donc à partir de ce jour, 20 septembre, que l'on peut considérer la ville de Paris comme entrant dans la période de l'investissement complet.

<small>Position des troupes le 20 septembre</small>

Le 14ᵉ corps est réuni au Champ-de-Mars et dans les avenues voisines.

La division de Maud'huy (du 13ᵉ corps) occupe le boulevard de la Gare et le boulevard extérieur jusqu'à la porte d'Enfer.

---

(1) Dans ce mouvement rétrograde, il se passa un fait qui montre assez bien le désarroi général : Au milieu de la journée de Châtillon le commandant du génie Lévy était parvenu, après la fuite de Dame-Rose, à rallier quelques centaines de zouaves et les avait ramenés à la redoute de Meudon. Dans la nuit qui suivit le combat, n'ayant aucune nouvelle, ne recevant aucun ordre, cet officier télégraphia à la place de Paris, pour demander ce qu'il devait faire ; s'il devait rentrer ou rester... On lui répondit : « Nous savons bien que vous êtes des Prussiens. » Un peu surpris de se voir ainsi dénationalisé, le commandant Lévy protesta, et ce ne fut pas sans peine qu'il se fit reconnaître.

La division Blanchard (13ᵉ corps), après avoir reçu du Gouverneur l'ordre de rendre les différents postes du rempart à la garde nationale, se retire plus en arrière, et s'installe dans les terrains vagues qui avoisinent les fortifications.

L'artillerie de réserve du 13ᵉ corps bivouaque sur les diverses avenues aboutissant à la place Breteuil.

<small>Les assiégés et les assiégeants prennent des mesures défensives.</small> Le Gouverneur, toujours à l'idée de voir l'ennemi tenter une attaque de vive force, ou commencer les opérations d'un siége en règle, ordonne que les mesures de défense soient prises en vue de cette double éventualité.

Cependant, comme nous l'avons déjà dit, rien n'était plus éloigné de la pensée de nos adversaires; une attaque de vive force n'était ni dans leurs moyens, ni dans leur idée; ils connaissaient trop bien Paris pour affronter les difficultés d'une attaque de ce genre. Quant à un siége en règle, le manque de matériel le rendait impossible pour longtemps encore.

Ils comptaient beaucoup sur la faiblesse, l'inexpérience du Gouvernement et sur les désordres intérieurs qui devaient en être la conséquence; résolus à attendre, suivant l'expression bien connue de M. de Bismark, le moment psychologique, ils pensaient que ce moment ne saurait tarder, car, avec le monde entier, ils n'entrevoyaient point la possibilité d'une résistance sérieuse et de longue durée de la part de la population parisienne.

Dès le premier jour, l'ennemi ne se préoccupa donc que d'une chose, retourner contre nous, en les complétant, tous les travaux que nous avions faits dans les environs de Paris, redoutes, tranchées, abatis, dépavage de routes, etc.

Ainsi, tandis que les assiégeants mettaient en état de défense tous les villages et villas des environs de Paris, les assiégés, de leur côté, armaient les remparts, créaient des abris, inondaient les glacis de chausses-trappes, d'abatis...

Les deux adversaires, également trompés sur leurs intentions réciproques, ne songeaient qu'à la défensive : Français et Allemands s'observaient, se fortifiaient et semblaient attendre les événements.

Profitons de ce moment de répit pour exposer la situation de Paris, envisager toutes ses ressources naturelles et artificielles ; voir, en un mot, quelle était sa force de résistance lors de l'investissement.

Cette force de résistance n'a été que l'ensemble ou la résultante de plusieurs forces composantes que nous allons successivement examiner.

Nous verrons que malheureusement toutes ces composantes, pour conserver notre figure empruntée à la mécanique, ont été loin d'agir parallèlement ; beaucoup furent mal dirigées, mal employées ; quelques-unes furent négatives, et celles-ci, comme celles-là, diminuèrent d'autant l'efficacité de la défense.

Dans cette partie de notre travail, nous ferons l'examen détaillé des ressources de la capitale ; nous verrons en quoi consistait le personnel de la défense, que nous diviserons en plusieurs catégories : troupe de ligne et marins, garde nationale mobile, garde nationale, corps francs.

Puis nous dresserons l'état général de notre matériel, canons, fusils, poudre, projectiles ; nous verrons quelles étaient les ressources de l'artillerie de terre, quel contingent nous a apporté l'artillerie de marine ; quelle utilité nous avons tirée des divers engins qui ont joué un certain rôle dans la défense.

Ensuite nous donnerons une idée des approvisionnements existant dans Paris au moment de l'investissement, subsistances, vivres-viande, habillement, équipement....

Nous parlerons du service hospitalier et de son fonctionnement pendant le siège, des ressources de toute sorte fournies par l'Assistance publique.

Nous dirons aussi un mot des moyens qui furent employés pour communiquer avec l'extérieur.

Enfin, nous donnerons quelques détails sur les fortifications de Paris, sur les ouvrages extérieurs commencés avant l'investissement; nous ferons connaître de quelle manière était réparti le commandement dans la capitale, et quelles étaient les attributions des divers services.

# LIVRE II

## DES RESSOURCES DE LA DÉFENSE

## PREMIÈRE PARTIE

### PERSONNEL DE LA DÉFENSE

Le Comité de défense avait évalué la garnison normale pour les forts permanents, à 40,000 hommes environ de troupes de ligne.

Dans sa séance du 27 août, il avait reconnu indispensable d'avoir également 80,000 hommes de troupes régulières pour agir entre les forts et les secourir au besoin.

La grande portée de la nouvelle artillerie rendant dangereuses certaines positions situées au delà du rayon des forts, on y avait commencé des ouvrages que l'on s'empressait d'achever. Ces ouvrages demandaient, en dehors des 80,000 hommes, une cinquantaine de mille hommes de bonnes troupes capables de soutenir le choc d'un ennemi nombreux et surexcité par la victoire.

Bien que la garde nationale fût exclusivement affectée à la garde de Paris et de ses remparts, il était indispensable de laisser, dans l'intérieur de Paris, un certain

*Nombre d'hommes nécessaire à la défense de Paris.*

nombre de troupes de ligne, pour assurer quelques services particuliers.

En résumé, la défense de Paris exigeait donc un chiffre d'environ 200,000 hommes de troupes régulières.

Ce chiffre a été de beaucoup dépassé, surtout si l'on comprend la garde nationale, mais nous savons qu'à la guerre, plus encore que partout ailleurs, le nombre ne peut suppléer à la qualité.

Nous allons examiner successivement la composition des troupes de ligne, de la garde mobile, de la garde nationale, et voir le parti qu'on aurait pu tirer des bons éléments disséminés dans cette foule armée.

# CHAPITRE PREMIER.

### TROUPES DE LIGNE.

## I. — Infanterie.

Marins.
Le département de la marine avait fourni, pour la défense, 13,900 hommes : 10,600 matelots et canonniers, 3,300 soldats d'infanterie. Ces marins formèrent une division placée à Saint-Denis, sous le commandement supérieur du vice-amiral La Roncière-Le Noury. De plus, ils constituèrent les garnisons de plusieurs forts : Romainville, Noisy, Rosny, Ivry, Bicêtre et Montrouge, et fournirent des détachements au fort de Nogent et au Mont-Valérien.

Ces troupes, bien disciplinées, bien commandées, se conduisirent valeureusement en toutes circonstances.

13e et 14e corps.
Les troupes de ligne se composaient spécialement des 13e et 14e corps ; elles comprenaient en outre, en dehors

des dépôts et de certains éléments épars : les gendarmes, les sapeurs-pompiers, les douaniers, etc., etc.

Ces 13e et 14e corps étaient constitués, presque exclusivement, avec des régiments de marche.

*Régiments d'ancienne formation.* — Seul, le 13e corps possédait deux régiments préexistants : le 35e et le 42e de ligne, qui venaient de Rome. Ces deux régiments se sont acquis une réputation bien méritée pendant le siége de Paris ; ils ont donné la mesure de ce que la défense aurait pu tenter, dès le début, si elle avait disposé de quelques autres régiments d'ancienne formation.

*Régiments de marche.* — Les régiments de marche, composant presque uniquement l'armée de Paris, ne pouvaient être comparés avec les vieux régiments, surtout au commencement ; formés avec trois bataillons de dépôt appartenant à trois régiments différents, ils n'avaient ni cohésion, ni esprit de corps ; sous bien des rapports les cadres et les hommes laissaient à désirer.

Lors de la déclaration de guerre, plusieurs capitaines trop âgés, ou fatigués, avaient permuté pour rester au dépôt ; ces dépôts ayant servi à former les régiments de marche, nombre de ces capitaines en faisaient partie.... Parmi les officiers supérieurs, on voyait aussi plusieurs ex-capitaines trésoriers ou d'habillement qui, nommés à cause de leur ancienneté, n'avaient pas toujours l'habitude du maniement des hommes, ni l'activité désirable.

A la tête de ces nouveaux corps se trouvaient des lieutenants-colonels, tous nouvellement promus, ne connaissant ni la troupe, ni les officiers.

Non-seulement le commandement péchait par l'inexpérience des officiers, mais encore par l'insuffisance du nombre. Dans beaucoup de compagnies, il n'y avait qu'un lieutenant ou un sous-lieutenant.

Les cadres des sous-officiers et des caporaux improvisés avec d'anciens soldats rappelés par la loi du 10 août, étaient d'une faiblesse extrême.

Quant aux hommes, tous recrues, réservistes ou échappés de Sedan, ils présentaient un ensemble peu satisfaisant. Les recrues n'avaient qu'une instruction de quelques jours ; les réservistes, exercés pendant 2 à 3 mois, les années précédentes, ne connaissaient pas l'usage du chassepot. Parmi les échappés de Sedan, beaucoup, par leur langage et leur tenue, étaient plus propres à décourager les esprits qu'à les affermir.

Enfin, les trois bataillons de ces régiments, composés d'éléments si médiocres, étaient même étrangers les uns aux autres au point de vue administratif : chacun se gérait pour son compte et vivait à part.

Nous reproduisons au sujet de ces nouveaux régiments quelques lignes très-justes de M. Chaper (rapport à l'Assemblée nationale sur le siége de Paris) :

« Voilà un régiment formé, discipliné, encadré, qui
« marche au combat. Tout en faisant mieux son devoir
« qu'un régiment improvisé, par cela seul qu'il connaît
« mieux ce devoir ; — tout en rendant plus de services
« — le corps instruit perd moins de monde, car chaque
« homme sait ce qu'il doit faire pour se garantir, aborder
« ou tourner les obstacles ; mais enfin, après le combat,
« surtout si ce n'est pas une victoire, il revient décimé.

« Il a perdu bon nombre d'officiers et de sous-offi-
« ciers — souvent les meilleurs, — on remplit les vides,
« et en peu de jours l'assimilation de ces nouveaux
« éléments est faite. Par l'exemple des anciens, les nou-
« veaux sont vite au courant de tout, et souvent, dès
« le lendemain, le corps est prêt à combattre de nou-
« veau. »

A l'appui de ces paroles nous citerons les deux seuls régiments d'ancienne formation existant dans Paris : le

35ᵉ perdit pendant le siége 40 officiers et 1,200 hommes, le 42ᵉ, 43 officiers et 1,400 hommes ; cependant ces deux régiments montrèrent à la fin du siége la même énergie, le même dévouement que dans les premiers combats. — Pendant la lutte contre la Commune, leur ardeur, leur entrain ne furent pas un instant ralentis.

Ces 13ᵉ et 14ᵉ corps, dont nous venons d'examiner les éléments, étaient formés chacun de trois divisions.

<small>Composition des 13ᵉ et 14ᵉ corps.</small>

Le 13ᵉ corps, commandé par le général Vinoy, se composait de la division d'Exea (1ʳᵉ) : brigades Mattat (5ᵉ, 6ᵉ de marche) et Daudel (7ᵉ, 8ᵉ de marche) ; la division de Maud'huy (2ᵉ) : brigades Dumoulin (9ᵉ, 10ᵉ de marche) et Blaise (11ᵉ, 12ᵉ de marche) ; la division Blanchard (3ᵉ) : brigades Susbielle (13ᵉ, 14ᵉ de marche) et Guilhem (35ᵉ, 42ᵉ de ligne).

Chacune de ces divisions comprenait deux compagnies de chasseurs à pied tirées de deux dépôts différents.

L'effectif total du 13ᵉ corps était d'environ 25,000 hommes.

Le 14ᵉ corps, commandé par le général Renault, se composait de :

La division de Caussade (1ʳᵉ) : brigades Ladreit de la Charrière (15ᵉ, 16ᵉ de marche) et Lecomte (17ᵉ, 18ᵉ de marche) ; la division d'Hugues (2ᵉ) : brigades Bocher (19ᵉ, 20ᵉ de marche) et Paturel (21ᵉ, 22ᵉ de marche) ; la division de Maussion (3ᵉ) : brigades Avril de l'Enclos (23ᵉ, 24ᵉ de marche) et Courty (25ᵉ, 26ᵉ de marche).

A chacune de ces divisions étaient attachées deux compagnies de chasseurs à pied tirées de deux dépôts différents.

L'effectif de ce corps était aussi de 25,000 hommes environ.

Au 14ᵉ corps on avait joint pour le combat de Châtillon le régiment de zouaves de marche.

**Régiments de création nouvelle.** Les régiments de marche des 13ᵉ et 14ᵉ corps avaient été formés avec des bataillons existants et régulièrement constitués.

Mais dans Paris il y avait des dépôts, des éléments épars d'un certain nombre de corps d'infanterie; ces ressources furent utilisées et servirent à la création de plusieurs régiments nouveaux.

Le régiment de zouaves de marche, fort de 2,000 hommes environ, fut organisé avec tous les débris des trois régiments de zouaves échappés de Sedan, avec des hommes rappelés et des engagés volontaires.

Le 28ᵉ de marche fut formé avec tous les dépôts de la garde et deux compagnies du bataillon de chasseurs de cette garde.

Le 36ᵉ de marche, dont la formation fut décrétée le 28 septembre, se composa de compagnies de dépôt tirées de seize régiments différents :

1ᵉʳ, 13ᵉ, 17ᵉ, 30ᵉ, 34ᵉ, 37ᵉ (1ᵉʳ bataillon); 2ᵉ, 8ᵉ, 10ᵉ, 28ᵉ, 35ᵉ, 53ᵉ (2ᵉ bataillon); 39ᵉ, 49ᵉ, 51ᵉ, 58ᵉ (3ᵉ bataillon).

De même, l'organisation du 37ᵉ de marche, décrétée le 2 octobre, fut obtenue au moyen de la réunion des deux compagnies de dépôt des 7ᵉ, 15ᵉ, 18ᵉ bataillons de chasseurs à pied, et de compagnies disséminées des 38ᵉ, 66ᵉ, 82ᵉ, 86ᵉ, 100ᵉ régiments d'infanterie.

Des mesures analogues permirent de procéder, le 20 octobre, à la formation des 38ᵉ et 39ᵉ régiments de marche.

Pendant longtemps toutes les diverses compagnies de ces nouveaux régiments s'administrèrent isolément; ainsi, le 36ᵉ fournissait seize situations journalières; le désordre, la confusion qui en résultaient étaient extrêmes, sans parler du temps énorme perdu en écritures... Cela dura jusqu'au 28 octobre (1).

---

(1) Les bureaux du ministère de la guerre étaient convaincus que la

Deux bataillons de chasseurs, créés au mois de novembre, portèrent les nos 21 et 22; le 23e fut organisé dans le courant de décembre.

*Création de trois bataillons de chasseurs (21e, 22e, 23e).*

Le 21e bataillon, formé à sept compagnies avec six compagnies de chasseurs (réparties dans les divisions du 3e corps) et une de la garde.

Le 22e bataillon comprenait également sept compagnies : les six du 14e corps et une de la garde.

En décembre, le même décret qui ordonna la création d'un nouveau bataillon : 23e, porta à huit, les compagnies des 21e et 22e bataillons; les cadres des huitièmes compagnies pris dans les corps mêmes.

On forma le 23e bataillon avec les dépôts des 7e, 15e et 18e bataillons de chasseurs, ayant déjà servi à organiser deux bataillons du 37e de marche; ils fournirent les hommes et les cadres des sous-officiers; les officiers furent pris dans les deux bataillons créés précédemment.

Ce dernier bataillon, étant presque entièrement composé de recrues parisiennes, se laissa facilement entraîner par la garde nationale à manifester sur la place de la Bastille pendant l'armistice; près de lui se trouvait cantonné, sur le boulevard du canal, le 21e bataillon; moins mal composé, il subit sa déplorable influence et

---

lutte ne pouvait se prolonger.... Redoutant les embarras qu'occasionneraient, à la paix, tous ces corps de nouvelle formation, ils voulaient s'en tenir à une réunion momentanée de compagnies, qui, continuant à s'administrer isolément, au titre de leurs corps, pourraient être rendues à leur destination première aussitôt que l'on ne serait plus en face de l'ennemi.

Les généraux, au contraire, portant tout le poids de la défense et uniquement dominés par l'idée de la rendre aussi énergique que possible, insistèrent auprès du Gouverneur de Paris pour obtenir l'organisation complète et définitive de ces nouveaux régiments; il firent remarquer que c'était l'unique moyen de donner à nos jeunes troupes l'homogénéité, la discipline, l'esprit de corps indispensables pour soutenir avec honneur la rude tâche qui leur était imposée.

prit également part à ce mouvement populaire. Un ordre ministériel du 8 mars 1871 prescrivit d'envoyer par punition ces deux bataillons dans la forteresse du Mont-Valérien.

*Gendarmes, douaniers, sapeurs-pompiers.*

La gendarmerie à pied et la garde de Paris représentaient 3,000 hommes.

Les douaniers, les gardes-forestiers, les sergents de ville, le régiment de sapeurs-pompiers de la ville de Paris, donnèrent environ 5,000 hommes qui, en majorité, servirent à former des artilleurs.

En résumé, nous eûmes donc, dans le cours du siége, de 75,000 à 80,000 hommes d'infanterie de ligne, parmi lesquels on ne pouvait compter que le tiers ou le quart de vrais soldats.

## II. — Cavalerie.

*Division Champeron.*

Il y avait dans Paris la division de cavalerie Champeron, d'ancienne formation; les premiers jours de septembre elle fit, avec la division Reyau, une reconnaissance dans la vallée de la Marne.

Après s'être avancées jusqu'à Meaux, ces deux divisions se retirèrent à l'approche de l'ennemi; la division Reyau gagna Versailles, par la suite elle fit partie des armées de province; la division Champeron rentra dans Paris.

Cette dernière division était ainsi composée :

1<sup>re</sup> brigade, { 1<sup>er</sup> régiment de marche de dragons.
g<sup>al</sup> de Gerbrois { 2<sup>e</sup>      id.        de dragons.

2<sup>e</sup> brigade, { 1<sup>er</sup> régiment de chasseurs.
général Cousin { 9<sup>e</sup>     id.        de chasseurs.

En dehors de cette division on forma à Paris une brigade de cavalerie, dont le commandement fut donné au général de Bernis; elle comprenait trois régiments :

Le 1er régiment de marche de lanciers;

Le 2e régiment de marche de cuirassiers, formé avec l'escadron des cent-gardes et un escadron de chacun des régiments de grosse cavalerie de la garde;

Le régiment de marche mixte, composé d'un escadron de chacun des régiments de cavalerie de ligne et légère de la garde.

Cette brigade avait été définitivement constituée à la date du 12 septembre.

On créa également un régiment de gendarmerie à cheval d'un effectif de 700 cavaliers, sous les ordres du colonel Allavène.

C'était un total de 5,000 sabres environ.

### III. — Artillerie.

Pour former l'artillerie des 13e et 14e corps, on n'avait eu que sept batteries anciennes; toutes les autres, au nombre de 23, avaient été improvisées, soit complétement, soit avec des fractions de batteries.

On organisa encore d'autres batteries dont les cadres furent créés avec des officiers échappés de Sedan, des officiers d'artillerie de marine, des officiers de la flotte, des officiers retraités ou démissionnaires, des ingénieurs, des élèves des écoles; les emplois de sous-officiers furent généralement remplis par d'anciens maréchaux des logis devenus gendarmes, des douaniers, des forestiers, des gardiens de la paix et des sapeurs-pompiers.

Grâce à l'admirable élan et au dévouement absolu de tous, on arriva à constituer ainsi une nouvelle artillerie qui, à la fin du siége, se montait à 93 batteries de campagne appartenant :

5 au 2ᵉ régiment d'artillerie;
2 au 3ᵉ — —
13 au 4ᵉ — —
4 au 6ᵉ — —
5 au 7ᵉ — —
2 au 8ᵉ — —
3 au 9ᵉ — —
6 au 10ᵉ — —
13 au 11ᵉ — —
1 au 12ᵉ — —
4 au 13ᵉ — —
6 au 14ᵉ — —
2 au 15ᵉ — —
13 au 21ᵉ — —
13 au 22ᵉ — —

**Batteries de marine.** En outre, le service de l'artillerie de marine avait expédié sur Paris, avant l'investissement, 16 batteries, qui furent d'un précieux secours pour la défense.

Nous pouvons y joindre 15 batteries fournies par la garde mobile.

**Composition de l'artillerie de campagne à la fin du siége.** Notre artillerie de campagne se composa donc à la fin du siége de 124 batteries, savoir:

93 appartenant à l'artillerie de terre;
16 — — de marine;
15 — à la mobile.

Cette artillerie de campagne était pourvue de tous les services accessoires indispensables. Elle disposait, pour ses transports de matériel, de 4 compagnies du 1ᵉʳ régiment du train d'artillerie et de 4 compagnies du 2ᵉ régiment; puis pour tous autres besoins, d'une compagnie d'artificiers (2ᵉ) et de 3 compagnies d'ouvriers (4ᵉ, 6ᵉ, 9ᵉ).

A ces dernières compagnies se rattachait le corps franc des *ouvriers auxiliaires d'artillerie*, dont nous parlerons plus loin.

## IV. — Pontonniers.

Le service spécial des ponts militaires à jeter sur la Seine et la Marne était confié aux soins des 5ᵉ et 10ᵉ compagnies du régiment de pontonniers auxquelles s'adjoignaient, à l'occasion, les deux compagnies de pontonniers de la mobile du Rhône.

Ces quatre compagnies furent secondées par les pontonniers auxiliaires de la marine formant un détachement de 60 gabiers d'élite commandés par l'enseigne de vaisseau Versnheider. Ces pontonniers-marins jetèrent, sous le feu de l'ennemi, les deux ponts de Bry-sur-Marne dans la journée du 30 novembre 1870 : ils essuyèrent quelques pertes et eurent à déplorer la mort de leur chef.

Dans les faits de guerre auxquels ils prirent part, les pontonniers furent utilement secondés par les ouvriers auxiliaires d'artillerie ou du génie dont nous parlerons au chapitre des corps francs.

## V. — Génie.

Après nos premiers désastres, alors que la perspective du siége se faisait entrevoir, Paris n'avait à sa disposition que les 1ʳᵉ, 15ᵉ, 16ᵉ compagnies de sapeurs du 2ᵉ régiment du génie, la 2ᵉ compagnie de mineurs, les 15ᵉ et 16ᵉ compagnies de sapeurs et un détachement de sapeurs-conducteurs du 3ᵉ régiment. La proportion de ces troupes spéciales étant notablement insuffisante, le décret du 21 août 1870 remédia à ce mauvais état de choses en créant deux nouvelles compagnies de sapeurs dans chacun des 2ᵉ et 3ᵉ régiments du génie. Ces compagnies prirent, dans chaque régiment, les numéros 17 et 18; le 2ᵉ régiment constitua, de plus, une compagnie 18 *bis*.

Le corps du génie militaire trouva de nombreux auxiliaires dans la population civile. Des corps spéciaux créés et dirigés par des ingénieurs éminents, vinrent s'adjoindre à lui et rendirent les plus grands services à la défense.

## CHAPITRE II.

### GARDE NATIONALE MOBILE.

#### I. — Infanterie.

<small>Garde mobile.</small> La loi de 1868 qui avait fondé l'institution de la garde mobile était un progrès sur la loi de 1832; elle établissait, pour le temps de guerre, le principe de l'obligation du service pour tous les citoyens. Malheureusement on se contenta de poser le principe sans se procurer les moyens de l'appliquer : le temps fixé par la loi pour la réunion de la garde nationale mobile fut tout à fait insuffisant, on ne put donner à cette troupe les premiers éléments, les premières notions de l'instruction militaire (1).

Empêché par l'opposition qui prétendait que l'on voulait

---

(1) Dans l'article 9, il était dit : « Chaque exercice ou réunion ne peut « donner lieu, pour les jeunes gens qui y sont appelés, à un déplace- « ment de plus d'une journée. » Ainsi, l'homme qui avait à faire deux ou trois lieues le matin, pour se rendre au point de réunion, de là aller aux appels, aux distributions, aux rassemblements de toute sorte, etc., devait encore trouver, dans cette unique journée, le temps nécessaire aux exercices proprement dits. En Prusse, les hommes de la réserve sont réunis pour des exercices de quinze jours, et les hommes de la landwehr font des exercices, par compagnies et bataillons, de huit à quatorze jours.

faire de la France « *une Caserne,* » le maréchal Niel ne parvint pas, malgré ses patriotiques efforts, à donner à la garde nationale mobile la vitalité nécessaire ; et à sa mort, cette institution qui aurait pu devenir un élément important de la défense du territoire, tomba en discrédit et presque en désuétude.

On se contenta, dans les bataillons, de nommer quelques officiers. A Paris, on fit quelques simulacres d'instruction ; en province, il n'y eut ni réunions ni exercices.... Au commencement de la guerre, hommes et officiers ignoraient également tous les devoirs de leur état.

Avant le 10 août 1870, quelques batataillons de garde mobile des départements compris dans les huit premières divisions militaires avaient été armés par les soins du ministre de la guerre, mais aucun n'était équipé, sauf les mobiles de la Seine ; les autres n'existaient que sur le papier.

En dix-huit jours, M. Chevreau, ministre de l'intérieur, grâce à une prodigieuse activité, réunit aux chefs-lieux de département et d'arrondissement les mobiles de quatorze divisions militaires, soit 150,000 hommes ; il les logea, les nourrit, et leur donna, à tous, un équipement provisoire : blouse, képi, ceinturon, cartouchière.

Dans le même espace de temps, toutes les armes disponibles dans les arsenaux furent distribuées à 100,000 mobiles par les préfets.

Le 1ᵉʳ septembre, le directeur général du ministère de l'intérieur portait, au ministère de la guerre, la liste des bataillons prêts à marcher ; le jour même l'ordre était expédié à 100,000 mobiles environ de se rendre à Paris ; ils y entrèrent du 4 au 17 septembre et constituèrent, avec les 15,000 de la Seine, une force imposante.

Pour se faire une juste idée des services rendus par la

*M. Chevreau, ministre de l'intérieur réunit 150,000 mobiles.*

mobile, il y a lieu de distinguer entre la mobile de province et la mobile de Paris.

<small>Garde mobile de Paris.</small>

Le Parisien, quand il est *soldat*, est, ou très-bon, ou très-mauvais, plutôt bon que mauvais, surtout en campagne ; mais quand il est à *moitié soldat*, comme cela avait lieu dans la mobile et dans la garde nationale, c'est toujours un détestable soldat ; car ses instincts d'indiscipline et de révolte priment constamment ses qualités natives de courage et d'audace.

Éloignés de Paris, bien encadrés, soumis à une discipline rigoureuse, il est certain que les mobiles Parisiens eussent fourni un élément sérieux à la défense du pays. Ramenés de Châlons à Paris, on ne put les soustraire au mauvais contact des masses et ils prirent part à beaucoup de manifestations politiques.

Du plateau de Vincennes où on les avait campés, ils descendaient à Paris, beaucoup quittaient leurs cantonnements pour plusieurs jours et rentraient quand bon leur semblait ; à presque tous les appels on constatait l'absence de plus d'un tiers des hommes.

Le 14 septembre, le général Trochu signale l'indiscipline des gardes mobiles de la Seine, qui refusent de se rendre aux postes avancés, où ils ne se trouvent pas *suffisamment abrités*.

Le 19 septembre, un bataillon de garde mobile de Paris force les portes du Mont-Valérien, dont il avait la garde, et tout débandé, rentre à Paris, pendant que l'on se battait à Châtillon.

Nous tenons à constater qu'au milieu de cette indiscipline, presque générale, de la garde mobile de Paris, quelques bataillons firent exception, et montrèrent sous le feu, comme dans les cantonnements, la même obéissance à leurs chefs ; il est à remarquer que dans ces bataillons l'élection conserva tous les anciens officiers.

La garde mobile de province, sans s'être montrée toujours parfaitement disciplinée, a fait généralement son devoir. Le système, si pernicieux, de l'élection des officiers par les soldats, amena beaucoup moins de changements que dans la mobile de Paris, mais il y introduisit, comme dans celle-ci, des causes, des éléments de discussion toujours si préjudiciables à l'esprit militaire.

*Garde mobile de province.*

La garde mobile appelée à Paris fut répartie en 4 groupes ou divisions :

1$^{er}$ Groupe, quartier général de l'Élysée : général de Liniers, commandant en chef. Les bataillons étaient logés dans les 8$^e$, 9$^e$, 10$^e$, 17$^e$ arrondissements ;

2$^e$ Groupe, quartier général au Palais-Royal : général de Beaufort d'Hautpoul, commandant en chef. Les bataillons étaient logés dans les 1$^{er}$, 2$^e$, 9$^e$, 18$^e$ arrondissements ;

3$^e$ Groupe, quartier général au Conservatoire des Arts et Métiers : général Berthaut, commandant en chef. Les bataillons logés dans les 3$^e$, 4$^e$, 10$^e$, 11$^e$, 12$^e$, 19$^e$ et 20$^e$ arrondissements ;

4$^e$ Groupe, quartier général au Luxembourg : général Corréard, commandant en chef. Les bataillons logés dans les 5$^e$, 6$^e$, 7$^e$, 8$^e$ arrondissements.

Les bataillons de mobiles furent enrégimentés trois par trois. Les six premiers régiments furent formés le 18 juillet 1870 avec les 18 bataillons de la Seine.

Les trois bataillons du Tarn formèrent le régiment n° 7, et ainsi de suite, etc., etc.

Logés chez l'habitant, ces jeunes gens qui arrivaient de leur province avec un peu d'argent, ne tardèrent pas à se laisser aller à tous les plaisirs malsains: ils encombraient les boulevards et les cafés ; l'ivresse, la débauche, causèrent presque autant de ravages dans leurs rangs que le feu de l'ennemi.

« Bientôt 8,000 d'entre eux, dit le général Trochu, « purent attester à quel point la civilisation parisienne « les avait pénétrés. »

*De l'élection des officiers.* L'élection des officiers par les soldats dans la garde nationale mobile a eu des résultats si funestes, non-seulement pour les bataillons de mobiles, mais encore pour les troupes cantonnées ou campées auprès de ces bataillons, qu'il nous paraît utile de donner quelques détails au sujet du décret du 16 septembre.

Les officiers de la garde nationale mobile avaient été nommés d'après la loi de 1868, sans examen, sans conditions d'instruction et d'aptitudes spéciales : on eût pu mieux faire ; mais enfin on les avait choisis de telle sorte, qu'ils eussent, soit par leur position, soit par leur fortune, une réelle influence... ils connaissaient leurs hommes qui, généralement, les aimaient et les respectaient ; beaucoup de ces officiers de la mobile avaient la volonté de remplir les devoirs importants que la nécessité leur imposait... quelques-uns même s'y étaient déjà préparés... mais aux yeux de la population révolutionnaire de Paris, aux yeux des membres du Gouvernement, tous avaient la tache originelle : ils étaient élus de l'Empire ! ils ne pouvaient être que des traîtres et des vendus.

Dès le 12 septembre, M. Gambetta signale les embarras amenés par le choix des officiers de la mobile ; M. Picard émet l'avis de soumettre les grades à l'élection, *même sous le feu de l'ennemi.*

Le 14 septembre, M. Picard déclare que si les mobiles de la Seine ont refusé d'aller à la redoute de Gravelle, il faut s'en prendre aux officiers ; qu'il est de toute nécessité de procéder aux élections.

Sur la proposition de MM. Gambetta, Simon, Picard, Magnin, etc., on commença par révoquer quelques officiers signalés comme particulièrement attachés au régime déchu (1).

Enfin, malgré les représentations énergiques du général Trochu et du ministre de la guerre (2), le décret suivant parut le 17 septembre :

1° Le Gouvernement de la Défense nationale,

Vu la loi du 28 janvier 1868,

Considérant que les circonstances dans lesquelles a eu lieu la nomination des officiers de la garde mobile rendent nécessaire l'élection des officiers,

Décrète :

Article premier. — Les bataillons de la garde mobile actuellement armés et réunis à Paris sont appelés à élire leurs officiers.

Art. 2. — Les élections auront lieu le lundi 19 septembre, par les soins du chef de bataillon en exercice.

Art. 3. — Le Ministre de la guerre est chargé de l'exécution du présent décret. *(Journal Officiel* du 17 septembre 1870.)

*(Suivent les signatures.)*

2° Le décret du 16 septembre 1870, relatif à l'élection des officiers de la garde mobile, est applicable aux bataillons des départements.

*(Journal Officiel* du 18 septembre 1870.)

Ces élections eurent donc lieu le 19 septembre pendant que l'on se battait à Châtillon « *sous le feu de l'ennemi* », comme l'avait demandé M. Picard... Oui, pendant que les Prussiens attaquaient nos positions les plus importantes, cent mille hommes de l'armée de

---

(1) Boigne, Piétri, Casanova, Ernest Baroche. Ces chefs de bataillon furent presque tous réélus.

(2) Voir aux pièces justificatives, n° XIII.

Paris, au lieu de marcher au combat, marchèrent au scrutin !...

Il était difficile d'imaginer une mesure plus radicalement dissolvante ! Pour la garde nationale proprement dite, qui était un corps bien distinct de l'armée, qui avait ses lois, ses pénalités, ses règlements spéciaux, on pouvait invoquer des raisons, mauvaises à la vérité, mais enfin on pouvait en invoquer. La garde mobile, au contraire, étant assimilée à l'armée active pour la solde, les règlements, la discipline, devait être commandée d'une manière analogue, c'est-à-dire par des chefs issus du pouvoir exécutif. Cela était tellement évident, pour tous ceux qui voulaient donner à la défense tous les éléments possibles de vigueur, qu'on ne peut voir dans cette mesure que le commencement de l'application d'un système longtemps préconisé par la majorité des hommes alors au pouvoir : **La suppression des armées permanentes.**

Après l'élection des officiers dans la garde mobile devait venir l'élection dans l'armée active.

Les membres du Gouvernement de la Défense nationale arrivaient ainsi à la réalisation des idées avec lesquelles ils n'avaient cessé d'égarer le jugement du pays sous le Gouvernement précédent.

Nous croyons devoir reproduire ici quelques-unes des palinodies de ces hommes qui, tout en demandant le désarmement, ne cessaient d'exciter les susceptibilités, les haines nationales, donnant ainsi à penser qu'ils espéraient pousser le Gouvernement Impérial à se jeter, un jour ou l'autre, sans véritable force, sans véritable préparation, dans une guerre qui l'engloutirait.

A la séance du 21 décembre 1867, M. Simon disait :
« *Le système suisse,* que nous proposons, aurait l'avan-
« tage de nous donner, à la place d'une armée imbue

« d'esprit militaire, une armée de citoyens invincibles
« chez elle et hors d'état de porter la guerre au de-
« hors »…. « Le militarisme est la plaie de l'époque.
« Il n'y a pas d'armée sans esprit militaire, nous dit-
« on ! Alors nous voulons une armée qui n'en soit pas
« une ! »

A la même époque, M. Jules Favre, faisant allusion à l'Empereur Napoléon III, disait : « Qu'il licencie son
« armée, qu'il monte au Capitole ; et qu'il cherche non
« dans les armées permanentes, mais dans le patrio-
« tisme des citoyens, le soin de défendre la patrie. Je
« suis convaincu que la nation la plus puissante est
« celle qui serait la plus près du désarmement. »

En 1869, le même orateur, répondant au maréchal Niel défendant son budget pied à pied et demandant à la Chambre des fonds pour augmenter notre matériel d'artillerie de campagne, s'exprimait en ces termes :

« Ayez donc confiance dans le patriotisme de la popu-
« lation ; les militaires sacrifient tout à un point de vue
« spécial, et oublient trop par quelle force supérieure la
« France serait défendue, si jamais elle était au moment
« du danger.

« On nous dit qu'il faut que la France soit embas-
« tionnée, cuirassée ; *ma conscience* proteste contre de
« semblables propositions : tout cela c'est de l'ancienne
« politique, c'est de la politique de haine, ce n'est pas
« de la politique d'expansion, d'abandon. »

M. Picard disait encore :

« La garde nationale nomme ses chefs ; elle est véri-
« tablement la nation armée. »

« Les armées permanentes sont jugées et condamnées ;
« l'avenir appartient à la démocratie armée », ajoutait M. Magnin.

« Avec la levée en masse nous avons vaincu la Prusse
« et nous sommes allés à Berlin. » (Garnier-Pagès.)

« La France n'aura pas la liberté, tant qu'elle s'obs-
« tinera dans le système des armées permanentes, qui
« entretiennent les gros budgets, perpétuent le déficit,
« absorbent enfin dans des dépenses improductives les
« ressources qu'exige impérieusement la grande œuvre
« spéciale de l'enseignement populaire. » (Jules Ferry.)

Ces lignes, rapprochées des tristes événements que nous étudions, ne sont-elles pas un des plus grands enseignements, une des plus cruelles leçons de l'histoire ?

Devant ces paroles mensongères n'est-on pas en droit de se demander... quel est le plus haïssable ou de l'ennemi nous ayant envahi, vaincu, démembré, ou du parti dont les agissements ont affaibli, émoussé, enlevé nos moyens de défense ?... Entre celui qui tue et celui qui désarme la victime, la justice ne différencie pas !

<small>Extrait du rapport de M. Chaper, relatif aux élections.</small>

Au sujet de ces élections de la garde mobile qui ont apporté une si grande désorganisation, M. Chaper dit :
« Les conséquences du décret du 16 septembre furent
« telles qu'on pouvait les prévoir ; quelques-unes cepen-
« dant étaient inattendues. On se s'attendait pas, par
« exemple, à voir réélus MM. Piétri et Baroche : ils le
« furent, peut-être parce que le Gouvernement les avait
« destitués six jours auparavant, et cependant c'étaient
« leurs noms qui avaient servi d'arguments aux par-
« tisans des élections.

« Ce qui était certain d'avance, et surtout pour les
« bataillons de la Seine, c'était la destitution de certains
« officiers énergiques, sévères, qui avaient pris leur au-
« torité au sérieux, et l'élection d'une foule de beaux
« parleurs, d'adversaires déclarés de la discipline, et,
« disons-le enfin, quelque douloureuse que soit la vérité,

« l'élection dans certains cas d'hommes qui, pour con-
« quérir des votes, avaient fait appel aux plus mauvaises
« passions, la paresse, l'envie, etc.

« Dans les bataillons des départements, les mêmes
« faits se produisirent, mais d'une manière moins gé-
« nérale et moins grave. On vit bien dans quelques corps
« certains officiers remplacés parce que leur fermeté ne
« plaisait pas à leurs soldats; on vit des cantiniers
« acheter des grades la bouteille à la main; mais dans
« un grand nombre de bataillons les anciens officiers
« furent presque tous maintenus, et ces bataillons-là ne
« furent ni les moins solides au feu, ni les moins durs
« à la souffrance.

« Les conséquences du principe électif étaient d'au-
« tant plus mauvaises que l'application s'en renouvelait
« plus souvent. Les élections improvisées du 19 sep-
« tembre avaient pris au dépourvu les ambitions, les
« intrigues ; chacun, brusquement interrogé, avait suivi
« son premier mouvement, plutôt honnête qu'intéressé.
« Mais chaque vacance produite par le feu, les maladies
« ou les accidents, donnait lieu à une élection nouvelle.
« C'était un appât toujours offert aux convoitises, et les
« moins dignes surtout s'y préparaient. Les flatteries
« quotidiennes, les promesses, les cadeaux, valaient
« mieux pour le succès d'une candidature que le dé-
« vouement au devoir, la fermeté, l'instruction. Il fau-
« drait peu connaître les hommes pour s'en étonner.

« Aussi les élections donnèrent-elles en général des
« choix de plus en plus mauvais : on vit nommer officiers
« des hommes sans autre titre que d'avoir insulté leurs
« chefs, des ivrognes avérés... »

Ces élections continuelles, causes journalières d'intrigues, de convoitises.... agirent d'une manière si fâcheuse sur la dicipline, sur l'esprit des troupes... qu'a-

près Champigny le général Ducrot réorganisant les cadres décimés, insista vivement auprès du Gouverneur pour obtenir l'autorisation de pourvoir lui-même aux vacances.

Cette autorisation lui fut accordée, non sans peine à la vérité, par un décret du 19 décembre, rendu sur la proposition du général Trochu... Ce décret rapportait celui du 16 septembre et ratifiait les promotions faites par le général en chef de la 2ᵉ armée.

## II. — Artillerie.

En dehors des 100,000 hommes d'infanterie, la garde nationale mobile fournit encore à la défense de Paris un certain nombre de batteries : le département de la Drôme envoya 1 batterie, la Loire-Inférieure, 2, le Pas-de-Calais, 1, le Rhône, 2, Seine-et-Oise, 3 ; le département de la Seine offrit un régiment à 6 batteries.

Total, 15 batteries.

## CHAPITRE III.

GARDE NATIONALE.

### I. — Infanterie.

*Loi du 12 août 1870 sur la garde nationale.*

Après les journées de Février, où la garde nationale avait renversé le Gouvernement, après les journées de Juin, où la moitié de la garde nationale avait voulu renverser la société, l'Empire s'était cru obligé de prendre à l'égard de cette institution, plus propre à détruire qu'à défendre, de sages et justes mesures de précaution : Les *60,000* hommes qui la composaient étaient choisis, tous les officiers étaient nommés par le gouvernement.

On conservait la garde nationale comme souvenir, comme tradition, mais jamais on n'eut l'idée de lui demander un service qui ressemblât à un service de guerre ; tout consistait pour elle à fournir chaque jour deux postes, l'un à l'Hôtel-de-Ville, l'autre à la place Vendôme.

L'initiative de la loi du 12 août 1870, modifiant l'état de choses, appartient à M. Jules Favre. Son Exposé de motifs était conçu en ces termes :

« *Ce serait un crime de refuser à chaque citoyen une arme pour défendre son foyer.* » Quelques jours avant la guerre, le même avocat avait demandé qu'au bulletin de vote correspondît *l'arme* « avec laquelle le « citoyen peut défendre à la fois et sa patrie et ses « droits civiques. »

Le Corps législatif, entendant toujours vanter la levée en masse, les bataillons de volontaires, le grand souffle de 92, avait fini, comme le reste du pays, par y croire : et puis, à tant de choses fausses, il semblait se mêler, comme cela arrive souvent, un peu de vrai : à Paris, en 1814, disait-on, si la population avait été armée, elle donnait quelques heures de résistance de plus... l'Empereur arrivait ; sa seule présence, paralysant l'attaque, redoublant l'énergie de la défense, aurait pu changer la face des choses (1).

---

(1) Ce fait, tant de fois invoqué par les admirateurs et propagateurs des levées en masse, n'était pas compris ainsi par Napoléon I<sup>er</sup>. Dans ses *Mémoires,* parlant de la résistance de Paris en 1814, il a simplement regretté que cette ville ne fût pas fortifiée : « Si Paris, a-t-il dit, eût été « encore une place forte en 1814 et en 1815, capable de résister seu- « lement huit jours, quelle influence cela n'aurait-il pas eu sur les évé- « nements du Monde !... » Ennemi-né de tout ce qui était désordonné et révolutionnaire, Napoléon a constamment été hostile à l'armement des foules. Dans le *Moniteur* du 12 thermidor an XI (31 juillet 1805), il écrit, à propos des prétendues levées en masse de l'Angleterre : « Savez-vous « ce que c'est qu'une levée en masse ? Croyez-vous que la multitude ne « soit pas la même dans tous les temps ?... Les levées en masse furent « toujours les *précurseurs* et le *foyer des discordes civiles...* »

Le Corps législatif, sous le coup de tous ces souvenirs, se laissa entraîner par le courant, et vota à l'unanimité la loi du 12 août sur la garde nationale. Cette loi portait le nombre des bataillons de 51 à 60. Chaque bataillon devait être fort de 1,500 hommes, et armé de fusils à tir rapide. Les 9 nouveaux bataillons, ayant nommé leurs officiers à l'élection, les officiers des 51 autres donnèrent leur démission.

Ainsi, au moment où se présentait l'éventualité du siége, on faisait une refonte complète et générale de la garde nationale. Prise en flagrant délit de réorganisation, cette troupe était donc dans les plus mauvaises conditions pour servir efficacement.

Après la révolution du 4 septembre, des transformations nouvelles eurent lieu, de nombreuses créations furent faites ; mais, loin de contribuer à consolider la garde nationale, elles servirent à la rendre encore plus faible et plus vaine.

<small>Création 60. bataillons nouveaux.</small>
Une circulaire du ministre de l'intérieur en date du 6 septembre prescrivit la formation de 60 bataillons nouveaux, comprenant un effectif de 1,500 hommes répartis en 8 compagnies. Les officiers devant être élus, le Gouvernement, pour gagner du temps, décida que l'on se conformerait à l'esprit plutôt qu'à la lettre de la loi du 3 juin 1850.

<small>Mode e recrutement.</small>
Le recrutement devait se faire par arrondissement, chacun des 22 arrondissements de la Seine formant un nombre de bataillons proportionnel au chiffre des électeurs inscrits.

Dans chacun de ces arrondissements, une commission de 16 citoyens, sous la présidence du maire, était chargée d'établir « *sans s'astreindre à aucune formalité* » la liste des gardes devant composer les bataillons nouveaux. Ces commissions, qui devaient choisir d'une manière si large, étaient, par leur essence, nature, origine, peu faites pour inspirer confiance... du reste, la plupart se formèrent elles-mêmes et s'imposèrent plutôt aux maires que ceux-ci ne les imposèrent à leurs administrés (1)... Enfin, les maires eux-mêmes, présidents de ces commissions, laissaient fort à désirer, la plupart du moins... tous étaient ennemis du régime déchu, mais tous n'étaient pas amis de l'ordre... de plus, une énorme quantité de travaux urgents, considérables, difficiles, leur avaient été imposés en quelques jours et occupaient tous leurs instants.

*Armement de la garde nationale*

« La circulaire du ministre de l'intérieur, dit M. Cha-
« per, fut dès le premier jour une lettre morte; quicon-
« que voulut entrer dans la garde nationale, fût-il étran-
« ger, fût-il repris de justice, y entra (2).

« On n'appliqua le décret, ni pour les effectifs des ba-
« taillons, ni pour leur nombre; il y eut des bataillons
« qui contenaient 350 hommes (le 239$^e$), tandis que
« d'autres en avaient 2,600 (le 116$^e$ par exemple), et
« au lieu de 120 bataillons, on en eut bien vite 260. »

En vain le ministre de la guerre voulut-il présenter des objections, faire des réserves, les membres du Gouvernement le forcèrent à vider les arsenaux pour armer toute cette multitude. Il ne fallait pas, disaient les chefs de l'exécutif, que dans le cas où l'ennemi tenterait l'assaut, il pût rencontrer une population sans défense.

Plus de 300,000 hommes avaient ainsi été enrôlés dans la garde nationale; et, dans ce nombre, d'après le général Trochu, « on comptait 30,000 repris de justice », ne demandant, naturellement, que le vol, le pillage, et

---

(1) Ces commissions furent l'origine des commissions exécutives qui firent le 18 Mars.

(2) Rapport fait au nom de la Commission d'enquête sur les actes du Gouvernement de la Défense nationale.

6,000 sectaires, aux ordres des Flourens, des Blanqui, des Delescluze.

*Utilité d'armer toute la population.*

Une telle masse d'hommes n'était pas nécessaire pour défendre Paris. A l'armée de ligne et à la garde mobile, il suffisait d'ajouter un certain nombre de bataillons composés d'éléments choisis, de personnes honorables, présentant toutes les garanties nécessaires ; cela aurait entièrement suffi à maintenir l'ordre et à faire le service des *remparts*.

On aurait certainement obtenu de ces hommes bien encadrés, bien surveillés, ce qu'on a fini par obtenir de certains bataillons de mobiles qui, dans le principe, n'étaient ni mieux instruits, ni mieux disciplinés.

Du reste, ce n'était pas seulement avec des canons, des fusils que l'on devait défendre Paris... Il y avait de nombreux travaux à entreprendre : embrasures, rampes, traverses, poudrières, casemates, etc.... sans compter les grands ouvrages extérieurs, les redoutes, les batteries fixes, les tranchées, etc... Pour tout cela il fallait des milliers de bras... Où pouvait-on mieux les trouver que dans cette immense population parisienne ?

— On n'aurait pas été ainsi à la merci des masses, et on serait venu en aide aux indigents.

Au lieu de cela, dès le 5 septembre, nous voyons tous les ateliers des ouvrages du dehors et du dedans dégarnis ; on est obligé de faire venir à grands frais des ouvriers de province, pour continuer les travaux de défense.

Pendant ce temps les ouvriers parisiens déclament et demandent des armes ; la foule est véritablement maîtresse, le gouvernement nouveau n'a pas la force d'imposer ses volontés ni de faire exécuter ses arrêts (1).

---

(1) Celui du 6 septembre, entre autres.

Les difficultés étaient grandes, nous n'en disconvenons pas, et nous savons combien d'entraves ont été apportées aux décisions du Gouvernement par certains maires, par la majeure partie des commissions d'arrondissement. Cependant, nous croyons qu'il était possible de ne pas armer tout le monde, et puisque l'on ne s'en tenait pas aux électeurs inscrits, au moins fallait-il éliminer les repris de justice.

Si l'on voyait dans les rangs de la garde nationale toutes les variétés infinies de cette innombrable population parisienne.... le magistrat côtoyant le repris de justice... le professeur à côté du dernier des manœuvres.., les armes présentaient une diversité qui n'était pas moins étrange... Sans compter les fusils de chasse et les armes de luxe, certains bataillons avaient 5 à 6 modèles de fusils, français ou étrangers : fusils à canons lisse ou rayés, fusils et carabines à tabatière, mousquetons de cavalerie, de gendarmerie, Minier, Remington, Snider, chassepots, etc... Il fallait apprendre le maniement de toutes ces armes, dont le nom même était inconnu à la majorité des officiers... (1).

Quant aux uniformes, ils étaient aussi divers que possible... On voyait briller toutes les fantaisies de la forme et de la couleur ; mais ce qui frappait le plus, c'était le nombre de galons et la multitude de décorations de toutes sortes. Cette profusion d'insignes avait le grave inconvénient de faire disparaître tout respect hiérarchique : les soldats et les mobiles, qui ne voyaient là que des galons d'emprunt, ne saluaient pas ceux qui en étaient porteurs... Peu à peu, habitués à ne plus honorer les insignes de leurs chefs, ils finirent par ne plus

---

(1) Par un singulier privilége, les bataillons les plus mal composés politiquement étaient les mieux armés...

trop honorer le chef même, et le salut militaire qui est le *criterium* de la discipline d'une armée, disparut presque complétement.

Si une importante loi de recrutement n'avait pas été violée en faveur de la garde nationale, cette institution, dont les imperfections et les défauts tenaient, hâtons-nous de le dire, non aux hommes qui en faisaient partie, mais à son origine surannée et démodée, cette institution, disons-nous, aurait peu produit à la vérité... elle eût été, au point de vue de la défense, une force plus apparente que réelle, une force sans importance, mais elle n'eût pas été une *force négative*. Malheureusement il n'en a pas été ainsi.

La loi du 10 août 1870 disait : « Tous les hommes, mariés, ou veufs sans enfants, ayant 25 ans accomplis, et moins de 35 ans, qui ont satisfait à la loi du recrutement et qui ne figurent pas sur les contrôles de la garde mobile, sont appelés sous les drapeaux pour la durée de la guerre... »

Le 12 septembre, un décret du Gouvernement de la Défense nationale, signé Gambetta, prescrivait l'incorporation des hommes, désignés par cette loi, dans la garde nationale...

« Comme gardes nationaux, disaient les membres du Gouvernement, ils sont défenseurs du pays aussi bien que s'ils étaient soldats... »

La garde nationale annihilait ainsi, en les absorbant, 50 à 60,000 hommes... C'était une armée qu'elle dérobait à la défense... Que devait être cette défense ? Examinons tout d'abord notre situation à la fin de septembre.

Après avoir redouté une attaque de vive force, nous acquîmes la certitude que l'ennemi ne songeait qu'à nous investir et à nous réduire par la famine.

Le rôle de Paris était donc de résister le plus longtemps possible, de manière à immobiliser sous ses murs une force ennemie considérable, et à permettre à nos armées de province de se constituer. Les circonstances étaient exceptionnelles : toutes nos armées se trouvant prises ou bloquées, nous devions chercher à créer dans Paris non-seulement une force capable de résister, mais encore une armée susceptible de tenir la campagne, le jour où les armées de province seraient organisées et en état d'inquiéter sérieusement le blocus de la ville, soit en marchant directement contre l'armée d'investissement, soit en menaçant ses communications. Pour cela il nous fallait des soldats, beaucoup de soldats...

Or, nous avons déjà vu que les ressources de la capitale en troupes de ligne, ne dépassaient pas 75 à 80,000 hommes ; si l'on y eût ajouté les 50 ou 60,000 hommes de 25 à 35 ans que donnait la loi du 10 août, nous aurions possédé une force de ligne respectable de 140 à 150,000 hommes. Nous aurions pu, en leur adjoignant des régiments de garde mobile, créer ainsi deux armées sérieuses, agissant, soit séparément sur deux points de l'enceinte, soit réunies ; dans ce dernier cas, l'une d'elles eût servi de réserve à l'autre, et, après un premier effort sur un point, nous aurions pu continuer dans la même direction. Au lieu de cela, c'étaient constamment les mêmes hommes qui devaient supporter toutes les fatigues, braver tous les dangers... les forces humaines, morales et physiques ont des limites...

Qu'on n'objecte pas qu'il eût été difficile d'encadrer ces 50 à 60,000 soldats de 25 à 35 ans; il y avait dans Paris une foule d'anciens officiers, d'ingénieurs... qui auraient fait d'excellents officiers auxiliaires, et ces bons éléments se trouvèrent noyés dans la garde nationale, où ils ne purent rendre que très-peu de services, malgré leur bonne volonté, malgré leur patriotisme.

Voyons maintenant quel fut le rôle de la garde nationale pendant le siége.

Tout d'abord nous nous plaisons à reconnaître le dévouement, l'ardeur qui animaient la majorité des habitants de Paris ; une véritable fièvre régnait sur toute la cité. Partout, le jour, la nuit même on faisait l'exercice. « Souvent, dit le général Trochu, le soir, à la lueur du gaz, j'ai vu des compagnies s'exercer, dans la cour du Louvre, sous la direction d'hommes qui mirent un dévouement sans bornes à cette œuvre de préparation. »

« Mais, dit M. Chaper, les manœuvres militaires ne
« suffisaient pas à leur donner la science du tir, l'habi-
« tude de la marche, de la veille, de la souffrance, la
« résistance à la fatigue, à la vie de campagne, et sur-
« tout la discipline. Cependant on leur répétait sur tous
« les tons qu'ils étaient des soldats et d'excellents sol-
« dats (1). — Ils l'ont cru, et ils ont demandé brave-
« ment à se battre, s'estimant au moins les égaux de
« leurs ennemis en valeur et en nombre.

« Ils étaient égaux et supérieurs en nombre, mais
« bien inférieurs en savoir, en pratique, en valeur mi-
« litaire. C'est là ce qu'on n'a pas osé leur dire. Peut-
« être bien, d'ailleurs, ne l'auraient-ils pas cru !

« Aussi, quand la lutte, ajournée en vain, fut devenue
« nécessaire et qu'elle eut amené les échecs faciles à
« prévoir, la garde nationale s'en prit-elle à ceux qui
« ne lui avaient jamais donné que des louanges. Con-

---

(1) « Les officiers de la garde nationale inspirent à tous une entière confiance, disait le *Réveil*... Nul doute que les soldats de la *liberté* ne montrent sur le champ de bataille une intelligence bien supérieure à celle des troupes régulières. »—« Tous les journaux, dit le général Trochu, répétaient à l'envi que la garde nationale était la première troupe du monde; qu'elle était parfaitement en état de forcer les troupes prussiennes ; que la trahison seule refusait d'employer ces incomparables légions. »

« vaincue qu'elle avait fait tout ce qui était nécessaire
« pour triompher, elle chercha au-dessus d'elle les
« causes de sa défaite, et elle accusa de l'avoir trahie
« ceux qui étaient seulement coupables de l'avoir
« flattée. »

La garde nationale fut généralement employée, pendant le siége, à faire le service du rempart.

Lorsque la crainte d'une attaque de vive force eut disparu, l'armée de ligne s'établit d'abord en avant de l'enceinte, puis en avant des forts, gagnant chaque jour, soit par des attaques, soit par des travaux de tranchées, des positions plus avancées.

Dès lors la défense de la fortification ne consistant plus véritablement qu'en un service de surveillance ordinaire, il n'était pas nécessaire d'avoir des postes aussi nombreux et d'un effectif aussi considérable que si l'on eût été directement en présence de l'ennemi; cependant tous les postes furent maintenus et chaque jour plus de 50,000 hommes montaient la garde.

Le service ne pouvait être sérieux : les heures d'oisiveté étaient nombreuses : beaucoup de gardes nationaux prirent des habitudes de paresse et d'ivrognerie (1).

Au point de vue de la défensive sur nos dernières lignes, la garde nationale a été de quelque utilité, puisqu'en gardant le rempart, elle nous laissait pour l'extérieur la libre disposition de toutes nos troupes de l'armée active. Mais, au point de vue offensif, nous allons le voir, elle nous a presque toujours gêné, rarement aidé. Pour qu'une troupe soit bonne, il ne suffit pas que les soldats aient une certaine dose de courage individuel, il

*Services rendus par la garde nationale au point de vue défensif et offensif.*

---

(1) Souvent les factionnaires s'arrogeaient les droits les plus exorbitants; ils arrêtaient tout le monde : terrassiers, artilleurs, sapeurs du génie, ingénieurs, officiers de tous grades, y compris les généraux et amiraux commandant les secteurs.

faut encore que ces soldats soient bien commandés, afin d'obtenir une soumission de tous les instants et dans toutes les circonstances. Or cette obéissance passive est incompatible avec l'élection des officiers, avec les habitudes de discussion, comme cela existait dans la garde nationale.

<small>Décret ordonnant la création de compagnies de volontaires.</small>

La fin de septembre et le commencement d'octobre avaient été employés à habiller, équiper, armer tous les hommes de la garde nationale, en même temps qu'à leur donner les premiers éléments de l'instruction militaire.

Dans le courant d'octobre, on songea à créer une organisation pouvant permettre à cette troupe de concourir aux petites opérations journalières exécutées par l'armée.

Le décret du 16 octobre ordonna la formation, dans chaque bataillon, d'une compagnie de mobilisés volontaires, d'un effectif de 150 hommes; quatre de ces compagnies, réunies sous les ordres d'un commandant, constituaient un bataillon de guerre; ces nouveaux bataillons devaient être placés sous les ordres des généraux des divisions actives de l'armée.

Mais le nombre des enrôlements n'atteignit qu'un chiffre fort minime : sur 344,000 hommes en armes, il y eut 6,500 engagements, et le Gouvernement renonça à faire exécuter son décret.

<small>Organisation des compagnies de guerre.</small>

Plus tard, — « pour satisfaire, par des dispositions nouvelles, aux nécessités des opérations militaires, et répondre aux vœux unanimement exprimés par la garde nationale » (tels furent les considérants), un nouveau décret du 8 novembre porta que les quatre premières compagnies de chaque bataillon seraient dites *compagnies de guerre*.

Ces compagnies, exposait le Gouvernement, seront formées par les hommes valides des catégories ci-dessous, en suivant l'ordre des catégories, et en ne prenant dans l'une d'elles, que lorsque la catégorie précédente aura été épuisée :

1° Volontaires de tout âge ;
2° Célibataires ou veufs sans enfants, de 20 à 35 ans ;
3° Célibataires ou veufs sans enfants, de 35 à 45 ans ;
4° Hommes mariés ou pères de famille, de 20 à 35 ans ;
5° Hommes mariés ou pères de famille, de 35 à 45 ans.

Comme la composition n'était pas identique dans chaque bataillon, il en résultait que, dans les uns, un homme marié était appelé à faire partie des compagnies de guerre, tandis que dans les bataillons voisins, on avait pu recruter ces compagnies avec les trois premières catégories, c'est-à-dire avec les hommes non mariés ; de là, des récriminations et des plaintes sans nombre (1).

<small>Emploi des bataillons mobilisés.</small>

C'est du 20 au 25 novembre que les premiers bataillons de mobilisés furent envoyés à l'extérieur et placés sous le commandement des chefs militaires de la région où ils se trouvaient. Nous ne pouvons nous rappeler sans tristesse le désordre qui régnait dans les rangs de cette troupe. Nous ne parlerons que pour mémoire du fameux bataillon de Belleville, qui dut être licencié pour avoir abandonné son poste devant l'ennemi, aux tranchées de Maisons-Alfort, et dont la conduite fut flétrie par les ordres du jour du général Clément Thomas. A vrai dire, certains bataillons se firent remarquer par une meilleure contenance devant l'ennemi ; mais ils ne valaient guère mieux, au point de vue de la discipline. Dans les cantonnements, au bivouac, à la tranchée, leurs habitudes déréglées, leur langage, leur tenue, étaient du plus pernicieux exemple pour nos soldats et nos mobiles.

---

(1) Voir, pour plus amples renseignements, le chapitre Garde nationale du *Rapport* de M. Chaper sur le siége de Paris.

Afin d'éviter la contagion, le général Ducrot avait demandé que, chaque jour, un certain nombre de bataillons mobilisés fussent envoyés à l'extérieur, exclusivement pour faire le service des avant-postes pendant vingt-quatre heures ; le lendemain, ils eussent été relevés par d'autres bataillons mobilisés ; de cette façon, ils auraient soulagé nos troupes, qui, loin de leur contact, n'auraient plus eu, au milieu d'elles, ce ferment de désobéissance et d'insubordination. Malheureusement, la proposition du général ne fut pas acceptée, et l'on continua à laisser les bataillons de la garde nationale au milieu de nos soldats.

Encore, ces bataillons d'un si pernicieux exemple n'apportèrent-ils pas, dans leur service des avant-postes, le soulagement qui eût été si nécessaire à nos hommes de la ligne et de la mobile, épuisés par la garde de tranchée. En effet, si l'on mettait en première ligne un bataillon mobilisé, appuyé à droite et à gauche par des soldats plus solides, il fallait en deuxième ligne, et à peu de distance, des troupes régulières, prêtes à se porter en avant. — Or, chaque nuit, dans les tranchées de première ligne, les gardes nationaux commençaient le feu, généralement sans motif, et la fusillade durait jusqu'à épuisement complet des munitions. La deuxième ligne ne savait pas si l'alerte avait ou non sa raison d'être ; tout le monde était sur pied, tenu en éveil, et nos hommes ne reposaient jamais.

## II. — Cavalerie.

Il fut constitué une légion de cavalerie de la garde nationale, commandée par le colonel Quiclet. Cette légion fut généralement employée dans l'intérieur de la ville ; elle fournissait des escortes, des plantons, des ordonnances aux divers quartiers généraux. Le 11 janvier 1871, elle fut dissoute, par suite de la réquisition de ses chevaux.

### III. — Artillerie.

Un décret, en date du 19 septembre 1870, décida la formation d'un corps d'artillerie de la garde nationale, dont l'organisation était confiée à M. Schœlcher, colonel d'état-major de la garde nationale, sous la direction du général commandant supérieur. Son effectif ne devait pas dépasser le chiffre de 9 batteries.

Ces batteries rendirent des services sur les bastions de l'enceinte, au moment du bombardement.

## CHAPITRE IV.

#### CORPS FRANCS.

### I. — Infanterie.

Un grand nombre de corps francs s'étaient organisés au début des hostilités, en province et à Paris : ils avaient l'estampille du ministère de la guerre.

Dans les jours qui suivirent l'investissement, le nombre des corps francs levés à Paris s'augmentant considérablement, le ministre de la guerre adressa au Gouvernement de la Défense nationale un rapport (1) ayant pour but d'empêcher des créations nouvelles et de régler définitivement l'organisation des corps déjà formés.

L'intendance passa une revue d'effectif, de manière à

---

(1) Voir aux pièces justificatives, n° XIV.

établir *officiellement* les corps francs d'infanterie dont les noms suivent :

| | COMMANDANTS. |
|---|---|
| Volontaires de la Seine (3ᵉ et 4ᵉ batᵒⁿˢ).. | **Lafon.** |
| Légion des Volontaires de la France .. | **Cailloué.** |
| Francs-Tireurs de la Presse. . . . . . . | **Roland.** |
| Dᵒ         des Ternes . . . . . . . | **De Vertus.** |
| Dᵒ         de la Ville de Paris . . . | **Chaboud-Mollard.** |
| Dᵒ         de l'Aisne. . . . . . . . | **Dollé.** |
| Dᵒ         des Lilas . . . . . . . . | **Thomas-Anquetil.** |
| Dᵒ         sédentaires . . . . . . . | **Deschamps.** |
| Dᵒ         de la Gironde . . . . . . | **Cavasso.** |
| Tirailleurs Parisiens . . . . . . . . . . | **Lavigne.** |
| Dᵒ    de la Seine . . . . . . . . . | **Dumas.** |
| Tirailleurs-Éclaireurs Parisiens. . . . . | **Fery d'Esclands.** |
| Légion des Amis de la France . . . . . | **Van der Meere.** |
| Corps civique des Carabiniers Parisiens. | **Perrelli.** |
| Chasseurs de Neuilly. . . . . . . . . . | **Didion.** |
| Bataillon d'Éclaireurs de la Gᵈᵉ nationale. | **De Joinville.** |
| Volontaires de la Défense nationale. . . | **Paira.** |
| Guérillas de l'Ile-de-France . . . . . . | **Péri (André).** |
| Bataillon des Mobiles de 1848. . . . . . | **N...** |
| Éclaireurs de la Gᵈᵉ nationale de la Seine. | **Valette.** |

Il y eut encore d'autres corps francs d'infanterie qui, bien que n'ayant pas passé la revue d'effectif prévue par le décret du 11 octobre, furent néanmoins reconnus par le département de la guerre. Ce sont :

| | COMMANDANTS. |
|---|---|
| Tirailleurs de Saint-Hubert . . . . . . . | **Thomas.** |
| Corps des Agents et Gardes forestiers. . | **Carvaud.** |
| Corps francs de la Compagnie de l'Est (Pompiers armés) . . . . . . . . . . | **De Sappel.** |
| Légion bretonne . . . . . . . . . . . . | **Domalain.** |
| Francs-Tireurs Alsaciens. . . . . . . . | **Braun.** |
| Dᵒ         de Saint-Germain . . . . | **De Richemond de Richardson.** |
| Corps francs de Rouen. . . . . . . . . | **Desseaux (Gaston).** |
| Dᵒ         de Seine-et-Marne. . . . . | **Liénard.** |

| | COMMANDANTS. |
|---|---|
| Corps francs de Saint-Denis et Neuilly . | **Blanchard** et **Sageret.** |
| Dº du Haut-Rhin. . . . . . . | **Dolfus.** |
| Dº des Vosges . . . . . . . . | **Dumont.** |
| Compagnie des Gardes forestiers de la Couronne . . . . . . . . . . . . . | **De la Panouse.** |
| Éclaireurs . . . . . . . . . . . . . | **De Poulizac.** |

## II. — Cavalerie.

Quelques corps francs de cavalerie avaient été organisés. C'étaient :

1º Les éclaireurs à cheval de la Seine, commandant Franchetti, dont se détacha plus tard :

L'escadron de la légion des Volontaires de la France, commandant G. Fould ;

2º L'escadron des Volontaires de la Seine, commandant de Pindray ;

3º Les Cavaliers de la République, commandant Dardenne.

Ces corps francs rendirent des services pendant le siége ; mais entre tous, l'escadron des éclaireurs à cheval, commandé par Franchetti, se distingua particulièrement.

M. Franchetti, ancien officier démissionnaire, autorisé, par arrêté du ministre de l'intérieur, en date du 25 août, à organiser un corps de cavaliers volontaires, fit appel à des jeunes gens, pouvant s'équiper et se monter à leurs frais ; ces volontaires, intelligents, dévoués, ayant une grande pratique du cheval, possédaient toutes les qualités requises pour faire d'excellents éclaireurs.

Escadron Franchetti.

Au commencement de septembre, l'escadron était complétement organisé. Déjà le 5 septembre, le commandant Franchetti était requis par le Gouvernement de la Défense nationale « d'envoyer ses cavaliers à l'Hôtel de Ville dégarni de troupes, et d'y laisser un piquet en permanence (1). »

Quelques jours après, à l'approche de l'ennemi, cet escadron fit les premières reconnaissances; le 8 et le 9 septembre, il parcourut la presqu'île de Gennevilliers, la presqu'île de Houilles, la forêt de Saint-Germain... Le 16, il battit toute la plaine en avant de Maisons-Alfort, où il échangea les premiers coups de feu avec les éclaireurs prussiens.

Incorporé le 17 septembre, dans le 14ᵉ corps, sous les ordres du général Ducrot, il fut, à dater de ce moment, journellement employé à faire des reconnaissances en avant de nos positions, dans la presqu'île de Gennevilliers, vers Rueil et au delà du Mont-Valérien. Ces éclaireurs improvisés montrèrent toujours le plus grand zèle dans l'accomplissement de leur mission. Habilement dirigés par un chef hardi, entreprenant, ils renseignaient constamment le général en chef sur les mouvements de l'ennemi (2).

Les jours de combat, ces éclaireurs étaient répartis par groupes auprès des divers chefs de colonne; leur intelligence, leur connaissance du terrain, les rendaient très-propres à porter rapidement les ordres.

Aux batailles de la Marne, ils formaient l'escorte spéciale du général Ducrot; tous firent noblement leur devoir. C'est là que fut atteint mortellement leur chef, le brave, le chevaleresque Franchetti, au moment où il portait des cartouches aux tirailleurs les plus engagés devant Villiers.

---

(1) Ordre signé : Pelletan.

(2) Une décision spéciale les autorisa à porter le pantalon rouge de la cavalerie légère. — Voir aux pièces justificatives, n° XV.

Il avait su, par son courage, son patriotisme, gagner l'estime générale. Sa mort fut un véritable deuil public.

Un ordre du Gouverneur, en date du 6 décembre, reconnut provisoirement M. Benoît-Champy, capitaine commandant l'escadron, comme chef de corps; quelques jours après, le commandement fut définitivement donné au chef d'escadron Faverot de Kerbrech, officier d'ordonnance du général Ducrot.

Sous la direction de ce nouveau chef, les éclaireurs continuèrent à rendre à la défense des services de premier ordre, toujours en avant, toujours en reconnaissance, ils poussèrent les pointes les plus hardies et se signalèrent en maintes circonstances, ce qui leur valut des citations particulières du général commandant en chef de la 2ᵉ armée.

Le 28 janvier 1871, par le fait même de la capitulation, ce corps fut dissous.

### III. Artillerie.

La défense disposa également d'un nombre assez considérable de corps francs dits de *Canonniers volontaires auxiliaires*. En voici la liste :

|   |   | COMMANDANTS. |
|---|---|---|
| 1. | — 1ʳᵉ compagnie principale de canonniers auxiliaires, bastions du 1ᵉʳ secteur . . . . | **Languereau.** |
| 2. | — 1ʳᵉ compagnie *bis,* bastions du 1ᵉʳ secteur. | **Carrus.** |
| 3. | — 2ᵉ compagnie principale, bast^ⁿˢ du 2ᵉ sect. | **Cognet.** |
| 4. | — 2ᵉ compagnie *bis,* bastions du 2ᵉ secteur . | **Maurice.** |
| 5. | — 2ᵉ compagnie *ter,* bastions du 2ᵉ secteur . | **Wendling.** |
| 6. | — Compagnie de canonniers volontaires du bastion 12 . . . . . . . . . . . . . . . . | **Rouart.** |
| 7. | — 7ᵉ compagnie de canonniers auxiliaires, 7ᵉ secteur . . . . . . . . . . . . . . . . . | **Lesne.** |
| 8. | — 8ᵉ compagnie de canonniers auxiliaires, 8ᵉ secteur . . . . . . . . . . . . . . . . | **Forgeois.** |

| | | COMMANDANTS. |
|---|---|---|
| 9. | 9ᵉ compagnie de canonniers auxiliaires, 9ᵉ secteur | Mathieu. |
| 10. | 1ʳᵉ compagnie de la 4ᵉ batterie | Dujardin. |
| 11. | 2ᵉ compagnie de la 4ᵉ batterie | Roy. |
| 12. | 3ᵉ compagnie principale. | Martin. |
| 13. | 3ᵉ compagnie *bis* | Dufresnoy. |
| 14. | 5ᵉ compagnie principale, bastion 50 | Roger. |
| 15. | 5ᵉ compagnie *bis*, bastion 50 | Terriun. |
| 16. | Canonniers volontaires (gardiens de la paix), 2ᵉ et 4ᵉ secteurs. | Cadiat. |
| 17. | Canonniers de l'École polytechnique, bastion 87. | Mannheim. |
| 18. | 6ᵉ batterie de canonniers auxiliaires, bastion 57. | Dorré. |
| 19. | Corps d'artillerie des mitrailleuses. | Pothier. |
| 20. | Compagnie de canonniers volontaires (formée par arrêté du Gouverneur, du 15 janvier 1871) | Brüll. |

Ces corps francs d'artillerie rendirent de bons services pendant tout le siége; mais celui des mitrailleuses, commandant Pothier, se signala entre tous par son importance et le secours efficace qu'il apporta à la défense.

*Corps francs d'artillerie (service des mitrailleuses).*

L'opinion publique attribuant une partie de nos malheurs à notre faiblesse en artillerie, réclama très-vivement, dès le début du siége, des canons et, surtout, des mitrailleuses.

Les anciens ateliers de Meudon, transportés à Paris, et dirigés par le capitaine d'artillerie Pothier, continuèrent la fabrication des mitrailleuses, type de Meudon, et entreprirent bientôt la fabrication de pièces de 7, système de M. de Reffye. En même temps, l'industrie privée établissait des usines, des ateliers de tout genre, et se mettait à fabriquer des mitrailleuses de modèles variés, des canons se chargeant par la culasse, etc.

Mais il ne suffisait pas de faire des canons, il fallait des artilleurs pour les manœuvrer.

Or, nos artilleurs se trouvaient à peine assez nombreux pour servir les batteries de campagne attachées aux divisions et corps d'armée; il était donc de toute nécessité d'en créer, d'en former, d'en instruire de nouveaux. Sur la demande de M. Dorian, ministre des travaux publics, le Gouvernement décréta la formation d'un corps spécial.

Par arrêté, en date du 23 septembre (1), il fut ordonné au capitaine Pothier, directeur des ateliers de construction des mitrailleuses de Paris, d'organiser un *corps franc d'artillerie*, pour le service des mitrailleuses et autres engins de guerre que le Gouvernement de la Défense nationale lui confierait.

*Création d'un corps fr[anc] d'artillerie (service de[s] mitrailleuse[s])*

M. Pothier ayant pu constater déjà le peu de valeur de la plupart des corps francs, voulut choisir ses hommes d'une façon spéciale, en exigeant toutes les conditions de moralité, de bonne conduite et de dévouement.

Il demanda aux chefs des grandes usines de Paris et au Président de la Commission du génie civil (2) de vouloir bien lui adresser les anciens élèves des écoles des arts et métiers, ainsi que les ouvriers mécaniciens désirant concourir activement à la défense. Par ce mode de recrutement, il enrôla comme canonniers, des hommes

---

(1) Voir aux pièces justificatives, n° XVI.

(2) Au moment de l'investissement, M. Dorian, ministre des travaux publics, avait désigné la Société des Ingénieurs civils sous le nom de *Commission du Génie civil*, et lui avait alloué un budget considérable destiné à la fabrication, par l'industrie privée, d'engins de guerre de toute nature.

intelligents, habitués aux machines, capables d'apprendre en quelques jours la manœuvre d'engins de guerre compliqués, et aptes à pointer habilement les bouches à feu. Connaissant par les patrons les antécédents de chacun, il pouvait refuser ceux qui ne lui présentaient pas des garanties suffisantes.

En quelques jours, il recruta 150 volontaires, auxquels s'adjoignirent quelques anciens militaires qui apportèrent au nouveau corps l'exemple et les habitudes de la discipline.

On autorisa M. Pothier à se faire seconder par le capitaine d'artillerie Sionnet, adjoint au Dépôt central, et par quelques-uns des employés militaires attachés au service des ateliers de fabrication des canons à balles.

*Organisation de deux batteries.*

Deux batteries furent bientôt organisées.

Le capitaine Pothier demanda la nomination des officiers par le Ministre de la guerre; on lui répondit que le mode de nomination récemment ordonné par le Gouvernement, pour les officiers de la garde nationale mobile, devait être adopté pour la désignation des officiers du corps franc d'artillerie.

Heureusement le bon esprit des engagés fit désigner des chefs sur la plupart desquels on pouvait compter.

Le 29 septembre, on affecta le local du quai d'Orsay (anciennes écuries de l'Empereur) au casernement des deux batteries; le manége devint un parc, dont le commandement fut donné au capitaine d'artillerie Laprade, adjoint au Dépôt central. Cet officier eut sous ses ordres deux lieutenants, un garde et un certain nombre de canonniers choisis parmi les ouvriers les plus capables d'entretenir le matériel en bon état.

*Création de deux nouvelles batteries.*

Le nombre des volontaires augmentant chaque jour, on créa bientôt deux nouvelles batteries.

On pourvut à l'habillement à l'aide d'un crédit ouvert

par le Ministre des travaux publics, à la date du 30 septembre (1).

La tenue était analogue à celle des régiments d'artillerie.

La solde fut pour les officiers la même que celle des officiers de la 2ᵉ classe du même grade dans l'artillerie de l'armée de Paris; les sous-officiers reçurent 3 francs et les canonniers 2 francs par jour.

Le but de l'organisation de ce corps franc étant d'initier le plus promptement possible les hommes à la manœuvre des bouches à feu et à la construction des batteries de position, dès les premiers jours d'octobre, on amena au quartier de l'Alma (quai d'Orsay) 4 mitrailleuses sortant des ateliers de construction de la rue de Vanves. En même temps que les volontaires apprirent le service de ces engins, ils furent conduits par détachements dans les bastions du 7ᵉ secteur, où on leur enseigna la manœuvre des diverses pièces de position.

Ils prêtèrent également leur concours à la Commission des barricades, ce qui les habitua à la construction des revêtements et des embrasures.

Au bout de très-peu de temps, tous ces hommes zélés, intelligents, furent mis au courant des manœuvres si diverses que comporte le service du canonnier.

En attendant que les ateliers de l'État ou de l'industrie privée eussent pu mettre des canons ou mitrailleuses à la disposition des volontaires, le capitaine Pothier leur fit apprendre la manœuvre du canon prussien, et la manière de le mettre hors de service.

On arriva ainsi à la fin de novembre. Le 27 de ce mois, les ateliers de l'artillerie livrèrent une batterie de 12 transformée en canons de 7 se chargeant par la

---

(1) Voir aux pièces justificatives, nᵒ XVII.

culasse, et une batterie de mitrailleuses. Ce matériel, confié au corps franc, s'accrut de 6 pièces de 12 de siége.

La 1re batterie (Orgillet) fut désignée pour servir les canons de 7;

La 2e batterie (Tannery) eut les mitrailleuses;

La 3e batterie (Ravanier) prit le service des pièces de 12 de siége.

Ces trois batteries, installées sur le plateau d'Avron, prirent une part active aux batailles du 30 novembre et du 2 décembre; à cette occasion, le commandant Pothier reçut les félicitations du Gouverneur pour l'attitude de ses volontaires et pour les résultats obtenus avec l'artillerie nouvelle.

Le 3 décembre au soir, une nouvelle batterie de pièces se chargeant par la culasse et servie par les canonniers du corps franc, fut amenée sur le plateau d'Avron par le capitaine Laprade.

Dans cette batterie se trouvaient les quatre premières pièces de 7 livrées par l'industrie privée; trois furent mises hors de service aux premiers coups.

Chaque jour de nouvelles pièces étaient livrées par la Commission du génie civil. Vers le 10 décembre, le parc du corps franc commençant à prendre une grande importance, la cour des ateliers de chargement des munitions, située 159, rue de Vanves, servit d'abord de dépôt; mais l'emplacement devint bientôt insuffisant, il fallut placer les caissons dans un terrain voisin, précédemment utilisé pour l'établissement des ballons observateurs.

Le corps franc, étant trop faible avec son effectif de 4 batteries pour servir toutes les pièces nouvelles livrées par l'industrie, on fit appel à des canonniers de la garde nationale, qui n'avaient pas été préalablement exercés.

Afin d'obvier à cet inconvénient, le Gouverneur, par décision du 24 décembre, autorisa le corps franc d'artillerie à porter l'effectif de chaque batterie à 110 hommes au lieu de 100.

C'était renforcer le corps de 40 nouveaux servants; mais cette augmentation du personnel n'étant pas encore en rapport avec l'accroissement journalier du matériel construit, on doubla l'effectif après l'affaire d'Avron, où les artilleurs du corps franc s'étaient particulièrement distingués (2 janvier 1871) (1).

Il prit dès lors la dénomination de *Corps d'artillerie des mitrailleuses*, et dut se composer de 8 batteries à pied, d'un parc d'artillerie et d'une batterie de parc montée.

Ce décret de réorganisation du corps franc d'artillerie permettait le recrutement d'un personnel suffisant pour le service des nombreuses bouches à feu construites par l'industrie ; malheureusement, il était déjà bien tard pour former les cadres, instruire les servants, et les mettre à même de rendre des services en présence de l'ennemi.

Cependant, dès le 2 janvier, un bureau d'enrôlements pour la durée de la guerre fut installé au quartier de l'Alma.

Le nouveau corps franc étant assimilé à la garde nationale mobile, les nominations d'officiers, dans les nouvelles batteries, furent faites par le ministre de la guerre (2).

---

(1) Voir aux pièces justificatives, n° XVIII.

(2) Nous avons vu que les graves inconvénients qui résultaient, pour la discipline, de la nomination à l'élection des officiers de la garde nationale mobile, avaient fait revenir à la nomination de ces officiers par le ministre de la guerre.

M. Pothier, chef d'escadron à l'état-major particulier de l'artillerie, fut nommé colonel du corps d'artillerie des mitrailleuses ;

M. Sionnet, capitaine à l'état-major particulier de l'artillerie, adjoint au dépôt central, fut nommé chef d'escadron du corps ;

M. Laprade, capitaine, reçut le titre de chef d'escadron, directeur du parc.

Les cadres une fois constitués, les canonniers furent répartis de manière que, dans chaque batterie, une partie de l'effectif se composât d'anciens volontaires du corps franc, et l'autre partie de nouveaux enrôlés, afin de donner de l'homogénéité au nouveau corps.

Jusqu'à cette époque, les transports avaient été faits à l'aide de réquisitions ; mais ce système devint bientôt insuffisant ; la consommation journalière réduisait considérablement le nombre des chevaux disponibles ; le Ministre des travaux publics dut s'adresser à la Compagnie des omnibus, qui s'engagea à fournir au corps d'artillerie des mitrailleuses, 200 chevaux hongres et 120 conducteurs embrigadés (12 janvier).

*Services rendus pendant le bombardement.* Ce corps d'artillerie rendit de grands services pendant le bombardement. Les excellents résultats obtenus par les nouvelles pièces de 7, faisaient qu'on en réclamait sur tous les points attaqués. Ses détachements furent envoyés successivement dans différents bastions du 7e secteur, puis au fort de Vanves, au Mont-Valérien, au moulin des Gibets, et, enfin, au fort de la Briche.

Jusqu'à l'armistice, les canonniers volontaires firent noblement leur devoir ; pendant toute la durée du bombardement, les convois d'approvisionnements étaient, chaque nuit, conduits régulièrement par la batterie du Parc, malgré le feu incessant de l'ennemi et le mauvais état des chemins. Grâce au dévouement des officiers qui, jour et nuit, étaient occupés, soit à l'organisation du personnel, soit à celle des convois, jamais une seule pièce n'a manqué de munitions.

Le 29 janvier, l'armistice ayant mis fin aux hostilités, un décret du Gouvernement de la Défense nationale licencia le corps d'artillerie des mitrailleuses.

## IV. — Pontonniers.

Parmi les ouvriers auxiliaires d'artillerie, dirigés par M. l'ingénieur en chef Krantz, un certain nombre étaient affectés spécialement au service spécial des ponts militaires. Ils apportèrent leur concours aux compagnies régulières de pontonniers, aux compagnies de pontonniers de la mobile du Rhône, aux pontonniers auxiliaires de la marine; enfin ils se signalèrent, lors de la préparation du passage de la Marne, le 29 et le 30 novembre 1870.

*Ouvriers auxiliaires d'artillerie.*

## V. — Génie.

Les corps francs du génie comprenaient :

1° *Le Corps auxiliaire du génie*, commandé par M. l'ingénieur en chef Alphand ;

2° *Le Corps du génie volontaire*, commandant Flachat, institué le 22 septembre, sous les auspices du ministère des travaux publics et des finances; le 11 octobre, le département de la guerre le reconnut ;

3° *Les Bataillons auxiliaires du génie*, créés par un arrêté du ministère de l'intérieur, en date du 6 octobre; c'étaient 22 bataillons *non armés* de la garde nationale, dont on ne savait que faire, et qu'il fallait nourrir en leur conférant le bénéfice du décret du 14 septembre, relatif à l'indemnité de 1 fr. 50 c. par homme et par jour. Mal composés, mal commandés, ces bataillons n'exécutèrent jamais de travaux sérieux.

4° *Les Bataillons de mineurs auxiliaires du génie*, commandant Jacquot, reconnus le 11 octobre par le département de la guerre. Ce corps, composé de 150 ou 200 hommes pris parmi les ouvriers attachés aux carrières de Paris, était dirigé par M. l'ingénieur Descos, et rendit de grands services pendant la défense du fort de Montrouge ;

5° *Les Ouvriers auxiliaires du génie*, comprenant un grand nombre d'ouvriers civils qui travaillaient sous la haute direction de M. l'ingénieur en chef Ducros.

*Corps auxiliaire du génie.*

Organisation du corps.

Par décret en date du 24 août 1870, il avait été organisé un corps auxiliaire du génie destiné à concourir à tous les travaux de la défense qu'allait exiger le siége de Paris, dont l'éventualité devenait probable.

Ce corps avait pour commandant supérieur M. Alphand, avec le titre de colonel, et pour commandant en second, M. Viollet-le-Duc, avec le titre de lieutenant-colonel.

Il comprenait :

1° Une section d'ouvriers de corps d'état, divisée en 6 compagnies, fortes de 100 à 150 hommes ;

2° Une section de sapeurs du génie divisée également en 6 compagnies, fortes de 150 à 200 hommes.

Le cadre de chaque compagnie comprenait : 1 capitaine en premier, 1 capitaine en second, 2 lieutenants en premier, 2 lieutenants en second, 1 sergent-major, 1 sergent-fourrier, 1 caporal-fourrier, 8 sergents, 16 caporaux, 2 tambours, 2 clairons.

Ce corps était mis à la disposition du général du génie de Chabaud-Latour.

Les ouvriers qui en faisaient partie recevaient une solde équivalente à la journée d'état de la Ville de Paris.

Pendant les premiers jours du siége, le corps auxiliaire du génie fut employé aux travaux du rempart; puis, à mesure que la défense se porta en avant des forts, on le chargea de la construction de tranchées et de batteries sur tout le pourtour de l'enceinte.

Au moment où toutes les forces de Paris furent réunies en armées destinées à agir pour rompre le cercle d'investissement, le corps auxiliaire du génie reçut une modification dont le but était de rendre mobilisable une partie de ses éléments.

<small>Organisation de la légion du génie auxiliaire de la garde nationale.</small>

Par arrêté du Gouvernement de la Défense nationale, en date du 7 novembre 1870, ce corps prit le titre de : *Légion du génie auxiliaire de la garde nationale*. Chaque compagnie, forte de 200 hommes en moyenne, dut fournir une compagnie de guerre de 100 hommes.

La légion fut divisée en 2 bataillons, et chaque bataillon en compagnies permanentes, et en compagnies de guerre ; ces dernières furent commandées chacune par 1 capitaine et 2 lieutenants.

Il y eut ainsi 16 compagnies de guerre formant un effectif de 1,600 hommes environ ; elles étaient directement placées sous les ordres du général du génie Tripier.

Au moment des opérations de la Marne, à la fin de novembre, 7 de ces compagnies de guerre sortirent de Paris sous le commandement du lieutenant-colonel Viollet-le-Duc, pour prendre part au combat de Champigny. Pendant les journées du 30 novembre, du 1$^{er}$ et du 2 décembre, elles furent employées à construire des tranchées ou des batteries sur les positions conquises, à déblayer les chemins pour les rendre praticables à l'artille-

<small>Services rendus par cette légion.</small>

rie, à construire des barricades, à créneler des murs.

Dans le courant de décembre, on envoya quelques-unes de ces compagnies sur le plateau d'Avron pour travailler aux tranchées et aux batteries. Malheureusement, le sol durci par la gelée rendait les travaux très-difficiles, très-pénibles, et rien de sérieux n'avait été fait lorsque commença le bombardement; d'autres compagnies furent employées, dans la plaine de Bondy et de Bobigny, à préparer l'opération du 21 décembre; elles débarrassèrent les routes des troncs d'arbres; puis, elles établirent sur le canal de l'Ourcq des ponts assez solides pour le passage de grosses pièces. Enfin, pendant le combat, on les utilisa à construire des abris, des tranchées, des batteries à Drancy et aux abords de ce village.

Dans les journées qui suivirent, ces compagnies de guerre travaillèrent à mettre en état de défense nos postes avancés dans la plaine de Bondy, la ferme de Groslay, par exemple.

D'autres compagnies construisaient des tranchées destinées à relier les forts de Rosny, de Noisy et de Romainville.

Enfin, quand le bombardement commença contre les forts de l'Est, elles réparèrent, à tour de rôle, les embrasures des forts de Rosny et de Noisy, terminèrent les traverses, consolidèrent les abris. En même temps on leur fit construire entre ces forts des batteries de 2 ou 3 pièces chacune, destinées à se joindre au feu de ces ouvrages réguliers et à diviser celui de l'ennemi.

Le 19 janvier, elles prirent part à la bataille de Buzenval.

En résumé, du 29 novembre 1870 au 24 janvier 1871, ces compagnies de guerre furent constamment employées en dehors de l'enceinte. Sur un effectif de 1,543 hommes, elles eurent 298 malades, 280 tués, blessés ou prisonniers, soit plus du tiers. Cela n'a rien de surprenant quand on songe aux travaux pénibles qu'il fallait exécuter chaque nuit dans les forts bombardés, pour réparer les avaries de la journée; ce chiffre établit d'une manière probante que la légion du génie auxiliaire s'est honorablement conduite pendant le siége; ses chefs également ne se sont pas épargnés; toujours à la hauteur de leur mission, ils ont rendu d'éminents services durant cette période du blocus.

*Ouvriers auxiliaires de la 2ᵉ armée.*

Le corps d'ouvriers du génie civil, qui reçut plus tard du Gouvernement de la Défense nationale le titre de « Corps d'ouvriers auxiliaires de la 2ᵉ armée, » comprenait un certain nombre d'ouvriers civils (2,000 environ), placés sous la direction du personnel d'officiers ci-dessous désignés, et généralement choisis parmi des ingénieurs ou parmi des architectes :

MM.
- **Ducros**...... Ingénieur en chef des ponts et chaussées....... *Colonel.*
- **De Mirandol**... Ancien officier du génie.. *Chef de bataillon.*
- **Petit-Bergonz**. Chef d'escadron de la garde nationale de la Seine... *Id.*
- **Le Masson**.... Ingénʳ des ponts et chaussées *Id.*
- **Dehérain**..... Professeur de chimie.... *Capitaine.*
- **De Dion**..... Ingénieur civil......... *Id.*
- **Perrey**...... Ingénieur au Chemin de fer du Midi.......... *Id.*
- **Potier**...... Ingénieur des mines.... *Id.*
- **Pronier**..... Ingénieur civil........ *Id.*
- **Trélat**...... Architecte............ *Id.*

MM.

| | | |
|---|---|---|
| **De Laurencin** . | Administrateur de la Banque franco-hollandaise . . . . | *Lieutenant.* |
| **Desmaisons** . . | Directeur de la C$^{ie}$ gén$^{le}$ des Canaux et Trav. publics . | *Id.* |
| **Lebon** . . . . . | Ingénieur civil . . . . . . . | *Id.* |
| **Simonet** . . . . | Architecte . . . . . . . . . | *Id.* |
| **Ramogey** . . . . | Piqueur des ponts et chauss. | *Id.* |
| **Dubourjal** . . . | Secrétaire de la Compagnie de Badajoz . . . . . . . . | *Lieut. comptable.* |
| **Ravelet** . . . . | Secrétaire de la C$^{ie}$ gén$^{le}$ des Canaux et Trav. publics. | *Id.* |
| **Lebon (Eugène)**. | Ingénieur civil . . . . . . . | *Sous-lieutenant.* |
| **Vauthier** . . . . | Ingénieur civil . . . . . . | *Id.* |
| **Trélat (Gaston)**. | Élève de l'École d'architect$^{re}$. | *Id.* |
| **Ducros (Joseph)** | Élève de l'Éc. polytechnique. | *Adjudant.* |

Cette brigade du génie auxiliaire de la 2$^e$ armée avait été chargée, sous la direction du général Tripier, de concourir à l'organisation de la défense extérieure de Paris.

Dès les premiers jours de septembre, le chef de cette brigade, M. l'ingénieur en chef Ducros, procédait, avec le général Tripier, à la visite des environs de Paris.

Le 15 septembre, M. Ducros, sur l'ordre du Gouverneur, fit sauter le pont de Joinville et détruire deux arches du viaduc de Nogent; plus tard sa brigade exécuta les travaux suivants :

Barricades élevées dans Paris;

Mise en état de défense de la Faisanderie, Nogent, Gravelle (25-30 septembre);

Construction de la redoute de Saint-Maur (commencée le 1$^{er}$ octobre);

Ouverture des tranchées de Vitry, Port-à-l'Anglais, Moulin-Saquet, Cachan (tranchées commencées le 2 octobre);

Travaux de défense de Maisons-Alfort et Créteil (commencés le 6 octobre);

Établissement des batteries du parc d'Adamville, de la ferme des Mèches, du bois des Moines (commencées le 28 octobre);

Armement des batteries de la redoute de Saint-Maur, de la presqu'île de la Marne et de celles de Nogent-sur-Marne (du 10 au 25 novembre);

Établissement de ponts sur la Marne et travaux de défense de Joinville et Champigny (du 25 au 29 novembre);

Travaux de défense à Pantin, Merlan, Bondy, Drancy, la Folie, Noisy-le-Sec; mise en œuvre de la pompe de Noisy-le-Sec, qui a alimenté l'armée (du 6 au 15 décembre);

Travaux de défense à la Boissière, au château de Montreau et à Rosny (milieu de décembre);

Travaux de défense à Issy; construction de la batterie du Lycée; armement de la batterie de mortiers sous le feu de Châtillon (fin décembre et janvier);

Enfin, des travaux sur la Bièvre et aux Hautes-Bruyères (dans les derniers jours du siége).

Partout et en toute occasion, cette brigade du génie auxiliaire eut une excellente attitude. Son chef éminent, le colonel Ducros, rendit les plus grands services à la défense, et particulièrement à la 2ᵉ armée. Infatigable pendant la préparation, il se montra plein d'entrain, d'ardeur, de décision pendant l'action.

*M. l'ingénieur en chef Ducros.*

Dans maintes circonstances, son intelligente initiative nous vint en aide pour parer à l'insuffisance de nos moyens de transport, de matériaux et de subsistances.

Nul, à coup sûr, ne fit preuve pendant toute cette période du siége de plus de dévouement et de patriotisme. Nous aurons occasion de parler de ses services d'une manière plus détaillée dans le récit des opérations de la Marne et du Bourget.

# DEUXIÈME PARTIE

## MATÉRIEL DE LA DÉFENSE

### CHAPITRE PREMIER.

#### ARMEMENT DE L'ENCEINTE ET DES FORTS.

L'armement de sûreté de l'enceinte de Paris était fixé à 190 bouches à feu pour la rive gauche, et 468 pour la rive droite, total 658 pièces.

L'armement de défense comprenait cet armement de sûreté, plus 650 pièces de position, de siége ou de place, et 192 pièces mobiles ou de campagne ; ce qui faisait pour l'enceinte 1,500 bouches à feu.

Tout l'armement de sûreté de la place était réparti dans les forts ; mais ces forts ne renfermaient qu'une partie de l'armement de défense.

Il fallut donc tirer des arsenaux extérieurs un grand nombre de bouches à feu.

Une immense activité fut déployée, et bientôt arrivèrent à Paris plus de 200 canons de 24 de place et de siége, des canons de 16, des canons de 12 de place, des obusiers de 22, de 16, des mortiers de 32, de 27, etc...

Le Comité de défense puisa également dans les arsenaux de la marine, qui fournirent : Pièces fournies par la marine.

183 canons de 16 rayés, se chargeant par la bouche ; tous ces canons avec affûts, armements, rechanges, approvisionnés à 200 coups par pièce ;

23 canons de 19 rayés, modèle 1864, se chargeant par la culasse, dont 10 en acier ; avec affûts, armements et rechanges. Ils provenaient d'un envoi de 30 canons, fait par les ports, sur Metz et Strasbourg, pour suivre l'armée ; on put en faire rentrer dans Paris 23, presque dépourvus d'approvisionnements ; les obus et gargousses ont été confectionnés à Paris.

1 canon de 24, se chargeant par la culasse, qui fut placé au Mont-Valérien.

A la fin du siége, le matériel d'artillerie réparti sur les différents bastions de l'enceinte, comprenait 805 pièces, dont 198 de gros calibre, savoir :

10 pièces de 19 de la marine ;
44 — de 16 —
et 144 — de 24 rayés, de place.

L'armement des forts se composait de 1,389 bouches à feu, savoir :

1 canon de 24 rayé, de la marine ;
17 canons de 19 ;
132 — de 16 ;
125 — de 24, rayés, de place ;
16 — de 24, rayés, de siége ;
109 — de 12, rayés, de place ;
102 — de 12, rayés, de siége ;
147 canons obusiers de 12 ;
161 canons de 16 ;
18 — de 12 ;
32 — de 8 ;

57 obusiers de 22, de siége ;
3 — de 22, de côte ;
100 — de 16 ;
5 mortiers de 32 ;
53 — de 27 ;
89 — de 22 ;
114 — de 15.

L'armement de l'enceinte et celui des forts comprenaient donc, à la fin du siége, 2,194 bouches à feu, formant ensemble le système de la défense fixe.

De plus, plusieurs centaines de pièces de gros calibre avaient été réparties dans les ouvrages avancés, redoutes, batteries, etc. Vers la fin du siége, un certain nombre de pièces de 24 court, mises à la disposition de l'armée, furent utilisées comme pièces de position.

En résumé, la ville de Paris possédait, au moment de l'investissement, 2,627 bouches à feu, de place et de siége.

La défense mobile était alors représentée par 93 batteries de campagne et 4 batteries de montagne, ensemble 582 pièces.

On fabriqua, dans les ateliers de Meudon, réinstallés à Paris, et dans l'industrie privée :

230 canons de 7, 50 mortiers de 15 centimètres et un grand nombre de mitrailleuses, de modèles différents.

Les canons de 7 et les mitrailleuses étaient des pièces nouvelles qui jouèrent un grand rôle dans la défense de Paris et excitèrent au plus haut degré l'engouement du public. Nous allons donner quelques détails sur chacune de ces inventions ; nous consacrerons également un chapitre spécial à la construction des locomotives et wagons blindés employés à la fin du siége.

## CHAPITRE II.

#### DES MITRAILLEUSES.

Les premières études sur les mitrailleuses ou canons à balles furent commencées en 1860, sur l'initiative de l'Empereur, qui, jusqu'en 1861, fit tous les frais des expériences. Le capitaine d'artillerie de Reffye était chargé de ces travaux sous le surveillance du général Favé.

<small>Études faites par ordre de l'Empereur sur les mitrailleuses; leur fabrication avant le siége; ateliers de Meudon et du Mont-Valérien.</small>

On désigna, en 1861, le haras de Meudon comme champ d'expérience pour le premier modèle établi. Après bien des recherches, un type fut présenté à une commission composée des généraux d'artillerie Le Bœuf, Guiod et Favé.

Les essais qui eurent lieu au polygone de Satory furent assez satisfaisants pour motiver quelques crédits alloués sur le budget du ministère de la guerre.

L'atelier de Meudon fut annexé au Dépôt central de l'artillerie, où sa comptabilité se trouva centralisée avec celle des autres ateliers de cet établissement. En 1866, on adopta le modèle définitif.

La fabrication des mitrailleuses se continua à Meudon. Grâce à l'activité et à l'intelligence du directeur, M. de Reffye, l'outillage spécial, nécessaire pour produire économiquement 18 pièces par mois, fut improvisé.

Un second atelier de fabrication s'établit dans l'enceinte de la forteresse du Mont-Valérien.

En 1868, le matériel de *30* batteries de mitrailleuses était engerbé dans les magasins des forts de Montrouge et du Mont-Valérien, et susceptible d'être mis sur le pied de guerre en quelques jours, avec un approvisionnement de 900 coups par pièce et les rechanges nécessaires de campagne. Les munitions seulement étaient en nombre insuffisant pour l'approvisionnement des parcs ; mais les nécessités du budget déterminèrent le ministre de la guerre à réduire considérablement les dépenses. Le crédit alloué de 44,000 francs par an resta à peine suffisant pour entretenir les machines et le matériel emmagasiné. L'atelier ne se soutint plus que par une faible commande du service de la marine. En 1870, restreint dans les ressources du budget ordinaire, il se trouva réduit à quelques ouvriers. Quand la guerre éclata, il était complétement en chômage.

Après nos désastres, le siége de la capitale étant devenu inévitable, l'atelier de construction de Meudon, situé en dehors de la ligne des forts, dut être évacué. Ce furent encore les mêmes officiers qui, renvoyés de la frontière à Paris, eurent la tâche d'en opérer la translation.

Le général Trochu, Gouverneur de Paris, donna à M. de Reffye l'ordre de faire rentrer dans l'intérieur de la ville toutes les machines qui constituaient l'outillage spécial de ses usines. En exécution de cet ordre, la fonderie fut transportée, 20, rue Curial, à La Villette ; les machines spéciales nécessaires à l'alésage et au rayage des canons, ainsi que l'atelier d'ajustage, furent placés dans l'usine de $M^{me}$ $V^{ve}$ de Coster, près du boulevard Montparnasse. M. Cail cédait l'emplacement de ses anciens ateliers au quai de Billy, et facilitait ainsi l'établissement de la cartoucherie.

En même temps, le capitaine Pothier, adjoint de M. de Reffye, faisait transporter dans des terrains non occupés, rue de Vanves, les machines de l'usine du Mont-Valérien, et préparait le chargement des munitions.

En quelques jours, le déménagement et l'installation furent terminés, et l'on put recommencer le travail.

Afin de pourvoir de mitrailleuses les armées qui se formaient hors Paris, le Gouvernement donna à M. de Reffye l'ordre de transporter en province tout l'outillage nécessaire pour organiser une fabrication rapide, et de laisser à M. Pothier le soin de faire face aux nécessités d'approvisionnement de l'armée de la capitale.

On arrêta donc de nouveau le travail des usines, et les machines démontées furent expédiées à Tours, d'où elles devaient être dirigées sur Nantes, point choisi pour le nouvel établissement.

Un malentendu regrettable avait aussi éloigné de Paris les deux chefs de fabrication au commencement des hostilités.

*Fâcheuse interprétation au sujet des mitrailleuses à l'ouverture de la campagne.*

On sait que la création des mitrailleuses avait été entourée d'un grand mystère. Il fallait cependant que dans chaque batterie destinée à servir ces pièces, il y eût au moins un officier qui en connût la manœuvre.

En 1869, les différents régiments d'artillerie détachèrent à Meudon 20 capitaines pour étudier, sous la direction du commandant de Reffye, les propriétés et le maniement du canon à balles. Ces officiers étaient choisis de telle sorte que lors d'une entrée en campagne, le commandement des nouvelles batteries leur revînt sans difficulté. Quand il fallut mettre sur roues, en cinq jours, les 24 batteries engerbées à Montrouge et au Mont-Valérien, on pensa naturellement pouvoir compter sur eux.

Mais tous les efforts et les calculs les plus sages vinrent se heurter à une question de convenance administrative. Le personnel instruit avec tant de précautions reçut une autre destination et de nouveaux cadres furent dirigés sur le Mont-Valérien pour y apprendre le service des mitrailleuses. Retard malheureux à une époque où les minutes sont comptées. MM. de Reffye et Pothier, restés seuls pour approvisionner les batteries et réorganiser les ateliers, se dévouèrent à l'instruction de ces cadres... Ce travail fut encore perdu... car au dernier moment une partie des officiers réunis et exercés au Mont-Valérien reçurent des batteries de 4 et de 12, et on désigna d'autres officiers pour le nouveau matériel.

C'est ainsi qu'on vit arriver à la frontière des troupes ne connaissant pas l'arme dont elles avaient à se servir et qui s'ingéniaient pendant les haltes à en deviner le mécanisme. Afin de parer, dans la mesure du possible, à ce mauvais état de choses, sur l'ordre de l'Empereur, le ministre de la guerre envoya précipitamment aux armées MM. de Reffye et Pothier, avec mission de visiter le matériel et d'assurer l'instruction du personnel dans les batteries de mitrailleuses.

*Commission du génie civil.* Au commencement de l'investissement de Paris, M. Dorian, ministre des travaux publics, avait alloué à la Société des ingénieurs civils désignée sous le nom de : *Commission du génie civil*, un budget considérable destiné à la fabrication, par l'industrie privée, d'engins de guerre de toute nature.

Le public attribuait nos revers à l'infériorité de notre matériel d'artillerie. Les mitrailleuses avaient seules le privilége de trouver grâce à ses yeux : c'étaient des engins nouveaux, mystérieux, dont on racontait les exploits dans les batailles du mois d'août ; aussi croyait-on qu'il suffisait de posséder des pièces de ce genre pour être assuré du salut de la capitale. Les réunions publiques et la presse étaient unanimes ; il nous fallait des mitrailleuses, beaucoup de mitrailleuses.

Le directeur des ateliers de fabrication des canons à balles à Paris, autorisé par le Gouverneur à mettre à la disposition de l'industrie privée les moyens de construction, fut invité à se rendre au Conservatoire des arts et métiers, où était réunie la Commission du génie civil, pour prendre, d'un commun accord, les mesures nécessaires. Ayant apporté, à la première séance, deux des pièces les plus compliquées de la mitrailleuse : la culasse et le système de percussion, il montra les difficultés d'exécution, il expliqua les soins qu'exigeait la construction, le moindre défaut de précision dans les ajustages pouvant entraîner l'éclatement de la cage de la pièce et occasionner ainsi la mort des servants. Il essaya de faire comprendre que la fabrication de cette machine délicate demandait un outillage spécial déjà en voie de préparation dans les ateliers de l'artillerie, à Paris; que les tubes nécessaires pour former les âmes des canons devaient être forés, alésés et rayés avec un soin que les ouvriers dresseurs des manufactures d'armes savaient seuls apporter dans ces opérations.

Cet officier concluait, non à une rivalité entre l'industrie privée (capable assurément de faire très-bien les engins, dès qu'elle aurait l'outillage nécessaire) et les ateliers de l'État, déjà munis de plusieurs machines spéciales et d'ouvriers exercés, mais bien à un concours de ces deux éléments en faveur de la défense nationale.

« Que l'industrie se charge, disait-il, de la fonte, du tournage des canons, du rabattage des cages, de la fabrication des ressorts, des percuteurs, du dressage des plaques et des culasses; dans les ateliers de l'État se feront le finissage et les opérations délicates. Cette division du travail permettra une exécution parfaite des engins et garantira contre les accidents, résultat inévitable d'une fabrication précipitée et inexpérimentée. »

La qualité d'une arme de guerre ne dépendant pas seulement de la bonne construction de l'engin, mais aussi de la confection régulière des munitions, le directeur des ateliers de fabrication du canon à balles se chargeait de faire cinquante mille cartouches de mitrailleuses par jour, si les constructeurs voulaient l'aider dans l'établissement des machines qui lui étaient indispensables.

A ces propositions si pleines de raison et de sens pratique, il fut répondu que l'industrie parisienne voulait prouver qu'elle n'avait besoin du concours de personne, et qu'elle ferait des mitrailleuses sans contrôle, sans conseils. Trois séances eurent lieu sans qu'on pût s'entendre; dès lors le commandant Pothier prit le parti d'organiser, avec l'aide d'un certain nombre de constructeurs, des ateliers au compte du ministère de la guerre, en utilisant le crédit de 600,000 francs accordé le 14 septembre dans ce but.

Une mitrailleuse de Meudon se compose de 25 tubes carrés à l'extérieur, primitivement percés au diamètre de 11 millimètres et réunis par des plaques métalliques rectangulaires. Les tubes employés pour la fabrication de Meudon avaient été fournis par

*Nouvelles usines installées à Paris par le commandant Pothier.*

M. Émile Martin, propriétaire de l'usine de Séreuil (Charente), et MM. Petin-Gaudet et C$^{ie}$, de Rive-de-Gier.

Quelques-uns de ces tubes non employés restaient en magasin; ils furent immédiatement mis en œuvre.

Mais le nombre de ces tubes était insuffisant pour les bouches à feu qu'il fallait construire, et l'investissement de la ville empêchait l'usine de Séreuil de pourvoir aux approvisionnements.

Il fallut donc songer à en fabriquer sur place.

M. Ponsard, ingénieur, obtint, après plusieurs essais, les barres convenables d'acier doux, susceptibles d'être forées.

M. Desgoffes, ingénieur mécanicien, fit le perçage de ces barres à l'aide d'un outil de son invention et de machines établies dans ses ateliers par les soins d'un de nos constructeurs les plus distingués, M. Bouhey.

Les tubes ainsi obtenus devaient être rabotés de manière à présenter une section droite convenable pour l'assemblage. Cette opération fut confiée à M. Cail.

Le dressage était fait par quelques ouvriers des manufactures d'armes de l'État et par des dresseurs de l'établissement de M$^{me}$ V$^{ve}$ Bernard.

Le brasage des âmes, ainsi que le tournage ultérieur de ces âmes, furent exécutés dans l'usine de la rue Curial et dirigés par M. Hardy, contrôleur d'armes de 1$^{re}$ classe. Un four à braser avait été commencé, dans cette usine, en exécution des ordres donnés par M. de Reffye, et fut terminé rapidement, afin de pouvoir commencer la fabrication dans le plus bref délai.

Les âmes brasées devant être enveloppées de bronze, on établit la fonderie dans l'usine de la rue Curial. M. P.-G. Pothier, propriétaire de l'atelier, faisait faire les moules, la coulée, et enlever au tour la masselotte.

Les pièces coulées furent envoyées dans une usine de la rue de Suffren, où on avait monté des machines spéciales, tours, machines à rayer, etc., construites par plusieurs ingénieurs, notamment par MM. Warrall, Elucel et Middleton et Bouhey.

Les pièces ainsi préparées étaient réunies dans les ateliers de M. Cail, où on les tournait et où les cages de culasse étaient rabotées.

A l'atelier de l'avenue de Suffren, on alésait, rayait, rhabillait les mitrailleuses. Pendant le finissage, des ouvriers spéciaux, habitués à un travail de précision, dressaient et perçaient les culasses; ils perçaient également les plaques des systèmes de percussion et tournaient les supports du canon. Toutes les pièces détachées : ressorts de système percuteur, pièces dégrossies du système et des culasses, étaient faites dans l'industrie privée; M. Barriquand, M. Mengerie, M$^{me}$ V$^{ve}$ de Coster, M. Cail, M. Flaud, furent chargés de ces différents travaux.

Grâce à l'activité des employés d'artillerie, et notamment de M. Victor Jacquot, directeur de l'atelier de la rue de Suffren, ainsi qu'au concours des constructeurs qui avaient accepté des commandes, M. Pothier, directeur des ateliers, put promettre au Ministre de la guerre de fournir à l'armée, vers le 10 octobre, une mitrailleuse par jour.

La fabrication des munitions fut organisée dans deux ateliers : l'un, situé quai de Billy; l'autre, rue de Vanves.

Fabrication des munitions.

Dans le premier, on confectionna les douilles des cartouches, on coula et comprima les balles, on amorça les cartouches.

Ces différentes fabrications exigeaient l'emploi d'un grand nombre de machines fournies par M. Frey et MM. Challiot et Gratiot, sur les indications de M. Bunel, directeur de la cartoucherie.

Dans le second atelier, dirigé par M. Orgillet, ouvrier d'État, étaient faites les manipulations de poudre. Après avoir comprimé la poudre de chasse en rondelles du poids de 2 grammes, on plaçait ces rondelles dans les douilles, on les recouvrait d'un rond de suif, et l'on ajustait la balle assurée à la douille avec du ruban de soie collé.

La cartouche ainsi constituée était sertie et placée dans la boîte de chargement.

Avant la guerre, la compression de la poudre et le chargement des douilles étaient faits à l'aide de machines spéciales qui économisaient la main-d'œuvre.

Pour organiser la nouvelle fabrication, il était impossible d'employer ces machines, dont la construction eût demandé un temps trop long. On improvisa donc un chargement à l'aide de presses à bras et de petites machines à main, faciles à établir dans quelques jours.

Vers le 10 octobre, il put être fabriqué, par jour, 37,500 cartouches environ pour canons à balles.

Dans l'enceinte de l'usine de la rue de Vanves, on construisit un petit atelier où travaillait une équipe d'ouvriers en

Transformation du [matériel de 4

bois et en fer. Ces ouvriers transformaient le matériel de 4 de campagne en matériel de mitrailleuses. Les coffres spéciaux pour ces pièces, les coffrets d'affûts et de flèches pour le transport des systèmes et des culasses, furent faits dans l'industrie privée par les soins de MM. Chevalier, Cheylus et C$^{ie}$.

*en matériel de mitrailleuses.*

Cette organisation de divers ateliers fut réglée de manière que, chaque jour, une pièce sortant des ateliers était portée sur son affût, accompagnée de son caisson chargé de coffres approvisionnés de munitions, et était pourvue d'une réserve de quinze cents coups de vingt-cinq cartouches chacun.

Par un arrêté en date du 7 octobre, le Ministre des travaux publics avait décidé que les mitrailleuses ou autres pièces d'artillerie commandées à l'industrie privée, ne seraient acceptées pour le compte de l'État qu'après des essais constatant, pour chaque pièce, son bon fonctionnement, soit comme sécurité pour les servants, soit comme efficacité contre l'ennemi.

*Expérimentation des mitrailleuses fabriquées par l'industrie privée.*

Cet arrêté prescrivait que les essais seraient dirigés par la Commission du génie civil, en présence de M. le commandant Pothier, chargé de prendre livraison des pièces après leur réception. Vers la fin d'octobre, le Président de la Commission du génie civil donna avis à cet officier qu'il pouvait se présenter au Conservatoire des arts et métiers, pour s'entendre avec la Commission sur le mode d'expérimentation des mitrailleuses fabriquées dans l'industrie privée.

Mais les marchés ayant été passés par la Commission directement avec les constructeurs, sans que l'artillerie eût été consultée, il pouvait arriver qu'une mitrailleuse fût acceptée par la Commission, sur la constatation que les clauses du marché avaient été observées, et qu'en même temps elle ne fût pas jugée apte à être mise en service entre les mains des canonniers par l'officier chargé d'en prendre livraison.

Dans ce dernier cas, le commandant Pothier se refusait à signer les procès-verbaux de réception et à prendre en charge des pièces qu'il considérait comme dangereuses. La Commission était d'un avis opposé; aussi ne pût-on s'entendre.

Le général Trochu blâma vivement l'ardeur inconsidérée qui poussait ainsi l'industrie parisienne à vouloir fabriquer des bouches à feu en dehors du concours de l'artillerie.

Le général Frébault, directeur au ministère de la marine, puis commandant de l'artillerie de la 2$^e$ armée, exposa également combien il était dangereux de se servir de pièces sans les avoir expérimentées. Bientôt, le Gouverneur de Paris se décida à adjoindre à la Commission du génie civil une Commission mixte dont firent partie plusieurs officiers d'artillerie.

Cette Commission fut chargée, jusqu'à la fin du siége, d'expérimenter et de recevoir les nombreuses mitrailleuses fabriquées par l'industrie privée.

## CHAPITRE III.

### CANONS DE 7.

En 1869, l'Empereur avait ordonné au directeur de l'atelier de Meudon de rechercher s'il était possible de construire un canon de campagne en bronze, capable de lancer des projectiles avec de grandes vitesses initiales, et par suite à de grandes portées. *Études faites par ordre de l'Empereur sur les canons se chargeant par la culasse.*

Les études produisirent un canon du calibre de 70 millimètres, se chargeant par la culasse, lançant un projectile de 3$^k$860 avec une vitesse initiale de 430 mètres, et un autre canon du calibre de 85 millimètres, se chargeant également par la culasse et lançant un projectile de 7 kilos avec une vitesse initiale de 410 mètres.

L'Empereur, désireux de voir mis en expérience, au polygone de Versailles, ces nouveaux canons, avait donné une subvention pour fabriquer les munitions et les projectiles nécessaires.

Avant que les pièces ne fussent soumises à l'approbation du Comité d'artillerie, une commission d'officiers d'artillerie de la Garde commença, vers le mois de mai 1870, des expériences de tir avec les canons de 4 et de 7 se chargeant par la culasse.

Mais elle fut interrompue dans ses travaux par la déclaration de guerre, au mois de juillet. Cependant il avait suffi de quelques tirs exécutés avec les pièces de 7 pour prouver qu'elles avaient sur les bouches à feu connues des avantages incontestables de justesse et de portée.

*Transformation des pièces de 12 en pièces de 7.*

Le 3 août 1870, le Ministre de la guerre ordonna à M. de Reffye de faire préparer six batteries de 7, et commanda au service des forges 15,000 obus de 7.

Pour accélérer le travail, M. de Reffye avait demandé à MM. J.-J. Laveissière et fils, fondeurs, de lui fournir des tubes en laiton qui devaient être introduits dans des pièces de 12 hors de service, afin de ramener le calibre à 85 millimètres, et transformer ainsi ces pièces de 12 en pièces de 7. En même temps, le capitaine Pothier envoyait de Metz, où il était en mission, à M. le sous-inspecteur des forges, à Mézières, les modèles nécessaires pour faciliter la fabrication des obus de 7.

Grâce à ces dispositions, la construction des nouvelles pièces pouvait être commencée dès les premiers jours de septembre.

Les tubes fournis par MM. Laveissière avaient été confiés à M. Bouhey, qui devait faire le tubage dans ses ateliers de l'avenue Daumesnil.

Malheureusement les travaux se trouvèrent bientôt arrêtés par les événements militaires et politiques.

Les obus commandés dans les établissements de l'Est furent pris par les Prussiens marchant sur Paris, et le nouveau Ministre de la guerre, général Le Flô, par sa dépêche du 14 septembre, adressée au directeur du Dépôt central, annonçait son intention d'arrêter la fabrication des canons de 7.

*La fabrication des pièces de 7*

Il ne fut donc plus question de ces bouches à feu, jusqu'au jour où M. Dorian, ministre des travaux publics, visitant la cartoucherie nouvellement établie rue de Vanves, vit dans les ateliers la pièce de 7 qui avait servi pour les expériences de Versailles.

*est arrêtée, puis reprise.*

C'était au commencement d'octobre, au moment où le peuple de Paris, séparé du reste du monde, s'enthousiasmait pour toutes les idées nouvelles auxquelles il attribuait le pouvoir de faire cesser rapidement l'état de choses existant. La confiance superstitieuse, l'espèce de délire qui, d'abord, avait entraîné tous les esprits vers les mitrailleuses, venait de se porter avec la même fureur vers l'artillerie se chargeant par la culasse. Le canon de 7 pouvait seul nous sauver; on était prêt à faire tous les sacrifices pour avoir des canons de 7.

Le ministre pensa donc à utiliser ce modèle, facile à reproduire, et donna l'ordre à la Commission du génie civil d'en faire exécuter par l'industrie privée un nombre suffisant pour armer quelques batteries.

Le 10 octobre, le Ministre de la guerre, sur la demande du Ministre des travaux publics, donnait à M. Pothier l'ordre d'envoyer au Conservatoire des arts et métiers la pièce-type de 7, et de fournir aux membres de la Commission du génie civil les renseignements qu'ils demanderaient pour faciliter la fabrication.

Suivant le premier projet, il devait être commandé 60 pièces de 7, nécessaires pour armer 10 batteries ; mais le nombre des commandes ne tarda pas à être augmenté, par suite de la pression exercée sur le Gouvernement par l'opinion publique.

On vit bientôt des comités se constituer pour recueillir les souscriptions qui devaient servir à la fabrication des nouveaux engins ; un de ces comités demandait 1,500 canons pour sauver la capitale. Pendant plus d'un mois ce fut une véritable fièvre ; tout Paris s'occupait de la fonte des canons.

Le Ministre de la guerre dut lui-même céder à l'entraînement général, et prescrivit bientôt au capitaine Pothier de remettre en fabrication des pièces de 7, dans les usines de l'artillerie.

On reprit alors la transformation des pièces de 12 hors de service, en les ramenant au calibre de 85 millimètres. Un tour fourni par M. Bouhey, fut transformé en machine à rayer et installé dans les ateliers de M. Flaud.

Pendant que les canons étaient usinés, une équipe s'occupait de débiter les culasses, de les fileter et de les ajuster. Pour ne pas être retardé par l'établissement de la machine à rayer, les premiers canons furent rayés par les soins de l'atelier de précision du Dépôt central, à Saint-Thomas-d'Aquin.

*Fabrication des munitions.* On commanda les projectiles bruts de fonte dans l'industrie privée ; ils furent recouverts d'une enveloppe de plomb, et tournés dans les ateliers de l'artillerie, ainsi que dans deux ou trois établissements privés qui, après quelques essais, fournirent des obus dont le plombage était bien adhérent.

Quant aux cartouches, elles furent toutes fabriquées dans les ateliers de l'État. La cartouche servant d'obturateur est une partie essentielle du nouveau système d'artillerie ; de l'élasticité de son enveloppe, des dimensions précises de son culot, dépend le fonctionnement plus ou moins régulier de l'arme ; sa fabrication doit donc être l'objet des soins les plus minutieux, il est imprudent de la confier à des ouvriers inexpérimentés. De plus, la poudre qu'elle renferme exige des manipulations particulières de compression, sans lesquelles le canon est exposé à éclater sous l'énorme pression des gaz spontanément enflammés.

Pour ces motifs, M. Dorian avait demandé à faire fabriquer dans les ateliers de l'artillerie, non-seulement les cartouches nécessaires pour les pièces construites par l'artillerie, mais encore celles nécessaires pour l'approvisionnement des pièces commandées par la Commission du Génie civil.

Les machines qui avaient servi à Meudon et au Mont-Valérien à faire les cartouches pour les essais de Versailles ayant été expédiées à Nantes, il fallut préparer un nouvel outillage.

Grâce au concours de plusieurs constructeurs et surtout à l'activité de M. E. Bunel, cet outillage fut rapidement construit et installé. Vers le 15 octobre, la fabrication commença ; elle s'accrut progressivement de manière que, pendant le mois de décembre, on put avoir journellement 2,000 cartouches exigeant la manipulation de 2,400 kilog. de poudre.

Pendant que les machines étaient montées, et que la fabrication s'organisait, le génie civil faisait des commandes aux différents constructeurs de Paris.

Les membres de la Commission avaient annoncé qu'en quinze ou vingt jours, c'est-à-dire au plus tard vers le 10 novembre, ils seraient en mesure de livrer, à l'armée, de nouveaux engins. Ils comptaient sans les difficultés qui surgissent lorsqu'on crée une nouvelle fabrication.

Le Gouverneur de Paris avait demandé son avis au capitaine Pothier, qui lui avait répondu que, malgré toute l'habileté et le dévouement des ingénieurs, il ne fallait pas compter sur une livraison avant le 10 décembre. Il était certain, ajoutait-il, d'avoir terminé une batterie de 6 pièces dans les ateliers de l'État, avant que l'industrie pût livrer un seul canon, et, admettant que le travail ne fût pas interrompu par les mille tracasseries de la garde nationale qui débauchait sans cesse les ouvriers, il ne promettait pas de livrer la première pièce de 7 avant le 15 ou le 20 novembre. Il fallait donc près de deux mois pour fournir à l'armée de la Défense nationale quelques batteries de canons se chargeant par la culasse. C'était un temps beaucoup trop long pour l'impatience de la population et celle des troupes, qui subissaient l'enthousiasme propagé par les journaux. M. Pothier proposa au Gouverneur de constituer immédiatement des batteries avec les canons se chargeant par la culassse, qui avaient servi aux essais dans les polygones, et qui devaient se trouver déposés soit au parc établi au Palais de l'Industrie, soit dans les établissements dépendant de ce dépôt central.

Le 15 octobre, le Ministre de la guerre faisait rechercher ces différentes bouches à feu, dont l'état fut remis le même jour à M. le général Guiod, commandant supérieur de l'artillerie de Paris.

Cet état comprenait 25 pièces qui, par décision ministérielle en date du 19 obtobre, durent être réparées et approvisionnées.

Quelques-unes de ces pièces furent employées comme pièces de position et mises en batterie.

<small>Détermination des hausses pour les deux modèles de pièces de 7.</small>

Les expériences qu'on avait commencées avec la pièce de 7 avaient permis de déterminer seulement les hausses correspondant aux portées de 1,500 et 1,800 mètres ; il s'agissait de fixer les hausses pour les autres distances.

Or, les circonstances avaient imposé la construction de deux modèles différents de la même pièce, le modèle-type étudié à Meudon et la pièce de 12 tubée.

Ces deux modèles, tirant avec la même charge (1,200 grammes), imprimaient au projectile une vitesse : l'une, de 410 mètres ; l'autre de 380 ; ils exigeaient, par conséquent, un angle de tir différent pour la même portée.

Dès les premiers jours de novembre, la transformation des canons de 12 fut assez avancée pour qu'une de ces pièces pût servir aux expériences de tir. La pièce-type prêtée à la Commission du génie civil, et restituée à l'artillerie sur un ordre du Ministre, servit au même usage.

Ces expériences, faites le 15, le 16 et le 17 novembre, à Vincennes et au Point-du-Jour, permirent de déterminer les angles de tir correspondant aux distances entre 600 et 5,000 mètres, et, par suite, de fixer les hausses.

Nous avons vu dans le chapitre des mitrailleuses, que, sur l'ordre du Gouverneur, une commission mixte avait été instituée pour procéder, de concert avec la Commission du génie civil, aux expériences sur les pièces diverses fournies par l'industrie privée.

*Expérimenta des nouvelles piè fabriquées*

Les officiers d'artillerie qui faisaient partie de cette commission mixte avaient mis leur expérience à la disposition des constructeurs, et apporté, par leurs conseils, une amélioration sensible dans les procédés de fabrication.

La plus grande activité régnait dans les ateliers, et le moment approchait où ces bouches à feu nouvelles pourraient être mises à la disposition des troupes. Mais il fallait auparavant les éprouver et les recevoir.

Dans ce but, le Ministre de la guerre désigna, par lettre du 24 novembre, deux officiers d'artillerie, le lieutenant-colonel Morel et le capitaine Pothier, pour procéder, de concert avec les membres de la Commission du génie civil, à des essais sur les pièces de 7 construites par l'industrie privée.

A la fin de novembre, une batterie de 7 avait été livrée par les ateliers de l'État. Après la prise du plateau d'Avron, cette batterie fut installée sur le bord Sud de ce plateau; pendant les combats des 30 novembre et 2 décembre, elle rendit les plus grands services en envoyant des projectiles à 5,000 mètres jusque dans le parc de Villiers.

Les pièces tirèrent chacune un très-grand nombre de coups dans ces deux journées, et se comportèrent fort bien; dans la seule journée du 30 novembre, la batterie tira plus de 200 coups par pièce.

Le 3 décembre, les quatre premières pièces de 7 fabriquées par l'industrie privée, furent livrées par la Commission du génie civil, et envoyées au plateau d'Avron.

La première visite montra que les rayures n'avaient pas été polies, que le système de fermeture n'était pas ajusté avec la précision exigée pour les armes à feu ; enfin, défaut beaucoup plus grave et dont on obtint difficilement la suppression, les chambres ou logements des cartouches n'avaient pas exactement les dimensions prescrites.

Les pièces furent ensuite chargées et tirées successivement. Après chaque coup, on les lavait et on les examinait avec soin. Trois canons sur quatre présentèrent des fissures dans la chambre au quatrième coup tiré et se trouvèrent hors de service ; cet accident, peu grave en réalité, car on pouvait rectifier ces imperfections dans les pièces nouvelles, pouvait cependant, s'il était divulgué, produire une impression pénible, décourageante dans le public. On recommanda la plus grande discrétion aux témoins des épreuves. Le capitaine Laprade, directeur du parc des mitrailleuses, reçut l'ordre de faire rentrer à la dérobée au quartier de l'Alma les trois pièces éclatées, et de prévenir immédiatement des événements survenus M. le Ministre des travaux publics et M. le Président de la Commission du génie civil.

Grâce à ces précautions, le public ne connut pas les mauvais résultats de ces premières pièces.

Les constructeurs furent immédiatement prévenus des imperfections reconnues, et M. Laprade fut chargé par le Ministre des travaux publics de diriger les épreuves des nouveaux canons et de signaler les imperfections de chaque pièce aux membres de la Commission du génie civil.

Les premières épreuves de résistance eurent lieu par ordre du Gouverneur aux carrières et au fort de Montrouge ; les membres de la Commission du génie civil communiquaient les observations aux constructeurs. Ces observations portaient surtout sur des défauts d'ajustage, sur le manque de précision de certains détails, dont les ingénieurs n'avaient pas primitivement compris l'importance, par exemple, l'ajustage imparfait des vis de fermeture.... Mais, grâce au zèle des ingénieurs qui assistèrent à ces premiers essais, on obvia bientôt à ces inconvénients, et à partir du 15 décembre, de nouvelles pièces furent chaque jour livrées par le Conservatoire des arts et métiers.

Tout en faisant ces nouveaux canons, on se préoccupait du moyen de faire éclater le projectile.

*Des fusées*

Il existe deux espèces de fusées : les fusées fusantes, ou à temps, qui communiquent le feu à la charge intérieure quand le projectile est parvenu à une distance donnée de la bouche à feu, et les fusées percutantes, qui produisent l'éclatement dès que le projectile rencontre un obstacle.

Pour les projectiles de 7, on ne pouvait admettre la fusée fusante, vu que la communication du feu par les gaz enflammés de la charge de poudre était rendue impossible par le forcement de l'obus dans le canon.

On ne pouvait non plus employer la fusée percutante réglementaire, qui est celle du colonel Desmaretz, car elle exige, pour produire l'éclatement, que le projectile tombe par la pointe, sous un angle de chute assez considérable, ce qui n'a lieu que lorsqu'on tire à grandes distances.

On dut alors choisir parmi les propositions faites par différents inventeurs la fusée qui paraissait la meilleure, et on adopta celle présentée par le lieutenant-colonel Maucourant.

Cette fusée, à la fois fusante et percutante, étant difficile à fabriquer, on la simplifia en n'adoptant que l'appareil percutant, et elle donna de bons résultats pour le tir des obus de 7.

La fabrication de ces nouvelles pièces fut poussée avec une grande activité... A la fin du siége de Paris nous possédions 230 canons de 7, dont 48 appartenaient à la deuxième armée, commandée par le général Ducrot ; tous les autres étaient en position dans les forts ou sur les bastions bombardés (1).

---

(1) Voir aux pièces justificatives, n° XIX, le rapport du capitaine Laprade, directeur du parc du corps d'artillerie des mitrailleuses.

## CHAPITRE IV.

### LOCOMOTIVES ET WAGONS BLINDÉS.

*Études faites par ordre l'Empereur sur locomotives blindées.*

En 1867, le colonel américain Brent avait exposé à l'Empereur les avantages que l'on pourrait tirer de machines de guerre roulant sur les chemins de fer pour la défense d'un territoire.

L'idée avait déjà été signalée bien des fois, mais le colonel Brent avait étudié la question sous toutes ses faces et l'avait développée avec des vues complétement neuves.

L'Empereur transmit cette proposition au maréchal Niel et au général Le Bœuf, en ajoutant qu'il croyait utile de faire étudier une locomotive spéciale pour la défense des lignes de chemins de fer; cette machine, mise à l'abri des coups de canon de l'ennemi par une forte cuirasse, porterait des canons à balles, armes sans recul et faciles à servir dans un espace restreint.

Le ministre de la guerre et le président du Comité d'artillerie furent d'avis qu'un semblable engin protégerait efficacement les points de bifurcation des lignes et les gares importantes.

Il fut décidé que M. de Reffye, directeur des ateliers de Meudon, serait chargé d'élaborer un premier projet qui servirait d'essai, et que le plus grand secret serait recommandé aux agents de l'établissement employés à la construction.

M. Mariette, ingénieur civil, chef de l'atelier de dessin, commença les études de la machine motrice, pendant que des expériences de tir étaient entreprises pour déterminer les épaisseurs des tôles de blindage qu'il faudrait employer pour mettre le mécanisme et les servants à l'abri des coups de l'artillerie de campagne. Ces expériences furent faites avec le canon de 12 rayé de campagne tiré contre des plaques métalliques à une faible distance.

L'étude du projet révéla bientôt de nombreuses difficultés pratiques. Afin de placer des mitrailleuses, il fallait des plates-formes dont l'emplacement diminuait considérablement l'espace disponible pour l'établissement de la chaudière et du mécanisme; cependant la machine motrice devait avoir une assez grande puissance, et ses organes des dimensions suffisantes pour résister à l'écrasement dû à un poids qui pouvait s'élever à 60 tonnes environ. La nécessité de subvenir aux approvisionnements d'eau, de charbon, de munitions de guerre entraînait une répartition parcimonieuse de la surface limitée par l'établissement des voies.

Après plusieurs essais tentés à l'aide de dessins, on adopta une distribution intérieure pour la locomotive, et l'on fit établir une caisse représentant la plate-forme sur laquelle devaient être placés les canons; sur ce modèle on détermina les positions des affûts et celles des embrasures, de manière à défendre, dans toutes les directions, les abords de la voie.

Ces premiers travaux avaient été faits en 1868, mais n'avaient pas été poursuivis avec activité, parce qu'aucun crédit n'avait été alloué pour commencer l'exécution de la machine.

Avant de procéder à la fabrication de la machine motrice, M. de Reffye soumit les projets à l'examen de M. Deloy, ingénieur de la traction au chemin de fer de Lyon. Cet ingénieur, après une étude attentive, signala quelques modifications à apporter.

<small>Constructic d'une locomo blindée.</small>

Le 2 janvier 1869, les dessins d'ensemble furent présentés à l'Empereur et au maréchal Niel, qui ordonnèrent de faire les études des détails de construction, et de commencer l'établissement du châssis.

Pendant les premiers mois de 1870, les différentes pièces commandées chez divers industriels furent ajustées dans les ateliers de Meudon, où l'on procéda au montage de la machine.

Mais nos ressources budgétaires étant insuffisantes pour continuer, sans interruption, le travail de l'appareil, la commande du blindage fut remise à une époque ultérieure.

Lors de la déclaration de guerre, on commanda immédiatement, par ordre de l'Empereur, le blindage à MM. Pétin-Gaudet.

*Construction de wagons blindés.* — Après nos premiers désastres, l'Impératrice, sur l'avis du Comité de défense, ordonna à M. de Reffye de faire construire sans retard trois wagons blindés qui seraient remorqués par la locomotive. Les châssis de ces wagons furent commandés à MM. Bonnefont, mécaniciens à Ivry-sur-Seine, et on demanda les blindages à MM. Pétin-Gaudet, à Rive-de-Gier.

A cette époque les ateliers de Meudon étaient transférés à Paris. La locomotive fut transportée à Grenelle dans les usines de M. Cail, qui se chargea d'en faire terminer l'exécution conformément aux plans.

Les wagons, faits par MM. Bonnefond et C$^{ie}$, devaient également être conduits chez M. Cail, chargé de monter le blindage.

*La révolution 4 septembre arrête les travaux.* — Le 4 septembre vint interrompre tous ces travaux.

Les commandes faites par le Comité de défense à M. de Reffye n'avaient pas été ordonnées avec les formes administratives habituelles; on avait été au plus pressé. Les ordres avaient été donnés de vive voix à cet officier, qui avait transmis les commandes aux constructeurs, sans attendre la régularisation par écrit de l'autorisation des marchés.

Mais la révolution avait éloigné l'Impératrice et le Comité de défense; la nouvelle direction de l'artillerie au ministère de la guerre ne voulut pas approuver les dépenses. Non-seulement elle refusa à M. de Reffye l'approbation des marchés, mais elle lui laissa entendre, au moment où il partait pour installer à Nantes des ateliers de construction, qu'elle laisserait à sa charge le payement des dernières commandes.

M. de Reffye écrivit immédiatement au Gouverneur de Paris pour lui exposer la situation.

Quelques jours après, le général Trochu donna au Ministre de la guerre l'ordre de régulariser les commandes faites et de décharger la responsabilité du directeur des ateliers.

De plus, conformément à la demande de M. de Reffye, il nomma une commission qui fut chargée d'examiner les travaux et de donner son avis sur l'opportunité des dépenses à faire pour l'achèvement des machines.

Cependant les travaux en cours d'exécution avaient été suspendus jusqu'à la décision de la Commission d'enquête, de sorte que cet incident occasionna un retard d'un mois, et empêcha ainsi le train blindé de fonctionner utilement pendant le siége.

La Commission, composée du colonel d'artillerie Obry, président, du lieutenant-colonel du génie Carth et de M. Eugène Flachat, ingénieur civil, conclut dans son rapport du 2 octobre à l'achèvement du train blindé.

En conséquence, par décision du 8 octobre, le ministre de la guerre donna l'ordre au général de Menibus, directeur du Dépôt central, de faire continuer les travaux suspendus depuis un mois.

Le capitaine Pothier fut chargé de leur direction. L'activité déployée dans les ateliers de M. Cail fut telle que vers la fin de novembre, la machine était dans la gare des Batignolles, montée et couverte de ses blindages : 13 mitrailleuses furent mises en batterie, 4 dans la locomotive et 3 dans chacun des wagons.

Afin de pouvoir étendre le champ de tir sans faire des embrasures de grandes dimensions, on avait construit dans les ateliers de la rue de Suffren, des affûts qui permettaient de donner la hausse et la direction par des rotations autour de la bouche de la pièce. Ces meurtrières pouvaient être fermées à volonté par des plaques de recouvrement d'une épaisseur capable de résister au choc des projectiles.

Au mois de janvier, le train blindé était prêt à fonctionner, son armement était préparé ; les approvisionnements en eau, charbon, munitions, étaient rassemblés. Il ne manquait plus que le personnel spécial, qu'on organisa facilement, grâce au concours des compagnies de chemins de fer.

Le personnel était à peu près exercé quand eut lieu l'armistice ; il fut licencié avant d'avoir expérimenté contre l'ennemi ces nouveaux engins, dont on espérait les meilleurs résultats.

### DES WAGONS PORTE-CANONS BLINDÉS.

Au mois d'octobre, pendant qu'on poussait activement la construction du train blindé, armé de mitrailleuses, le comité de défense fut saisi de la question de l'emploi des wagons blindés pour porter des canons de gros calibre.

M. Solacroup, directeur des travaux de la compagnie du chemin de fer d'Orléans, et M. Delannoy, ingénieur de cette même compagnie, vinrent, présentés par le Gouverneur de Paris, exposer au Comité la pensée qu'ils avaient eue, qu'on pourrait utilement employer sur la ligne du chemin de fer d'Orléans, pour attaquer Choisy-le-Roi, deux canons de gros calibre portés sur une plate-forme reposant sur deux trucs marchant côte à côte sur les deux voies de la route. Cette plate-forme devait porter à l'avant un masque solide pour abriter dans cette direction les deux canons et leurs servants. Pour attaquer Choisy, cet appareil devait se placer dans une partie de la voie ferrée, qui est en déblai, de façon à être à l'abri des coups latéraux. Il devait être amené à son poste de combat au moyen de chevaux qui l'eussent poussé devant eux, agissant sur des brancards appliqués à l'arrière.

Le Comité de défense reconnut qu'il serait bien difficile de faire marcher sur les deux voies les deux trucs portant la plate-forme, mais il accepta l'idée, et chargea l'un de ses membres, M. Dupuy de Lôme, inspecteur général du génie maritime en retraite, de dresser les plans des wagons cuirassés pour canons, et de faire exécuter immédiatement ces plans appropriés à un service plus général, sur les voies ferrées autour de Paris.

M. le général d'artillerie de marine Frébault, également membre du Comité, eut la mission de faire fabriquer des affûts spéciaux combinés pour le service de ces wagons.

Enfin, M. le vice-amiral La Roncière-Le Noury dut organiser le personnel d'officiers de marine et de matelots canonniers qui auraient à faire fonctionner cette artillerie.

On construisit primitivement deux wagons, armés chacun d'un canon de $0^m14$ se chargeant par la culasse et ayant un champ de tir de 30 degrés de chaque côté de l'axe de la voie. Ces wagons furent d'abord mis en mouvement par trois chevaux attelés en arrière de manière à pousser au lieu de tirer. Toutefois le poids considérable rendait la mise en marche très-difficile.

Plus tard, M. Dupuy de Lôme fit construire deux nouveaux wagons armés chacun d'un canon de $0^m16$ se chargeant par la culasse, et pouvant tirer dans toutes les directions.

Dans ce but, la caisse cuirassée du wagon se composait de deux parties superposées ; la partie inférieure enveloppait les trucs, les essieux et les roues, et descendait même pour protéger ces derniers aussi bas que possible ; puis, la partie supérieure de la caisse cuirassée contenant le canon, tournait autour d'un pivot central au-dessus de la caisse fixe du dessous. Deux servants suffisaient pour faire pivoter cette caisse supérieure.

Avec cette disposition, le canon avait sa volée dans une embrasure étroite et haute, qui ne permettait que le pointage vertical ; le pointage horizontal dans une direction quelconque était obtenu par le mouvement même de la caisse à pivot.

*Locomobile cuirassée.*

La manœuvre de ces derniers wagons était impossible avec des chevaux ; d'un autre côté, en cuirassant une locomotive, M. Dupuy de Lôme craignait d'obtenir un poids incompatible avec la résistance des rails ; aussi proposa-t-il une locomobile spéciale dont le plan fut approuvé.

On monta la locomobile sur deux trucs ; son arbre fut mis en communication, au moyen de deux chaînes articulées, avec les essieux des roues des trucs ; on enveloppa le tout avec une caisse de bois cuirassée comme les wagons porte-canon ; au-dessus de la cuirasse de la chaudière, on ajouta un plafond horizontal cuirassé n'ayant d'autre ouverture que le passage de la cheminée. La face arrière de la locomobile resta ouverte.

En moins d'un mois, deux wagons porte-canon de chaque système et la locomobile cuirassée furent exécutés, sous la direction de M. Dupuy de Lôme, par MM. Solacroup et Delannoy, de la compagnie d'Orléans, et par M. Claparède, constructeur-mécanicien à Saint-Denis.

Chaque wagon, portant un canon de $0^m14$, fut armé par treize marins ; les autres, portant chacun un canon de $0^m16$, et à caisse tournante, eurent dix-huit marins.

## CHAPITRE V.

### FLOTTILLE.

Une flottille, formée de canonnières et de batteries cuirassées à tranches démontables, avait été destinée à opérer sur le Rhin. Après nos premiers désastres, cette flottille fut expédiée à Paris pour agir sur la Seine.

Elle comprenait :

1 yacht.

5 batteries flottantes cuirassées, armées chacune de 2 canons de $0^m14$ rayés, se chargeant par la culasse.

8 canonnières armées chacune de 1 canon de $0^m16$ se chargeant par la culasse et 1 canon de 4 rayé de montagne.

1 canonnière armée de 1 canon de $0^m24$ rayé, se chargeant par la culasse.

6 chaloupes à vapeur armées chacune de 1 canon de 12 rayé.

Cette flottille de la Seine avait pour commandant en chef le capitaine de vaisseau Thomasset, et pour second le capitaine de frégate Rieunier. Le personnel d'officiers comptait 20 lieutenants de vaisseau, commandants de bord. L'effectif des équipages était d'environ 540 hommes.

## CHAPITRE VI.

#### MUNITIONS D'ARTILLERIE.

Les munitions étaient en petite quantité au début du siége. Les gros calibres étaient approvisionnés à peine à 200 coups par pièce, au lieu de l'être à 500. Le Comité de défense fit appel à l'industrie privée, et dès la fin de septembre, la fabrication des obus était en pleine activité; en même temps que les gros projectiles, on faisait des obus de 12, des obus de 4.

L'artillerie, de son côté, confectionnait des boîtes à mitraille et quantité de fusées à projectiles creux.

## CHAPITRE VII.

#### POUDRE.

Le 20 août, le Comité de défense avait décidé que Paris devait être approvisionné à 3 millions de kilogrammes de poudre; les poudreries de province commencèrent leurs expéditions, et la poudre fut répartie dans différents édifices possédant des locaux voûtés.

Mais ces envois du dehors ne suffisant pas, le service de l'artillerie organisa une poudrerie, boulevard Philippe-Auguste, laquelle produisit de 4 à 500 kilogrammes de poudre par jour.

Dès le 17 octobre, le *Journal officiel* exposait que

l'approvisionnement de 3 millions de kilogrammes de poudre était atteint ; et ce chiffre fut de beaucoup dépassé.

Qu'on songe à la masse de poudre employée pendant le siége de Paris contre les Allemands, à celle qui servit à combattre la Commune ; qu'on songe à ce qui fut détruit par les explosions de la cartoucherie Rapp, du Manége de l'École d'état-major, de la poudrière du Luxembourg, etc., etc..., à la consommation de munitions que firent les défenseurs de la Commune, à l'immense quantité qui restait encore après la prise de Paris (mai 1871) aux Invalides, au Luxembourg, au Panthéon, etc..., et l'on se fera une idée de l'activité déployée pendant le premier siége par les ateliers de l'artillerie.

## CHAPITRE VIII.

### AFFUTS ET VOITURES.

Le service de l'artillerie fit construire sous sa direction un grand nombre d'affûts de toute sorte, affûts de siége pour canons de 24, de 16, de 12, affûts de campagne, affûts de mortiers, affûts nouveaux pour pièces de 19, qui, sous un angle de 30 degrés, donnaient une portée de 7,500 mètres. On construisit aussi un grand nombre de caissons et de voitures diverses. Tout cela fut fait dans les ateliers des chemins de fer, des Omnibus et des Petites Voitures.

## CHAPITRE IX.

### ARMES PORTATIVES.

Au moment de l'investissement il existait dans Paris

540,000 armes à feu portatives, dont 200,000 chassepots.

Le reste se composait de fusils ou carabines du modèle 1867, dit à *tabatière*, d'armes rayées à percussion, d'armes lisses à percussion, et de quelques milliers de fusils de fabrication étrangère, Snider, Remington...

## CHAPITRE X.

### MUNITIONS D'INFANTERIE.

Lors de l'arrivée de l'ennemi, Paris possédait 90 millions de cartouches. C'était peu ; de plus, il fallait songer à pourvoir de munitions toutes les armes diverses mises en service. En conséquence, on organisa immédiatement trois ateliers, qui, dès la fin de septembre, fabriquèrent plus de 300,000 cartouches par jour...

Au début, il existait également 32 millions de cartouches pour fusils à tabatière ; les ateliers en produisirent 100,000 par jour.

L'approvisionnement pour fusils à percussion, modèle 1863, était de 8 millions de cartouches ; la production quotidienne s'éleva à 225,000.

La capsulerie de Montreuil fut chargée de la fabrication des amorces.

# TROISIÈME PARTIE

## APPROVISIONNEMENTS ET SERVICES DIVERS

### CHAPITRE PREMIER.

#### SUBSISTANCES MILITAIRES.

Lorsque la guerre éclata, on songea à faire de Paris, en utilisant ses nombreuses voies ferrées qui rayonnent sur toute la France, un centre d'approvisionnements destiné à alimenter l'armée du Rhin dans les diverses positions qu'elle pourrait successivement occuper.

*Paris devient un centre d'approvisionnements destiné à alimenter l'armée du Rhin.*

La formation de ces approvisionnements fut confiée à M. le sous-intendant militaire Perrier.

Il fallait agir vite; les marchés de gré à gré étaient seuls possibles dans cette circonstance; mais on devait, tout en évitant le monopole, distinguer les négociants sérieux des chercheurs d'affaires n'ayant pour objectif que le lucre.

Dans ce but, M. le sous-intendant Perrier demanda et obtint l'assistance des membres du Conseil municipal.

Afin d'éviter des droits d'octroi, des frais de camionnage répétés, et surtout des pertes de temps, la plupart des marchés passés étaient livrables en gare d'arrivée; au fur et à mesure des réceptions, les comptables expédiaient aux corps d'armée ou sur les diverses places de l'Est.

Les opérations se poursuivaient ainsi avec activité quand survinrent nos premiers désastres.

Paris se trouvant menacé, il ne s'agissait plus seulement d'y former des approvisionnements de réserve pour l'armée, mais il fallait encore y réunir des ressources assez considérables pour permettre la résistance.

*Commission supérieure des approvisionnements.*

Dans ce but, on créa, le 8 août, une Commission composée de :

MM. Dumas, sénateur, président ;
Chevreau, sénateur ;
Darblay, député,

à laquelle on adjoignit M. le sous-intendant Perrier. Sa mission fut de calculer les ressources nécessaires à l'alimentation de Paris pendant une période de 45 jours.

Le lendemain 9 août, M. Duvernois succéda à M. Louvet au ministère du commerce ; il institua sous sa présidence une nouvelle Commission supérieure des approvisionnements. La Guerre y fut représentée par M. le général Mellinet et M. l'intendant général Guillot, directeur de la comptabilité générale au ministère de la guerre, ainsi que par M. le sous-intendant Perrier.

L'administration militaire mettait aussitôt à la disposition de la ville, son personnel, les locaux et le matériel des services manutentionnaires, une clientèle commerciale spéciale considérable, des ressources de comptabilité, de crédit, de surveillance tout organisées.

Mais le concours prêté par l'administration de la guerre n'excluait en rien les mesures que, dans sa sphère d'action, le ministre de l'agriculture et du commerce croirait devoir prendre. M. le sous-intendant Perrier, ordonnateur du département de la guerre, fut l'auxiliaire du Ministre du département du commerce, dans un but d'intérêt général, mais non son mandataire. Aussi tous les marchés passés par ce fonctionnaire furent-ils payés sur les fonds du budget de la Guerre, qui le cédait ensuite au budget du ministère du commerce.

Les mesures suivantes furent adoptées par l'administration de la guerre pour l'acquisition des denrées de première nécessité.

<small>Mesures adoptées pour les achats</small>

Afin de laisser intactes les ressources locales, que l'on aurait toujours sous la main et d'éviter tout ce qui pourrait favoriser la spéculation, sans grossir le contingent du disponible, on résolut de s'adresser autant que possible à l'étranger.

*Blés.* — En général, les blés furent achetés à des maisons de commerce faisant l'importation des grains de la Baltique, de la Hongrie et de Taganrog. La Guerre avait d'ailleurs des marchés importants en cours d'exécution.

*Farines et Salaisons.* — Des négociants d'une notoriété commerciale éprouvée se rendirent en Angleterre afin d'acheter ces denrées sur les places de Londres et de Liverpool. Nous obtînmes ainsi de bonnes farines et des salaisons de premier choix.

Les transactions étant fort difficiles et le crédit à peu près nul, l'Administration se vit contrainte de garantir à ces négociants le remboursement immédiat du montant des achats effectués par leurs soins sur la seule production des connaissements, c'est-à-dire sur la preuve de la mise en route de la denrée.

A cet effet, un crédit de vingt millions fut ouvert par le Ministre et des traités passés avec des maisons de banque pour la négociation du change en Angleterre et le paiement sur place des avances demandées.

*Vins et Eaux-de-vie.* — Les entrepôts de la ville possédaient en vins et eaux-de-vie un stock considérable qu'augmentaient chaque jour les arrivages du Midi.

Dans cette direction, les voies ferrées n'étaient pas encombrées.

*Sucres et Cafés.* — De même que pour les liquides l'achat de ces denrées fut en majeure partie réalisé sur place ; le commerce de Paris était de ce côté abondamment pourvu.

*Viande fraîche.* — Il fut convenu que l'Administration de la guerre n'achèterait pas de viande sur pied.

Le ministre de l'agriculture et du commerce s'engageait à céder une partie de son bétail. En retour, la Guerre consentait à prélever, sur les approvisionnements considérables qu'elle était à même de réaliser, les fourrages nécessaires à l'entretien du troupeau de la ville.

*Bois.* — Le bois ne manquait pas dans les magasins de l'État.

L'entrepreneur du chauffage de la Guerre avait reçu l'ordre de donner aux réserves de ses chantiers un développement susceptible de faire face à tous les besoins.

Voilà en résumé dans quelles conditions furent formés les approvisionnements de Paris ; chaque jour en venait accroître l'importance. Les magasins de l'Etat devinrent bientôt insuffisants ; des parcs furent créés, des entrepôts improvisés ; on eut recours enfin à tous les moyens pour mener à bien cette œuvre présentant des difficultés exceptionnelles.

<small>Création de dépôts d'approvisionnements à l'extérieur de Paris.</small>

Déjà dans les premiers jours de septembre les gares étaient encombrées, mais cet encombrement importait peu ; l'essentiel était d'avoir beaucoup dans l'intérieur de l'enceinte. Aussi les achats continuèrent-ils sans interruption, et des ordres furent même donnés pour la réception, en province, de chargements destinés à Paris, mais que les chemins de fer devenaient impuissants à transporter en temps utile.

Puisque la France se décidait à continuer la lutte,

il était prudent de fournir aux armées en formation les moyens de se ravitailler promptement.

L'administration de la guerre poursuivait ainsi un double but que les événements inspiraient et dont la rapide réalisation s'imposait : faire entrer dans Paris le plus possible et former à l'extérieur des dépôts.

Sous l'empire de cette préoccupation, on livra des quantités considérables dans les places et ports du Nord et de l'Ouest, afin d'être plus tard expédiées aux nouvelles armées d'opération.

Tous les marchés ne furent point exécutés. Si, pour un grand nombre de traitants, les événements de guerre et la rupture des communications présentèrent un obstacle insurmontable, d'autres, au contraire, trouvèrent dans ces circonstances un moyen commode de se soustraire à des engagements peu sérieux, dictés par une spéculation plus ou moins avouable et dont l'imprévu seul pouvait assurer le succès.

Sur la proposition de M. le sous-intendant militaire Perrier, la résiliation de ces marchés fut prononcée par le Ministre, le 31 janvier 1871.

M. le sous-intendant militaire Perrier, dans l'accomplissement de sa tâche laborieuse, fut admirablement secondé par tout son personnel administratif, et nous ne devons pas taire les noms de MM. Meunier et Courtot, adjoints de 1re classe, Gley, Gigaud et Vacca, qui furent ses collaborateurs dévoués. Aussi a-t-il réussi à faire entrer dans Paris des quantités de denrées considérables, pour plus de 250 millions, en 25 jours, ce qui a permis de faire à la Ville des cessions d'une immense importance.

*Zèle déployé pa[r] le service de l'intendance militaire.*

Ces cessions peuvent se diviser en deux catégories : la première comprend celles qui ont eu lieu en août et septembre 1870 (3ᵉ trimestre), au moyen des achats faits spécialement pour la Ville; elles représentent, pour le pain seulement, la consommation de 60 journées pour la population entière (2 millions).

La seconde se rapporte à celles effectuées pendant le 4ᵉ trimestre 70 et le 1ᵉʳ trimestre 71 (janvier et 1ʳᵉ quinzaine de février) au moyen de prélèvements provoqués par la Ville ou le ministère de l'agriculture et du commerce et autorisés par le Ministre sur les approvisionnements de la Guerre.

Ces dernières cessions, complétement imprévues, furent considérables; elles permirent de faire vivre toute la population de Paris pendant 15 jours de plus; et malgré cela, les ressources accumulées avaient été telles, que si, en décembre et même en janvier, les événements militaires avaient eu une issue favorable et que l'armée régulière eût put sortir de Paris, les existants en magasin étaient suffisants pour la pourvoir de vivres, pendant les journées de combat et de marches, jusqu'à ce qu'elle pût subsister au dehors, et cela, sans compromettre sérieusement pendant quelque temps encore, ni le service des troupes laissées dans Paris, ni l'assistance à donner à la population. Bien plus, la ration de pain du soldat, portée à 1 kilogramme, fut longtemps maintenue à ce taux élevé et on peut dire exagéré.

Plus tard, le taux des rations fut modifié, en vue de ménager les approvisionnements de la Guerre; mais aucune denrée n'a jamais fait défaut, et même vers la fin du siége, la ration de pain du soldat n'a pas été inférieure à 500 grammes; quant aux autres rations, elles ont toujours conservé leur taux ordinaire.

Le blutage des farines avait subi d'assez nombreuses fluctuations.

En décembre et janvier, il n'était plus que de 5 à 10 pour 0/0.

Les parties prenantes militaires ont toujours reçu du pain de pur froment, sauf pendant quelques jours, où la farine a été additionnée de 5 à 10 pour 0/0 de farine de riz (1).

Le blocus a duré 140 jours, du 18 septembre au 4 février, date des premiers ravitaillements.

La Ville ou l'Etat a fourni environ 60 jours d'approvisionnements ; les vivres du commerce et des particuliers ont pourvu à la consommation de 65 jours ; et la Guerre a cédé, sur son approvisionnement particulier de l'armée, la valeur de 15 jours' de vivres.

Or, vers la fin du siége, la Guerre comptait environ 300,000 rationnaires, en comprenant les gardes nationaux employés hors de l'enceinte, c'est-à-dire 1/7° du chiffre de la population de Paris. Les 15 jours qu'elle avait cédés à la Ville auraient donc pu faire vivre l'armée pendant 100 jours de plus.

Ces résultats parlent assez haut et font honneur à ceux qui ont su accumuler en si peu de temps une telle masse d'approvisionnements.

Grâce à l'activité du Gouvernement de la Régence, grâce à l'initiative de M. l'intendant Perrier, Paris a pu prolonger sa résistance bien au delà des prévisions, et si nos deux armées extérieures, de la Loire et de l'Est, étaient parvenues à se constituer solidement, et à remporter des avantages, les conséquences de cette résistance prolongée de Paris auraient été considérables.

---

(1) Voir, aux pièces à l'appui : Renseignements sur les effectifs de l'armée de Paris, aux diverses époques de la défense, et sur les distributions effectuées, pièce n° XX ; puis une Note sur la mouture des grains pièce n° XXI.

## SUBSISTANCES MILITAIRES.

RELEVÉ des cessions de denrées faites par le Ministère de la guerre au Ministère de l'agriculture et du commerce ou à la ville de Paris, pour l'alimentation de Paris pendant le siége.

| NATURE DES CESSIONS. | CESSIONS FAITES PENDANT | | | | OBSERVATIONS. |
|---|---|---|---|---|---|
| | le 3e trimestre 1870. | le 4e trimestre 1870. | le 1er trimestre 1871. | ENSEMBLE. | |
| | q$^x$  k. | q$^x$  k. | q$^x$  k. | q$^x$  k. | |
| Blé . . . . . . . . . . . | 84.222 35 | 8.008 87 | 16.145 27 | 108.376 49 | En prenant pour base une consommation de 6,000 q$^x$ de farine par jour, chiffre donné par la ville de Paris pour les besoins de la population, la guerre se trouve avoir cédé pour 73 jours de pain environ. (Le blé et le seigle ont été convertis en farine au taux de 90 kilog. de farine pour 103 kilog. de grain.) |
| Seigle. . . . . . . . . . | » | » | 626 45 | 626 45 | |
| Farine de blé . . . . . | 217.022 91 | 58.372 22 | 3.555 60 | 278.950 73 | |
| Farine de maïs . . . . | 325 » | » | » | 325 » | |
| Riz . . . . . . . . . . . | 29.736 23 | » | 32.404 49 | 62.140 72 | |
| Légumes secs (haricots, lentilles, pois) . . . . . . . | 2.388 49 | » | » | 2.388 49 | |
| Viande salée. . . . . . . | 5.387 92 | » | » | 5.387 92 | |
| Conserves de viande. . . . | 2.688 66 | » | » | 2.688 66 | |
| Conserves de légumes . . . | 20 50 | » | » | 20 50 | |
| Pommes de terre. . . . . | 29.549 16 | 2.585 25 | » | 32.134 41 | |
| Oseille conservée . . . . | 419 20 | » | » | 419 20 | |
| Poisson (morues, harengs, thons, maquereaux, sardines . . . . . . . . . . | 5.756 58 | 126 79 | » | 5.883 37 | |
| Sel. . . . . . . . . . . . | 60.499 60 | 6.700 » | » | 67.199 60 | L'importance de ce chiffre démontre que la ville était dépourvue de sel. |
| Café vert . . . . . . . . | 5.292 36 | » | » | 5.292 36 | |
| Poivre. . . . . . . . . . | 856 02 | » | » | 856 02 | |
| Fromage. . . . . . . . . | 1.783 27 | » | » | 1.783 27 | |
| Beurre salé . . . . . . . | 1.094 81 | » | » | 1.094 81 | |
| Saindoux . . . . . . . . | 207 94 | » | » | 207 94 | |
| Huile d'olive. . . . . . . | 5.199 75 | 22 39 | » | 5.222 14 | |
| Vinaigre. . . . . . . . . | 1.000 90 | » | » | 1.000 90 | |
| Oignons, aulx, carottes . . . | 130 20 | » | » | 130 20 | |
| Foin ou luzerne . . . . . | 35.645 35 | 100 » | » | 35.745 35 | Ces denrées ont été cédées à la ville pour l'alimentation de son troupeau. |
| Paille. . . . . . . . . . . | 28.417 28 | 100 » | » | 28.517 28 | |
| Avoine. . . . . . . . . . | » | 1.411 » | 31.174 82 | 32.585 82 | L'avoine a été en partie moulue et employée à la panification. |
| Orge . . . . . . . . . . | 3.225 90 | 1.619 89 | 307 43 | 5.153 22 | |
| | | | | 683.830 85 | Les chemins de fer transportant un poids moyen de 1,800 q$^x$ par train de marchandise, les cessions faites à la ville représenteraient environ 380 trains. |

## CHAPITRE II.

#### VIVRES-VIANDE.

A la fin de septembre 1870, au moment où s'imposait à l'Administration l'obligation de distribuer de la viande fraîche, la Guerre pouvait compter sur un troupeau de 1300 bœufs et de 5000 moutons qui avaient été spécialement réservés pour elle dans les achats opérés par le ministère de l'agriculture et du commerce.

Pour assurer le service, il ne suffisait pas de rassembler des bestiaux, il fallait créer des parcs, avoir des étaux; posséder un personnel nombreux, expérimenté.

Malheureusement, le nombre des officiers comptables et des employés était fort restreint; on dut avoir recours à un certain nombre de gardes mobiles qui vinrent aider l'Administration dans les détails de sa gestion, détails considérables, car en dehors des fournitures aux corps d'armée et aux divisions, il fallait établir dans Paris même un vaste système de distributions, d'abord pour les troupes restées dans l'enceinte, ensuite pour les parties prenantes isolées, dont le nombre s'est élevé jusqu'à 10,000.

On fit appel également aux bouchers de la ville et sept boucheries militaires furent créées dans l'intérieur de Paris.

Pour constituer le parc, on construisit, en quelques jours, de vastes étables sur les boulevards de Montrouge et de Montparnasse. Trois vétérinaires militaires furent chargés de donner leurs soins au troupeau et de conjurer les dangers d'épizootie.

Comme des raisons d'hygiène pouvaient conduire quelquefois à abattre plus d'animaux qu'il n'en fallait pour la consommation journalière, un employé supérieur de la marine, le directeur de la manutention de Cherbourg, M. Le Sens, établit à Grenelle un atelier de salaison.

Le troupeau de moutons, fort de 5,000 têtes, fut parqué sous les hangars de la gare d'Ivry.

Dès le 1ᵉʳ octobre tout était prêt pour commencer les distributions de viande fraîche.

Mais l'Administration avait encore le devoir d'être prévoyante et de faire des acquisitions nouvelles pour augmenter ses ressources. Seulement, vu l'investissement, ces acquisitions étaient difficiles, et pendant toute la durée du siége elles ne fournirent que 344 bœufs ou vaches et 400 moutons.

A l'emploi de la viande de boucherie ordinaire succéda rapidement celui de la viande de cheval.

Pour faire la part de l'imprévu et des éventualités militaires, l'Administration nourrit d'abord l'armée avec le bétail qu'elle possédait; et, en octobre, ses achats en chevaux furent très-restreints; ils s'élevèrent à 329, le prix du kilogramme sur pied ne dépassant pas 0ᶠ 55.

En novembre, la face des choses avait changé complétement; la viande de bœuf ou de mouton devenant rare, les viandes salées et conservées s'épuisant, le cheval constitua, pour ainsi dire, l'unique ressource de la boucherie. Il fallut alors donner aux achats une extension considérable, car la consommation journalière exigea bientôt, pour l'armée seulement, 150 à 200 chevaux.

Un marché fut ouvert à Montparnasse; les chevaux y étaient examinés par une commission dont faisaient partie trois vétérinaires militaires. M. le sous-intendant Perrier, ou l'un de ses délégués, présidait chacune des opérations de cette commission.

Les cours, modérés au début, s'élevèrent rapidement; de $0^f 60$ ils montèrent à $1^f 25$.

Le comptable des vivres-viande, M. Lagasse, était chargé de payer aux fournisseurs la valeur des animaux reçus, suivant le cours du jour, et, autant que possible, dans la limite de ceux adoptés par la commission civile, qui fonctionnait séparément pour les besoins de la population.

Ce système d'achats directs par le comptable représentant l'administration militaire, était imposé, car les propriétaires entendaient être payés au comptant. Cela nécessitait des avances considérables; ces avances, données généralement pour deux ou trois journées, constituaient un million environ remis d'une façon à peu près permanente entre les mains du comptable.

C'était une lourde charge pour lui; et à la suite d'une décision prise par la commission supérieure des vivres-viande, présidée par M. Jules Simon, sur la demande de M. le sous-intendant militaire Perrier, membre de cette commission, il fut convenu qu'à partir du 15 décembre les commissions civile et militaire se fusionneraient, que les deux ministères achèteraient ensemble les animaux et se les partageraient ensuite au prorata des besoins.

Les achats directs par le comptable cessèrent; le système de réquisition fut complétement établi, il subsista dès lors jusqu'à la fin du siége; et l'armée ne manqua pas un seul jour de viande.

En résumé, le service des vivres-viande, malgré des difficultés considérables, fonctionna, comme celui des subsistances, avec toute la régularité que permettaient les circonstances exceptionnelles du blocus, et cela on le doit au directeur de l'administration, à M. le sous-intendant militaire Perrier, ainsi qu'au personnel restreint dont on disposait.

## CHAPITRE III.

### HABILLEMENT, ÉQUIPEMENT.

Le grand magasin central de l'habillement et du campement, au quai d'Orsay, avait fourni au début de la guerre une immense quantité d'effets de toute sorte.

Lorsqu'eut lieu l'investissement de Paris, ses ressources n'étaient pas épuisées, mais elles étaient loin de suffire à la masse d'hommes armés qui existaient dans la capitale.

Car non-seulement on avait à pourvoir l'armée régulière, mais la plupart des bataillons de mobiles qui étaient arrivés à Paris sans uniforme; presque tous les hommes n'avaient que des blouses, des pantalons de toile, de mauvais souliers, un équipement défectueux. On fut forcé de les équiper, les chausser, les vêtir.

Il fallut également songer à l'habillement et à l'équipement de la garde nationale.

En dehors des ressources que possédait encore le magasin central, le service de la place de Paris dut donc passer, pendant le siége, des marchés pour :

900,000 chemises ;
800,000 paires de guêtres en toile ;
600,000 cravates ;
750,000 ceintures de flanelle ;
350,000 havre-sacs ;
60,000 paires de guêtres en cuir ;

75,000 grands bidons;
80,000 marmites;
80,000 grandes gamelles;
350,000 petits bidons;
620,000 sacs de tente;
70,000 gibernes d'infanterie;
400,000 bretelles de fusil;
300,000 poches à cartouches.

## CHAPITRE IV.

### DU SERVICE HOSPITALIER PENDANT LE SIÉGE DE PARIS.

La direction et la surveillance du service hospitalier dans la place de Paris étaient, en temps normal, confiées à un sous-intendant militaire agissant sous les ordres de l'intendant de la première division.

*Le service des hôpitaux militaires à Paris pendant le siége.*

En juillet 1870, lors de la déclaration de guerre, ce poste était rempli par M. Blaisot, sous-intendant de première classe, M. Danlion étant l'intendant de la première division.

Comme Paris renfermait des ressources très-considérables en personnel et matériel, un grand nombre de médecins, de pharmaciens, d'officiers d'administration appartenant à cette place en furent distraits pour être dirigés sur les sept corps d'armée. De plus, les établissements hospitaliers, le magasin central des hôpitaux, la pharmacie centrale, les docks de campement se mirent en mesure d'expédier sur les villes de la frontière le matériel qui devait servir aux ambulances de l'armée.

En même temps que l'on organisait les services des divers corps d'armée, il fallait également songer à l'évacuation des blessés, des malades sur les hôpitaux de Paris et des départements ; MM. les intendants généraux Boscq et Robert furent chargés de diriger et de surveiller ce service.

Dès nos premiers désastres, on sentit aussi la nécessité d'organiser des évacuations rapides sur les départements éloignés de la frontière, et vu la possibilité d'un siège, on ménagea les ressources hospitalières de la Ville.

Les blessés qui arrivaient de l'est furent dirigés sur l'intérieur.

Du reste les départements rivalisaient de zèle pour offrir des places dans leurs hôpitaux ou ambulances, et, vers la fin d'août 1870, les divisions de l'Intérieur mirent à la disposition de la Guerre environ 35,000 places pour le service des évacuations.

On avait aussi créé, toujours en vue de l'armée du Rhin, des ambulances dans les environs de la capitale ; grâce au concours de l'Assistance publique, la Guerre prit, en partie, possession des asiles de Saint-Maurice et du Vésinet, ainsi que des hôpitaux civils extra-muros ; enfin 500 lits avaient été installés dans l'école de Saint-Cyr. Mais le blocus allait bientôt rendre inutilisable la majeure partie de ces ressources.

*Organisation d'ambulances dans Paris.*
A Paris même, l'activité la plus grande était déployée.

Le directeur de l'Administration, l'intendant de la première division et le sous-intendant militaire chargé des hôpitaux, furent aidés par M. l'intendant général Wolff, qui, échappé au désastre de Sedan, venait d'arriver à Paris, où il prit la direction administrative de l'armée.

La maison de Clichy et les écoles excentriques mises par la place de Paris à la disposition de l'Administration, furent bientôt transformées en ambulances.

A la date du 4 septembre, la Guerre disposait déjà de cinq grandes ambulances militaires :

École Colbert.
École communale de la rue Balagny.
École communale de la rue du Poteau.
École communale de la rue de Clignancourt.
Maison de Clichy.

Le Magasin central suffit d'abord aisément à la fourniture du matériel nécessaire à ces établissements; dans la suite il fut puissamment secondé par la charité publique, qui, en cette circonstance comme en tant d'autres, répondit, sans jamais se lasser, à tous les appels.

L'organisation des divers corps de l'armée du Rhin ayant fait sortir de Paris un grand nombre de médecins, d'officiers d'administration, lorsque se présenta l'éventualité du siége, le personnel médical et administratif était fort restreint. Il fallut immédiatement se mettre en mesure de créer un personnel auxiliaire. *Organisation du service hospitalier et personnel auxiliaire.*

Voici quel fut le système adopté pour le service hospitalier dans Paris :

Chaque ambulance militaire releva de l'un des quatre grands hôpitaux militaires (y compris les Invalides), dont elle devint l'annexe.

Des officiers d'administration auxiliaires, choisis et commissionnés par le sous-intendant, furent chargés de la gestion sous les ordres du comptable de l'hôpital, et reçurent pour ce service une solde mensuelle de 150 francs.

Le médecin en chef de l'hôpital surveillait les annexes au point de vue médical; les soins étaient donnés par des médecins civils examinés par M. l'inspecteur Michel Lévy et commissionnés ensuite par le sous-intendant militaire.

Un médecin et deux aides-majors (ces deux derniers

recrutés parmi les étudiants pourvus de seize inscriptions) étaient affectés au service de cinquante blessés ou de quatre-vingts fiévreux. Le médecin touchait un traitement mensuel de 200 francs, les aides-majors 100 ou 150, suivant qu'ils étaient ou non docteurs.

Le règlement du service de santé était appliqué aux ambulances.

Les pharmaciens étaient recrutés d'une façon analogue, après un examen subi devant une commission que présidait M. Fleury, pharmacien-major au Val-de-Grâce.

*Ressources hospitalières.* Au moment où fut connu le désastre de Sedan, les ressources hospitalières étaient d'environ 6,000 lits ; c'était loin d'être suffisant.

On se mit en mesure de créer immédiatement de nouvelles ambulances, qui, de même que les annexes, furent rattachées aux grands hôpitaux ; elles procurèrent encore 3,000 lits environ.

Quand Paris fut investi, le nombre de places dont disposait l'administration de la guerre, compris celles fournies par la Société de secours, les ambulances de la Presse, la charité publique et l'Assistance, pouvaient s'élever à 13,000 environ.

Mais la variole, apaisée à Paris, ayant repris une nouvelle intensité à l'arrivée des mobiles bretons et vendéens, on consacra à ce traitement spécial 80 lits dans chacun des hôpitaux militaires et dans quatre ambulances principales (Clichy, rue Violet, rue Sainte-Marie et boulevard Arago) ; en même temps plusieurs dépôts de l'Assistance publique reçurent les varioleux de l'armée.

Quoique les hommes atteints de la variole fussent dans des locaux spéciaux, cette épidémie ne tarda pas à jeter l'alarme dans la population ; il devint de toute nécessité d'isoler complétement ces malades, et, dans le courant d'octobre, on décida que tous les varioleux seraient réunis à l'hospice de Bicêtre, cédé à la Guerre par l'Assistance publique.

Cet hospice possédait 1,500 places ; à la fin de novembre il était insuffisant, il fallut encore convertir en hôpital de varioleux l'École vétérinaire d'Alfort, qui, jusque-là, avait servi de dépôt de convalescents.

Le tableau ci-dessous indique le mouvement des varioleux, du 1$^{er}$ septembre 1870 au 31 mars 1871 :

| ÉTABLISSEMENTS. | DURÉE de L'OCCUPATION. | | ENTRÉES. | SORTIES | |
|---|---|---|---|---|---|
| | | | | par DÉCÈS. | par GUÉRISON. |
| Gros-Caillou. . . | 1$^{er}$ sept.-31 mars | | 554 | 109 | 445 |
| Saint-Martin. . . | d° | d° | 420 | 145 | 275 |
| Val-de-Grâce . . | d° | d° | 727 | 107 | 620 |
| Clichy. . . . . . | d° | d° | 476 | 177 | 299 |
| Passage Violet. . | 12 sept. | d° | 116 | 25 | 91 |
| Sainte-Marie. . . | 1$^{er}$ oct. | d° | 467 | 73 | 394 |
| Bicêtre . . . . . | 10 oct. | d° | 8,127 | 1,306 | 6,821 |
| Alfort. . . . . . | 20 nov. | d° | 1,095 | 210 | 885 |
| | | | 11,982 | 2,152 | 9,830 |
| | | | | 11,982 | |

Les décès n'atteignirent donc pas la proportion de 18 p. 0/0 ; ce fut un résultat remarquable qui fut dû certainement au zèle du corps médical et au dévouement absolu des sœurs chargées de soigner les malades.

Comme nous l'avons dit, l'administration de la guerre disposait de 13,000 places environ au moment de l'investissement ; mais ce nombre s'accrut tous les jours, grâce au concours apporté par l'Assistance publique. Et, au commencement de décembre, on peut évaluer à 37,000 le nombre de lits réservés à l'armée, se décomposant de la manière suivante :

| | |
|---|---|
| Hôpitaux militaires desservis par l'administration (personnel et matériel militaires ou auxiliaires) | 9,500 lits. |
| Assistance publique. | 3,000 |
| Presse et Société de secours. | 2,000 |
| Ambulances municipales. | 2,000 |
| Corporations religieuses. | 4,000 |
| Ambulances privées (de toute contenance et de toute origine). | 16,500 |
| | 37,000 lits. |

**Services des transports spéciaux aux hôpitaux.** Le départ pour l'armée du Rhin des compagnies du train des équipages stationnées à Paris avait forcé l'administration, au mois de juillet, à passer avec l'entreprise des voitures Bailly un marché général. Ce marché, qui comprenait le transport des malades des différentes casernes aux hôpitaux militaires, reçut un commencement d'exécution dès le 16 juillet.

A l'époque du siége, il fallut lui donner une plus grande extension, et la Compagnie des omnibus ayant refusé de se charger du surcroît de travail, une clause additionnelle fut acceptée par le sieur Bailly. On arrêta que tous les soirs, 13 voitures passeraient dans les forts, à 5 heures, en suivant un itinéraire fixe et amèneraient les blessés et les malades du jour dans les établissements de Paris.

Quant au transport des varioleux, il s'opérait d'une façon particulière.

L'Administration, à la fin de septembre, avait passé

un marché avec le sieur Beaurin, loueur de voitures à Montmartre ; les voitures de cet entrepreneur passaient deux fois par jour, à des heures déterminées, dans les quartiers de Paris qui étaient attribués à chacune d'elles, et s'arrêtaient aux ambulances militaires, aux hôpitaux et aux hospices. Elles passaient également devant les ambulances privées, sur les indications qui leur étaient données chaque matin.

Déjà, au commencement de la guerre, l'administration civile et la charité publique étaient venues en aide à l'administration militaire, pour augmenter les ressources hospitalières de la capitale.

<small>Organisation des ambulances privées.</small>

Un certain nombre d'ambulances privées avaient été créées, particulièrement dans le but de recevoir les blessés de l'armée du Rhin.

Après le désastre de Sedan, lorsqu'on put prévoir le siége de la capitale, les offres de secours furent considérables.

Toutes les corporations religieuses transformèrent en ambulances leurs établissements ; les grandes compagnies de chemins de fer organisèrent dans leurs gares de véritables hôpitaux. Le lycée Napoléon, le collége Chaptal, l'École normale, l'École des beaux-arts, les établissements de l'instruction publique, ainsi que ceux de la magistrature, apportèrent également leur concours. Ces établissements fournissaient, non-seulement le personnel, mais encore tout ce qui était nécessaire au service hospitalier.

Parmi les ambulances, capables également de se suffire à elles-mêmes, il faut encore citer les ambulances fournies par les théâtres, notamment par les Français, les Italiens, l'ambulance de la Belle-Jardinière, les ambulances des sociétés d'assurance (Urbaine, Générale, etc.), l'ambulance Américaine.

En outre, de riches hôtels particuliers s'ouvraient aux blessés, aux malades ; de ce nombre étaient les ambulances de la reine d'Espagne, Richard Wallace, Rothschild.

Ailleurs, tout un quartier créait, avec les deniers de ses habitants, l'ambulance de la rue Violet qui devint bientôt une annexe militaire des Invalides.

Partout le plus grand dévouement fut déployé pour le soulagement des blessés ; chaque particulier rivalisa de zèle ; les offrandes en argent, en vêtements, en charpie, furent considérables, et permirent de subvenir aux immenses besoins que réclamait la multitude de malades et de blessés.

Deux grandes sociétés méritent particulièrement d'être citées : la Société des Ambulances de la Presse (1) et la Société internationale de secours aux blessés.

<small>Société de la Presse.</small> La société de la Presse s'était occupée d'organiser des ambulances, en consacrant à leur création les éléments qu'elle avait réunis antérieurement pour suivre l'armée du Rhin. Elle avait cherché, surtout au début, à former des ambulances volantes et des équipages de transport qui devaient aller chercher les blessés sur les champs de bataille. Au moment de l'investissement, elle fonda des établissements sédentaires et rallia à ceux-ci un certain nombre d'ambulances privées sous la direction éclairée des docteurs Ricord et Demarquay. Cette organisation prit immédiatement une importance considérable qui s'accrut encore dans la suite, à mesure que les exigences de la situation devinrent elles-mêmes plus grandes.

« Leurs voitures, dit M. Wolff, intendant général des
« armées de la défense, en desservant quotidiennement
« les postes avancés établis hors des fortifications, sur

---

(1) Voir aux pièces justificatives, nos XXII, XXIII et XXIV.

« la ligne extrême de défense, ont ramené bien des mal-
« heureux, atteints par les maladies ou par le feu de
« l'ennemi, et l'organisation administrative, aidée par
« des médecins zélés et intelligents, accourus en grand
« nombre à l'appel du docteur Ricord, n'a rien laissé à
« désirer. »

Cette société, spécialement attachée à la deuxième armée, a trouvé de puissants auxiliaires dans les Frères de la doctrine chrétienne, qui, si modestes, si dévoués, et toujours si vaillants, jouaient le rôle de brancardiers en même temps que d'ensevelisseurs.

La Société internationale de secours aux blessés rendit également des services signalés. Elle avait envoyé tout d'abord à l'armée la majeure partie de son personnel et de son matériel; mais après Sedan, elle concentra ses ressources à Paris, et y installa des ambulances, d'abord au Palais de l'Industrie, puis au Grand-Hôtel (1) et au Corps Législatif. Elle avait au Palais de l'Industrie un matériel de transport considérable; son personnel était nombreux et bien dirigé; son service médical comprenait, comme celui de la Presse, les sommités scientifiques de Paris; à sa tête étaient trois hommes d'une haute situation : MM. Serrurier, de Flavigny et Chenu. Elle aida puissamment l'administration militaire, surtout après la bataille de Champigny.

La Société internationale avait rallié un grand nombre d'ambulances privées qui devinrent de véritables succursales sur lesquelles elle exerçait une surveillance constante, ce qui soulagea d'autant le service de l'administration militaire.

---

(1) L'ambulance du Grand-Hôtel remplaça celle du Palais de l'Industrie, lorsque le froid et une mortalité excessive eurent chassé la Société internationale du Palais, qui était absolument impropre au service hospitalier.

**Fonctionnement du service hospitalier.**

La surveillance générale du service hospitalier fut organisée par un arrêté du Gouverneur de Paris, en date du 20 octobre, qui institua une Commission supérieure d'inspection du service des blessés, ainsi composée :

MM. Jules Ferry, maire de Paris, *président* ;
    Wolff, intendant général ;
    Larrey, médecin en chef de l'armée ;
    Champouillon, médecin en chef de la garde mobile ;
    Chenu, médecin de la Société internationale ;
    Guyon, chirurgien des hôpitaux ;
    Labbé, chirurgien des hôpitaux ;
    Béhier, médecin de l'Hôtel-Dieu ;
    Broca, professeur à la Faculté ;
    le docteur J. Worms, *secrétaire*.

Plus tard, par un arrêté du 19 novembre, l'organisation des ambulances fut rattachée à celle des secteurs. Toutes les ambulances du même groupe relevèrent de l'Hôpital central.

Les comptables ou les directeurs des grands hôpitaux centraux durent surveiller les ambulances des secteurs, soit par eux-mêmes, soit au moyen d'inspecteurs spécialement chargés de ce service.

Ils faisaient évacuer sur les établissements privés le trop plein des grands hôpitaux, établissaient le mouvement journalier du secteur, signaient les bons de vivres, etc.

Ce service, très-compliqué, exigeait de la part des comptables une surveillance active, surtout en ce qui concernait les distributions ; mais cette partie spéciale était néanmoins facilitée par le soin qu'avait pris le bureau des subsistances de disséminer ses magasins et ses boucheries.

Un médecin, attaché à chaque groupe, inspectait, au

point de vue médical, les ambulances privées de ce groupe, et adressait des rapports à M. le médecin-inspecteur Larrey.

Ainsi tous les établissements hospitaliers furent soumis à une surveillance de plusieurs degrés :

1° Celle des membres de la Commission supérieure ;

2° Celle des intendants militaires et de leurs délégués ;

3° Celle des médecins de chaque secteur.

C'est par le concours de ces autorités diverses qu'on chercha à éviter les abus dans tous les établissements si variés qui reçurent les malades et les blessés ; on n'y parvint pas toujours : beaucoup de maisons pouvant contenir tout au plus deux et trois lits devinrent, sans qu'on s'en doutât, de véritables ambulances privées. Il n'avait pas été possible, en effet, d'accueillir toutes les demandes faites pour avoir le droit de créer une ambulance, soit que les locaux offerts ne fussent pas convenables, soit que le nombre de lits fût trop restreint, car il fallait éviter, autant que possible, l'éparpillement des malades et des blessés, la surveillance n'étant possible qu'à cette condition.

Quelques soldats de la ligne et un assez grand nombre de mobiles, parvinrent à s'introduire d'une manière ou d'une autre dans ces ambulances avouées ou secrètes... Les médecins des secteurs ne purent pas toujours les y découvrir, beaucoup de ces militaires, dont le séjour se prolongeait indéfiniment, ne parurent plus à leur corps et furent perdus pour l'armée.

C'était une véritable désertion déguisée ; vers la fin de décembre, le nombre des non-valeurs était devenu si considérable, qu'il fallut désigner des médecins spéciaux chargés exclusivement de passer dans toutes les ambulances privées et d'en faire sortir les militaires guéris ou non malades. On en fit ainsi rentrer plusieurs milliers à leurs régiments.

<small>Observations sur le service hospitalier pendant le siége de Paris.</small>

Le service hospitalier disposa donc, pendant le siége de Paris, de ressources considérables : argent, matériel, moyens de transport, hommes dévoués et auxiliaires actifs, tout lui fût prodigué. Les vivres et le combustible furent, il est vrai, défectueux vers la fin du siége, mais ils ne firent jamais sérieusement défaut. Enfin on se battait sur place et dans un pays admirablement approprié à la circulation; le transport des malades et des blessés ne devait donc pas rencontrer les difficultés habituelles.

A côté de ce concours de conditions favorables, nous sommes forcé de signaler le désordre qui fut la conséquence de l'indépendance jalouse des éléments hétérogènes composant ce service médical. Il manqua une organisation assignant à chacun sa place et le genre de service qu'il était appelé à rendre.

D'un côté, en effet, les sociétés civiles, et même de simples particuliers, au lieu de se borner à bien faire le service des hôpitaux d'évacuation, voulaient faire sur le champ de bataille le service des ambulances. Faute de direction, et manquant souvent des moyens nécessaires, il leur arrivait de paralyser les ambulances divisionnaires et de corps d'armée. D'un autre côté, ces dernières organisaient des services hospitaliers dans des conditions souvent défectueuses; il y eut ainsi bien des efforts perdus, bien du dévouement gaspillé.

Il est à remarquer que les médecins sont restés à peu près étrangers à l'organisation du service médico-chirurgical de l'armée pendant tout le siége de Paris. Ce fut un tort, car ils auraient eu une autorité incontestée sur les sociétés civiles de secours aux blessés, et auraient tiré meilleur parti des immenses ressources et du dévouement qu'elles offraient à l'armée.

## CHAPITRE V.

#### MOYENS DE COMMUNICATION AVEC L'EXTÉRIEUR.

Primitivement on crut qu'il était impossible d'investir assez complétement une ville aussi étendue que Paris pour arrêter tout courrier ; mais il fallut bientôt se rendre à l'évidence. Dans les premiers jours, quelques messagers purent encore passer ; plus tard, ce ne fut que très-exceptionnellement. En tout cas, c'était un moyen trop peu sûr pour qu'on cherchât sérieusement à l'utiliser. Le Comité de Défense avait établi un câble sous-marin afin de communiquer vers la haute et basse Seine avec Joigny et Rouen : on échangea quelques dépêches, mais le câble fut bientôt découvert et rompu par l'ennemi... Tout était fermé : routes de terre, chemins de fer, cours d'eau... Il ne nous restait plus que la voie aérienne « pour aller porter à la province des nouvelles du grand prisonnier qui s'appelait Paris. »

On employa d'abord les *ballons libres* qui contenaient un certain nombre de dépêches. Puis on fit usage de *ballons montés*. Cinquante-quatre ballons emportèrent ainsi les correspondances postales de Paris avec la province : soit environ 3 millions de lettres! Six ou sept seulement se perdirent en mer ou tombèrent dans les lignes prussiennes. Le premier de ces ballons partit de Paris le 23 septembre.

Pour avoir des nouvelles de la province, on employa des pigeons voyageurs.

Enlevés avec les ballons montés de la poste, ces animaux revenaient par instinct à leur point de départ, et rapportaient des nouvelles. Mais les vents étaient parfois contraires... le froid très-rigoureux... les messagers ailés se faisaient longtemps atttendre ; souvent même ils ne revenaient pas...

Le procédé employé pour la correspondance privée était fort ingénieux.

Tous les télégrammes envoyés de la province étaient centralisés à Tours ; là on les condensait une première fois, en les typographiant, de façon à former comme les colonnes d'un grand journal ; puis on les photographiait, réduisant autant que possible la surface ; cette dépêche générale, rédigée en caractères microscopiques était roulée dans un tuyau de plume que l'on attachait au pigeon voyageur ; la dépêche arrivée à Paris, l'administration centrale en réexpédiait télégraphiquement le contenu aux destinataires, par les moyens habituels.

Un décret spécial du 10 novembre 1870 réglementa ce mode de correspondance entre Paris et les départements, en fixant les tarifs et en autorisant l'envoi de mandats de poste jusqu'à 300 francs, à destination de Paris.

# QUATRIÈME PARTIE

## COUP D'ŒIL SUR PARIS ET SES ENVIRONS.

Paris est situé au centre du terrain primitif qui forme le versant de la Manche. — Du massif du Morvan, nœud de ce riche bassin, se détachent de fortes et nombreuses ondulations, qui, se recourbant en arcs de cercle, donnent à tous les cours d'eau une inflexion très-marquée. Ces ondulations vont toujours en s'abaissant de la circonférence au centre; les versants intérieurs descendent en pente douce sur Paris; les versants extérieurs, au contraire, sont généralement abruptes et d'accès difficile. Les géologues ont cru voir dans cette formation des obstacles naturels pouvant servir à la défense de la capitale.

D'une hauteur moyenne de 30 à 40 mètres au-dessus du niveau de la mer, Paris est divisé en deux par la Seine; la région méridionale, qui est la moins étendue, se trouve protégée à l'est par le fleuve coulant du midi au nord; au sud, elle est entièrement dominée par les plateaux de Villejuif, de Châtillon, que sépare la vallée de la Bièvre.

Relié par Palaiseau et Étampes aux plaines de la Beauce, le massif de Châtillon s'avance en pointe vers Paris. De là, on dirait « qu'il n'y a qu'à jeter avec la « main des obus dans la ville » (1).

---

(1) En 1360, Paris fut attaqué de ce côté par les Anglais occupant

La partie septentrionale de Paris, qui est la plus considérable, forme un vaste demi-cercle; la Seine en est le diamètre infléchi à son entrée et à sa sortie. Ce côté de la ville se trouve protégé à l'est par la Marne, dont les anneaux sinueux côtoient les hauteurs de Montmesly, de Sucy-en-Brie, de Chennevières, de Champigny, de Villiers, de Noisy-le-Grand... Au nord s'élèvent les plateaux du Raincy, d'Avron, de Romainville ; ce dernier confine à la Ville, et s'y continue par Charonne, Ménilmontant, les buttes Chaumont; hors l'enceinte, il présente une suite de croupes coupées par des escarpements et de nombreux murs à pic taillés dans le roc, pour l'exploitation des carrières... Les villages, les villas, les jardins, les parcs, se touchent, s'enchevêtrent en formant un réseau inextricable.

Au pied du plateau de Romainville s'étend la plaine de Saint-Denis, arrosée par plusieurs cours d'eau; tous ces ruisseaux affluent, avant de se jeter dans la Seine, vers la ville, et déterminent un ensemble de bras d'eau appelé Vieille Mer.

A l'Ouest apparaissent les collines d'Orgemont, de Sannois, de Cormeil-en-Parisis, qui ferment la presqu'île d'Argenteuil, comme celle de Gennevilliers est fermée par les hauteurs de Saint-Cloud et de Bougival... Plus au nord, et parallèlement à ces collines, s'élèvent les hauteurs boisées de Montmorency, se terminant près de Saint-Denis par gradins successifs, de telle sorte qu'à partir de cette ville chaque position se trouve dominée par une position située plus avant. La butte

---

Montrouge, Issy, Vanves, Vaugirard ; — en 1589, Henri III et le Béarnais avaient établi leur camp sur les hauteurs de Clamart, Meudon, Saint-Cloud. — Ce point de Châtillon a toujours eu une importance militaire, ainsi que l'indique son nom *Castellio*. Aujourd'hui on voit encore une *tour* de l'ancienne forteresse, appelée par les habitants tour de Crouy.

Pinçon et le renflement de Stains, qui finissent sur les bords du Crould, servent de transition avec la plaine, et sont les points les plus marquants de ce terrain de formation irrégulière, tout enchevêtré de noues et de vallons.

En revenant sur Paris par Saint-Ouen on aperçoit la butte Montmartre, haute de 128 mètres et large de 100 mètres, qui domine « l'océan de pierres de Paris »; elle est contenue tout entière dans l'enceinte et se prolonge à l'ouest, par les Batignolles et Monceaux; à partir de ce point le terrain monte à nouveau jusqu'à l'Arc-de-Triomple, qui fait partie du massif du Trocadéro, de Passy, d'Auteuil, dont les pentes se perdent dans le bois de Boulogne et sur les rives de la Seine.

De l'autre côté du fleuve s'étend la longue presqu'île de Gennevilliers, terminée par un des chaînons du massif de Marly. A partir de Bougival, ce massif s'éloigne un peu de la Seine, et forme une véritable *lunette* dont le saillant, coté sur la carte 155, est tourné vers Paris. Les pentes de Bougival, de Buzenval au nord, celles de Garches et de Vaucresson au sud, en déterminent les flancs et les faces... Au delà, et plus avant dans la presqu'île de Gennevilliers s'avance, en forme de redan, une croupe allongée dont le Mont-Valérien est le point le plus élevé; sa face nord-ouest domine Rueil, Nanterre; la face sud passe au-dessus de Courbevoie, Puteaux, Suresnes, Montretout, Saint-Cloud. Au point appelé le Rond-de-Sèvres, cette face fait un retour en potence au-dessus de Ville-d'Avray et Marnes...; en face s'allonge la croupe des Fausses-Reposes qui, avec les bois de Meudon, détermine l'étroite vallée menant à Versailles par Sèvres, Chaville et Viroflay.

En résumé, les reliefs du sol qui séparent ou limitent les terrains des environs de Paris présentent le caractère commun aux pays de collines et de plateaux peu élevés...

Les ondulations, généralement boisées, sont larges et douces, mais les villages et les habitations innombrables qui se pressent sur leurs flancs en ont changé presque partout la nature et l'aspect.

# CINQUIÈME PARTIE

## SYSTÈME DE DÉFENSE DE PARIS.

### CHAPITRE Ier.

#### FORTIFICATIONS DE PARIS.

*Influence politique et militaire de Paris.* — Paris, appelé par Vauban le vrai cœur de la France, a toujours exercé une influence considérable sur le reste de la nation. Sans discuter si c'est plutôt pour le malheur que pour le bien du pays..., cela est et cela sera longtemps encore... Accaparant la vie, l'initiative, l'organisation collective des provinces, Paris, devenu le creuset de tous les éléments essentiels de la population française, a constamment été l'objectif de nos ennemis.

Son importance militaire n'est pas moindre que son importance politique...

Toutes les routes de terre, de fer et d'eau y aboutissent...; de ce point central appelant tout à lui on peut également s'élancer dans toutes les directions : c'est donc une excellente base d'opérations.

« Paris, dit le général Tripier, est peut-être unique
« au point de vue militaire. Placé au centre des vastes
« plaines de la Picardie, de la Brie, du plateau d'Or-
« léans et de la Beauce, il se trouve au fond d'une cu-
« vette où aboutissent de nombreux cours d'eau. La
« Seine parcourt le fond de la vallée en décrivant de
« nombreux replis qui forment autour de chaque boucle
« un fossé naturel; elle reçoit l'Orge, grossie de l'Yvette,
« l'Yères, la Marne, la Bièvre et l'Oise. Les vallées de
« ces rivières et de leurs affluents découpent les pla-
« teaux environnants en mille anfractuosités et multi-
« plient aux alentours de Paris les positions militaires
« offensives et défensives.... »

Cela est vrai, mais les villages, les villas, les parcs, les jardins, les carrières qui forment une zone presque continue d'obstacles favorables aux approches, procurent un surcroît de force considérable aux positions tactiques de l'assiégeant.

Paris, réduit de la France attaquée, but final des invasions, a constamment éveillé l'attention de nos rois qui ont cherché à en faire un centre de résistance inexpugnable (1); Philippe-Auguste, Charles V, François I<sup>er</sup>, Henri II, Louis XIII l'ont successivement fortifié.

*Premières fortifications de Paris.*

L'enceinte primitive, appelée Murs du Roy, consistait, sous Philippe-Auguste, en une muraille haute de 9 à 10 mètres, épaisse de 2 mètres, précédée d'un fossé flanqué de grosses tours.

On recula peu à peu l'enceinte sous Charles V. Lors-

---

(1) « Paris a dû dix ou douze fois son salut à ses murailles. » (*Mémoires de Napoléon.*)

que l'artillerie devint assez puissante pour jouer un rôle dans l'attaque des places, il fallut renoncer aux grandes tours et aux hautes murailles qui, battues en brèche par le canon, écrasaient de leurs débris les défenseurs, et facilitaient l'assaut en comblant le fossé.

Vers 1523, on commença à entourer Paris de bastillons ou bastilles de forme angulaire, que l'on défila dans les fossés... Sous Louis XIII, les travaux furent repris avec activité et l'enceinte comprit toute notre ligne des boulevards.

Sous Louis XIV, alors que l'attention était portée au delà des limites du territoire et bien avant l'époque de nos revers de la succession d'Espagne, Vauban avait conçu le projet de fortifier Paris sur un plan tout nouveau.

Dans son Mémoire, intitulé : « De l'importance dont Paris est à la France et du soin que l'on doit prendre de sa conservation », il dit :

« ... La première enceinte étant mise en perfection,
« en faire une seconde à la très-grande portée du canon
« de la première, c'est-à-dire à 1,000 ou 2,000 toises de
« distance, occupant toutes les hauteurs convenables, ou
« qui peuvent avoir un commandement sur la ville... »

Sous l'Empire, Napoléon I$^{er}$, au faîte de sa gloire, pensait souvent à fortifier Paris. A son retour d'Austerlitz, il fit rédiger plusieurs projets pour défendre les hauteurs ; « mais la crainte d'inquiéter les habitants et les
« événements qui se succédèrent avec une incroyable
« rapidité, l'empêchèrent de donner suite à ce pro-
« jet (1). »

Plus tard, il le regretta amèrement.

« ... Si Paris, disait-il à Sainte-Hélène, eût été en-

---

(1) *Commentaires de Napoléon I$^{er}$*, — Paris, 1867, in-4º, t. v, p. 104 à 106.

« core une place forte en 1814 et 1815, capable seule-
« ment de résister huit jours, quelle influence cela n'au-
« rait-il pas eu sur les événements du monde !

« Une grande capitale est la patrie de l'élite de la
« nation; tous les grands y ont leur domicile, leurs fa-
« milles, c'est le centre de l'opinion, le dépôt de tout...
« C'est la plus grande des contradictions et des incon-
« séquences que de laisser un point aussi important sans
« défense immédiate... »

En 1818, Gouvion Saint-Cyr et le général Marescot reprirent la pensée de Vauban, de Napoléon, et le système mixte fut adopté : des forts détachés devaient être établis sur les points dominants, et le mur d'enceinte renforcé par divers ouvrages...

En 1830, le maréchal Soult commença à jeter les bases premières de cette œuvre gigantesque; il fit établir à Noisy-le-Sec un camp retranché qui s'appuyait sur la Marne à Nogent et sur la Seine à Saint-Denis...; mais l'argent venant à manquer, on dut cesser les travaux.

L'étude fut cependant toujours poursuivie, et en 1839 le rapport du général Dode de la Brunerie conclut en ces termes :

1° Il faut qu'il soit élevé une muraille d'enceinte flanquée, surmontée d'un chemin de ronde crénelé, enveloppant les plus grandes masses d'habitations des faubourgs extérieurs de Paris, avec fossés là où cette disposition sera nécessaire...;

2° Qu'il soit construit en avant et autour de cette enceinte, notamment sur la rive droite de la Seine, sur tous les points les plus favorables à la défense, des ouvrages en état de soutenir un siége... »

La signature du traité de Londres (15 juillet 1840) décida le Gouvernement de Juillet à mettre définitivement tous ces projets à exécution.

M. de Chabaud La Tour, chef de bataillon du génie, mêlé depuis 1833 aux premiers travaux, fut mandé par le duc d'Orléans le jour même où la signature de ce traité était annoncée à Paris... « Nous avons souvent « causé, lui dit-il, de la fortification de Paris... Nous « voilà au pied du mur... Comment comprenez-vous que « nous devions résoudre cette grande question?

« — Monseigneur, il faut, pour fortifier Paris, une en-
« ceinte continue et des forts détachés; une enceinte
« pour que l'ennemi ne puisse espérer pénétrer par les
« larges trouées de 2 à 3,000 mètres que les forts lais-
« seront entre eux; des forts pour que la population n'ait
« pas à souffrir des horreurs d'un siége, et pour que le
« rayon d'investissement de Paris soit si étendu qu'il
« devienne impossible même aux armées les plus nom-
« breuses... (1) »

A la suite d'une discussion mémorable, un crédit de 133 millions fut voté par les Chambres, et l'on se mit immédiatement à l'œuvre.

<small>Enceinte actuelle.</small>

L'enceinte a une étendue de 34 kilomètres (8 lieues et demie);

Elle comprend 94 bastions numérotés à partir du demi bastion touchant la rive droite de la Seine, non loin de son confluent avec la Marne.

Elle se compose d'une rue militaire de 7 mètres de largeur, d'un rempart dont le parapet a 6 mètres d'épaisseur, avec un mur d'escarpe de 10 mètres de haut sur $3^m 50$ d'épaisseur, construit en moellons et revêtu en

---

(1) *Mémoires de M. Guizot*, t. v... En 1870, le Génie considérait encore ce blocus comme une chose mathématiquement impossible et du domaine des chimères... « Comment admettre disait-il, que le périmètre des forts, soit 60 à 80 kilomètres de développement, puisse être investi sur toute son étendue... une armée de 600,000 hommes y suffirait à peine! »

pierre meulière de 1 mètre d'épaisseur, d'un fossé de 15 mètres de largeur, d'une contrescarpe non revêtue et d'un glacis.

Cette enceinte a la forme d'un vaste pentagone aux angles très-arrondis, de telle sorte qu'elle se présente presque partout de front; les secteurs sans feux et les ricochets ont donc été évités autant que peut le comporter le système bastionné.

Entre Aubervilliers et Pantin l'angle du pentagone est presque droit, mais le fort d'Aubervilliers se trouve sur la capitale, et un flanquement a été ménagé au moyen d'un retour en face du Pré-Saint-Gervais.

A Neuilly, la chemise bastionnée s'avance en forme d'ouvrage à couronne flanquant le saillant de Montmartre et enfilant toute l'enceinte jusqu'au Point-du-Jour, d'où l'on balaie la face sud jusqu'à Gentilly; à ce point un rentrant, en forme de tenaille, permet de donner des feux croisés dans la vallée de la Bièvre.

La longueur moyenne des côtés extérieurs des fronts bastionnés est de 360 mètres; les bastions sont généralement très-larges et épatés; conséquemment leurs faces sont difficiles à enfiler.

Les forts sont au nombre de 15 : Nogent, Rosny, Noisy, Romainville, Aubervilliers, Fort de l'Est, Double-Couronne, la Briche, Mont-Valérien, Issy, Vanves, Montrouge, Bicêtre, Ivry, Charenton.

*Forts.*

Placés à une distance de l'enceinte qui varie entre 1,400 et 5,300 mètres, ils sont tous construits d'après le système bastionné, les uns sur un quadrilatère, les autres sur un pentagone, suivant le lieu; la longueur des côtés varie de 180 à 350 mètres.

Les imperfections sont multiples; ils ont d'abord presque tous les défauts résultant de l'application du système bastionné aux polygones d'un petit nombre de côtés :

1° Les bastions très-aigus, ne peuvent mettre en batterie qu'un nombre de pièces insuffisant ;

2° Les projectiles tirés à ricochet sillonnent les faces et prennent les flancs à dos ;

3° L'organisation des communications est assez défectueuse ;

Enfin le manque d'abris voûtés a entraîné la construction de casernes à trois étages visibles de très-loin.

Ces forts ont des escarpes de 10 mètres, des contrescarpes revêtues de 4 à 5 mètres de haut; mais les maçonneries des escarpes ne sont, pour ainsi dire, pas défilées : elles sont exposées, sur 2 mètres de hauteur, aux coups directs, et jusqu'à leur pied au tir plongeant.

Tous ces ouvrages, construits en vue d'une défense rapprochée et du temps où l'artillerie de siége portait à 1,600 mètres, auraient demandé, pour être à la hauteur des progrès réalisés par l'artillerie, une transformation complète (1).

*Emplacement des forts.* — Au nord, Paris est défendu par les trois forts de la Briche, la Double-Couronne et Fort de l'Est, formant ceinture en avant de Saint-Denis.

Cette ligne de défense, complétée par l'inondation du Rouillon, du Crould et du canal de Saint-Denis, constituait autrefois un ensemble de défense considérable et formait une excellente tête de pont sur la Seine.

Mais depuis la nouvelle portée des pièces de siège, les forts de Saint-Denis sont dominés de face par les hauteurs de Pierrefitte (butte Pinçon), de Stains et pris d'enfilade par les hauteurs d'Orgemont et de Saint-Gratien; ils ne

---

(1) Aujourd'hui l'artillerie a une portée de 8,000 mètres.

pourraient donc résister longtemps à une attaque sérieuse....

A l'est, depuis le canal de l'Ourcq jusqu'à la Marne, l'assiette des forts de Romainville, de Noisy, de Rosny et de Nogent, constitue une défense excellente. Bâtis sur le bord d'un plateau qui domine de 70 mètres toute la plaine de Bondy, ainsi que la vallée de la Marne, ils peuvent défier toute attaque, malgré les hauteurs dangereuses du Raincy.

Sur ce grand arc de cercle allant de Romainville à Nogent, quelques rentrants n'étant pas vus des forts, on a construit les redoutes de Montreuil, de la Boissière, de Fontenay, pour donner des feux dans ces angles morts.

Pendant le siége, on a établi de nombreuses batteries reliant les forts afin de diviser les feux de l'assiégeant et obtenir un front plus étendu.

Ce solide camp retranché de l'Est est relié aux défenses de Saint-Denis par le fort d'Aubervilliers, situé dans la plaine, et dont la force est accrue par le flanquement que lui donne le fort de Romainville.

Le plateau d'Avron, situé en avant du fort de Rosny, et séparé de lui par un col profond, où se trouve le village de Rosny, doit être considéré comme un terrain neutre : balayé par le feu du fort, il ne peut être occupé sérieusement par l'ennemi; s'avançant en pointe entre les hauteurs du Raincy et de Noisy-le-Grand, il est également intenable pour l'assiégé, en butte aux feux convergents de l'ennemi.

Le plateau de Vincennes est défendu par les deux redoutes de la Faisanderie et de Gravelle, qui, réunies par un retranchement, barrent l'isthme de Saint-Maur.

Le fort de Vincennes, situé en arrière du plateau, n'a aucun rôle dans la défense, et sert uniquement à mettre à l'abri d'un coup de main des bâtiments et des magasins militaires.

Le fort de Charenton, établi pour défendre le confluent de la Seine et de la Marne, est actuellement trop près de ce confluent. De plus, son action est tout à fait insuffisante dans la vaste plaine qui s'étend entre les deux rivières et les hauteurs de Boissy-Saint-Léger à Villeneuve-Saint-Georges. Les nombreuses constructions récemment élevées à Maisons-Alfort, entre ce village et la Seine, lui masquant le terrain, peuvent permettre à l'ennemi de se glisser jusqu'au pied des glacis.

Les forts d'Ivry et de Bicêtre ferment le passage entre la Seine et la Bièvre; celui d'Ivry, bâti à 1,500 mètres de l'enceinte, sur un contrefort formant saillant dans la plaine de Vitry, flanque le fort de Charenton, en même temps qu'il bat toutes les pentes du plateau de Villejuif.

Le fort de Bicêtre, à 1,400 mètres seulement de l'enceinte, en est, comme tous les forts du front Sud, beaucoup trop rapproché; il ne voit pas le terrain en avant, au delà de 2 à 3 kilomètres. Cette défectuosité a nécessité la construction des ouvrages de Moulin-Saquet et des Hautes-Bruyères.

De l'autre côté de la Bièvre, Paris est défendu par les trois forts de Montrouge, Vanves et Issy; bâtis à une distance variant de 15 à 1,800 mètres, ils sont entièrement dominés par un cercle de hauteurs dangereuses depuis Bagneux jusqu'à Meudon. Au milieu de ce cercle, le plateau de Châtillon s'avance en pointe jusqu'à moins de 1,800 mètres du fort de Vanves, avec un commandement de 100 mètres.

Ces forts sont donc dans les plus détestables conditions avec la portée actuelle de l'artillerie.

A l'ouest, Paris est défendu par le Mont-Valérien : d'une forme pentagonale, cette forteresse a dans les bas-

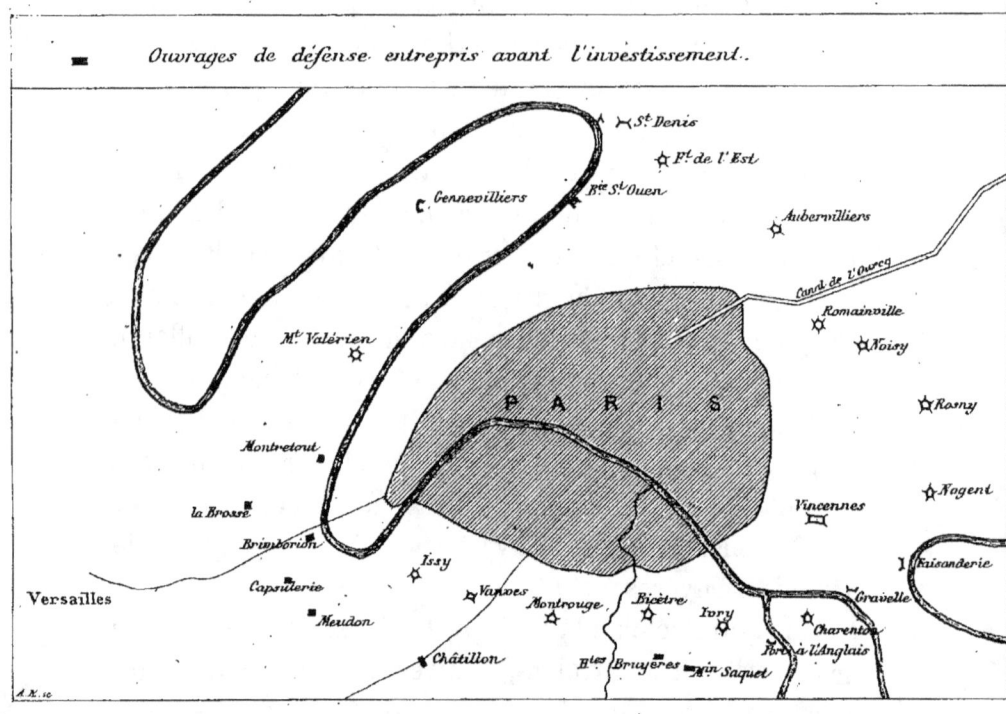

tions Sud trois étages de feux superposés et trois cavaliers établis aux bastions Ouest et Nord. Le front Sud balaie le terrain entre Boulogne et Garches, sans avoir cependant grande action sur le plateau de la Bergerie ; le front Sud-Ouest couvre de feux tout l'espace entre Buzenval et la Malmaison; Courbevoie, Suresnes, Nanterre sont également sous le canon du fort. Mais vu l'acuité des angles, les capitales de tous ces bastions sont peu défendues ; et malgré sa puissance, cette forteresse du Mont-Valérien se trouve insuffisante pour boucher la trouée de 20 kilomètres qui existe entre Issy et Saint-Denis. A la vérité, le double circuit que fait la Seine de ce côté est un obstacle sérieux avec lequel il faudrait compter.

En résumé, les deux points faibles de Paris sont au nord et au sud : la partie active de la défense est le *côté Est* que l'on peut considérer comme le front d'un vaste ouvrage passant par Saint-Denis, Rosny, Charenton..., les replis de la Seine, les forts du Sud et le Mont-Valérien fermant à la gorge.

Quoi qu'il en soit et malgré ses nombreuses imperfections, la grande place de Paris était certainement en mesure de faire tête à l'ennemi pourvu que l'on se hâtât de fortifier les points faibles de la défense extérieure, par de gros ouvrages de campagne rapidement élevés.

## CHAPITRE II.

### TRAVAUX ENTREPRIS AVANT L'INVESTISSEMENT POUR COMPLÉTER LA DÉFENSE DE PARIS.

Dès le 15 juillet, le général de Chabaud La Tour, entré depuis quelques mois dans le cadre de réserve, était rappelé à l'activité et chargé de la mise en état de défense

<small>Activité déployée par ministère du 10 août.</small>

de Paris ; il avait, comme nous l'avons vu, contribué, en 1841 et 1844, malgré la résistance acharnée de l'opposition d'alors, à faire adopter par les Chambres le projet de fortification.

Le 26 juillet et le 7 août, on constitua des Commissions spéciales chargées de surveiller et de hâter les travaux de défense ; mais jusqu'à nos premiers revers, on n'avait encore fait que des études préparatoires ; les seuls travaux entrepris étaient la construction dans les forts de quelques traverses pour l'artillerie.

Après la chute du ministère Ollivier, on se mit à l'œuvre avec une fiévreuse énergie. On mura 13 portes, on en rétrécit 54 dont les larges débouchés furent réduits à un ou deux ponts-levis.... On ferma les trois passages de rivière, les deux entrées des canaux, les neuf entrées de chemin de fer, on répara les fossés, on abattit au dehors les murs, les plantations voisines des remparts qui encombraient les zones de servitude. On ouvrit les embrasures des canons dans le parapet, on construisit des magasins à poudre, on remplit les citernes, on blinda les portes et les passages, on prépara les inondations, on effondra, on organisa pour la défense les mille carrières dont les terrains des environs de Paris sont criblés.

Le simple exposé de ce que fit et dépensa le génie militaire, peut donner une idée de l'importance de tous les travaux accomplis avant le 4 septembre.

On planta 61 kilomètres courants de palissades, on fit 4 millions de sacs à terre, on acheta 12,000 futailles pour gabions ; l'atelier de Versailles, à lui seul, fabriqua plus de 4,000 gabions et 6,000 fascines, celui de l'avenue d'Orléans à Paris produisit 6,000 gabions, 15,000 fascines, 12,000 claies et 9,000 piquets.

Le total des dépenses s'éleva à 40 millions.

*Ouvrages extérieurs*

Les approches des forts n'étant pas suffisamment battus, de nombreux points faibles existant entre eux, il était nécessaire de construire des ouvrages destinés à augmenter les moyens de défense de la zone fortifiée.

<small>entrepris avant l'investissement par le Gouvernement de la Régence.</small>

Dès le 1ᵉʳ août 1870, le Gouvernement de la Régence y porta toute son attention et il fut décidé que les fortifications de Paris seraient complétées par des ouvrages extérieurs, afin de pouvoir parer à la nouvelle portée de l'artillerie, qui changeait toutes les conditions de l'attaque et de la défense (1).

La construction des forts de Montretout, de Gennevilliers, de Châtillon et des Hautes-Bruyères, fut résolue en principe, et dès nos premiers échecs, l'administration des domaines reçut l'ordre de mettre à la disposition du génie les terrains nécessaires.

Malheureusement les formalités d'expropriation demandèrent beaucoup de temps ; de plus, l'état-major supérieur du génie attachait trop d'importance à l'organisation pure et simple des ouvrages de fortification permanente en vue de la défense rapprochée, tels que : amélioration et régularisation des parapets, embrasures et plates-formes, traverses, palissadement des chemins couverts, barrières, organisation défensive des poternes, portes et communications, etc....

Tous ces travaux, qui auraient pu être entrepris pendant le siége même, au fur et à mesure des besoins, absorbèrent un temps précieux, et on négligea tout d'abord les ouvrages de la *défense active*, tels que l'occupation du plateau de Villacoublay, des hauteurs de Meudon, de Saint-Cloud, de Montretout, etc. (2).

---

(1) Lors de la construction des forts et de l'enceinte, l'artillerie de siége portait à 1,600 mètres ; l'artillerie de campagne à 800 mètres ; la mousqueterie de 300 à 400 mètres.
Aujourd'hui le canon de siége a une portée de 8,000 mètres.
(2) Dans la défense de Sébastopol, les Russes vinrent occuper, en avant

Le personnel militaire manquant, on laissa fortifier ces points importants de la défense extérieure par des ingénieurs ou des entrepreneurs civils qui y apportèrent plus d'activité et de bonne volonté que de pratique et de savoir, notamment dans l'organisation défensive de la banlieue (1).

<small>Difficultés provenant de la main-d'œuvre.</small>

Si la direction fit, dès le début, un peu défaut, presque toujours la main-d'œuvre montra une inertie et une mauvaise volonté que l'on ne put vaincre. Malgré l'urgence, il était impossible de faire travailler les ouvriers la nuit. Néanmoins, le ministère Palikao fit tous ses efforts pour activer les travaux sur le plateau de Châtillon, aux Hautes-Bruyères, dans la presqu'île de Gennevilliers, à Montretout ; partout enfin on donna un commencement d'exécution aux projets du 1er août.

Après le 4 septembre, les difficultés furent bien autres ; les ouvriers ne voulaient plus travailler, ils étaient en République, il leur fallait des armes et non des outils ; sur 6,000 ouvriers qui étaient à la redoute de Montretout,

---

de leur première position, une seconde ligne de défense composée d'ouvrages détachés et armés d'une artillerie formidable. On sait ce que coûta aux alliés la prise des *ouvrages blancs*, du Mamelon-Vert, de la redoute des carrières, des ouvrages du cimetière, etc...

(1) Le Bas-Meudon, Meudon, Clamart, Châtillon, Bagneux, Arcueil, Villejuif, Vitry, Maisons-Alfort, Créteil, Saint-Maur, Joinville, Nogent, Fontenay, le Raincy, Noisy, Aubervilliers, Asnières, Courbevoie, Saint-Cloud, formant une lisière de près de soixante et dix kilomètres de tour, furent l'objet de travaux gigantesques qui montrent l'esprit de sacrifice des habitants, mais qui montrent également le peu de savoir militaire de ceux qui les ont entrepris.

Les lignes de défense ne furent pas déterminées, les réduits furent mal disposés ou firent défaut ; enfin, on fit un abus prodigieux de *maisons crénelées* et de *barricades* : les maisons crénelées exigent le morcellement exagéré des troupes qui échappent forcément ainsi au commandement et à la direction générale. Les barricades gênent la circulation ; si l'on veut prendre l'offensive, on est obligé de les détruire, ce qui donne l'éveil à l'ennemi. On aurait dû, ainsi que le prescrivent les premiers préceptes de fortification, laisser de côté les maisons, ne créneler que les murs de clôture, avec des feux croisés à l'entrée des rues.

500 seulement revinrent prendre leurs travaux ; il en fut de même pour tous les autres ouvrages ; il fallut faire venir à grands frais des ouvriers de province.

*La redoute de Châtillon* établie à l'entrée du plateau, et à cheval sur la route, était beaucoup trop près de l'enceinte ; le Pavé-Blanc, coté 169, lui masquait une partie du plateau ; de plus, elle pouvait être facilement tournée par les bois de Meudon en passant derrière la ferme de Dame-Rose et la ferme de Trivaux.

<small>Aperçu des principaux ouvrages.</small>

*L'ouvrage de Meudon* s'appuyait au château ; il flanquait assez mal la redoute de Châtillon, car il n'avait aucune vue sur l'ennemi s'avançant à travers les bois touffus de Meudon et Clamart.

*Redoute de la Capsulerie.* Cet ouvrage quadrangulaire s'élevait au-dessus de Sèvres ; on devait le relier avec l'ouvrage de Meudon par l'étang des Fonceaux et une ligne d'abatis ; tous les bois en avant auraient été coupés. Le temps et les bras manquèrent pour exécuter ces travaux complémentaires et indispensables.

*Brimborion* s'élevait sur le contour du mamelon où se trouve Bellevue ; il enfilait la vallée de la Seine et battait directement le pont de Sèvres.

*La redoute des Brosses*, établie sur la hauteur du même nom, dans le parc de Saint-Cloud, commandait la route de Ville-d'Avray et la route de Vaucresson.

*La redoute de Montretout* battait Saint-Cloud, la route de Vaucresson et une partie de la rive gauche de la Seine.

*Le fort de Gennevilliers* bouchait la trouée entre le fort de la Briche et le Mont-Valérien ; en même temps il contrebattait les hauteurs qui ferment la presqu'île d'Argenteuil.

Pour compléter et soutenir cette redoute, on dut établir des ouvrages au Petit-Nanterre, à Colombes et une lunette à Villeneuve-la-Garenne, etc.

Dans la presqu'île de Saint-Maur et au sud de Paris, on travailla avec activité à la redoute du Petit-Parc, à la batterie de Port-à-l'Anglais, au Moulin-Saquet, aux Hautes-Bruyères.

On veut faire de la grande fortication. La plupart de ces ouvrages, Montretout, Châtillon, Hautes-Bruyères, Gennevilliers, devaient, dans le principe, avoir deux étages de pièces de gros calibre avec casemates... pour cela il aurait fallu du temps, des hommes... Mais après Sedan nous ne trouvions plus d'ouvriers, et d'heure en heure l'ennemi était attendu... Il aurait donc fallu sur-le-champ ne plus songer aux ouvrages de grande fortification et se consacrer tout entier à établir de solides ouvrages de campagne... Laissant de côté les voûtes, les traverses en pierre, on aurait dû faire les plafonds, les abris, les parados avec de la terre, des troncs d'arbres, des poutres, des rails... Malheureusement il n'en fut pas ainsi : l'état-major du génie voulut continuer à élever de majestueux ouvrages réguliers et permanents ; le 16 septembre, la veille de l'arrivée des Allemands, on travaillait encore dans les redoutes de Montretout, de Châtillon, à des traverses en maçonnerie.

Cependant la plupart des ouvrages entrepris étaient assez avancés au moment de l'arrivée des Prussiens pour qu'il fût possible de les mettre promptement en état de défense ; quelques-uns seulement n'avaient reçu qu'un commencement d'exécution, comme l'ouvrage du Petit-Nanterre, celui de Colombes, la lunette de Villeneuve-la-Garenne, etc...

Tout le reste, avec de l'énergie, de la résolution pouvait être occupé sans trop de risques... Mais le Gouverneur s'effrayait un peu de l'immensité de la tâche

d'une défense si étendue et si complexe. « Il s'agissait,
« disait-il, de lutter contre un véritable anachronisme,
« l'anachronisme des fortifications... Celles que nous
« avions à utiliser avaient été conçues assurément et très-
« bien exécutées par des hommes du plus haut mérite,
« mais pour un temps où la portée maxima de l'artillerie
« de siége était de 1,600 mètres, la portée maxima du
« canon de campagne de 800 mètres, la portée maxima
« de la mousqueterie de 3 à 400 mètres...

« Nous allions être aux prises avec une artillerie de
« siége qui portait à 7,000 mètres, des hauteurs de Châ-
« tillon jusqu'à l'île Saint-Louis, avec des canons de
« campagne qui portaient jusqu'à 3,600 mètres, avec une
« mousqueterie qui portait à 1,000 et 1,200 mètres.

« Tout était donc à refaire et complétement à refaire.
« Paris, sur presque toute son étendue, était entouré de
« hauteurs qui le dominaient : celles de Villejuif, de Châ-
« tillon, de Meudon, de Bellevue, de Saint-Cloud, de
« Montretout, d'Ormesson, de Pinçon, d'Avron...

« Pour être en sécurité dans Paris, il aurait fallu oc-
« cuper ces hauteurs ; pour les occuper, il aurait fallu
« 100,000 hommes de troupes régulières de plus, et six
« mois de travaux au lieu de six semaines. »

Cette opinion du Gouverneur de Paris explique pourquoi il avait négligé les travaux extérieurs et repoussé,
de prime abord, la proposition faite par le général Ducrot, de défendre le plateau de Châtillon.

# SIXIÈME PARTIE

## DU COMMANDEMENT DANS PARIS

<small>Général Trochu.</small> Le général Trochu était à la fois Gouverneur de Paris, Chef de l'armée d'opération, Président du Gouvernement de la Défense nationale. Il réunissait tous les pouvoirs sans en posséder un seul bien défini, souvent même ses droits et ses devoirs étaient en opposition : ce que le chef militaire voulait, le chef du gouvernement l'empêchait. Le principe qui peut le plus, peut le moins, est incontestable lorsqu'il s'agit des choses d'un même ordre ; il n'en est pas ainsi pour les choses d'un ordre différent... De périlleuses confusions naissent d'attributions mal circonscrites, mal limitées... Souvent même l'impuissance radicale, le néant en sont les résultats définitifs, car au Pouvoir, s'il y a quelque chose de pire que la faiblesse, c'est l'apparence de la force.

<small>Gouvernement.</small> Le Gouvernement était resté dans Paris et n'avait envoyé que des délégués en province. Deux motifs déterminèrent le général Trochu à agir ainsi : ne pouvant admettre la possibilité d'un investissement complet, il comptait conserver toujours des communications avec l'extérieur ; de plus, croyant à une attaque immédiate et de vive force, il voulait être présent au moment du danger, diriger la défense et lui donner son impulsion.

<small>Comité de défense.</small> Par décret du 19 août 1870, il avait été créé un Comité

de défense des fortifications de Paris, composé de la manière suivante :

Général Trochu, *Président;*
Maréchal Vaillant ;
Amiral Rigault de Genouilly ;
Baron Jérôme David, ministre des travaux publics ;
Général de Chabaud La Tour ;
Général Guiod ;
Général d'Autemarre d'Ervillé ;
Général Soumain.

Ce Comité était investi, sous l'autorité du ministre de la guerre, des pouvoirs nécessaires pour l'exécution des décisions qu'il prendrait.

Un décret du 25 août ajouta, à ces huit premiers membres du Comité de défense, trois députés :

Le comte Daru, M. Dupuy de Lôme, le marquis de Talhouët ; deux sénateurs, M. Béhic et le général Mellinet, furent compris dans le même décret ; enfin, M. Thiers y fut appelé par un décret spécial, en date du 26 août.

Après la révolution du 4 septembre, un arrêté du Gouvernement, en date du 7 septembre, y fit entrer M. Dorian, ministre des travaux publics, le contre-amiral de Dompierre d'Hornoy, M. Dupuy de Lôme (cette fois à titre d'ancien inspecteur général du génie maritime), puis le général de division Frébault, de l'artillerie de marine.

Le 22 septembre, un nouvel arrêté y introduisait MM. Gambetta, Garnier-Pagès, Emmanuel Arago, et enfin, le 18 octobre, l'amiral de la Roncière Le Noury était également nommé au Comité de défense, dont le nombre des membres s'éleva ainsi successivement de huit à vingt et un.

Par décision du Comité de défense, en date du 26 août, l'enceinte fut divisée en neuf commandements dits sec-

*Division en secteurs.*

teurs, placés chacun sous le commandement d'un officier général de la marine ou de l'armée.

### Rive droite de la Seine.

1er secteur. — *Bercy* : du bastion 1 au bastion 11 ; général **Faron**.

2e secteur. — *Belleville* : du bastion 12 au bastion 24 ; général **Callier**.

3e secteur. — *La Villette* : du bastion 25 au bastion 33 ; général **de Montfort**.

4e secteur. — *Montmartre* : du bastion 34 au bastion 45 ; amiral **Cosnier**.

5e secteur. — *Les Ternes* : du bastion 46 au bastion 54 ; général baron **Ambert**.

6e secteur. — *Passy* : du bastion 55 à la courtine 67-68 ; amiral **Fleuriot de Langle**.

### Rive gauche de la Seine.

7e secteur. — *Vaugirard* : de la courtine 67-68 au bastion 75 ; amiral **de Montagnac**.

8e secteur. — *Montparnasse* : du bastion 76 au bastion 86 ; amiral **Méquet**.

9e secteur. — *Les Gobelins* : du bastion 87 au bastion 94 ; contre-amiral **de Challié**.

Chaque commandant de secteur était chargé de la mise en état de défense de son secteur ; chaque neuvième du rempart formait ainsi une place distincte avec un commandant militaire spécial.

On avait adopté ce système, afin d'être plus à même de résister à une attaque de vive force. A ce point de vue, l'organisation était rationnelle, il y avait avantage, nécessité, à mettre le corps de place et les ouvrages extérieurs sous le même commandement. Mais quand il fut établi que l'ennemi ne songeait pas à tenter une surprise, à donner l'assaut, il aurait fallu abandonner cette division en secteurs. Il s'agissait alors de rendre la défensive offensive en se servant de l'artillerie, du matériel du corps de place, pour favoriser, appuyer notre action extérieure. Or, il était bien difficile d'obtenir ces mouvements d'artillerie, de matériel... chacun des commandants de secteur tenant à conserver intégralement ce qui constituait son commandement.

Au point de vue politique, le système des secteurs eut également de graves inconvénients : car il répartissait par groupes fort inégaux une vaste agglomération de citoyens armés, dont le bon esprit était loin d'être uniforme : ainsi Belleville, qui fomentait l'émeute, mettait en ligne près de 76,000 gardes nationaux, tandis que Passy, dévoué à l'ordre, n'en présentait que 18,000, c'est-à-dire moins du quart.

Il eût donc été sage de procéder à une autre répartition de la population armée, sans s'astreindre à la faire coïncider avec le système divisionnaire de l'enceinte fortifiée.

Au-dessus du commandant particulier de chaque fort, on avait créé des commandements supérieurs comprenant plusieurs forts.

*Commandement des forts.*

Ainsi Saint-Denis, avec les forts de la Briche, de l'Est et d'Aubervilliers, formait un commandement sous les ordres du général de Bellemare.

Les forts de Romainville, Noisy et Rosny formaient un autre commandement sous les ordres de l'amiral Saisset, qui avait son quartier-général au fort de Noisy.

Les forts de Montrouge, Bicêtre et Ivry constituaient un troisième commandement sous les ordres de l'amiral Pothuau, qui avait son quartier général à Bicêtre.

Le général Ribourt, commandant le fort de Vincennes, avait le commandement supérieur des forts de Nogent, de Charenton, des redoutes intermédiaires de Gravelle et de la Faisanderie.

Les forts du Mont-Valérien, d'Issy et de Vanves, restèrent seuls isolés sous les ordres de leur chef direct.

Ces commandements supérieurs, réunissant plusieurs forts, furent souvent la cause de graves inconvénients. Ainsi, lorsqu'un général commandant de troupes avait besoin, pour une opération quelconque, du concours de tel ou tel fort, son chef supérieur était obligé d'en référer à son commandant pour avoir la permission de tirer ; souvent ce commandant était loin, il en résultait des lenteurs, et lorsque l'autorisation arrivait, il était trop tard. D'un autre côté, le commandant supérieur n'étant pas sur les lieux, ne pouvait juger du but à remplir comme le commandant du fort lui-même, et ses instructions risquaient de ne pas avoir l'importance réclamée par le général commandant de troupes.

*Garnison des forts.* — La garnison des forts était diversement composée.

La division des marins avait pourvu aux besoins des forts de Romainville, Noisy, Rosny, Ivry, Bicêtre et Montrouge ; elle avait, de plus, fourni des détachements au fort de Nogent et au Mont-Valérien.

Les autres forts n'avaient, pour la majeure partie, que de la garde mobile de Paris.

*Commandement de l'artillerie.* — L'artillerie de Paris était tout entière sous les ordres du général de division Guiod.

Il y avait, en outre, deux sous-commandements d'artillerie :

L'un, dit de la rive droite (général Pélissier), formé des six premiers secteurs avec les forts du Nord et la forteresse du Mont-Valérien ;

L'autre, dit de la rive gauche (général René), comprenant les trois derniers secteurs avec les forts du Sud.

Le général de division de Chabaud La Tour avait le commandement supérieur du génie.

Son service était divisé en trois circonscriptions : la 1<sup>re</sup> (général Malcor), formée des 1<sup>er</sup> et 2<sup>e</sup> secteurs, et des forts de Charenton, Vincennes, Nogent, Rosny et Romainville ; la 2<sup>e</sup> (général Duboys-Fresney), comprenant les 3<sup>e</sup>, 4<sup>e</sup>, 5<sup>e</sup> et 6<sup>e</sup> secteurs, ainsi que les forts d'Aubervilliers, de l'Est, de Saint-Denis, de la Briche et du Mont-Valérien ; la 3<sup>e</sup> (général Javain), composée des 7<sup>e</sup>, 8<sup>e</sup>, 9<sup>e</sup> secteurs, et des forts d'Issy, de Vanves, de Montrouge, de Bicêtre et d'Ivry.

Toutes ces subdivisions avaient certainement leur raison d'être dans une grande place comme Paris, où il y avait tant à faire, au début, pour organiser, et plus tard pour entretenir la défense ; mais elles exigeaient une direction supérieure, unique et très-énergique.

Or, comme nous l'avons vu plus haut, les attributions du Gouverneur étaient très-étendues, très-complexes ; il en résultait que sa volonté était trop souvent dominée par celle de ses coopérateurs, et que ses décisions n'étaient pas toujours maintenues ; quelquefois même elles devenaient contradictoires.

Ainsi, avait-on besoin de canons pour armer des points avancés, dans le but d'appuyer certaines opérations extérieures jugées nécessaires par le général commandant la 2<sup>e</sup> armée et approuvées par le Gouverneur, le général commandant l'artillerie n'était pas toujours disposé à les livrer, soit qu'il eût d'autres vues, soit que le commandant du secteur y mît opposition.

Pour la bataille de Villiers-Champigny, par exemple, nos forts et nos postes avancés, entre autres le mont Avron et la presqu'île de Saint-Maur, furent insuffisamment armés de pièces à longue portée, parce que, malgré la gravité de l'entreprise, il avait été impossible d'obtenir que les pièces dont on avait besoin fussent enlevées des remparts où elles étaient inutiles...

Pour le service du génie, il en était de même. L'état-major général du génie, qui se trouvait à Paris et relevait directement du Gouverneur, prétendait conserver le droit d'intervention et de surveillance dans tout ce qui s'exécutait aux avant-postes.

Le général commandant les 13e et 14e corps d'armée, ayant jugé indispensable la construction d'une redoute au Moulin-des-Gibets, et le Gouverneur ayant approuvé son projet, plusieurs jours furent perdus, parce que le chef du génie du 14e corps ne crut pas devoir exécuter ce travail avant d'avoir l'approbation et l'assentiment du général de Chabaud La Tour, retenu à la chambre par une indisposition. Cependant ce retard pouvait avoir les inconvénients les plus graves, car il se produisait au moment même où se préparait le passage de la Seine à Bezons.

Dans une autre circonstance, une casemate ayant été crevée au fort de Rosny, l'amiral Saisset fit connaître au général commandant la 2e armée qu'il était urgent de renforcer la muraille de toutes les casemates avec des sacs à terre, sans quoi l'on pouvait craindre l'explosion des poudrières. Des sacs à terre se trouvaient sur place à un prix modéré ; le général commandant la 2e armée n'hésita pas à donner l'ordre de passer un marché séance tenante, et le travail fut commencé immédiatement.

Quelques jours après, l'état-major général du génie faisait savoir qu'il avait un approvisionnement de sacs à terre dans Paris, et que, par conséquent, on avait eu tort de passer ce marché à Rosny.

Que n'avait-on suffisamment approvisionné les forts

de tout ce qui leur était nécessaire au point de vue défensif?...

Fallait-il, par suite de la négligence apportée... ne pas parer immédiatement au danger qui menaçait ces ouvrages et s'exposer à voir sauter l'un d'eux avec sa garnison (1)?

De tout cela, il résultait à chaque instant des conflits, des retards très-préjudiciables à la défense.

On peut voir, d'après cet exposé, que tout ne se faisait pas avec l'ensemble, l'unité de vues qu'aurait exigé une situation si grave, si compliquée. — Malheureusement le général Trochu était, malgré lui, en dépit de tous ses efforts, plus occupé de la politique que de la défense. Les séances du Gouvernement, les conférences avec les maires, les audiences données aux délégués, aux pétitionnaires, aux inventeurs, etc... prenaient tous ses instants... De plus, le grand nombre de personnages de toute sorte qui l'entouraient, le surveillaient, le soupçonnaient, étaient, il faut le dire, plus propres à créer des embarras qu'à résoudre des difficultés... (2)

---

(1) *Vice-Amiral Saisset à M. le Gouverneur de Paris et à M. le Général en chef de la 2ᵉ armée.*

« Trois obus viennent de traverser les murailles des casemates du fort de Rosny; le feu est dans l'une d'elles. J'espère, dit le commandant, l'éteindre.

« J'ai quatre morts et des blessés. Que dois-je faire ?

« 31 octobre 1870.
                            « *Vice-amiral* Saisset. »

Je réponds : « Enterrer les morts dans les fossés. »

(2) Emmanuel Arago qui faisait partie du Comité de Défense, sans doute en qualité de *stratége*, soumettait à tout moment des plans de sortie; ses propositions, qualifiées par le général Trochu « *d'insignes folies* » énergiquement repoussées, il allait en conférer avec M. Picard, lequel trouvait le Gouverneur bien tiède : « *Il a l'air*, disait-il, *de mener le deuil du siége.* » M. Jules Favre faisait aussi partie du « camp des cen- « seurs militaires. » « Il ne s'élevait pas, dit en parlant de ce dernier « le général Trochu, au-dessus de la compréhension bourgeoise des af-

**Ministères de la guerre et de la marine.**

Bien que toutes nos relations avec la province eussent été interrompues et qu'il n'y eût plus à imprimer une direction générale aux affaires militaires extérieures, le ministère de la guerre avait continué à exister tel quel... Il avait conservé ses nombreux bureaux, son immense personnel; il retenait même beaucoup d'officiers jeunes, vigoureux, intelligents... Ces derniers avaient peu à faire et très-certainement il eussent été plus utiles et plus à leur place dans les états-majors actifs ou à la tête des troupes.

Le ministère de la marine agit différemment, il n'hésita pas à mettre à la disposition des armées actives tout son personnel d'officiers d'artillerie et d'officiers de vaisseau.

## ÉTAT MORAL DE PARIS
### AU MOMENT DE L'INVESTISSEMENT

Nous avons parlé de l'état matériel, de l'état physique de Paris en énumérant ses forces naturelles et artificielles, en donnant un aperçu des hommes, des armes, des munitions, des vivres, des approvisionnements de toute sorte contenus dans son sein... Nous allons, en terminant ce rapide exposé, dire un mot de son état moral, de son état psychologique.

Au moment de l'investissement, Paris était peut-être

---

« faires militaires, c'est-à-dire qu'il attendait l'événement heureux pour
« me proclamer le plus grand homme des temps présents, ou l'événement
« contraire pour m'en déclarer le plus médiocre. »

plus encore sous l'impression du 4 septembre que des événements de la guerre, dont il devait être le suprême et dernier acte.

L'imprévu, l'intensité de nos malheurs, eurent bientôt obscurci le sens moral d'une population mobile, changeante, inquiète, trop portée par instinct, vanité blessée, à rejeter sur autrui les malheurs qui peuvent l'accabler.

Dès nos premiers désastres, la crainte du péril, l'envie de s'y soustraire avaient tourné toutes les têtes... — Paris était dans un de ces moments où la raison n'est plus rien, où les sensations physiques sont tout. — La terreur s'emparant des gens timides, des gens honnêtes, les avait rendus, à leur insu, l'instrument et les complices des turbulents, des audacieux, des agitateurs, qui, s'érigeant de leur propre autorité en avocats du peuple, en contempteurs des gouvernants, voulaient tout savoir, tout régler, tout diriger.

Le 10 août, un député disait à la tribune :

« L'attitude du Gouvernement et de la majorité devient
« telle que nous serons forcés de faire un appel au peu-
« ple contre le pouvoir et la majorité... »

Vers le 11 ou le 12 août, le Corps législatif entendait ces paroles : « Il faut que nous fassions une guerre ré-
« publicaine... Oui, cette majorité succombe sous le
« poids de la honte et du mépris... (1) »

Tourné tout entier du côté de l'ennemi extérieur, le Gouvernement Impérial ne peut, après Sedan, faire face à l'émeute... Les quelques forces dont il dispose, faiblement organisées, commandées plus faiblement encore, plient sous la multitude.

Affolée, surprise, la population laissa tomber un pou-

---

(1) Il est à remarquer qu'à ces deux dates, 9 et 12 août, correspondent deux tentatives d'émeute.

voir qui seul cependant pouvait donner à la défense force et cohésion (1).

Le lendemain du 4 septembre, bien des gens qui se disaient, qui se croyaient bons patriotes, étaient joyeux comme si on avait jeté dans le Rhin le roi de Prusse et son armée...

Cet instinct révolutionnaire de Paris ne s'explique pas... il existe... et presque toujours il a été la cause de grands maux qui ont affligé le pays... Guibert, dans son *Essai tactique*, disait déjà au siècle dernier : « Où « se formèrent la Ligue, la Fronde?... Dans Paris, au « milieu de cette population corrompue, avide de nou- « veauté... (2) »

Quant à l'ennemi, au blocus, au siége, on n'y crut réellement que lorsque nos troupes furent repoussées des positions avancées de la ville. « L'ennemi est en vue : » ce mot éclata tout à coup et se répandit comme une traînée de poudre. — Le premier instant d'étonnement passé, on envisagea assez résolument la situation, qui avait pour le Parisien l'attrayant côté de la *nouveauté*... Malheureusement l'ostentation, la mise en scène, jouèrent un trop grand rôle... On chercherait vainement, pendant les longs mois du siége, ce senti-

---

(1) Après la journée du 4 septembre, comme une voix amie s'élevait timidement à l'étranger en faveur de la France, M. de Bismark répondit : « La France, où est-elle? qui, aujourd'hui, est autorisé à parler en « son nom? Est-ce M. Jules Favre... — est-ce M. Gambetta... — est-ce « M. Crémieux?... »

(2) Guibert a oublié de citer le soulèvement de Paris, après le désastre de Poitiers, en 1356 : le roi est fait prisonnier, l'armée est dispersée ou captive, la France envahie... les Parisiens d'Étienne Marcel chassent le Régent et proclament la Commune. A la vérité, la réaction ne se fait pas attendre. Deux ans après, Étienne Marcel, sur le point de livrer Paris à l'ennemi, est massacré, peut-être par les mêmes hommes à la tête desquels il avait envahi le Louvre et fait assassiner, aux pieds du Dauphin, les maréchaux de France.

ment énergique et calme qui fait aimer sa patrie, dans ses bienfaits comme dans ses rigueurs.

L'exaltation s'empara de tous ; les hommes les plus éclairés ne se montrèrent pas toujours les plus raisonnables, et leurs récriminations ardentes donnèrent souvent beau jeu à tous les meneurs, à tous les fauteurs de désordre... (1)

Cette surexcitation générale causa les plus grands embarras : la diplomatie et presque toute la défense ont tourné autour d'une seule chose : *La crainte d'une émeute...* On fut constamment obligé de faire face à deux ennemis : l'un qui, nuit et jour, resserrait son cercle de fer et de feu, l'autre, qui à chaque instant épiait le moment de se jeter sur l'Hôtel de Ville... Et ce n'était pas toujours le plus éloigné que l'on redoutait le plus... Du reste, il est à remarquer que les attaques de l'ennemi du dedans et de l'ennemi du dehors ont presque toujours eu lieu en même temps... La tentative d'envahissement du Corps législatif le 9 *août*, l'émeute du 12 août, le 4 septembre, le 30 octobre, le 22 janvier... correspondent, à quelques heures près, aux plus sanglants événements de la guerre (2).

Les craintes constantes d'émeute reviennent à tout moment dans la déposition de M. Jules Favre :

---

(1) On vit reparaître aux portes des mairies et dans les carrefours, l'autel de la Patrie, aux portiques enguirlandés, l'estrade à rideaux rouges, où l'on recevait les enrôlements volontaires..... et, à défaut de canon d'alarme, on fit sonner aux oreilles de la grande cité, toutes les vieilles cymbales patriotiques de 1792... Généralement ces anciens clichés portèrent à rire, et l'impuissance de ces oripeaux révolutionnaires fut complète. Sur 344,000 hommes de la garde nationale, 6,500 seulement, ainsi que nous l'avons établi au Livre II, répondirent à l'appel de la patrie en danger.

(2) 6 août, Frœschwiller, Spickeren ; — 14-16-18 août, Borny, Rezonville, Saint-Privat ; — 1er septembre, Sedan ; — 28 octobre, capitulation de Metz ; — 19 janvier, Buzenval.

« Lorsque M. Thiers, dit-il, dut revenir à Paris, après
« le 31 octobre, il n'osa pas entrer dans la ville. *M. Thiers*
« *est un homme très-courageux, mais c'est aussi un*
« *homme très-prudent, et il a bien raison!...* Eh bien,
« il n'a pas voulu revenir au ministère des affaires
« étrangères, et remarquez, Messieurs, que je ne veux
« point parler ici des gens de désordre, mais de toute
« la population, de toute la garde nationale. L'esprit de
« la population était surexcité au dernier point à l'idée
« que l'on pût conclure un armistice et convoquer une
« Assemblée... »

Avant Champigny, M. Jules Favre disait encore :
« La ville tout entière devenant, par un sentiment
« irréfléchi, hostile au Gouvernement, je désirais avec
« ardeur une action énergique. »

Enfin, le même M. Jules Favre, après la journée du
2 décembre, écrivait :
« Provoquer un déchirement, n'était-ce pas perdre la
« patrie en nous déshonorant?... Le général Ducrot ne
« pouvait méconnaître l'irritation générale causée à la
« population de Paris et à la garde nationale par la
« simple halte qu'imposaient d'impérieuses nécessi-
« tés... »

Cependant, à Paris, tout le monde n'avait pas perdu son sang-froid, tout le monde n'était pas frappé de « la folie du siége... » Beaucoup d'honnêtes gens, dont le dévouement, pour être plus résigné, n'en était ni moins grand, ni moins actif, songeaient, non sans crainte, au présent et à l'avenir ; pour ces hommes de bien et de droit sens, le 4 septembre, loin de simplifier la crise, n'avait fait que la compliquer... ils se demandaient comment ferait ce Gouvernement improvisé, ce Gouvernement d'un coup d'État devant l'ennemi, qui avait la

France à rallier, Paris à contenir, l'ennemi à combattre, l'Europe à rassurer... L'avenir leur semblait plus sombre encore, car sachant, à n'en pas douter, que les révolutions enfantent les révolutions, ils pensaient avec terreur à ceux qui, de déchirement en déchirement, étaient destinés à s'emparer définitivement des affaires et du pouvoir.

# LIVRE III

## OPÉRATIONS MILITAIRES DES 13ᵉ & 14ᵉ CORPS

Depuis l'investissement jusqu'à la fin de septembre.

## PREMIÈRE PARTIE

### OPÉRATIONS DE LA DIVISION D'EXEA
(1ʳᵉ DU 13ᵉ CORPS)

**PENDANT LES PREMIERS JOURS DU SIÉGE**

(Du 15 au 30 Septembre)

La dépêche du chef de gare de Joinville, annonçant l'arrivée de l'ennemi sur la basse Marne, avait provoqué le mouvement du 13ᵉ corps, qui, nous l'avons vu, était venu dans la nuit du 15 au 16 septembre prendre position sur le plateau de Vincennes; mais les craintes étaient pour le moment exagérées : de ce côté, il n'y avait encore que des avant-gardes de cavalerie, le gros des colonnes ennemies arrivant par la vallée de la Seine; et, dès le 18 septembre, on dégarnit le plateau de Vincennes d'une division : la division de Maud'huy ( 2ᵉ du 13ᵉ corps) alla sur le plateau de Villejuif remplacer la division de Maussion du 14ᵉ corps, rapprochée

*La division de Maud'huy quitte le plateau de Vincennes pour s'établir sur le plateau de Villejuif (18 septembre).*

de Châtillon afin de prendre part à l'opération du lendemain.

*La division Blanchard quitte le plateau de Vincennes pour aller défendre le front sud (19 septembre).*

Dans la journée du 19, la division Blanchard quitte en toute hâte sa position pour aller défendre le front sud de Paris, que l'on croyait menacé à la suite du combat de Châtillon.

La division d'Exea ($1^{re}$ du $13^e$ corps) reste seule sur le plateau de Vincennes. Établie près des tribunes des courses, elle est chargée de la défense de tout le plateau et particulièrement de la garde du pont de Charenton.

*Dispositions de défense aux abords du plateau de Vincennes.*

Dès le 15 septembre au soir, la division d'Exea prend ses dispositions défensives, un bataillon est détaché au pont de Charenton, qui est barricadé, des petits postes placés sur la rive gauche de la Marne se relient avec le fort de Charenton de manière à éviter toute surprise entre cet ouvrage et la rivière.

La route qui, venant de Saint-Maur, passe au-dessous de la redoute de Gravelle, traverse le village de Saint-Maurice et rejoint la grande rue de Charenton au débouché du pont, est barricadée; car on peut craindre que l'ennemi, après avoir passé sans obstacles la Marne à Chennevières ou à Créteil, ne fasse une tentative de ce côté.

L'entrée du pont de Joinville, détruit sans nécessité (1), est barricadée; le poste chargé de la défendre se relie avec quelques compagnies établies dans les jardins de Joinville bordant immédiatement la Marne; entourés de murs, de haies, ces jardins formaient un ensemble de positions excellentes pour observer la plaine de Poulangis.

---

(1) Le pont de Joinville sauta dans la soirée du 15 septembre : M. l'Ingénieur en chef Ducros, colonel du génie auxiliaire, avait reçu directement du Gouverneur l'ordre d'exécuter cette opération; il lui fut également commandé de faire sauter en deux endroits le viaduc de Nogent, ce qui eut lieu dans la nuit du 15 au 16.

Deux compagnies sont en réserve au centre de Joinville, sur la grande avenue qui domine le chemin de fer et le canal de Saint-Maur.

Sur la gauche, le pont de Joinville est relié au plateau par un poste établi dans la maison du garde-barrière au passage à niveau du chemin de fer, sous la Faisanderie.

Le village de Nogent est occupé et barricadé en partie; des sentinelles établies le long du chemin de fer au-dessus de la Marne font communiquer ce village à la Faisanderie.

Les redoutes de la Faisanderie et de Gravelle qui ferment la presqu'île sont occupées par des compagnies de dépôt qui achèvent de s'organiser. Enfin, on établit un poste d'observation au Belvédère sur le bord du plateau entre Gravelle et le bois; de ce point, la vue s'étend sur tous les bords de la Marne, entre Charenton et Créteil.

Le gros des troupes de la division se tient le long de la crête du plateau.

La 1$^{re}$ brigade (Mattat, 5$^e$ et 6$^e$ de marche), occupe le terrain compris entre le pont de Charenton et la redoute de Gravelle.

La 2$^e$ brigade (Daudel, 7$^e$ et 8$^e$ de marche), tient le plateau depuis Joinville jusqu'à Nogent-sur-Marne.

Pendant les trois ou quatre premiers jours, on fut de ce côté très-inquiet... Le front à garder étant très-étendu, les défenseurs peu aguerris, il était à craindre que l'ennemi, tentant une attaque de vive force, ne vînt s'établir sur ce plateau, qui le mettait à quelques mètres du rempart, et d'où il prenait de flanc et à revers nos forts de l'Est... A la vérité, ce plateau de Vincennes était couvert par les redoutes de Gravelle et de la Faisanderie; mais ces redoutes n'avaient pas un seul canon, et les défenseurs n'étaient que des recrues à peine équipées, à peine armées...

Très-tourmenté, le général d'Exea s'empressa de faire connaître à Paris la situation, priant instamment qu'on lui envoyât au moins du canon. Il ne lui fut rien répondu... Le général apprit seulement, par la suite, que sa demande avait provoqué une discussion entre les membres du Gouvernement pour savoir s'il ne fallait pas abandonner les ouvrages de Gravelle et de la Faisanderie, clefs de cette importante position.

Nous avons exposé dans le Livre I$^{er}$ les reconnaissances exécutées par la division d'Exea en avant de Maisons-Alfort et du fort de Charenton; nous avons parlé également du combat que cette division eut à soutenir sur le Montmesly dans la journée du 17 septembre. Nous n'y reviendrons pas.

Après ce combat de Montmesly, elle réoccupa ses bivouacs du plateau de Vincennes, améliorant chaque jour ses travaux défensifs, et dès le 21 septembre on put se considérer comme à l'abri d'un coup de main. Entre temps on eut à soutenir de légères escarmouches.

*18 septembre.* Le 18 septembre, une reconnaissance d'infanterie prussienne, de 200 hommes environ, s'avance jusqu'à 500 mètres du pont de Joinville. Elle échange quelques coups de feu avec le poste du pont, avec les troupes établies sur les bords de la Marne, dans les parcs de Joinville, puis ayant constaté l'état de nos forces, elle se retire.

*Deux brigades de cavalerie sont mises à la disposition du général d'Exea.* Deux brigades de cavalerie sont mises à la disposition du général d'Exea le 21 septembre :

Brigade de Bernis. { Régiment de marche mixte, 1$^{er}$ Lanciers de marche, Cuirassiers de marche.

Brigade Cousin . $\left\{\begin{array}{l}\text{1}^{\text{er}} \text{ Chasseurs,}\\ \text{9}^{\text{e}} \quad \text{id.,}\\ \text{Escadron de spahis.}\end{array}\right.$

Ce même jour, 21 septembre, le général d'Exéa fait occuper le village de Nogent jusqu'au chemin de fer de Mulhouse.

<small>Occupation complète du village de Nogent-sur-Marne.</small>

Préalablement les francs-tireurs de la division, 200 hommes environ, commandés par le lieutenant Nicolaï, du 6ᵉ de marche, jettent de l'autre côté de la Marne l'avant-poste ennemi, établi sur la rive droite en avant du pont de Bry (démoli).

Partis du bois de Vincennes à onze heures du soir, ces francs-tireurs de la ligne attaquent vigoureusement le poste bavarois, et le forcent à repasser la rivière. Aussitôt le village de Nogent est occupé par une batterie d'artillerie et deux bataillons, le 3ᵉ du 7ᵉ de marche et le 2ᵉ du 8ᵉ de marche.

A l'extrémité Est du village, la propriété du maréchal Vaillant forme une très-bonne position, d'où l'on découvre toutes les pentes jusqu'à la Marne ; cette propriété, entourée de murs assez élevés, d'une escalade difficile, devient notre première ligne de défense ; à sa hauteur, presque en face de l'église, une barricade est établie dans la Grande-Rue. Vers la partie Sud de Nogent, on occupe tous les jardins qui, ayant un commandement considérable sur la Marne et la plaine du Tremblay, constituent une excellente position. C'est de ce côté, dans le jardin de M$^{\text{me}}$ Lafollotte, que s'établit la batterie d'artillerie.

Le commandant Du Hanlay, du 7ᵉ de marche, chargé de compléter la défense de Nogent, s'acquitte de sa mission d'une manière remarquable, il achève tout en deux jours : l'enceinte continue formée de maisons, de murs, de haies, est organisée, les murs sont crénelés, les rues barricadées, quelques maisons et le réduit fortifiés. Le parc du maréchal Vaillant, notamment, devient une véritable forteresse où chaque homme connaît son poste en cas d'alerte; des communications en arrière sont assurées à travers les maisons à droite et à gauche de la Grande-Rue.

<small>22 septembre. Organisation défensive du village de Saint-Maur.</small>

Le 22 septembre, le lieutenant-colonel Tarayre, commandant le 7ᵉ de marche, organise la défense de Joinville et de Saint-Maur. Ayant à sa disposition les 1ᵉʳ, 2ᵉ bataillons de son régiment (20ᵉ, 23ᵉ), et le 2ᵉ bataillon de garde mobile du Loiret (37ᵉ régiment), il pousse ses avant-postes jusqu'à l'extrémité du village de Saint-Maur; la place de l'Église est solidement barricadée, des deux côtés nos troupes s'appuient à la Marne; derrière la levée qui domine le canal, on organise un réduit, enfilant la Grande-Rue. Au milieu de cette Grande-Rue un observatoire est installé dans un belvédère d'où l'on découvre les presqu'îles de Champigny et de Saint-Maur.

<small>Organisation défensive en avant de Charenton.</small>

Du côté de Charenton, on porte également la défense plus avant; nos postes se trouvent sur la droite du chemin de fer, à hauteur du fort de Charenton.

Le pont d'Ivry, conservé, est barricadé de façon à défier toute tentative de l'ennemi du côté de Port-à-l'Anglais.

Des patrouilles fréquentes traversent le village de Maisons-Alfort, dans lequel viennent également les patrouilles ennemies. Plusieurs fois il y eut rencontre, échange de coups de fusil, avec blessés de part et d'autre.

Une compagnie de francs-tireurs (capitaine Lavigne), occupe l'École vétérinaire d'Alfort et les maisons voisines, de manière à nous relier avec le fort de Charenton.

<small>Organisation</small>

Entre les forts de Nogent et de Rosny se trouvent

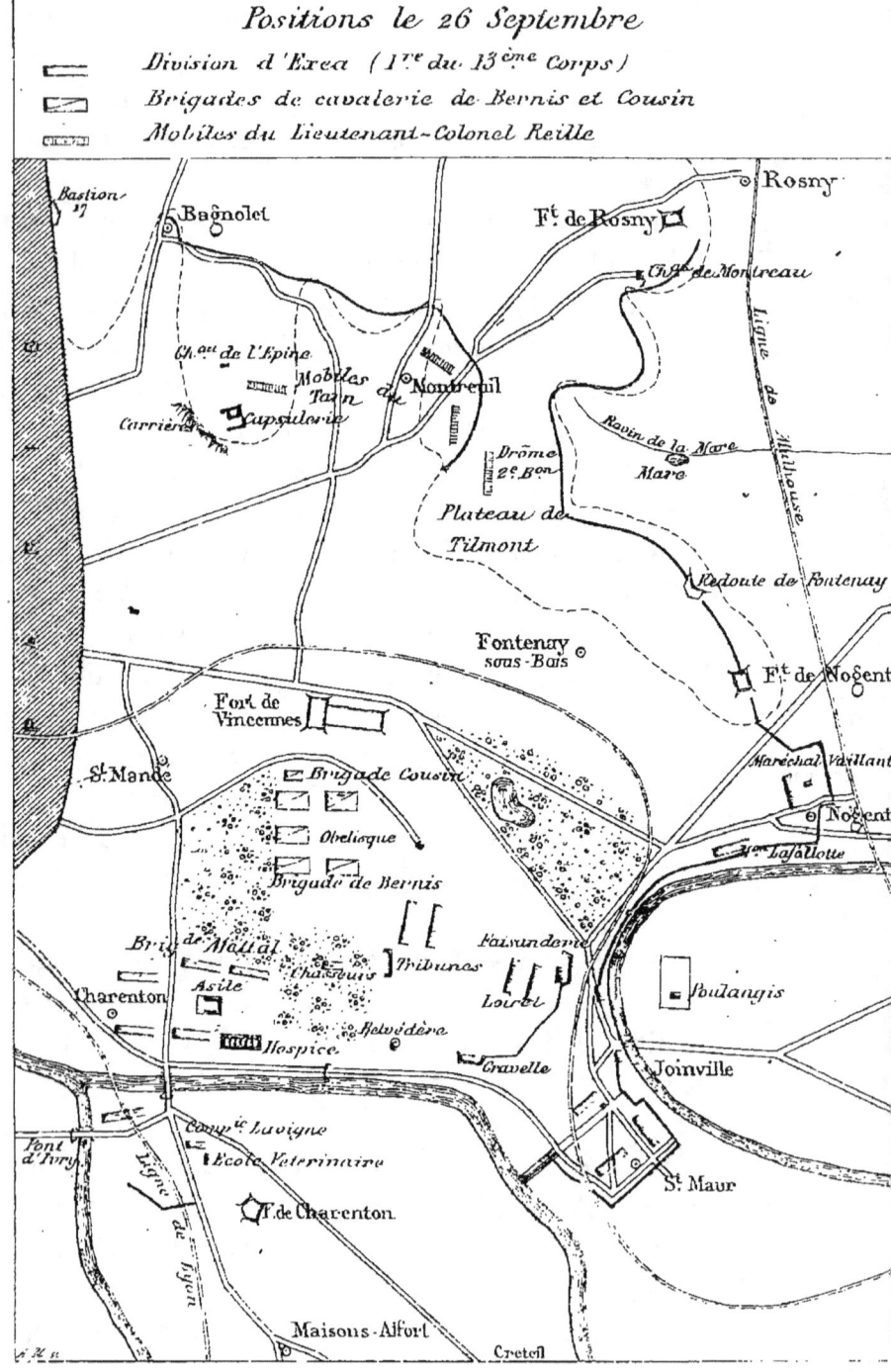

plusieurs excavations, plusieurs ravins en partie boisés, encaissés, dont les déclivités et les pentes ne sont pas vues par le canon de ces ouvrages. La redoute de Fontenay, construite pour battre ces parties masquées, étant insuffisante, il était à craindre que l'ennemi ne tentât de nuit un coup de main ; s'avançant inaperçu par la gorge de la Mare, il pouvait se jeter sur le plateau de Tilmont ; maître de cette position, il tournait et prenait à revers les forts ainsi que les ouvrages des plateaux de Vincennes et de Romainville.

Pour parer à tout événement, le régiment des mobiles du Tarn (7e), commandé par le lieutenant-colonel Reille, reçoit, le 23 septembre, l'ordre de se rendre sur le plateau de Tilmont, pour y commencer des travaux de défense : des tranchées sont creusées sur le bord du plateau, afin de relier le fort de Nogent, la redoute de Fontenay et le fort de Rosny ; le château de Montreau, à la droite du fort de Rosny, est également mis en état de défense ; on organise une deuxième ligne en arrière, à l'entrée du village de Montreuil ; cette deuxième ligne de barricades, de murs crénelés, se prolonge par des tranchées jusqu'à Bagnolet, réunissant ainsi le plateau de Tilmont à celui de l'Épine. La capsulerie établie sur ce dernier plateau est organisée pour servir de réduit. Dans son voisinage, on installe deux poudrières blindées, un atelier de fascinage, et un sémaphore, avec signaux de la marine ; ce sémaphore met le réduit de l'Épine en relation de jour et de nuit avec les forts de Noisy et Rosny ainsi qu'avec le bastion 17 des fortifications.

Les mobiles du Tarn (3,500 hommes), chargés à la fois de garder les plateaux de Tilmont, de l'Épine, de fournir des travailleurs pour les tranchées à exécuter sur tout le périmètre, se trouvèrent bientôt insuffisants

*défensive du plateau de Tilmont.*

*Le régiment de mobiles du Tarn occupe le plateau de Tilmont (23 septembre)*

*Arrivée du 2e bataillon de mobiles de la Drôme sur le plateau de Tilmont (26 septembre)*

pour cette double tâche, et, le 26 septembre, on dut leur adjoindre le 2ᵉ bataillon du régiment de mobiles de la Drôme, qui fut mis sous le commandement direct du lieutenant-colonel Reille, continuant toujours à prendre les ordres du général d'Exea.

Dès la fin de septembre, les mobiles du plateau de Tilmont concourent avec la 1ʳᵉ division du 13ᵉ corps, pour exécuter des reconnaissances dans la grande plaine de Plaisance, entre le plateau d'Avron et la Marne.

*Reconnaissance vers Notre-Dame-des Mèches 27 septembre).* Chaque jour on pousse des pointes, on va à la découverte en avant de tout le front, au delà de Nogent, dans la presqu'île de Saint-Maur et au delà de Maisons-Alfort.

Le 22 septembre les Tirailleurs parisiens du capitaine Lavigne, et une compagnie de ligne du fort de Charenton, s'avancent jusqu'à Créteil.

Ce village étant inoccupé, les tirailleurs vont de l'avant ; mais l'ennemi, fortement retranché dans la grande ferme des Mèches, située entre Créteil et le carrefour Pompadour, les accueille, à la sortie du village, par une vive fusillade... Nos hommes se retirent après avoir tué ou blessé quelques vedettes ennemies ; de leur côté ils ont 1 mort et 2 blessés.

Ces petites escarmouches sont souvent renouvelées... Aux postes avancés, tout en améliorant et complétant les défenses de leurs positions, les troupes échangent à chaque instant des coups de feu avec les reconnaissances ou les grand'gardes ennemies, et peu à peu nos jeunes soldats se familiarisent avec cette vie de fatigues et de dangers (1).

La cavalerie faisait aussi des reconnaissances, particu-

---

(1) Les fractions de la division d'Exea qui ne se trouvaient pas devant l'ennemi complétaient leur instruction militaire sur le plateau de Vincennes.

lièrement dans la vallée de la Marne, du côté de Neuilly-sur-Marne.

Le 28 septembre, un escadron du 9ᵉ chasseurs, commandé par le capitaine d'Agon, explore les abords de Neuilly-sur-Marne, de Neuilly-sous-Bois, et pousse dans la plaine jusqu'à la Maison-Blanche. Plusieurs de nos cavaliers chargent les petits postes ennemis établis en dehors du parc, et les forcent à se réfugier derrière les murs, après leur avoir blessé quelques hommes.

*Reconnaissance dans la vallée de la Marne.*

# DEUXIÈME PARTIE

## OPÉRATIONS DU 14ᵉ CORPS D'ARMÉE

### Du 20 au 30 Septembre.

Ainsi que nous l'avons dit, une véritable panique s'était répandue dans tout Paris à la suite du combat de Châtillon. Non-seulement cette panique régnait dans la population, mais elle avait même un peu gagné le Gouvernement. On avait fait évacuer précipitamment toutes les défenses extérieures, et d'un instant à l'autre on s'attendait à voir les Prussiens surgir au pied des remparts.

Dans la soirée du 19 septembre, le général Ducrot

s'était rendu chez le Gouverneur pour causer de la situation et demander des instructions.

Persuadé que l'ennemi tenterait une attaque de vive force, le général Trochu portait son attention vers le nord-ouest, partie la plus faible de l'enceinte. De ce côté le Mont-Valérien et les forts de Saint-Denis défendant très-imparfaitement la presqu'île de Gennevilliers, il craignait que l'ennemi, après avoir passé la Seine vers Asnières, ne s'avançât à l'abri des maisons de Levallois-Perret et de Clichy jusqu'auprès du rempart. En 1814, les alliés étaient entrés par Clichy ; les Allemands en 1870 pouvaient renouveler la même opération.

Afin de se mettre en garde contre cette éventualité, le général Ducrot reçoit l'ordre de prendre position, avec son corps d'armée, sur la rive droite de la Seine, entre Billancourt et Saint-Denis. L'inqualifiable abandon du Mont-Valérien fait hâter encore cette mesure de sûreté.

*20 septembre. Abandon Mont Valérien par les mobiles de la Seine.*

Dans la matinée du 20 septembre, les mobiles de la Seine, en garnison au Mont-Valérien, ayant destitué par l'élection la plupart de leurs officiers, abandonnent la forteresse et reviennent en débandade sur Paris. Informé de ce fait odieux, le général Le Flô, ministre de la guerre, envoie deux bataillons de la Loire-Inférieure (4ᵉ et 5ᵉ) pour occuper le Mont-Valérien.

Au delà du pont de Neuilly, les bataillons Nantais rencontrent les mobiles de Paris ; ces hommes, se sauvant de leur poste, fuyant l'ennemi, allaient par les chemins, sans officiers, débandés, la crosse en l'air criant la *Marseillaise... Mourir pour la patrie...* Quelques-uns interrompent leurs chants *patriotiques,* pour dire aux Nantais que les uhlans arrivent en grandes bandes, qu'ils en ont vus courant la plaine...

Sans faire trop attention aux paroles de ces malheureux, le régiment de la Loire-Inférieure prend cependant quelques mesures de précaution et couvre son flanc droit avec une compagnie que dirigent le commandant de Lareinty et M. de La Rochethulon, officiers de la garde nationale... Mais aucun cavalier ennemi n'apparaît, et la colonne arrive sans encombre au Mont-Valérien.

A deux heures de l'après-midi (1), le 14ᵉ corps d'armée se met en mouvement pour venir occuper les positions suivantes : la 1ʳᵉ division à Clichy-la-Garenne, la gauche au chemin de fer d'Asnières, se prolongeant vers Saint-Ouen.

La 2ᵉ division à Neuilly, la gauche au bois de Boulogne, la droite vers Villiers.

La 3ᵉ division entre Boulogne à droite et les saillants du bastion du Point-du-Jour à gauche.

Les batteries divisionnaires avec leur division.

La réserve d'artillerie du corps d'armée s'établit entre Sablonville et Champerret-Levallois.

Le régiment de gendarmerie à cheval, qui seul restait attaché au 14ᵉ corps d'armée, campe entre Sablonville et Champerret-Levallois.

Le 4ᵉ bataillon de la garde nationale d'Ille-et-Vilaine, commandant Caron, cantonne près la porte Maillot, à gauche de l'avenue de Neuilly.

Le 7ᵉ bataillon de mobiles de la Seine, commandant de Vernou-Bonneuil, s'établit à la droite de l'avenue de Neuilly.

La compagnie des francs-tireurs de l'Aisne, forte de 36 hommes, capitaine Dallé, est mise à la disposition du 14ᵉ corps.

Peu de temps après, le Gouverneur de Paris envoie

---

(1) Toute la matinée du 20 septembre avait été employée à faire des distributions.

au 14ᵉ corps trois bataillons de la garde mobile : 8ᵉ de la Seine, 3ᵉ du Finistère, 1ᵉʳ des Côtes-du-Nord ; ces bataillons sont cantonnés à Pantin, sous le commandement du lieutenant-colonel Warnet, de l'état-major général.

Pendant que les troupes du 14ᵉ corps sont en marche, le général Ducrot parcourt les diverses positions que doivent occuper ses trois divisions.

Il examine particulièrement les bords de la Seine, depuis Boulogne jusqu'à Asnières.

Le pont suspendu de Suresnes, dominé et enfilé à courte distance par les hauteurs boisées de la rive gauche, lui paraît plus favorable aux entreprises des assiégeants qu'à celles des assiégés ; déjà couvert de matières incendiaires, ce pont est détruit.

A Asnières, au contraire, le général ordonne impérieusement de conserver le pont du chemin de fer, il prescrit la construction de divers travaux défensifs afin d'avoir de ce côté une tête de pont sur la rive gauche de la Seine (1).

---

(1) Les travaux de défense d'Asnières furent exécutés par la Compagnie du chemin de fer de l'Ouest :

La nécessité de faire sauter le pont du chemin de fer pouvant se produire instantanément, on avait établi dans l'intervalle des cinq poutres creuses métalliques qui composent le pont, des caissons en charpente, contenant des barils de poudre avec amorces munies de fils conducteurs réunis à un appareil électrique.

Comme ce pont ne devait être détruit qu'à la dernière extrémité, on avait pris les mesures nécessaires pour gêner la circulation des chevaux et des piétons : les planchers en bois entre les longrines des rails avaient été enlevés ; au-dessus des poutres en fer, larges d'un mètre, des fils de fer avaient été placés de manière à former une sorte de treillage ; la poutre du milieu fut seule laissée libre pour donner passage aux patrouilles.

Sur la rive droite, à gauche et à droite de la culée, on éleva deux batteries en terre dont le canon battait le chemin de halage et la rive opposée. De l'autre côté, le pont était protégé par un fossé de 6 mètres de largeur, défendu en avant par des barricades de rails et de traverses formant double caponnière. A l'extrémité des quais de la gare d'Asnières,

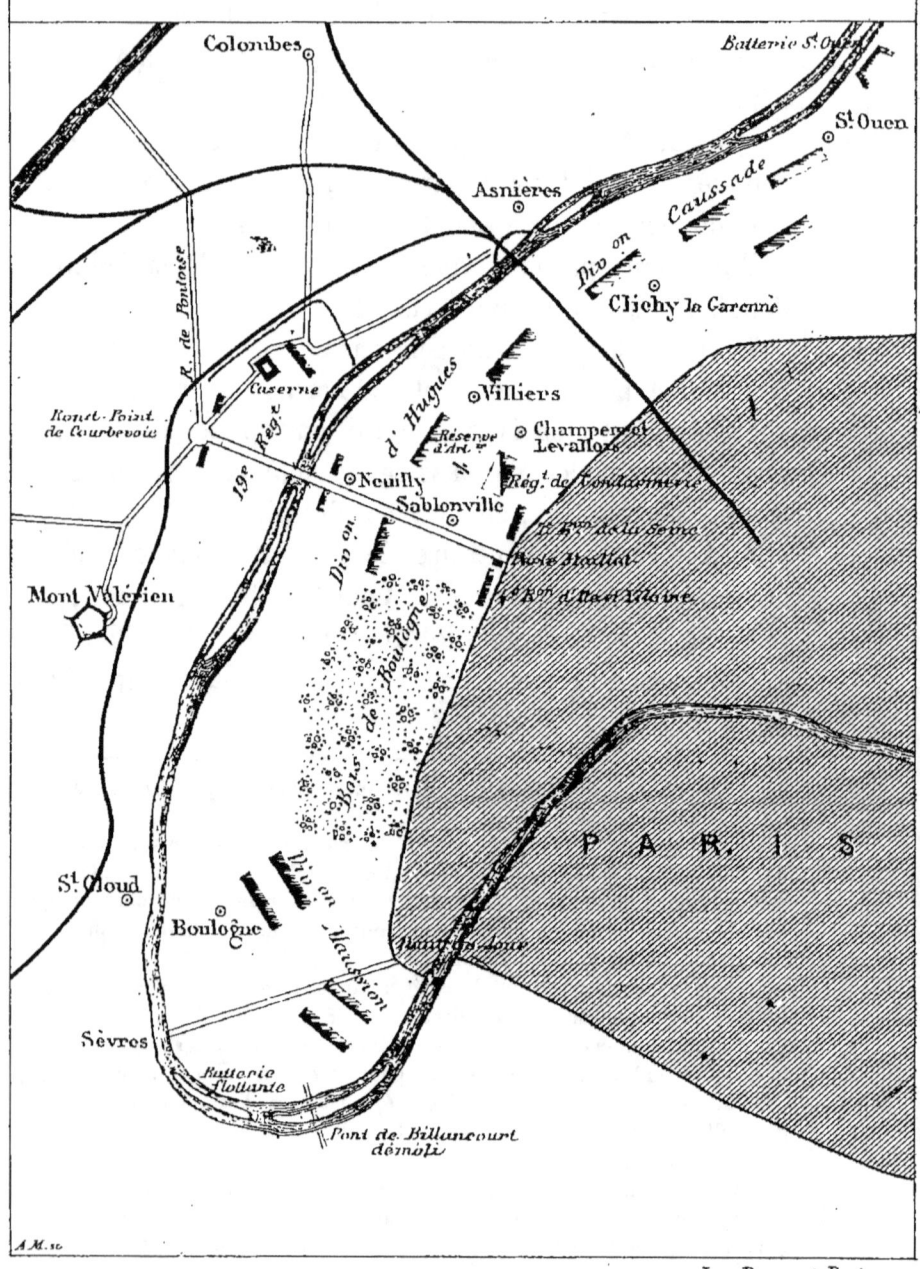

Voulant maintenir à tout prix ses communications avec le Mont-Valérien, le général Ducrot désigne le 19ᵉ de marche pour occuper l'importante position du Rond-Point de Courbevoie, qui, nœud des grandes routes de Pontoise et de Cherbourg, commande notre débouché par le pont de Neuilly.

Le cours de la Seine entre le Point-du-Jour et le Bas-Meudon nous étant indispensable afin de couvrir nos avant-postes de Boulogne et de Billancourt, ordre est donné à une batterie flottante de se poster en aval du pont de Billancourt; la chute de ce pont ayant rendu la navigation impraticable, on emploie la mine pour s'ouvrir un passage et dès le 20 septembre nos canonnières viennent chaque soir s'embosser à la même place.

*Une batterie flottante s'établit en av du pont de Billancour*

Le 21 septembre, à 6 heures du matin, le 19ᵉ régiment de marche occupe le Rond-Point de Courbevoie ; le 1ᵉʳ bataillon s'établit au Rond-Point et dans les maisons crénelées qui l'avoisinent ; le 2ᵉ bataillon près de la caserne de Courbevoie ; des sentinelles et petits postes occupent la levée du chemin de fer entre les routes de Pontoise et de Colombes ainsi que les premières maisons ayant vue sur le chemin d'Asnières ; le 3ᵉ bataillon est en réserve, sur la rive droite de la Seine, à droite et à gauche du pont de Neuilly et dans les maisons les mieux situées pour voir l'avenue qui conduit au Rond-Point.

*21 septembre. Occupation du rond-point d Courbevoie.*

---

les débouchés des deux petits ponts en maçonnerie établis au-dessus de la route départementale n° 7 étaient fermés par des barricades de rails et de traverses reliées au moyen d'un retranchement en terre. A droite et à gauche, couraient en retour, des barricades en rails ; le tout présentant un développement de quatre à cinq cents mètres : ces barricades en rails et traverses avaient été construites d'une manière aussi ingénieuse que rapide : hautes de 1ᵐ 50, elles consistaient en douze rails superposés de 6 mètres de longueur, maintenus les uns au-dessus des autres par quatre traverses enfoncées verticalement et réunies par des boulons ; à 1ᵐ 30 du sol, on avait relevé, au moyen de coins, *les trois rails supérieurs de manière à ménager un espace formant meurtrière longitudinale.*

Un peloton de gendarmes mis à la disposition du commandant du 19ᵉ fournit des vedettes.

Ces troupes sont prêtes à prendre les armes au premier ordre.

L'artillerie est toujours en mesure d'atteler deux sections de 4 et une section de mitrailleuses.

*Reconnaissance des éclaireurs Franchetti dans la plaine de Gennevilliers et vers Rueil.*

Dans la journée du 21 septembre, devant se rendre au Mont-Valérien, le général Ducrot envoie l'escadron Franchetti, nouvellement incorporé au 14ᵉ corps (1), battre la presqu'île de Gennevilliers et reconnaître les bords de la Seine depuis Bezons jusqu'au delà de Rueil.

Pendant qu'un peloton d'éclaireurs se disperse en fourrageurs dans la presqu'île entre Colombes et Nanterre, un autre peloton, poussant vers Rueil, le Bois-Préau, revient par la maison Crochard; ces éclaireurs apprennent que le matin même une patrouille prussienne est venue dans le village de Rueil, mais que l'ennemi ne dépasse pas la Malmaison : les sentinelles allemandes ne sont en vue qu'auprès de la Jonchère (2). Pour le moment il n'y avait donc rien à redouter de ce côté et les trois divisions du 14ᵉ corps continuent à s'établir sur leurs emplacements ; elles creusent des fossés, élèvent des barricades, crénèlent les murs et organisent partout la défense.

*Organisation de la défense depuis Billancourt jusqu'à Saint-Ouen.*

La zone de terrain que le 14ᵉ corps était chargé de couvrir, s'étendait depuis Billancourt jusqu'à Villeneuve-la-Garenne. Le cours de la Seine entre ces deux points

---

(1) Voir aux pièces justificatives, n° XXV.

(2) Voir aux pièces justificatives, n° XXVI, le rapport du commandant Franchetti.

Du Mont-Valérien le général Ducrot avait pu suivre la reconnaissance de ses éclaireurs; à leur retour, il félicita le commandant Franchetti sur la manière dont ses hommes avaient accompli leur mission ; il lui prescrivit d'envoyer chaque matin un peloton au quartier général pour exécuter une reconnaissance sur les points qui lui seraient désignés.

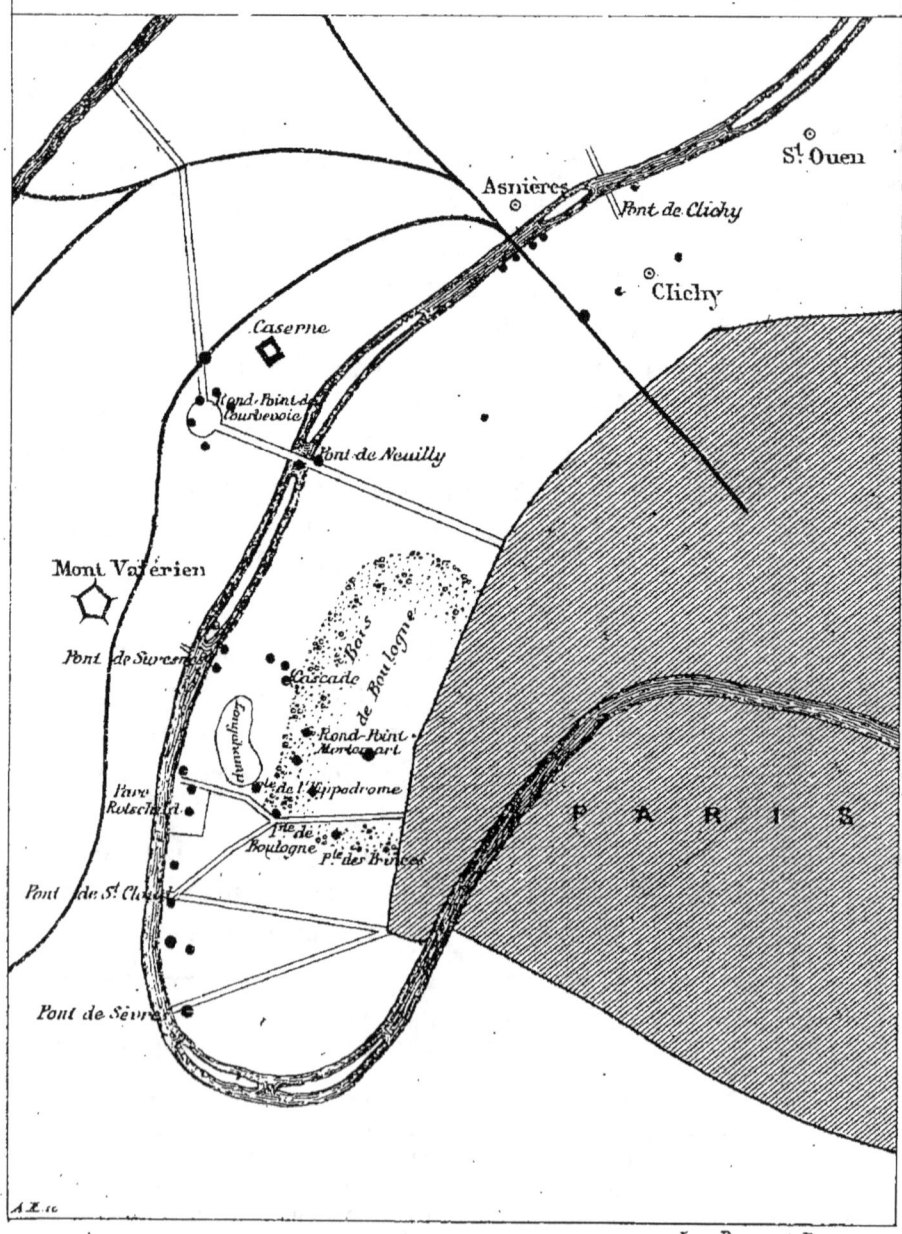

formait notre vraie ligne de défense, avec une tête de pont à Courbevoie et une autre à Asnières. La vaste plaine de Gennevilliers, qui s'étend au delà, n'était pas occupée par l'ennemi; mais comme il pouvait librement exécuter un passage du côté de Bezons, Argenteuil, etc... chaque jour toute la plaine était parcourue par des reconnaissances et des patrouilles.

Dès le 21 septembre on commença de nombreux travaux sur tout le terrain situé en deçà du fleuve. Les habitations qui existent entre l'avenue de Neuilly et celle de Saint-Ouen rendaient la défense facile. Du côté du bois de Boulogne il fallut multiplier davantage les obstacles : l'infanterie creusa plusieurs lignes de tranchées traversant le bois dans toute son étendue; l'artillerie construisit de nombreuses batteries qui balayaient les avenues et les clairières; elle en établit également sur les points les plus favorables pour surveiller le passage de la Seine et contrebattre les ouvrages de l'ennemi sur les hauteurs de Saint-Cloud, Montretout, Sèvres...

Les batteries qui devaient défendre toute la zone se subdivisaient en neuf groupes :

*1er Groupe.* — 3 batteries battant le cours de la Seine et le pont de Saint-Cloud : <small>Batteries exécutées par le 14e corps.</small>

La première, à 4 embrasures, à l'intersection du boulevard de Boulogne et du quai; les deux autres dans le parc Rothschild.

Plus tard on y ajouta 3 batteries de mortiers tirant sur le parc de Saint-Cloud :

La première, de 2 mortiers, sur le quai en aval du pont de Saint-Cloud; la deuxième, de 4 mortiers, sur les bords de la Seine, en amont du pont; la troisième, de 2 mortiers, dans la première rue parallèle au quai, près de l'usine à gaz, en aval du pont de Sèvres.

*2ᵉ Groupe.* — 8 batteries battant les débouchés de Boulogne :

La première, de 4 pièces, à la porte de l'Hippodrome; la deuxième, de 3 pièces, à la porte de Boulogne; la troisième, de 3 pièces, avenue Mortemart, à 300 mètres en arrière de la précédente; la quatrième, de 2 pièces, porte des Princes; la cinquième, de 3 pièces, dans le bois, battant l'avenue des Polonais et Longchamp; la sixième, de 4 pièces, dans le bois, à 300 mètres de la précédente avenue des Polonais, tirant sur Longchamp; le septième, blindée, entre les ponts de Saint-Cloud et de Sèvres; la huitième, également blindée, à 100 mètres en amont de ce dernier pont; ces deux dernières batteries devaient battre Saint-Cloud, Sèvres, la Seine et Brimborion.

Ces deux premiers groupes étaient sous la direction du commandant de Miribel, commandant l'artillerie divisionnaire de la 3ᵉ division.

*3ᵉ Groupe.* — 3 batteries établies au rond-point de Mortemart, tirant sur l'avenue de Mortemart, Brimborion et Montretout :

La première, de 2 pièces de marine de 0ᵐ 19, sous les ordres du sous-lieutenant d'artillerie de marine Rouault; les deux autres, chacune de 2 pièces de 4, sous les ordres du capitaine Bajau, de la réserve du 14ᵉ corps.

*4ᵉ Groupe.* — 3 batteries battant le champ de courses :

La première, de 1 pièce de 4, à la Cascade; la deuxième, de 3 pièces de 4, près de la Cascade; la troisième, de 2 pièces de 4, à la tour Haussmann.

Ces trois batteries, sous les ordres du capitaine Froment, de la réserve du 14ᵉ corps.

*5ᵉ Groupe.* — 3 batteries battant la Seine, le barrage et le pont de Suresnes :

La première, de 6 pièces, en amont du pont; la deuxième, de 2 pièces, en aval du pont; la troisième, de 7 pièces, dans l'île de Puteaux.

Ces batteries commencées, furent ensuite abandonnées et jugées inutiles en raison de la position du Mont-Valérien, rendant impossible une surprise sur ce point.

*6ᵉ Groupe.* — 2 batteries au pont de Neuilly :

La première, sur l'avenue, tirant sur le pont, l'avenue et le Rond-Point de Courbevoie, sous les ordres du lieutenant Solet; la deuxième, de 2 pièces de 12, sous le pont, battant la Seine et sa rive gauche jusqu'au pont de Suresnes, sous les ordres du capitaine Déthorey, de la réserve du 14ᵉ corps.

*7ᵉ Groupe.* — 6 batteries au Rond-Point de Courbevoie :

La première, de 2 pièces, battant Suresnes; la deuxième, de 2 pièces, enfilant la route du Mont-Valérien; la troisième, de 1 pièce, tirant vers la Carrière-aux-Loups; la quatrième, de 2 pièces, balayant la route de Bezons; la cinquième, de 1 pièce, pouvant battre les alentours de la caserne de Courbevoie (ces quatre dernières batteries servies par la batterie Dassonville, de la 2ᵉ division); la sixième, de 3 pièces de marine, sur le remblai du chemin de fer, en avant du Rond-Point, voyant Bezons, Houilles et Carrière-Saint-Denis.

*8ᵉ Groupe.* — 5 batteries sur la rive droite de la Seine :

2 à gauche du chemin de fer d'Asnières; 2 à droite du chemin de fer, entre les deux ponts; 1 en aval du pont de Clichy.

Ces cinq batteries, qui battaient les bords du fleuve, ne tardèrent pas à être abandonnées par suite de l'occupation d'Asnières (1).

*9ᵉ Groupe.* — 3 batteries battant les bords de la Seine et Gennevilliers :

La première, de 6 pièces, sur le remblai du chemin de fer d'Asnières (capitaine Perrault, de la 1ʳᵉ division) ; la deuxième, de 6 pièces, à droite de la première, sur le plateau à hauteur de la gare Levallois-Perret (capitaine Deschamps, de la 1ʳᵉ division) ; la troisième, de 6 pièces, à droite de Clichy, battant la plaine autour de Gennevilliers (capitaine Jenny, de la 1ʳᵉ division du 14ᵉ corps).

22 septembre. Au Rond-Point de Courbevoie, on achève des barricades avec coupures aux débouchés de la route de Pontoise et de la route de Cherbourg ; l'avenue intermédiaire conduisant au chemin de fer est complétement fermée.

Toutes les batteries projetées aux abords du Rond-Point sont commencées.

La station de Courbevoie qui est sur le remblai même du chemin de fer est mise en état de défense ; la voûte au-dessous est barricadée.

Toutes les maisons, tous les murs de parcs, de jardins, ayant vue sur Bécon et Asnières, sont crénelés, afin d'em-

---

(1) Dans la dernière partie du siége, le pont de Neuilly devenant insuffisant pour nos mouvements de troupes, on fit une circulation de voitures au pont du chemin de fer d'Asnières : sur les deux voies centrales de l'entre-voie du milieu on plaça un tablier en madriers de 6 mètres de largeur; cette circulation, qui ménageait les deux voies extérieures, n'empêchait pas les trains d'aller jusqu'à Suresnes, sur la ligne de Versailles et jusqu'à Colombes et Nanterre, sur la ligne de Saint-Germain : ces trains ont été utilisés dans les dernières affaires de janvier, du côté de Rueil pour les machines blindées et les équipages de bateaux du côté de Suresnes pour ramener les blessés de Montretout.

pêcher l'ennemi de tourner de ce côté nos positions de Courbevoie.

Le 19ᵉ régiment de marche chargé de défendre le village de Courbevoie et le Rond-Point, est renforcé par un quatrième bataillon.

Un autre bataillon est placé au pont de Neuilly.

Les francs-tireurs de l'Aisne occupent les abords du pont de Suresnes.

Toutes les troupes sont exercées à prendre leurs positions de combat, à connaître les différents points à défendre, les lignes de retraite, barricades successives, etc.

Les batteries divisionnaires connaissent les emplacements à occuper en cas d'alerte.

Ce même jour, quatre bataillons de mobiles, faisant partie du 14ᵉ corps, prennent position :

Le 7ᵉ bataillon de la Seine, à la droite de l'avenue de Neuilly, se reliant par sa droite à la division de Caussade ;

Le 4ᵉ bataillon d'Ille-et-Vilaine à la gauche de l'avenue ;

Le 6ᵉ bataillon de la Seine dans le parc Saint-James et dans le bois de Boulogne jusqu'à la cascade ; le 1ᵉʳ bataillon d'Ille-et-Vilaine, de la cascade à Boulogne, se reliant par sa gauche à la division de Maussion.

Ces bataillons commencent immédiatement des travaux de défense qui sont perfectionnés chaque jour.

Dans cette journée du 22 septembre le Gouverneur, prévenu que le plateau de Villejuif est faiblement occupé par l'ennemi, donne l'ordre au général Vinoy d'envoyer la division de Maud'huy prendre position au delà du fort de Bicêtre et d'occuper le plateau.

*23 septembre.*

Le 1ᵉʳ bataillon des mobiles de l'Aisne, mis à la disposition du 14ᵉ corps, est placé près de la porte des Sablons.

L'escadron des éclaireurs Franchetti et un escadron de gendarmerie font une reconnaissance dans la presqu'île de Gennevilliers; nulle part l'ennemi n'est rencontré, nos éclaireurs échangent seulement quelques coups de feu avec les postes prussiens établis de l'autre côté de la Seine, à Bezons et à Argenteuil.

La batterie flottante n° 4 descend à Suresnes afin de battre un des versants de Saint-Cloud que le Mont-Valérien voit imparfaitement, et pour protéger le barrage mobile de Suresnes (1).

Pendant ce temps, les canonnières le Sabre et la Claymore remorquent à Suresnes un équipage de pont. Ce mouvement s'exécute de jour en passant sous le feu de l'ennemi.

Le retour a lieu de nuit.

24 septembre. On commence des ouvrages défensifs dans l'île de Puteaux; un petit pont est établi au nord de l'île, près de Neuilly, pour la communication avec la rive droite. Une batterie flottante est installée à la pointe sud de cette île.

La batterie construite au rond-point de Mortemart est armée de 2 pièces de 19 de la marine, servies par l'artillerie de marine (sous-lieutenant Rouault).

Sur tout le front, les travaux de défense sont continués et perfectionnés.

Il en est de même pendant la journée du 25 septembre.

26 septembre. Deux compagnies de la division d'Hugues, envoyées comme poste avancé à Suresnes, organisent défensivement les maisons en avant du barrage.

---

(1) La destruction de ce barrage eût amené, par suite des basses eaux, l'innavigabilité de la Seine pour la flottille.

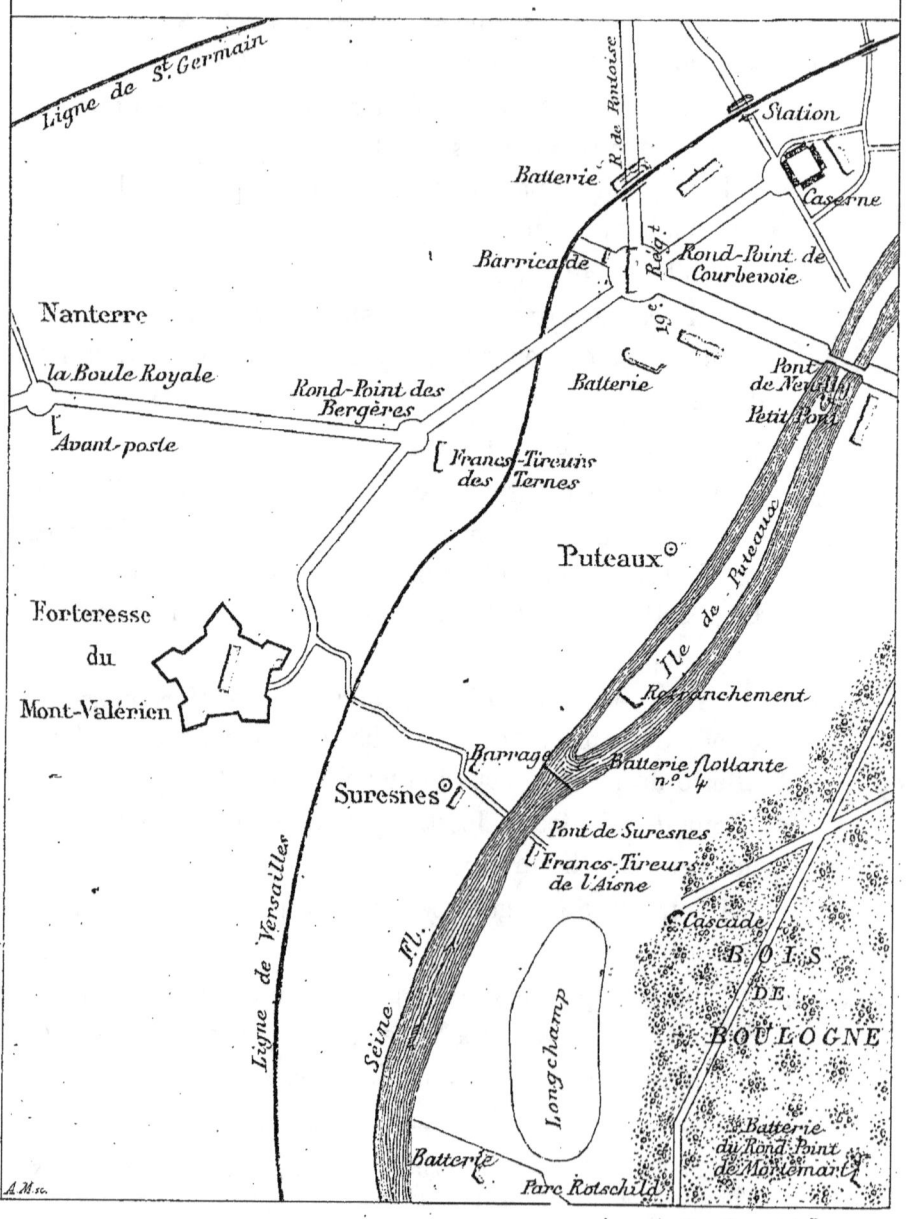

Pour nous relier plus complétement avec le Mont-Valérien, les francs-tireurs des Ternes occupent le rond-point des Bergères; installés dans une grande usine située près de ce rond-point, ces francs-tireurs fournissent un poste avancé au carrefour de la Boule-Royale, près Nanterre.

Le 3ᵉ bataillon de mobiles de l'Aube et le 5ᵉ du Loiret, mis à la disposition du 14ᵉ corps, sont placés à Billancourt. *27 septembre.*

Les canonnières détachent journellement quelques hommes en embuscade dans l'île de Billancourt pour surveiller le petit bras de la rivière.

Toutes les vingt-quatre heures des reconnaissances sont faites en avant de nos positions, soit par l'escadron de gendarmes, soit par les éclaireurs Franchetti. L'ennemi continue à ne pas se montrer dans la presqu'île; ses patrouilles viennent dans le village de Rueil, aux environs du Mont-Valérien; mais les postes se tiennent à grande distance.

Devant cette circonspection de l'ennemi, nos jeunes soldats commençaient à reprendre confiance; peu à peu nos avant-postes étaient augmentés, portés plus loin; en même temps nos défenses s'organisaient, se complétaient; les communications avec le Mont-Valérien se trouvaient assurées; presque toutes nos batteries étaient achevées; et dès lors nous pûmes nous considérer comme entièrement à l'abri d'une attaque de vive force.

Dans la journée du 29, le commandant Franchetti *29 septembre.* ayant poussé une reconnaissance dans le village de Rueil, apprit de M. Pigny, régisseur de Bois-Préau, que l'ennemi se gardait faiblement à la Malmaison. Le général Ducrot résolut de profiter de l'occasion pour donner un peu de moral à ses jeunes troupes; il pensait qu'il lui serait facile, en faisant agir des forces assez importantes, d'enlever ce poste mal défendu.

<small>Dispositions pour l'affaire du 30 septembre.</small> Pour le lendemain 30 septembre, il ordonne qu'une colonne forte d'un bataillon environ, sous les ordres du commandant Cholleton, du 19ᵉ de marche, attaquera la Malmaison ; cette colonne devra être soutenue par un certain nombre de détachements formant la valeur d'une division.

En vue de cette opération, le 29 septembre, une partie des troupes du 14ᵉ corps fait un mouvement en avant et vient à 7 heures du soir occuper les emplacements suivants :

Les chasseurs à pied et les volontaires de la 1ʳᵉ division sur le prolongement de l'avenue de Neuilly, au delà du pont ; la tête de colonne à hauteur du Rond-Point de Courbevoie, à gauche de la route, laissant la chaussée libre, sous les ordres du commandant Cajard ;

Les chasseurs à pied et les volontaires de la 2ᵉ division à la disposition du commandant Cholleton, en arrière de ceux de la 1ʳᵉ division ;

Les chasseurs à pied et les volontaires de la 3ᵉ division, de l'autre côté de la chaussée, sous les ordres du commandant Neltner ;

Le 15ᵉ de marche, sous le commandement du lieutenant-colonel Bonnet, sur l'avenue de Neuilly, entre les barricades qui coupent cette avenue, sur le côté droit ;

Le 25ᵉ de marche (2 bataillons), lieutenant-colonel Dupuy de Podio, en face du 15ᵉ ;

A partir de la deuxième barricade, 2 compagnies de 60 hommes des francs-tireurs de Paris ;

Les éclaireurs de la garde nationale de la Seine, 150 hommes ;

2 compagnies de 60 hommes du 34ᵉ bataillon de la garde nationale de la Seine ;

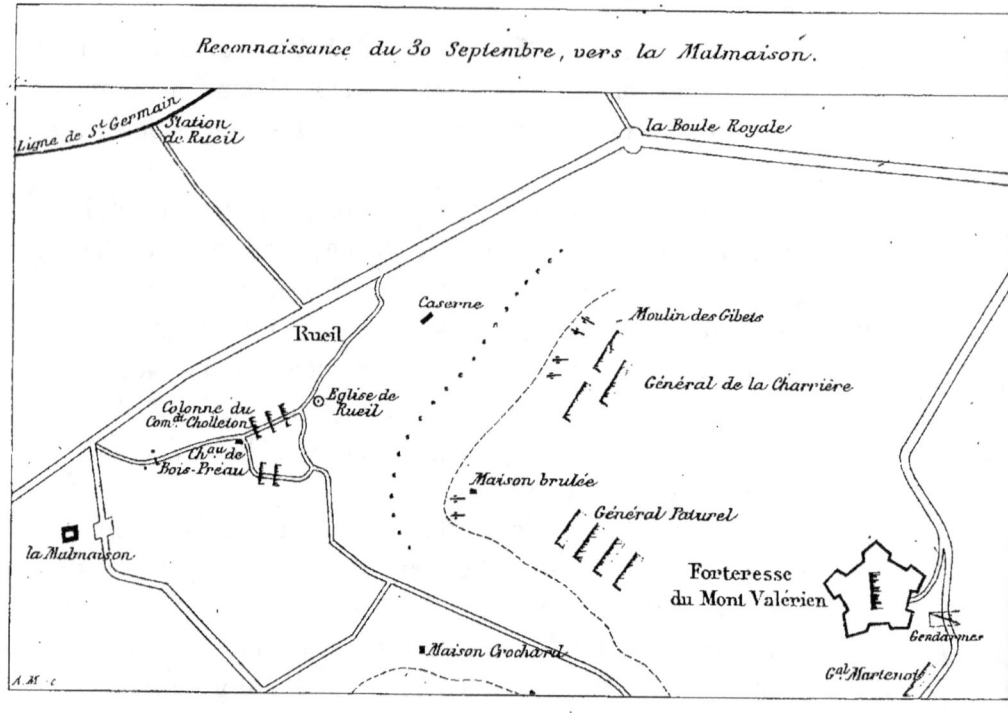

2 compagnies de 60 hommes du 6ᵉ bataillon de la garde mobile de la Seine ;

2 compagnies de 60 hommes du 7ᵉ bataillon de la garde mobile de la Seine ;

2 compagnies de 60 hommes du 1ᵉʳ bataillon de la garde mobile de la Seine ;

2 compagnies de 60 hommes du 1ᵉʳ bataillon de la garde mobile de l'Aisne ;

2 compagnies de 60 hommes du 4ᵉ bataillon de la garde mobile d'Ille-et-Vilaine ;

Toutes ces troupes sous le commandement du général Martenot ;

Trois batteries de 4, trois batteries de mitrailleuses, deux batteries de 12, plus une batterie de 4 de 4 pièces et une batterie de 4 à 6 pièces montée, en colonne sur la chaussée, à partir du Rond-Point de Courbevoie et descendant jusqu'au pont de Neuilly, sous les ordres du lieutenant-colonel Villiers.

Quatre escadrons de gendarmerie en arrière de l'infanterie.

Le 30 septembre, à 2 heures du matin, les chasseurs à pied et les volontaires de la 2ᵉ division, ainsi que la section du génie, se mettent en route sous la direction du commandant Cholleton. Cette colonne est munie d'outils et de pétards pour faire sauter les portes et les murs. Elle s'avance par Nanterre vers le château de Bois-Préau, où elle est rejointe à 4 heures par un détachement de sapeurs venu du Mont-Valérien, la compagnie de francs-tireurs du Mont-Valérien (capitaine L'opis) et la compagnie d'éclaireurs de la Loire-Inférieure (capitaine de La Rochethulon).

*30 septembre. Reconnaissance vers la Malmaison.*

A 3 heures et demie, les troupes qui ont fait mouvement le 29 à 7 heures du soir et celles qui occupent le

Rond-Point (sauf l'artillerie de cette position) se mettent en marche dans l'ordre suivant :

1° Le peloton des tirailleurs des Ternes,

2° Les chasseurs à pied et les volontaires de la 1$^{re}$ division ;

3° L'artillerie, les batteries de 4, les mitrailleuses, les batteries de 12 ;

4° Le 15$^e$ de marche ;

5° Les chasseurs à pied et les volontaires de la 3$^e$ division ;

6° Un bataillon du 19$^e$ de marche ;

7° Deux bataillons du 23$^e$ de marche ;

8° Les gardes nationaux sédentaires et les mobiles ;

9° Les quatre escadrons du régiment de gendarmerie à cheval ;

Les troupes de la 3$^e$ division, sous les ordres du général Paturel, celles de la 1$^{re}$ division avec le général de La Charrière.

Le général en chef dirige en personne toutes ces forces, qui doivent servir de soutien à la colonne d'attaque.

*Positions à 5 heures.* Après avoir contourné le Mont-Valérien, cette réserve débouche sur le plateau dominant Rueil et Nanterre. Les tirailleurs des Ternes, les chasseurs à pied, les volontaires de la 1$^{re}$ division se déploient en tirailleurs sur les pentes qui descendent vers Rueil et le château de Bois-Préau ; l'artillerie s'établit en avant du Moulin-des-Gibets, avec 2 batteries près de la maison brûlée à gauche du plateau.

La brigade de La Charrière est en arrière de l'artillerie, la droite vers le moulin.

Cependant les troupes conduites par le commandant Cholleton, continuent à se diriger sur le château de la Malmaison : tout à coup, au moment où elles arrivent dans le chemin creux longeant le mur du parc, un coup de feu retentit; nos soldats saisis de panique, s'enfuient, jetant leurs pétards et leurs outils (1).

Prévenu de ce contre-temps, le général en chef arrête le mouvement de la brigade Paturel se portant vers la gauche et donne l'ordre au général Martenot et à la cavalerie de rester dans le chemin creux près du Mont-Valérien : vers 8 heures, le général fait rentrer les troupes dans leurs campements.

Ce même jour 30 septembre, le général Vinoy exécutait une opération importante sur les villages de Thiais, Chevilly, L'Hay. L'artillerie n'ayant pu agir efficacement, nos hommes marchèrent à découvert contre des murailles crénelées et garnies de défenseurs... Les pertes furent considérables, mais les soldats du 13ᵉ corps, incontestablement beaucoup plus aguerris que les jeunes troupes du 14ᵉ, avaient marché avec vigueur et entrain.

Cependant s'il n'y avait pas encore à compter sur les soldats du 14ᵉ corps en rase campagne, il est certain qu'ils avaient déjà fait quelques progrès sous le rapport de la discipline et de l'instruction. Dans les postes avancés ils faisaient assez bien leur service et l'on pouvait espérer qu'ils présenteraient une certaine résistance, une certaine solidité derrière nos lignes de défense, dans le cas où l'ennemi tenterait un coup de main. Du reste, les attaques de ce genre semblaient de moins en moins probables.

---

(1) Ce coup de feu avait été tiré par un des nôtres, probablement sur un tronc d'arbre pris pour une sentinelle... L'ennemi n'a cru qu'à la présence d'une faible patrouille et, le lendemain matin, M. Pigny rapportait une partie des outils et sacs à poudre abandonnés sur le terrain. Nous citons ce fait pour démontrer combien il était encore difficile, à la date du 30 septembre, d'entreprendre quelque chose de sérieux avec des troupes aussi peu solides.

Les courriers ne passaient plus. Les tentatives pour avoir des nouvelles de province restaient infructueuses.., chaque jour le cercle d'airain se fermait... Sur tous les points de l'horizon, nous voyions l'ennemi pousser ses travaux... il crénelait les murs, creusait des tranchées, élevait des batteries...; il était bien évident qu'il voulait nous cerner, nous emprisonner, ne songeant plus, après nous avoir isolés de la France et du monde, qu'à nous affamer.

<small>Entretien du général Ducrot avec le Gouverneur.</small> Le général Ducrot se rendit alors auprès du Gouverneur, et eut avec lui un long entretien au sujet de la défense de la capitale.

Il lui fit observer que, pendant ces premiers jours, nous avions pu redouter une attaque de vive force, mais que désormais elle n'était plus à craindre. La panique du premier moment passée, nos hommes étaient devenus plus solides, le rempart se trouvait en état, notre défense extérieure suffisamment organisée.

D'un autre côté, si les Prussiens avaient dû essayer un coup de force, ils l'auraient très-certainement tenté dès leur arrivée devant Paris. Sans doute, une pareille opération eût été bien risquée, elle les eût exposés à un échec qui aurait pu avoir des conséquences désastreuses pour le moral de leurs troupes, mais alors elle n'était pas absolument impossible; aujourd'hui, au contraire, « elle n'offre plus aucune chance de succès...
« Du reste, il est bien évident, à voir le soin avec lequel
« ils ferment tout le cercle d'investissement, l'ardeur avec
« laquelle ils travaillent à fortifier leurs lignes, qu'ils
« n'ont d'autre but que de réduire Paris par la famine, etc.

« Dans une telle situation, peut-être penserez-vous,
« ajouta le général Ducrot, que ma présence au dehors
« serait plus utile à la cause commune que dans l'inté-

« rieur de Paris... Si tel est votre avis, rien n'est plus
« facile que de me faire partir en ballon... »

Le Gouverneur répondit au général Ducrot qu'incontestablement il pourrait être très-utile en province, tant pour l'organisation que pour la direction des troupes, mais qu'il était aussi fort nécessaire à Paris...; que si le général Trochu venait à manquer il ne voyait pas en quelles mains passerait le commandement de l'armée de Paris...; qu'il demandait donc à réfléchir sur cette grosse affaire.

Il n'appartenait pas au général Ducrot de revenir sur cette question délicate; il n'en parla plus au Gouverneur.

Quelques jours après, M. Gambetta sortait de Paris avec pleins pouvoirs pour réunir les attributions de ministre de la guerre à celles de ministre de l'intérieur.

Dès lors, le général Ducrot comprit qu'il n'y avait plus à compter sur les armées du dehors pour le salut de la France et de Paris, qu'il fallait tout préparer sur place et tenter, par un effort désespéré, de rompre le cercle de fer qui allait se resserrer chaque jour autour de la capitale, jusqu'au moment où une hideuse famine la livrerait pieds et poings liés à la merci d'un adversaire sans pitié.

Il se mit donc à étudier avec un soin infini les diverses positions occupées par l'ennemi et à rechercher les points faibles sur lesquels un effort suprême aurait quelque chance de réussir.

Avant d'entrer dans l'étude de ces positions, nous allons raconter les opérations exécutées par le 13° corps d'armée depuis le combat de Châtillon jusqu'au 30 septembre.

# TROISIÈME PARTIE

## OPÉRATIONS DU 13° CORPS D'ARMÉE

Du 22 au 30 Septembre.

**22 septembre. Les divisions de Maud'huy et Blanchard sortent de Paris.** — Les observateurs des forts et nos reconnaissances ayant constaté que les grand'gardes ennemies étaient peu considérables sur le plateau de Villejuif, le Gouverneur ordonne de l'occuper : les divisions de Maud'huy et Blanchard sortent de Paris le 22 septembre pour reprendre les positions abandonnées trois jours auparavant.

La division de Maud'huy doit opérer entre la Bièvre et la Seine. Sortie de Paris à 5 heures du soir, elle arrive vers 6 heures en arrière du fort de Bicêtre ; là, les deux brigades se séparent : la 1<sup>re</sup>, général Dumoulin (9° et 10° de marche), a pour objectifs Villejuif et les Hautes-Bruyères ; la 2°, général Blaise (11° et 12° de marche), opère contre Moulin-Saquet et Vitry.

**Occupation de Vitry et du Moulin-Saquet.** — De ce côté, le mouvement s'effectue sans coup férir. Le lieutenant-colonel Lespieau, avec une partie du 12° de marche, s'établit à l'entrée de Vitry.

Le général Blaise, avec le 11° de marche et le 1<sup>er</sup> bataillon du 12°, tourne l'ouvrage de Moulin-Saquet par la route de Choisy-le-Roi ; à 8 heures du soir, il entre dans ce retranchement, non occupé par l'ennemi ; peu d'instants après, une reconnaissance prussienne arrive aux abords de la redoute ; reçu par une vive fusillade, l'ennemi se retire précipitamment en laissant quelques morts sur le terrain.

Dans le même temps on se rend maître de Villejuif, après une fusillade insignifiante. Le 3ᵉ bataillon (71ᵉ) du 10ᵉ de marche s'y installe à 8 heures du soir et s'empresse de mettre en état de défense toute la partie Sud ; le 2ᵉ bataillon (70ᵉ) du même régiment vient renforcer le 3ᵉ et se place à l'entrée du village, près du cimetière. Le 1ᵉʳ bataillon (69ᵉ) reste en réserve au Kremlin, à la garde de deux batteries divisionnaires.

*Occupation de Villejuif.*

Du côté des Hautes-Bruyères nous éprouvons quelque résistance ; l'opération est confiée au 9ᵉ de marche, commandé par le lieutenant-colonel Miquel de Riu. Prenant position en avant du fort de Bicêtre, ce régiment se forme en deux colonnes : l'une, 3ᵉ (59ᵉ) et 1ᵉʳ (51ᵉ) bataillons, marche droit sur l'ouvrage, pendant que le 2ᵉ bataillon (54ᵉ) cherche à le tourner par la droite, en débordant par les pentes de Cachan ; ces deux colonnes sont reçues par une fusillade très-nourrie et plusieurs coups de canon. L'heure étant avancée, l'attaque est remise au lendemain.

*Tentative sur les Hautes-Bruyères*

Le 9ᵉ de marche se replie derrière le fort de Bicêtre, sous la protection duquel il bivouaque le reste de la nuit.

### COMBAT DE VILLEJUIF.
#### (23 septembre.)

A 3 heures du matin, un bataillon prussien venant de L'Hay, pour réoccuper les positions momentanément abandonnées la veille, se dirige sur Villejuif. A l'entrée se trouvait une barricade occupée par la section du lieutenant Perrot. Cet officier ordonne le silence, recommande le calme à ses hommes et laisse arriver les Prussiens... tout à coup il fait un feu de peloton à bout portant. Les premiers groupes ennemis sont foudroyés.

*Un bataillon prussien vient se heurter aux barricades de Villejuif.*

Le bataillon, bousculé par les fuyards, tourbillonne et se sauve à la débandade. Une vingtaine d'hommes morts ou blessés, dont un officier; des fusils, des casques (50 fusils, 50 casques), restent entre nos mains.

Cette échauffourée rend les Prussiens circonspects, et les reconnaissances envoyées du côté du Moulin-Saquet évitent de s'engager; après s'être assurées que l'ouvrage est occupé par nos troupes, elles se retirent, poursuivies jusque dans leurs lignes par les obus du fort d'Ivry.

*Prise des Hautes-Bruyères*

Vers 5 heures 1/2 du matin, le colonel Miquel de Riu reprend l'offensive contre les Hautes-Bruyères. Sa colonne se compose du 9ᵉ de marche et de deux sections d'artillerie, sous les ordres du capitaine Foncin (1ʳᵉ section de la 3ᵉ batterie du 2ᵉ, lieutenant Magnien, et une section de la 4ᵉ batterie du 2ᵉ, adjudant Reyjal).

*Occupation de la redoute. (7 h. du matin.)*

La redoute des Hautes-Bruyères n'étant pas occupée, nous y entrons sans coup férir. Tout dans cet ouvrage était à l'état d'ébauche, les parapets inachevés, les embrasures à peine indiquées... Cependant l'infanterie s'y installe et la section d'artillerie Reyjal prend position sur la face droite qui regarde L'Hay; la section Magnien sur la face gauche, du côté de Chevilly. Nos pièces sont à peine établies que déjà une batterie prussienne, placée derrière un épaulement en avant de L'Hay, nous envoie des obus. Nos quatre pièces des Hautes-Bruyères répondent, mais les embrasures inachevées laissent pénétrer les projectiles; en un instant, les deux pièces de la section Reyjal sont démontées et mises hors de service. La section Magnien continue seule à riposter; luttant non-seulement contre la batterie de L'Hay, mais encore contre une autre, établie en avant de Chevilly...

Le tir de l'ennemi est tellement précis que ses projectiles enfilant les embrasures, tombent juste au centre de l'ouvrage, les obus sifflant et ricochant dans toutes les direc-

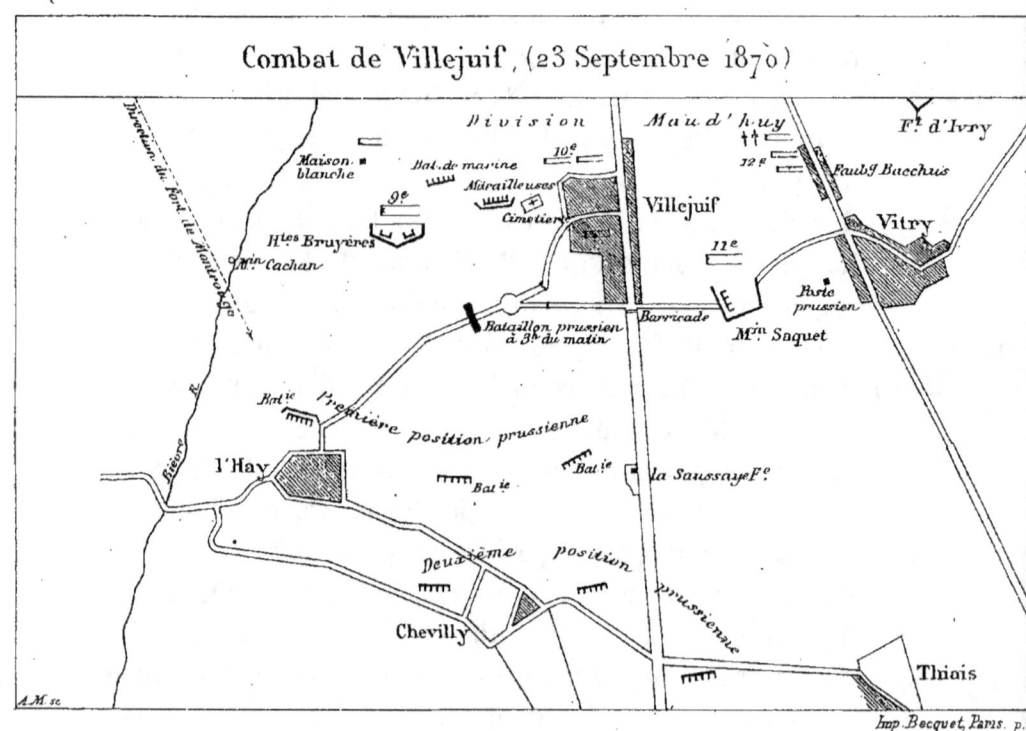

tions mettent le feu aux baraques de l'intérieur. Nos jeunes fantassins, appuyés, serrés au parapet, étaient inquiets... Cette lutte inégale de 2 pièces contre 2 batteries devenant inutile, le capitaine Foncin fait cesser le feu, et les batteries prussiennes se taisent aussitôt.

Pendant ce temps, les 2ᵉ et 3ᵉ sections de la 3ᵉ batterie du 2ᵉ (capitaine Houeix), prenaient position, avant le jour, au Moulin-Saquet ; sur l'indication du général Blaise, ces 4 pièces sont placées : 1 sur le flanc gauche de l'ouvrage, 2 sur le front, 1 sur le flanc droit.

*Quatre pièces d'artillerie s'établissent dans la redoute de Moulin-Saquet.*

Les parapets inachevés sont occupés par les soldats du 11ᵉ de marche, qui, au milieu de ces terres nouvellement remuées, cherchent en se rasant, en se couchant, à se défiler de la mousqueterie de Vitry, dont la majeure partie est encore au pouvoir de l'ennemi. Un poste prussien, établi dans l'une des premières maisons, à 400 mètres de la redoute, inquiète particulièrement nos hommes ; la brume du matin empêche nos artilleurs de distinguer d'une manière exacte l'emplacement de ce poste ; mais au petit jour, deux coups de canon bien ajustés par la pièce de gauche font évacuer la maison ; quelques obus à balles ont raison des derniers tirailleurs postés dans les jardins, et l'ennemi ne se montre plus qu'en dehors d'un rayon de 1,000 mètres.

A ce moment les autres troupes de la division arrivaient aux positions assignées. Le 12ᵉ de marche était à l'entrée de Vitry, dans le faubourg de Bacchus, avec une section de la 4ᵉ batterie du 2ᵉ, lieutenant Darolles ; le 10ᵉ de marche occupait Villejuif ; une section de la 4ᵉ batterie du 2ᵉ, lieutenant Colson, était à la barricade, en avant de ce village ; la 4ᵉ batterie du 3ᵉ (mitrailleuses), capitaine Dufour, se trouvait entre Villejuif et les Hautes-Bruyères, près du cimetière.

Comme nous entrons en ligne, les Prussiens font

*Lutte d'artillerie en avant*

<small>de Villejuif.<br>8 heures.)</small>

avancer une nouvelle batterie... Bientôt leur artillerie se range en bataille, suivant une ligne courbe dont les deux extrémités sont en avant de L'Hay et de la ferme de la Saussaye. La canonnade s'engage : toutes nos batteries prennent part à l'action. Pendant que les pièces des Hautes-Bruyères, puissamment aidées par le fort de Montrouge, luttent contre la batterie de L'Hay, nos mitrailleuses forcent la batterie de Chevilly à prendre une position en arrière, hors de leur portée; en même temps la section de la barricade de Villejuif et les 4 pièces du Moulin-Saquet concentrent leurs feux sur la batterie de la Saussaye et l'obligent à rétrograder.

L'artillerie ennemie occupe alors en arrière une nouvelle ligne à hauteur de la route de L'Hay-Chevilly-Thiais.

Sur ces entrefaites une batterie de 12 de la marine (batterie de réserve), capitaine Caris, s'établit, à découvert, en arrière des Hautes-Bruyères, et prend part au combat; elle ne tarde pas à attirer sur elle tout le feu des batteries ennemies : 30 hommes sont tués ou blessés, 14 chevaux hors de combat; cependant elle soutient énergiquement la lutte et rend coup pour coup jusque vers 10 ou 11 heures.

Pendant que se livrait ce combat d'artillerie, notre infanterie prenait ses dispositions en cas d'attaque générale; le 1$^{er}$ bataillon du 10$^e$ de marche se portait à la Maison-Blanche, un peu en arrière et à droite des Hautes-Bruyères, de manière à relier le 9$^e$ de marche avec Arcueil, où étaient installées deux compagnies de chasseurs et trois compagnies d'infanterie de marine. Mais aucun mouvement offensif ne se dessine; peu à peu l'ennemi modère la violence de son tir, et vers une heure de l'après-midi le feu cesse sur toute la ligne.

Dans cette journée où nos troupes conservèrent toutes

leurs positions, nos pertes furent de 70 hommes tués ou blessés; l'artillerie seule souffrit réellement.

L'ennemi eut 4 officiers et 73 hommes tués ou blessés (1).

Ce combat de Villejuif fut en réalité un duel d'artillerie. Sauf l'attaque du bataillon prussien sur Villejuif, à 3 heures du matin, il n'y eut, sur tout le front, aucun engagement d'infanterie; c'est à peine si quelques tirailleurs ennemis se montrèrent dans les pépinières en avant de L'Hay et de Chevilly.

*Observations sur le combat de Villejuif.*

Quant à nos conscrits, d'abord un peu blottis dans les tranchées, ils finirent par relever la tête en voyant les faibles pertes qu'occasionnait cette violente canonnade, et tous maintenant se sentaient capables de recevoir l'ennemi derrière leurs abris.

Notre artillerie, masquée par des épaulements et des parapets, soutint honorablement le combat jusqu'à la fin; la batterie de marine étant à découvert eut seule beaucoup à souffrir; si elle parvint à rester en position, ce fut grâce à son éloignement (2,300 mètres environ) et à sa proximité des Hautes-Bruyères, qui, tout en la défilant de la batterie de L'Hay, l'aidait puissamment de son feu contre la batterie de Chevilly.

Ce combat, qui nous avait peu coûté, eut une assez

---

(1) Après Châtillon, on s'était exagéré la défaite; après Villejuif, on s'exagéra la victoire. — Le 19 septembre au soir, on n'entendait à Paris que ces mots : « Nous sommes perdus; les Prussiens sont vainqueurs; ils vont entrer dans Paris... » Le 23 septembre au soir, on ne parlait que de grande victoire; il n'était rien moins question que de 25,000 Prussiens faits prisonniers, sans compter les tués et les blessés, qui étaient innombrables.... Quelque temps après, les imaginations un peu refroidies, un journal écrivait encore : « Le carnage que l'on a fait ce jour-là a été tellement épouvantable, qu'un *général* (?) disait : « Encore une journée comme celle de Villejuif, et l'armée prussienne est disloquée! »

grande importance, car il nous rendait maîtres de tout le plateau qui domine la route de Choisy-le-Roi à Versailles par la Belle-Épine. Nous obligions ainsi l'ennemi à reculer sa ligne de communication et à faire un grand détour, au moins pour ses transports de jour; de plus, il se trouvait menacé dans ses positions de Choisy-le-Roi par Moulin-Saquet. Enfin, la redoute des Hautes-Bruyères commandait non-seulement la vallée de la Bièvre, mais encore elle flanquait admirablement les forts de Montrouge et de Vanves, et voyait un peu à revers le plateau de Châtillon.

*Organisation défensive du plateau de Villejuif.*

Dans la journée même du 23 septembre, dès que la canonnade eut cessé, le général commandant le 13ᵉ corps prescrivit de commencer les travaux nécessaires pour remettre les ouvrages en état de défense.

La brigade Blaise fut chargée d'achever la redoute du Moulin-Saquet, et de construire un terrassement qui permît de circuler à couvert, de cet ouvrage au village de Villejuif, dont on compléta la défense en crénelant le cimetière et les jardins.

La brigade Dumoulin chargée de la garde du plateau des Hautes-Bruyères, continua l'ouvrage commencé, et le relia par des tranchées au village de Villejuif; afin de mettre à profit la position dominante de tout ce terrain, qui nous donnait un solide point d'appui pour nous jeter sur les lignes allemandes, on construisit derrière ces tranchées des épaulements capables de recevoir de l'artillerie.

La division de Maud'huy demeura définitivement sur ce plateau, s'étendant depuis les Hautes-Bruyères jusqu'à Vitry.

Deux réserves furent établies, l'une en arrière de Villejuif, l'autre près d'une carrière à droite des Hautes-Bruyères; cette dernière était spécialement chargée de

*Positions des 2ème et 3ème Divisions du 13ème Corps d'armée
le 23 Septembre 1870 au soir*

Ligne d'avant-postes français,   Ligne d'avant-postes prussiens
  Ce signe représente un bataillon français

surveiller tout mouvement tournant par la vallée de la Bièvre.

Le même jour, 23 septembre, la division Blanchard sortait également de Paris; elle ne rencontra pas l'ennemi et occupa tout le front couvert par les forts d'Issy, de Vanves et de Montrouge.

*La division Blanchard prend position en arrière des forts de Montrouge, de Vanves et d'Issy. (23 septembre.)*

La brigade de Susbielle (13ᵉ et 14ᵉ de marche) fut placée à Issy et au bas de Vanves. Le 1ᵉʳ bataillon du 13ᵉ de marche avec deux compagnies de chasseurs à pied, gardait le parc d'Issy et couvrait les Moulineaux.

Le 2ᵉ bataillon (32ᵉ) occupait l'intervalle entre le parc d'Issy et la Seine.

Le 3ᵉ bataillon (49ᵉ) défendait l'intervalle entre le fort d'Issy et la chaussée du chemin de fer de Versailles.

Le 14ᵉ de marche avait sa droite appuyée au chemin de fer, sa gauche à la route d'Orléans.

La brigade de la Mariouse (35ᵉ et 42ᵉ) s'établit au Grand-Vanves et à Montrouge; le 35ᵉ eut une grand'garde à la croix d'Arcueil, face à la grange Ory occupée par l'ennemi. Le 42ᵉ était près du lycée de Vanves.

Pour renforcer le 13ᵉ corps et aguerrir un peu nos mobiles, le Gouvernement envoya le régiment de la Côte-d'Or à la division Blanchard, celui de la Vendée à la division de Maud'huy.

Le régiment de la Vendée (75ᵉ mobiles), arrivé derrière le fort de Bicêtre pendant que se livrait le combat de Villejuif, fut cantonné à Ivry; il mit ce village en état de défense afin de s'opposer à toute tentative de l'ennemi par la plaine de Port-à-l'Anglais.

La journée du 25 septembre est employée à compléter, à exécuter certains travaux du côté d'Issy. Le commandant du 13ᵉ corps, voulant être à même de canonner les coteaux de Meudon qui contournent la boucle de la Seine, fait établir des épaulements de bat-

*25 septembre.*

terie à l'extrémité du parc d'Issy. Plusieurs arbres de ce parc gênant les vues du fort sont abattus ; on rase également les taillis touffus de l'île de Billancourt, qui pouvaient favoriser l'approche des tirailleurs ennemis.

<small>20 septembre.
Conflits
entre
les services
du génie
et de l'artillerie.</small>
Par suite de la division des attributions de certains services et d'une susceptibilité mal entendue, ce déboisement occasionna des conflits entre le génie territorial et le commandant du 13ᵉ corps. — Le général du génie Javain, chargé du service du génie territorial, ayant été informé de la volonté du général Vinoy de faire raser les arbres de l'île de Billancourt, ne crut pas devoir exécuter immédiatement ce travail ; ou du moins pensant, sans doute, que le besoin n'était pas immédiat, il mit dans cette exécution une lenteur telle que le commandant du 13ᵉ corps passa outre et fit faire le déboisement par le commandant du génie de son corps d'armée. — Le général Javain se plaignit amèrement de ce que l'on avait empiété sur ses attributions.

Déjà un différend analogue avait eu lieu avec le service de l'artillerie (1).

Le 19 septembre, le général Vinoy, en plaçant la division Blanchard sur les remparts, face à Châtillon, s'aperçut que les bastions n'avaient pas d'embrasures... Afin d'utiliser ses pièces de 12 de réserve dans le cas où l'ennemi tenterait une attaque de vive force, il donna l'ordre au général commandant l'artillerie du 13ᵉ corps de faire percer six embrasures au bastion 75. Averti, le général Bentzman, chargé du service de l'artillerie territoriale, fut vivement froissé ; il en référa au Gouverneur et réclama l'indépendance absolue du service territorial de l'artillerie vis-à-vis des commandants de troupes.

Le Gouverneur lui donna raison, et jusqu'à la fin

---

(1) Voir aux pièces justificatives, n° XXVII, la lettre du général Trochu, du 27 septembre.

du siége, les services de l'artillerie et du génie furent complétement distincts du commandement des troupes ; il en résulta des lenteurs, des confusions, qui ne furent pas sans avoir souvent une mauvaise influence sur les opérations.

### COMBAT DE CHEVILLY.
#### (30 septembre.)

Le général commandant le 13ᵉ corps, informé que la garde de Choisy-le-Roi était confiée à des hommes de la landwehr, résolut de détruire le pont de bateaux établi un peu en amont et d'obliger ainsi les Prussiens à reculer leur ligne d'investissement. *28 septembre*

Voulant employer seulement quelques bataillons et agir d'une manière inopinée, il avait demandé au Gouverneur l'autorisation d'exécuter cette opération le lendemain 29. Mais après un examen attentif, le général Trochu pensant que cette affaire demandait un plus grand déploiement de forces, prescrivit un ajournement de vingt-quatre heures, afin de mieux assurer la préparation.

Le 29 septembre, le général commandant le 13ᵉ corps réunit en conseil de guerre ses trois divisionnaires, les généraux de Maud'huy, Blanchard, d'Exea, ainsi que le général commandant la réserve d'artillerie du corps d'armée, général d'Ubexi, et leur donne connaissance de l'ordre du Gouverneur pour la journée du lendemain (1). *29 septembre*

Cet ordre, aussi détaillé que possible, ne laissait au commandant du 13ᵉ corps que quelques dispositions à prendre. Mais l'action qui, dans la pensée de ce dernier, devait être une simple affaire d'avant-poste, un

---

(1) Voir aux pièces justificatives, nᵒ XXVIII.

coup de main, devenait une opération considérable, tant par le nombre de troupes engagées que par l'étendue du front d'action qui s'étendait de Montmesly à Bagneux.

Pendant que le conseil de guerre se tenait chez le général Vinoy, le Gouverneur se rendait aux forts d'Ivry, de Bicêtre, et donnait ses ordres pour le lendemain. On connut son arrivée, la nouvelle d'une sortie se répandit; l'ennemi fut bientôt informé, et le soir même nos grand'gardes signalaient le renforcement de sa première ligne.

<small>Dispositions prises pour le combat du 30 septembre.</small> 1° Colonne de droite : général Dumoulin ; 1$^{re}$ brigade (9$^e$, 10$^e$) de la division de Maud'huy ; 2 compagnies de chasseurs des 8$^e$ et 15$^e$ bataillons ; 4$^e$ batterie du 2$^e$ régiment d'artillerie. Objectif L'Hay.

Cette colonne ayant pour réserve deux bataillons de mobiles du Loiret (3$^e$ et 4$^e$), doit être soutenue par la 15$^e$ batterie d'artillerie de marine, placée dans les Hautes-Bruyères, sous les ordres du commandant Dorat (1).

2° Deux colonnes du centre : général Guilhem ; 1$^{re}$ brigade (35$^e$, 42$^e$) de la division Blanchard, 1$^{er}$ bataillon des mobiles de la Côte-d'Or, 3$^e$ batterie du 2$^e$ régiment d'artillerie. Le 35$^e$ a pour objectif Chevilly, le 42$^e$ la Belle-Épine ; le bataillon de la Côte-d'Or forme réserve.

En cas de retraite, ces deux colonnes doivent être soutenues par la batterie de mitrailleuses (4$^e$ du 9$^e$) établie derrière un petit épaulement à droite du cimetière de Villejuif.

3° Colonne de gauche : général Blaise, 2$^e$ brigade

---

(1) Lors de la marche du 13$^e$ corps sur Mézières, le chef d'escadron Dorat commandait les deux batteries de réserve, 3$^e$ et 4$^e$ du 12$^e$ ; au moment du désastre de Sedan, la 3$^e$ batterie fut laissée par ordre à Mézières, la 4$^e$ seule rétrograda sur Laon, puis sur Paris. Pour remplacer la 3$^e$ batterie du 12$^e$, la 15$^e$ batterie d'artillerie de marine fut mise sous les ordres du commandant Dorat.

(11ᵉ, 12ᵉ) de la division de Maud'huy, 4ᵉ batterie du 6ᵉ, et 4ᵉ batterie du 12ᵉ. Objectifs : Thiais et Choisy-le-Roi.

Cette brigade doit être appuyée par la 3ᵉ batterie du 13ᵉ, dont les pièces arment le bastion du Moulin-Saquet, et par la 4ᵉ du 13ᵉ, établie entre Moulin-Saquet et Villejuif.

En réserve, derrière Villejuif, la brigade Daudel, de la division d'Exea, le régiment de mobiles de la Vendée, le 9ᵉ régiment de chasseurs à cheval et l'escadron de spahis (140 hommes) sous les ordres du général Cousin.

La compagnie du génie de la division de Maud'huy est divisée en trois fractions : un détachement de 20 hommes, commandé par le lieutenant Ribaucourt, marche avec la brigade Dumoulin ; un détachement de 20 hommes, commandé par le lieutenant Petit, est adjoint à la brigade Guilhem. La partie principale de la compagnie, commandée par le capitaine Pinenc, ainsi qu'une section de la compagnie du génie attachée au quartier général du 13ᵉ corps, commandée par le capitaine Granade, est réunie à la brigade Blaise, sous la direction du commandant Mengin.

Sur la rive droite de la Seine, la brigade Mattat, (division d'Exea), et la brigade de cavalerie de Bernis (1), (division Champeron), formant l'extrême gauche de la ligne de bataille, doivent opérer contre la ferme de Notre-Dame-des-Mèches, de manière à maintenir l'ennemi du côté du carrefour Pompadour. *Brigade Mattat.*

A l'extrême droite, la brigade de Susbielle, de la division Blanchard, doit exécuter une démonstration sur Clamart afin d'empêcher les forces allemandes du plateau de Châtillon de tomber sur le flanc de nos co- *Brigade de Susbielle.*

---

(1) A la brigade de Bernis avait été joint le 1ᵉʳ chasseurs à cheval, de la brigade Cousin.

lonnes et d'envoyer des secours aux positions attaquées.

Les forts de Charenton, d'Ivry ont l'ordre de tirer sur Choisy-le-Roi, Thiais; les forts de Montrouge, de Bicêtre, la redoute des Hautes-Bruyères sur L'Hay et Chevilly.

En résumé, 20,000 hommes environ, formant le corps de bataille principal, étaient divisés en trois colonnes distinctes, ayant trois points d'attaque désignés : à gauche, Thiais, Choisy-le-Roi, objectif du général Blaise; au centre, Chevilly et Belle-Épine, objectif du général Guilhem; à droite, L'Hay, objectif du général Dumoulin. Ce corps de bataille était soutenu par des diversions latérales sur Créteil et Clamart.

A 4 heures du matin, les généraux commandant les colonnes reçoivent les dernières instructions du général en chef; à 5 heures, toutes les troupes sont massées entre Moulin-Saquet et les Hautes-Bruyères.

Après une demi-heure de canonnade « *montre en main*, » comme l'avait prescrit le Gouverneur, les colonnes s'ébranlent; la brigade Dumoulin, à droite, marche sur L'Hay; la brigade Blaise, à gauche, sur Thiais et Choisy-le-Roi; la brigade Guilhem, au centre, s'avance sur Chevilly.

*Attaque du village de Chevilly par 35e de ligne.*
Le 35$^e$, à droite, pousse sur Chevilly; les 1$^{er}$ bataillon (commandant Martineaud) et 3$^e$ bataillon (commandant de la Mure) déployés, forment une ligne de bataille couverte par de nombreux tirailleurs; le 2$^e$ bataillon (commandant Algan), en colonne par peloton à 300 mètres derrière l'intervalle des deux autres, sert de soutien.

Les deux bataillons du 42$^e$ (1), déployés, s'avancent à

---

(1) Le 3$^e$ bataillon de ce régiment était resté dans les positions de Montrouge.

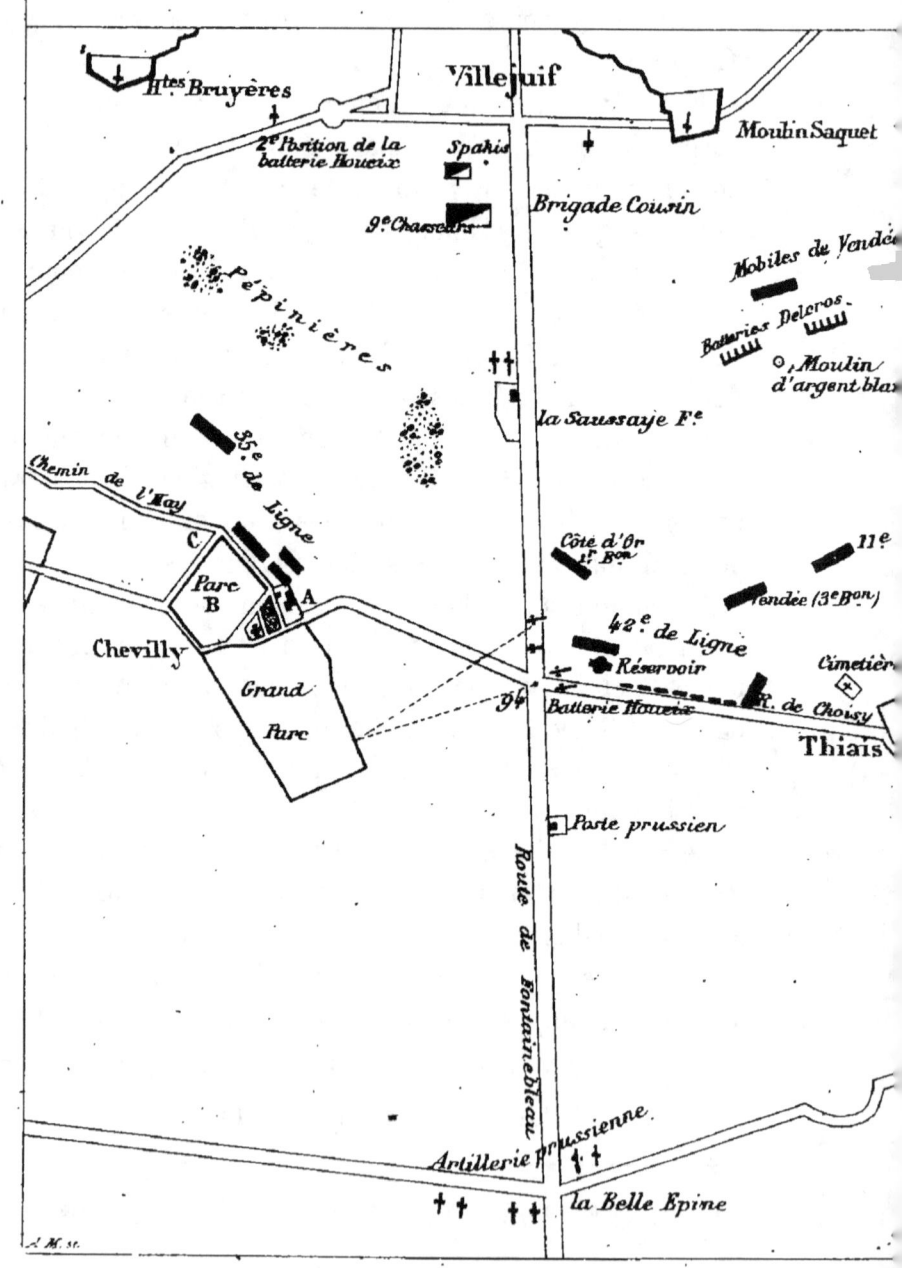

hauteur du 35ᵉ, appuyant leur gauche à la route de Fontainebleau ; le 1ᵉʳ bataillon de la Côte-d'Or marche derrière eux en seconde ligne.

La 3ᵉ batterie du 2ᵉ d'artillerie (capitaine Houeix), placée d'abord entre les deux régiments, laisse les caissons derrière un plant d'arbres, et marche avec ses pièces sur la route de Fontainebleau, à hauteur de la ligne de bataille.

Sur cette même route s'avance, à la tête de sa brigade, le général Guilhem, mêlé aux tirailleurs.

*Prise de la ferme la Saussaye*

Le 42ᵉ, après avoir rapidement enlevé la ferme de la Saussaye, poursuit son mouvement sur Chevilly : tout à coup, à cent mètres environ de ce village, il est accueilli par un feu roulant partant des murs ; cette grêle de balles ne déconcerte pas nos tirailleurs, ils continuent leur marche sans répondre...

A droite, l'offensive un moment ralentie, se poursuit également avec résolution. Le 1ᵉʳ bataillon du 35ᵉ, ayant trop appuyé à droite, se trouve arrêté par la mousqueterie de L'Hay et des tirailleurs embusqués derrière les talus du chemin de Chevilly à L'Hay... Le 3ᵉ bataillon de ce même régiment, arrivé à 3 ou 400 mètres de Chevilly, reçoit une fusillade si violente qu'il semble aussi ne plus pouvoir avancer : les hommes se couchent dans les pépinières... mais au bout de cinq à six minutes, irrités de recevoir des balles sans en rendre, ils se lèvent d'eux-mêmes, et, dans un élan énergique, se jettent en avant tête baissée... Au même instant le colonel de La Mariouse lance le 2ᵉ bataillon tenu en réserve... Ces deux bataillons, 3ᵉ et 2ᵉ, se précipitent comme un ouragan sur Chevilly... Ils emportent la première barricade, les premières maisons et font prisonniers quelques Prussiens qui n'ont pas fui assez vite. — Effrayé par ce choc irrésistible, l'ennemi abandonne sa première ligne de défense et se réfugie au centre de Chevilly, évacuant même le parc B où il était solidement retranché.

*Situation 35ᵉ de ligne 7 heures 1/2.*

A 7 heures 1/2, pendant que le 1ᵉʳ bataillon du 35ᵉ, à 500 mètres sur la droite, faisait le coup de feu avec les défenseurs de L'Hay et les tirailleurs abrités dans le chemin creux conduisant à ce village, les 2ᵉ et 3ᵉ bataillons de ce régiment, maîtres de l'entrée de Chevilly, se tenaient dans le groupe de maisons A et derrière la première barricade.

*Marche 42ᵉ de ligne.*

Sur la gauche, le 42ᵉ continue toujours sa marche en avant, malgré la vive fusillade de l'ennemi ; dès que ses tirailleurs ont bordé le chemin de Chevilly à Thiais, le général Guilhem donne l'ordre au capitaine Houeix d'amener quatre pièces à la jonction de ce chemin avec la route de Fontainebleau (1), et d'ouvrir le feu sur Chevilly, principalement sur le grand parc qui s'étend au sud-est.

Ces quatre pièces, lancées au grand trot, prennent position et commencent le feu à 500 mètres (2).

La 1ʳᵉ section (lieutenant Magnien) a ses deux pièces sur la route légèrement encaissée de Choisy-le-Roi ; la 2ᵉ section (adjudant Semaire) établie sur la route de Fontainebleau, s'abrite derrière de petits épaulements élevés par les Prussiens.

A peine la canonnade de cette batterie a-t-elle commencé, que le général Guilhem, ne voulant pas laisser plus longtemps ses hommes à découvert, se précipite sur le village à la tête du 1ᵉʳ bataillon du 42ᵉ (commandant Charpentier) et du 1ᵉʳ bataillon des mobiles de la Côte-d'Or (commandant Titard) ; mais le vigoureux élan

---

(1) Point coté 94 sur la carte d'état-major.
(2) La 3ᵉ section est restée derrière la Saussaye.

de cette petite colonne vient se briser contre des murs d'où part une terrible fusillade; le général Guilhem est blessé des premiers, et nos deux bataillons, un peu en désordre, se rabattent vers la route de Fontainebleau.

Pendant ce temps, le 2ᵉ bataillon du 42ᵉ (commandant Landrut) a atteint la route de Chevilly, aux abords du Réservoir; l'une de ses compagnies faisant face à gauche s'engage avec les défenseurs de Thiais, pour venir en aide à la brigade Blaise, prononçant alors son attaque.

Ainsi, au moment où le 35ᵉ pénétrait dans les premières maisons de Chevilly, le 42ᵉ, moins heureux, se trouvait, après une attaque infructueuse, groupé près du carrefour et du Réservoir; là, ce régiment était exposé à droite et à gauche aux feux de Chevilly et de Thiais, en avant à la mousqueterie d'un poste prussien établi derrière un mur, sur la gauche de la route de Fontainebleau, à 3 ou 400 mètres du carrefour (le 1ᵉʳ bataillon, pris d'écharpe par ce poste, quand il avait prononcé son mouvement contre Chevilly, avait beaucoup souffert). — Heureusement la route de Choisy ayant un petit talus, les hommes purent assez bien se défiler, le Réservoir servit également d'abri; et le 42ᵉ, malgré tous ces feux croisés, parvint à se maintenir dans cette position sans perdre beaucoup de monde.

La batterie Houeix, presque à découvert, directement exposée à la mousqueterie et aux coups de l'artillerie prussienne établie à la Belle-Épine, essuyait, au contraire, des pertes sérieuses; cependant nos canonniers faisaient bonne contenance, et tiraient à coups redoublés sur le grand parc de Chevilly; malheureusement le mur de cet enclos, caché par une haie d'épines qui borde le fossé extérieur, ne pouvait être atteint par nos obus. Dirigé sur le centre du village, notre feu eût certainement produit plus d'effet, mais on ne savait pas au juste où était parvenu le 35ᵉ de ligne et on craignait de l'atteindre.

*Le 35ᵉ de ligne dans Chevilly.*

Les 2ᵉ et 3ᵉ bataillons de ce régiment, après avoir enlevé les premiers obstacles de Chevilly, s'arrêtent pour reprendre haleine... Pendant que les commandants de La Mure et Algan cherchent un moyen de pénétrer au centre du village, le capitaine adjudant-major Metzinger franchit la barricade avec quelques hommes et s'engage dans la rue jusqu'au tournant près de l'église ; il ne peut aller au delà : des coups de feux, partant de toutes les maisons voisines, l'obligent à se replier.

Revenu à la barricade, le capitaine Metzinger prévient le commandant Algan que des forces considérables sont accumulées au centre de Chevilly ; puis il va rendre compte à son colonel, M. de La Mariouse, que le parc B est évacué, et qu'en y pratiquant une brèche on pourrait tourner l'ennemi par la droite. Malheureusement on n'a pas d'outils ; pendant qu'on en attend, le chef de bataillon de La Mure cherche à contourner le parc avec quelques compagnies ; le 1ᵉʳ bataillon doit venir le renforcer.

Arrivé à l'angle C du parc, le commandant de La Mure est arrêté par un feu roulant venant de différents points entre L'Hay et Chevilly, points que l'on croyait abandonnés par l'ennemi. Mais, la brigade Dumoulin, après avoir occupé un instant les premières maisons de L'Hay, était alors en pleine retraite, laissant le flanc droit du 35ᵉ complétement à découvert.

De son côté, le commandant Algan reprenant à nouveau la tentative du capitaine Metzinger, franchit la barricade à la tête de 110 hommes de bonne volonté, dont 2 capitaines, 2 sous-lieutenants, et pousse jusqu'à l'église : ce réduit de l'ennemi est inabordable, les balles arrivent de toutes parts, plusieurs de nos hommes tombent, nous sommes obligés de nous jeter à gauche vers le pâté de maisons A ; le commandant Algan réunit son monde dans une sorte de grande ferme dont il organise rapidement la défense.

Cependant le bataillon du commandant de La Mure continuait à faire le coup de feu à l'angle C du parc, attendant toujours des outils pour faire brèche dans la muraille ; le 1ᵉʳ bataillon venait de le rejoindre et le régiment se trouvait presque tout entier réuni entre l'angle C du parc et la barricade (1).

Ces péripéties diverses ont donné aux Allemands le temps de se reconnaître, de recevoir des renforts : se glissant le long des murs, ils réoccupent, à notre insu, les maisons et le parc B. Tout à coup, les créneaux, les barricades, les fenêtres, se garnissent de fusils... et le 35ᵉ, massé, reçoit un feu de salve à bout portant... Surpris, ébranlés, nos soldats reculent, abandonnant les morts, les blessés... A quelque distance du village, les restes de notre malheureux 35ᵉ font face en tête ; ils veulent riposter, mais la violence de la mousqueterie est telle qu'il est impossible de lutter à découvert, nos hommes reculent encore et ce n'est qu'à un kilomètre de Chevilly que le colonel peut rallier son régiment. *Le 35ᵉ de ligne bat en retraite.*

L'ennemi ayant réoccupé entièrement Chevilly, le commandant Algan se trouvait complétement cerné dans la ferme A. Déjà le capitaine Rameau, avec quelques hommes, a voulu s'élancer de ce bâtiment pour chercher du secours... lui et les braves qui l'accompagnaient ont été frappés à mort... tous les débouchés, toutes les *Défense héroïque du commandant Algan dans Chevilly.*

---

(1) Le reste du 2ᵉ bataillon (commandant Algan), était venu rejoindre les 1ᵉʳ et 3ᵉ bataillons.

issues sont gardées, il ne faut pas songer à percer, on n'a plus qu'à vendre sa vie... Cette centaine de soldats lutte avec le courage du désespoir... Chaque homme en vaut dix; par les portes, par les fenêtres, par les créneaux, ils font un feu terrible; les abords de la ferme sont jonchés de cadavres et de blessés...

Cependant le nombre des Prussiens ne cesse de s'accroître; dans la rue, dans les maisons, devant, derrière, l'ennemi est partout... Notre poignée d'hommes diminue rapidement, la moitié est hors de combat... les munitions s'épuisent... Notre tir devenant moins vif, les Prussiens s'approchent de la ferme... y mettent le feu : à un signal donné, brisant les portes, ils se précipitent dans la cour en poussant leurs hurrahs... nos soldats font une décharge, s'élancent à la baïonnette et les rejettent hors du bâtiment... mais l'incendie n'a pu être éteint... un des locaux de la ferme est en feu... les quinze hommes qui l'occupaient avec le sous-lieutenant Bozonnat, grièvement blessé, en sont chassés par les flammes ; les autres défenseurs ont brûlé leurs dernières cartouches ; épuisés, anéantis, à bout de forces, ils cèdent, ils se rendent... A la tête de ces braves étaient : Algan, chef de bataillon, Rameau, capitaine, tué, Nolard, capitaine, Thomas, sous-lieutenant, Bozonnat, sous-lieutenant, blessé.

Pendant que cette lutte acharnée se poursuivait à l'entrée du village, le 42ᵉ de ligne et les mobiles de la Côte-d'Or, rejoints par quelques mobiles de la Vendée (1), conservaient toujours leur position aux abords du carrefour. Entendant le fracas de la fusillade dans Chevilly, ils avaient voulu à plusieurs reprises porter secours aux combattants de la ferme ; mais dès qu'ils parvenaient

---

(1) Le régiment se tenait en réserve derrière le Moulin-d'Argent.

à franchir la route de Fontainebleau, ils étaient balayés par la mousqueterie qui les rejetait de l'autre côté.

La batterie Houeix souffrait de plus en plus. Toute l'artillerie prussienne réunie à la Belle-Epine concentrait son feu sur elle ; heureusement la plupart des obus s'enfonçant dans les terres labourées, y éclataient sans avoir d'effets meurtriers ; cependant, sur 16 servants, 7 étaient déjà hors de combat, dont 2 tués, et 5 blessés grièvement ; sur les 9 restants, 3 avaient été atteints légèrement, et le capitaine était contusionné par un éclat d'obus. La situation allait toujours s'aggravant : la mousqueterie du poste prussien qui venait d'être renforcé augmentait d'intensité, les coups de feu étaient de plus en plus serrés du côté de Thiais, enfin, d'un moment à l'autre les forces accumulées dans Chevilly pouvaient venir envelopper la batterie. La position, des plus critiques, devint intenable après le départ du 35e : le capitaine Houeix donne l'ordre de la retraite ; heureusement il a encore ses 8 conducteurs ; défilés derrière un pli de terrain, aucun n'a été atteint. Trois pièces sont emmenées sans trop de difficulté ; reste la 4e... il n'y a plus d'attelage, tout a été tué ou blessé... On parvient à trouver un cheval qui, bien qu'atteint d'un éclat d'obus, peut marcher encore ; on l'attelle tout sanglant, les canonniers se mettent au timon, poussent aux roues... on fait ainsi plus de 200 pas, sous la direction du lieutenant Magnien, jusqu'à ce que le capitaine Houeix ait amené les chevaux de la section restée à la Saussaye.

*Position critique de la batterie Houeix au carrefour entre Chevilly et Thiais.*

Le 42e, voyant le mouvement rétrograde du 35e, s'était jeté dans les pépinières, entre la Saussaye et Chevilly, pour protéger la retraite ; mais de tous les créneaux du village part un feu si intense, qu'il est également obligé de reculer. Ce brave régiment se retire dans le plus

*Retraite du 42e de ligne.*

grand ordre; tous les cent pas il s'arrête... fait face en tête ; donnant ainsi aux hommes légèrement blessés le temps de rejoindre.

La batterie Houeix, après s'être promptement réorganisée derrière la ferme de la Saussaye, va prendre position sur le rond-point de la route de Villejuif à L'Hay et porte ses coups sur le côté de Chevilly d'où vient cette fusillade qui cause tant de ravages dans les rangs du 42ᵉ. L'effet de ce tir, bien dirigé, ne tarde pas à se produire ; les feux d'infanterie prussienne diminuent... bientôt ils s'éteignent complétement.

A l'entrée de Chevilly, du côté de L'Hay, on voit encore des troupes aller, venir et semblant s'apprêter à faire un mouvement tournant vers la Saussaye, pour couper la retraite au 42ᵉ, l'artillerie concentre son feu sur ces groupes, qui, au bout de quelques instants, se dispersent dans la direction de l'Hay.

Les 35ᵉ et 42ᵉ ainsi protégés viennent prendre position, le 42ᵉ dans les tranchées qui relient Villejuif aux Hautes-Bruyères, le 35ᵉ près de cette redoute.

Pendant ce mouvement de retraite, la brigade de cavalerie du général Cousin s'était portée en avant, entre Villejuif et la Saussaye; mais bientôt en butte aux coups des batteries prussiennes établies entre Chevilly et L'Hay, elle est contrainte de se retirer.

Le capitaine Houeix, soutenant la lutte toujours avec la même opiniâtreté, était en train de contre-battre cette artillerie, quand il reçut l'ordre de rentrer dans nos lignes. Passant en arrière de Villejuif, il rejoignit la brigade Blaise au Moulin-Saquet.

Le 35ᵉ de ligne éprouva dans ce combat des pertes considérables ; 24 officiers, 759 hommes tués, blessés ou disparus.

Le 42ᵉ avait également souffert, mais dans des proportions moindres ; 4 officiers et 174 hommes tués, blessés ou disparus.

Le 1ᵉʳ bataillon de la Côte-d'Or avait eu 5 officiers et 53 mobiles hors de combat.

Le brave général Guilhem, commandant la brigade, avait été frappé mortellement en enlevant ses soldats.

A la gauche de la ligne de bataille, l'action n'avait pas été moins vive qu'au centre.

*Attaque de Thiais et de Choisy-le-Roi par la brigade Blaise.*

La brigade Blaise (11ᵉ et 12ᵉ de marche) avait pour objectifs le village de Thiais, puis Choisy-le-Roi, dont on devait détruire le pont servant aux communications allemandes. Après une canonnade du fort d'Ivry contre le village de Thiais, la brigade se met en mouvement ; les deux régiments ont chacun deux bataillons en première ligne et un en deuxième ; ceux de la première ligne sont formés en colonnes de division ; ceux de la seconde, en colonne par division à demi-distance. Au centre marchent deux batteries de 12 de la réserve du 13ᵉ corps, la 4ᵉ du 6ᵉ, capitaine Salle, et la 4ᵉ du 12ᵉ, capitaine Salin, sous les ordres du commandant Delcros.

En arrière, une batterie de 12, la 3ᵉ du 13ᵉ, capitaine Torterue de Sazilly, arme le Moulin-Saquet ; une autre batterie de 12, la 4ᵉ du 13ᵉ, capitaine Vernoy, s'établit à 50 mètres en avant de la tranchée reliant Moulin-Saquet à Villejuif ; ces deux batteries doivent contre-battre l'artillerie ennemie et au besoin soutenir la retraite de nos troupes.

A la suite de la brigade, marche le détachement du génie sous les ordres du commandant Mengin. Ce détachement est muni des engins nécessaires pour la destruction du pont de Choisy.

D'après les dispositions arrêtées le 29 au soir, entre le général Blaise et les deux chefs de corps, l'artillerie ayant fouillé le village de Thiais, le 11ᵉ de marche devait passer entre Thiais et Chevilly en longeant la route de Fontainebleau. Dès que les tirailleurs auraient dépassé les murs des jardins, les têtes de colonne du 12ᵉ de marche se jetteraient dans les rues du village, un bataillon passant par la gauche, entre Thiais et Choisy-le-Roi.

*Attaque de Thiais.*

Nos tirailleurs repoussent facilement l'avant-poste ennemi du Moulin-d'Argent-Blanc; mais arrivés à 500 mètres environ de Thiais, ils sont accueillis par des feux croisés partant des murs, des jardins, des bouquets de bois qui se trouvent sur les pentes de Choisy-le-Roi ; une batterie postée derrière un épaulement en avant de Thiais nous couvre également de ses projectiles. Notre infanterie s'arrête et déploie de nouveaux tirailleurs qui finissent par réduire l'artillerie ennemie au silence, en mettant presque tous les servants hors de combat.

Pendant ce temps, la 4ᵉ batterie du 6ᵉ d'artillerie, capitaine Salle, conduite par le commandant Delcros, va prendre position à quelque distance au delà du Moulin-d'Argent-Blanc, sur le plateau dont les pentes s'inclinent légèrement vers le village ; dès qu'elle commence à tirer, nos bataillons se portent vivement en avant ; mais l'infanterie ennemie, devenue très-nombreuse, les enveloppe de ses feux ; des murs, des jardins, des maisons, pleut une grêle de balles.

Les tirailleurs du 11ᵉ de marche, directement en butte aux coups de l'ennemi, obliquent à gauche et cherchent à gagner les pentes pour se défiler; en se repliant, ils viennent se jeter au milieu des tirailleurs du 12ᵉ de marche. Un moment de trouble, de confusion se produit, et le mouvement en avant se trouve encore suspendu.

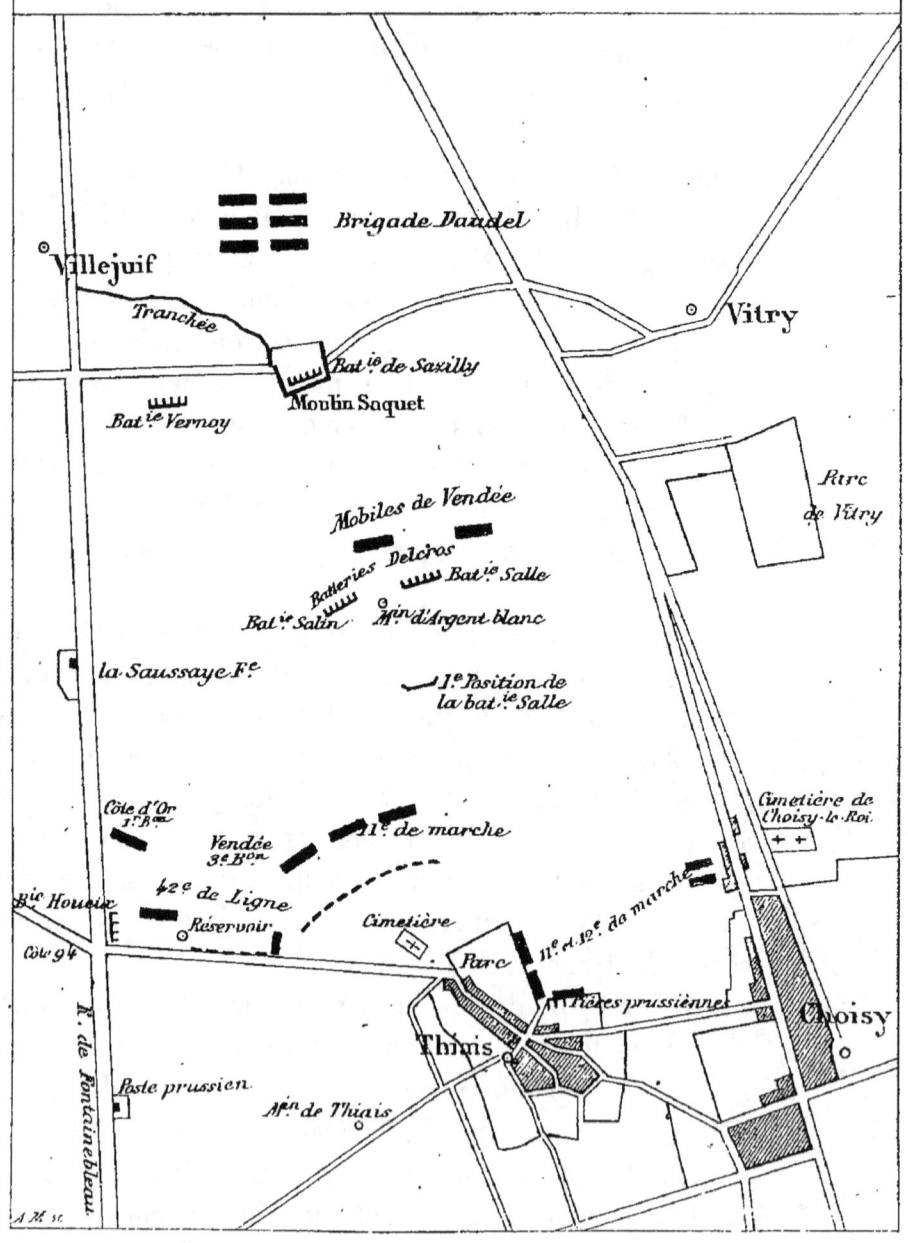

Pendant ce temps, la batterie de Thiais, mise hors de combat par nos tirailleurs, s'est remontée en hommes, en chevaux ; rentrant en action, elle prend pour objectif la batterie du capitaine Salle qui riposte vigoureusement... Mais la lutte est inégale, nos pièces se trouvent à 1,400 mètres, sur un terrain découvert en pente vers l'ennemi, tandis que celles de nos adversaires se tiennent abritées derrière un épaulement. Bientôt notre batterie a plusieurs hommes et un certain nombre de chevaux blessés, une roue de caisson est brisée ; le commandant Delcros a son cheval tué ; lui-même est fortement contusionné. La position devenait difficile : la batterie se retire et va prendre position sur le sommet du mamelon du Moulin-d'Argent, à gauche de la 4ᵉ batterie du 12ᵉ.

Là, ces deux batteries, défilées par les déclivités du terrain et par des bouquets de bois, recommencent le combat contre les pièces de Thiais, qui, devant ce feu vigoureux, sont bientôt obligées de se taire.

En ce moment, le 1ᵉʳ bataillon (90) du 12ᵉ de marche, conduit par le lieutenant-colonel Lespieau, se jette sur Thiais : battant la charge, il entraîne plusieurs fractions et tirailleurs du 11ᵉ.

L'élan subit de cette attaque refoule partout l'ennemi ; quittant à la hâte l'épaulement qu'il occupait au nord de Thiais, il nous abandonne une batterie entière... Nos soldats embusqués sur le talus extérieur de l'ouvrage font le coup de feu avec les Prussiens postés dans les maisons et derrière les murs.

Le 12ᵉ de marche n'ayant pas d'attelages ne peut faire enlever la batterie ennemie ; néanmoins il ne veut pas abandonner sa prise, il tient ferme et continue la lutte. Mais vers la droite, le 11ᵉ de marche, en opérant son mouvement tournant sur Thiais, est arrêté par le feu du cimetière. Placé en pointe en dehors du village, cet enclos, devenu une véritable forteresse, arrête tous les efforts de ce régiment. Le 12ᵉ de marche, immobilisé, pour ainsi dire, par la force de la défense qu'il a devant lui, isolé, en butte à tous les coups, se trouve vivement pressé... et, devant un vigoureux retour offensif de l'ennemi, il se voit obligé de battre en retraite, abandonnant les pièces prussiennes dont il n'a pu, faute d'outils, démonter les culasses.

*Retraite des 11ᵉ et 12ᵉ de marche.*

Dans cette retraite faite en terrain découvert nous perdons du monde, sans qu'il se produise cependant beaucoup de désordre. A 5 ou 600 mètres les bataillons des 11ᵉ et 12ᵉ de marche s'arrêtent, font face en tête et prennent position, les hommes s'embusquent derrière les broussailles, les bouquets de bois et continuent à soutenir le combat.

La nouvelle de l'échec de la brigade Guilhem devant Chevilly n'arrête pas la lutte, qui ne cesse que sur l'ordre du général en chef.

Abandonnant lentement le terrain, nos troupes effectuent leur retraite avec ordre, sans être inquiétées par l'ennemi, tenu en respect par nos deux batteries du Moulin-d'Argent-Blanc, où se tenaient prêts à soutenir le mouvement les deux bataillons de la Vendée (1).

Arrivée au Moulin-Saquet, la brigade Blaise prend position derrière l'ouvrage.

Dans ce combat, le 11ᵉ de marche avait eu 6 officiers et 115 hommes tués ou blessés; le 12ᵉ de marche, 12 officiers et 260 hommes; le régiment de mobiles de la Vendée, 1 officier et 4 hommes.

---

(1) Le 3ᵉ bataillon de ce régiment, reliant le 11ᵉ de marche avec le 42ᵉ de ligne, avait pris part au combat entre le réservoir et le cimetière de Thiais.

Sur la droite, la brigade Dumoulin (9ᵉ et 10ᵉ de marche), chargée de l'attaque du village de L'Hay, se masse dès 5 heures du matin, à gauche de la redoute des Hautes-Bruyères, près d'un chemin bordé d'arbres qui conduit de Villejuif à L'Hay.

*Attaque de L'Hay par la brig<sup>de</sup> Dumoulin.*

La 4ᵉ batterie du 2ᵉ, capitaine Foncin, est entre les deux régiments, la 15ᵉ batterie d'artillerie de marine (capitaine Caris) arme les Hautes-Bruyères, la 4ᵉ batterie du 9ᵉ (mitrailleuses), capitaine Dufour, s'établit derrière un épaulement à droite du cimetière de Villejuif, prête à venir en aide aussi bien à la brigade Dumoulin qu'à la brigade Guilhem.

A 6 heures, moment où le canon des forts cesse de se faire entendre, la brigade se porte en avant. Le 9ᵉ régiment forme tête de colonne avec deux bataillons, le 3ᵉ (59ᵉ) et le 1ᵉʳ (51ᵉ); le 2ᵉ bataillon (54ᵉ) reste chargé de garder la redoute des Hautes-Bruyères.

Les 2 compagnies de chasseurs de la division marchent avec la première ligne par les pentes qui dominent la Bièvre.

Le 10ᵉ régiment en réserve forme seconde ligne.

Ces régiments sont en colonnes de division par bataillon déployé; le 9ᵉ est couvert par un rideau de tirailleurs s'étendant de la Bièvre au delà de la route de Villejuif à L'Hay.

La batterie Foncin prend position sur les deux côtés de la route à 3 ou 400 mètres au delà de la redoute; la demi-batterie de droite, sous les ordres du lieutenant Colson, à droite, la demi-batterie de gauche, commandée par le lieutenant Darolles, à gauche, les deux demi-batteries étant séparées par un intervalle d'environ 50 mètres. Immédiatement ces pièces ouvrent le feu contre le village de L'Hay; bientôt dépassées par la première ligne de notre infanterie, elles allongent leur tir et cherchent à gêner l'arrivée des renforts ennemis en envoyant des obus dans la partie du village vis-à-vis Bourg-la-Reine.

*Le 9ᵉ de marche et les chasseurs à pied enlèvent les premières maisons de L'Hay.*

Après avoir repoussé les avant-postes prussiens, nos tirailleurs sont accueillis par une fusillade des plus vives venant de tous les murs de L'Hay. L'élan de nos jeunes soldats n'en est pas arrêté; ils continuent à gagner du terrain et bientôt le 9ᵉ régiment, avec les chasseurs à pied, enlèvent les premières maisons du village, ainsi que la barricade établie au débouché du chemin de Cachan. En même temps, 4 compagnies sont lancées sur la gauche, entre ce chemin de Cachan et celui des Bruyères; plusieurs obstacles se présentent : la levée de la Vanne est rapidement franchie; derrière se trouve un autre escarpement, il est escaladé avec autant d'entrain… mais tout à coup nous arrive du cimetière un feu roulant à bout portant qui jette à terre nombre de nos hommes et force le reste à reculer rapidement.

*Position du 10ᵉ de marche au moment de la prise de L'Hay.*

Pendant cette attaque le 10ᵉ régiment, qui forme seconde ligne, est arrivé à peu de distance du village de L'Hay. Le colonel Mimerel abrite son 1ᵉʳ bataillon (69ᵉ) derrière des bouquets de bois qui bordent le chemin de L'Hay à Cachan. L'ennemi, établi de l'autre côté de la Bièvre, a plusieurs groupes embusqués derrière des haies, des tas de bois, des épaulements qui prennent nos hommes de flanc et à revers….. Pour faire cesser ce feu, le colonel Mimerel détache deux compagnies de son 1ᵉʳ bataillon : l'une, la 5ᵉ (capitaine Martin) doit engager l'action de front avec les Prussiens postés sur la rive gauche de la Bièvre, l'autre (sous-lieutenant Abadie) passera la Bièvre, tournera les obstacles et forcera l'ennemi à les abandonner.

Pendant ce temps, le reste du régiment prend position, le 2ᵉ bataillon (70ᵉ) à hauteur du 1ᵉʳ, entre le

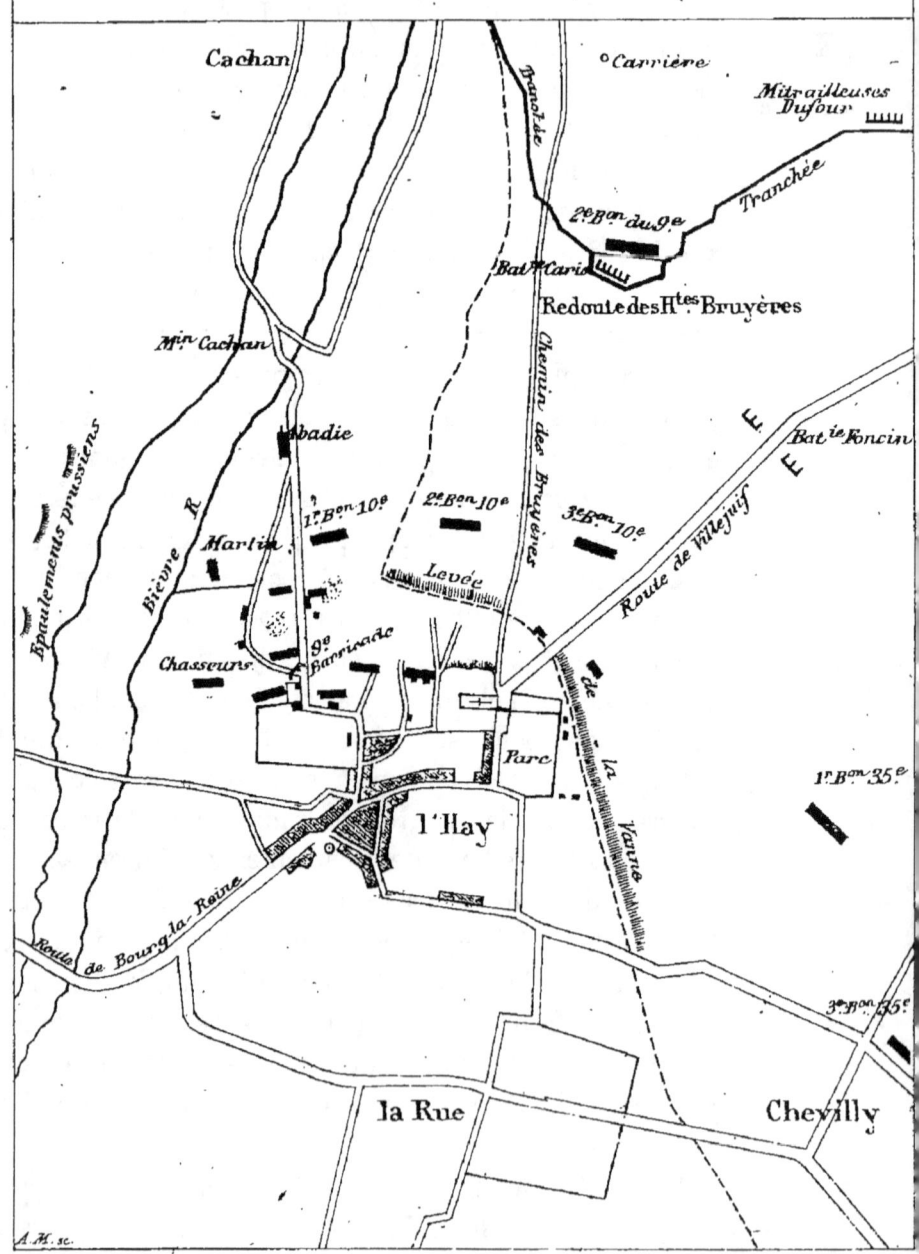

chemin de Cachan et celui des Bruyères, le 3ᵉ bataillon (71ᵉ) entre ce dernier chemin et la route de Villejuif.

Les compagnies de gauche du 9ᵉ de marche ayant été repoussées, le 10ᵉ de marche tente un nouvel effort.

*Le 10ᵉ de marche attaque la partie gauche de l'Hay.*

Les compagnies Février et Puig, du 1ᵉʳ bataillon, Duparc et Perennès, du 2ᵉ, se précipitent sur les défenses entre le chemin de Cachan et celui des Bruyères. La levée de la Vanne est franchie, le deuxième escarpement enlevé, les premières maisons sont occupées ; mais alors nous sommes exposés à ce feu terrible du cimetière qui a déjà si maltraité les compagnies du 9ᵉ ; sur notre flanc gauche, nos hommes sont décimés, la compagnie Puig surtout est cruellement éprouvée... Maintenus énergiquement par leurs officiers, les soldats tiennent ferme ; s'embusquant derrière quelques maisons isolées, ils attendent que les sapeurs du génie aient fini une tranchée qu'ils creusent à la hâte...

Sur la gauche, malgré les efforts du commandant Cristiani de Ravaran, le 3ᵉ bataillon du 10ᵉ (71ᵉ) ne gagne pas de terrain ; de ce côté, les longs murs du parc de L'Hay, garnis de défenseurs, opposent une barrière infranchissable ; seule, la compagnie du capitaine Schombourger parvient, en se défilant, en se rasant, à s'approcher de l'entrée du village, comme les autres compagnies du 10ᵉ enlevaient les premiers obstacles.

Mais à ce moment, le 9ᵉ de marche, après avoir longtemps lutté dans les premières maisons de L'Hay, est obligé de rétrograder devant les nombreux renforts de l'ennemi accourant par le chemin et la route de Bourg-la-Reine. Toutes les troupes engagées sont forcées de suivre le mouvement, et à 7 heures et demie, la brigade Dumoulin bat en retraite, exposée aux feux violents et continus de L'Hay ; cruellement éprouvée, elle ne s'ar-

*Retraite de la brigade Dumoulin. 7 h. et demie*

rête et ne se reforme qu'à trois cents mètres des Hautes-Bruyères.

Le flanc droit de la brigade Guilhem se trouvait ainsi tout à fait découvert, à l'instant même où le général en chef ordonnait au colonel du 35ᵉ de ligne de tourner par la droite, avec ses 1ᵉʳ et 3ᵉ bataillons, les défenses de Chevilly. Ce mouvement n'était plus possible; nos bataillons, exposés aux feux croisés de Chevilly et de L'Hay, pouvaient être massacrés ou pris.

*re est donné à la de Dumoulin e marcher nouveau sur L'Hay.*

Le général Vinoy, informé du mouvement de retraite de notre aile droite, si compromettant pour la brigade Guilhem, ordonne au général Dumoulin de marcher à nouveau sur L'Hay, afin de dégager le flanc droit du 35ᵉ de ligne et de contenir les troupes ennemies qui arrivaient par la route de Bourg-la-Reine.

La brigade Dumoulin se reporte en avant; mais nos jeunes soldats s'arrêtent à quelque distance des murs de L'Hay dont le feu est toujours des plus intenses. Fortement impressionnés par les pertes énormes faites à la première attaque, ils hésitent, se pelotonnent et refusent de pousser au delà. — Tous les efforts des officiers restent impuissants; beaucoup payent de leur vie leur dévouement; en vain les commandants Benedetti (51ᵉ) et Aubry (59ᵉ) du 9ᵉ, se précipitent en avant; ils se font tuer sans parvenir à entraîner leurs troupes.

En même temps l'artillerie de 12 (15ᵉ batterie de la marine), établie aux Hautes-Bruyères, tire à outrance contre les murs du village, mais sans grands résultats; ses obus ne font que des trous, là où des brèches seraient nécessaires; la seconde attaque de la brigade Dumoulin sur L'Hay demeure donc complétement impuissante. Quelques-uns de nos tirailleurs appartenant au 3ᵉ bataillon (71ᵉ) du 10ᵉ de marche, parviennent cependant à approcher de la gauche du village; mais accueillis par

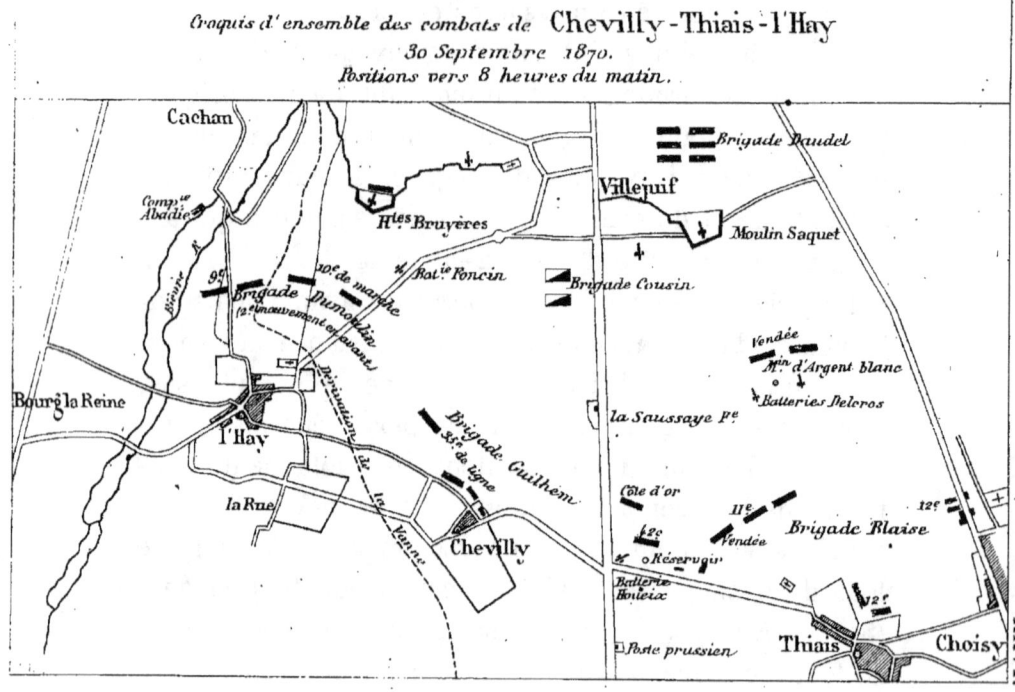

une grêle de balles, ils sont obligés de se replier rapidement.

Pendant ces événements, à l'extrême droite, la compagnie du sous-lieutenant Abadie, du 10ᵉ de marche, avait réussi à passer la Bièvre et à débusquer les Prussiens; mais nos troupes ne pouvant plus avancer, ce résultat était sans importance.

La brigade Guilhem, après s'être emparée des premières maisons de Chevilly, avait été, nous l'avons vu, forcée de battre en retraite. Sur la gauche, la brigade Blaise rencontrait une résistance acharnée à Thiais et n'avait pas mieux réussi que la brigade Dumoulin devant L'Hay; nous n'avions en réserve que la brigade Daudel, de la division d'Exea; encore le Gouverneur avait-il prescrit de ne pas l'engager... On ne pouvait dès lors songer à pousser l'action plus loin, et, vers 9 heures, le général commandant le 13ᵉ corps ordonna la retraite.

*Ordre général de retraite.*

Le 2ᵉ bataillon (54ᵉ) du 9ᵉ régiment, resté jusque-là aux Hautes-Bruyères, se porte en avant pour protéger le mouvement; il se forme en bataille à hauteur de la ferme de la Saussaye, de manière à couvrir le flanc gauche de la brigade Dumoulin. Les deux bataillons du Loiret (3ᵉ et 4ᵉ), tenus également en réserve, occupent les Hautes-Bruyères ainsi que la tranchée qui relie cette redoute à Villejuif. Dirigées par le général Dumoulin, nos colonnes se replient sans désordre, sans confusion, soutenues par le feu des Hautes-Bruyères, Bicêtre et Montrouge.

Dans ce combat de L'Hay la brigade Dumoulin avait fait des pertes cruelles :

Le 9ᵉ de marche avait 6 officiers tués, dont 2 chefs de bataillon, Benedetti et Aubry, 8 officiers blessés, parmi lesquels le lieutenant-colonel Miquel de Riu, commandant le régiment, et 430 hommes tués ou blessés;

Le 10ᵉ de marche avait 4 officiers et 201 hommes hors de combat;

Les deux compagnies de chasseurs 20 hommes tués ou blessés.

*Pertes totales des combats de Chevilly, Thiais, L'Hay.*

Nos pertes totales de la journée devant les villages de Chevilly, Thiais et L'Hay s'élevaient à :

> 19 officiers tués, parmi lesquels le général Guilhem,
> 50 officiers blessés,
> 5 officiers disparus,
> 2,046 homme de troupe tués, blessés ou disparus.

Total : 2,120 officiers et soldats hors de combat.

C'était le cinquième des troupes engagées, dont l'effectif s'élevait à 11,000 hommes environ.

L'ennemi avait fait des pertes bien inférieures aux nôtres; elles s'élevaient à :

> 6 officiers tués,
> 14 officiers blessés,
> 369 hommes tués, blessés ou disparus.

Total... 389 officiers et soldats hors de combat.

*Observations sur les combats de Chevilly, Thiais, L'Hay.*

Nos pertes étaient cinq fois plus fortes que celles de l'ennemi; la nature même du combat explique cette disproportion. Nous avions attaqué quatre villages; nos troupes avaient presque toujours marché à découvert contre des murailles crénelées, étagées de feux, dans lesquelles aucune brèche n'avait pu être pratiquée.

Notre artillerie s'était bien montrée, mais la disposition topographique des lieux avait rendu son tir inefficace, au moins contre les villages. Devant L'Hay, quelle que fût la position choisie par la batterie Foncin, elle avait toujours devant elle des vignes, des arbustes, des haies qui, sur ce terrain plat, suffisaient à cacher aux pointeurs les murs des jardins et des maisons.

Devant Chevilly, la batterie Houeix avait fait des prodiges pour chercher à renverser le mur du parc; mais, ce mur, défilé par un léger mouvement de terrain, masqué par une haie, était complétement invisible.

Sur le front de Chevilly, le 35ᵉ de ligne aurait pu faire des brèches pour tourner le réduit de la place de l'Église : le manque d'outils avait tout arrêté.

Devant Thiais, la batterie Salle s'était établie assez près; de là, elle aurait probablement réussi à renverser les murs du parc qui forment saillant, mais la position devint bientôt intenable; en butte, sur un terrain complétement découvert, au feu des pièces de Thiais, à la mousqueterie venant du village et des pentes de Choisy-le-Roi, cette batterie fut obligée de s'établir plus en arrière, à 15 ou 1600 mètres; or, à pareille distance le tir n'était plus assez assuré pour faire promptement de grandes brèches.

L'infanterie s'était bravement comportée. Le 35ᵉ et le 42ᵉ de ligne avaient été héroïques. Le 35ᵉ avait soutenu une lutte des plus acharnées contre des forces supérieures : 24 officiers et 759 hommes mis hors de combat, plus du tiers de l'effectif, montrent au prix de quels sacrifices ce brave régiment avait soutenu l'honneur de la vieille armée.

Toutes les autres troupes engagées, troupes de ligne, mobiles, qui voyaient sérieusement le feu pour la première fois, avaient eu de l'entrain, de la vigueur; elles s'emparèrent des premières maisons de L'Hay, de Thiais et de Choisy-le-Roi; mais il ne faut pas être surpris si toutes ne déployèrent pas la même fermeté que les anciens soldats du 35ᵉ et du 42ᵉ de ligne.

Bien que le but de la reconnaissance n'ait pas été atteint complétement, le combat de Chevilly-Thiais-L'Hay, appelé par les Allemands « la première grande sortie des Parisiens, » n'en est pas moins glorieux pour toutes les troupes qui y prirent part.

L'ennemi, qui nous avait opposé dans cette journée une partie du 6ᵉ corps prussien et du 2ᵉ corps bavarois, sembla vouloir le reconnaître en rendant des honneurs particuliers au général Guilhem, personnifiant ainsi dans ce chef tombé le respect que lui avait inspiré la conduite de nos troupes.

Blessé devant Chevilly, et transporté au petit village de Rungis, le général Guilhem n'avait survécu qu'une heure à ses blessures.

Pendant la suspension d'armes pour enterrer les morts, l'ennemi, après avoir rendu les honneurs militaires au corps du brave général, nous fit remettre son cercueil couvert de verdure et de fleurs.

## PERTES DES COMBATS DE CHEVILLY, THIAIS, L'HAY.

(30 septembre 1870).

| NOMS | GRADES | OFFICIERS ||| TROUPE |||
|---|---|---|---|---|---|---|---|
| | | TUÉS | BLESSÉS | DISPARUS | TUÉS | BLESSÉS | DISPARUS |
| **BRIGADE DUMOULIN.** ||||||||
| **9ᵉ régiment de marche.** ||||||||
| Benedetti............ | Chef de bat^on | 1 | » | » | » | » | » |
| Aubry.............. | d° | 1 | » | » | » | » | » |
| Durand............. | Capitaine | 1 | » | » | » | » | » |
| Guyot.............. | d° | 1 | » | » | » | » | » |
| Charrière........... | d° | 1 | » | » | » | » | » |
| Vincent............. | Sˢ-lieutenant | 1 | » | » | » | » | » |
| Roussel............. | d° | 1 | » | » | » | » | » |
| Miquel de Riu...... | Lieut.-colonel | » | 1 | » | » | » | » |
| Lefebvre............ | Lieutenant | » | ★ 1 | » | » | » | » |
| Chambland.......... | d° | » | 1 | » | » | » | » |
| Le Bozec du Quilio. | d° | » | 1 | » | » | » | » |
| Parent.............. | Sˢ-lieutenant | » | 1 | » | » | » | » |
| N................... | ............ | » | 1 | » | » | » | » |
| N................... | ............ | » | 1 | » | » | » | » |
| Troupe............. | | » | » | » | 52 | 378 | » |
| Totaux......... | | 7 | 7 | » | 52 | 378 | » |

\* Ce signe indique que l'officier est mort de ses blessures.

| **10ᵉ régiment de marche.** ||||||||
|---|---|---|---|---|---|---|---|
| Schombourger...... | Capitaine | » | 1 | » | » | » | » |
| Martin............. | Lieutenant | » | 1 | » | » | » | » |
| Tourné............. | Sˢ-lieutenant | 1 | » | » | » | » | » |
| Escalier............ | d° | » | 1 | » | » | » | » |
| Troupe............. | ............ | » | » | » | 38 | 163 | » |
| Totaux......... | | 1 | 3 | » | 38 | 163 | » |
| Compagnies de chasseurs (troupe)..... | | » | » | » | 6 | 14 | » |

## BRIGADE GUILHEM.

G<sup>al</sup> Guilhem, tué.

### 35ᵉ régiment de ligne.

| NOMS | GRADES | OFFICIERS | | | TROUPE | | |
|---|---|---|---|---|---|---|---|
| | | TUÉS | BLESSÉS | DISPARUS | TUÉS | BLESSÉS | DISPARUS |
| Algan (1) | Chef de bat<sup>on</sup> | » | » | 1 | » | » | » |
| Martineau | d° | » | *1 | » | » | » | » |
| Laurent (Jules) | Cap. adj.-maj. | » | 1 | » | » | » | » |
| Carpentier | d° | » | 1 | » | » | » | » |
| Fournalès | Capitaine | » | 1 | » | » | » | » |
| Laurent (Jacques) | d° | 1 | » | » | » | » | » |
| Thirion | d° | » | *1 | » | » | » | » |
| Nolard | d° | » | » | 1 | » | » | » |
| Martin | d° | » | *1 | » | » | » | » |
| Court | d° | » | *1 | » | » | » | » |
| Hennequin | d° | » | 1 | » | » | » | » |
| Mattei | d° | » | *1 | » | » | » | » |
| Rameaux (Jules) | d° | 1 | » | » | » | » | » |
| Demony | Lieutenant | » | *1 | » | » | » | » |
| Marie | d° | » | 1 | » | » | » | » |
| Baylac | d° | » | 1 | » | » | » | » |
| Leclerc | d° | » | » | 1 | » | » | » |
| Calvier | d° | » | 1 | » | » | » | » |
| Johann | d° | » | 1 | » | » | » | » |
| Esbaupin | d° | 1 | » | » | » | » | » |
| Bozonnat (2) | S<sup>s</sup>-lieutenant | » | » | 1 | » | » | » |
| Paulinier | d° | 1 | » | » | » | » | » |
| Chauvet | d° | 1 | » | » | » | » | » |
| Thomas | d° | » | » | 1 | » | » | » |
| Troupe | | » | » | » | 80 | 605 | 74 |
| Totaux | | 5 | 14 | 5 | 80 | 605 | 74 |

(1) Le commandant Algan était blessé.
(2) M. Bozonnat était blessé.
\* Ce signe indique que l'officier est mort de ses blessures.

|   |   | OFFICIERS ||| TROUPE |||
| NOMS | GRADES | TUÉS | BLESSÉS | DISPARUS | TUÉS | BLESSÉS | DISPARUS |
|---|---|---|---|---|---|---|---|
| \multicolumn{8}{c}{**42ᵉ régiment de ligne.**} ||||||||
| Marignier | Lieutenant | 1 | » | » | » | » | » |
| Cahen | Capitaine | » | 1 | » | » | » | » |
| Saingt | dº | » | 1 | » | » | » | » |
| Landrut | Chef de batᵒⁿ | » | 1 | » | » | » | » |
| Troupe |  | » | » | » | 41 | 114 | 19 |
| Totaux |  | 1 | 3 | » | 41 | 114 | 19 |
| \multicolumn{8}{c}{**Mobiles de la Côte-d'Or (1ᵉʳ bataillon).**} ||||||||
| Gagneur | Lieutenant | 1 | » | » | » | » | » |
| Guilleminot | Sˢ-lieutenant | » | 1 | » | » | » | » |
| Batault | dº | » | 1 | » | » | » | » |
| Imbaut | dº | » | 1 | » | » | » | » |
| De Torcy | dº | » | 1 | » | » | » | » |
| Mobiles |  | » | » | » | 15 | 38 | » |
| Totaux |  | 1 | 4 | » | 15 | 38 | » |

### BRIGADE BLAISE.

**11ᵉ régiment de marche.**

|   |   | OFFICIERS ||| TROUPE |||
| NOMS | GRADES | TUÉS | BLESSÉS | DISPARUS | TUÉS | BLESSÉS | DISPARUS |
|---|---|---|---|---|---|---|---|
| Delon | Chef de batᵒⁿ | » | ★ 1 | » | » | » | » |
| Romignon | Cap. adj.-maj. | » | 1 | » | » | » | » |
| Gillant | Capitaine | » | 1 | » | » | » | » |
| Bonnabel | Lieutenant | » | 1 | » | » | » | » |
| Desty | Sˢ-lieutenant | 1 | » | » | » | » | » |
| Weick | dº | » | 1 | » | » | » | » |
| Troupe |  | » | » | » | 12 | 103 | » |
| Totaux |  | 1 | 5 | » | 12 | 103 | » |

★ Ce signe indique que l'officier est mort de ses blessures.

### 12ᵉ régiment de marche.

| NOMS | GRADES | OFFICIERS | | | TROUPE | | |
|---|---|---|---|---|---|---|---|
| | | TUÉS | BLESSÉS | DISPARUS | TUÉS | BLESSÉS | DISPARUS |
| De la Jullet | Chef de batᵒⁿ | » | 1 | » | » | » | » |
| Festugières | Capitaine | » | ★ 1 | » | » | » | » |
| Dehon-Dahlmann | dº | » | 1 | » | » | » | » |
| Pauron | dº | » | 1 | » | » | » | » |
| Ricatte | dº | » | 1 | » | » | » | » |
| Nicard | Lieutenant | 1 | » | » | » | » | » |
| Ragondet | dº | » | 1 | » | » | » | » |
| Aubert | Sˢ-lieutenant | 1 | » | » | » | » | » |
| Sicard | dº | » | 1 | » | » | » | » |
| Pons | dº | » | 1 | » | » | » | » |
| Fournel | dº | » | 1 | » | » | » | » |
| Parmezin | dº | » | 1 | » | » | » | » |
| Troupe | | » | » | » | 30 | 230 | » |
| Totaux | | 2 | 10 | » | 30 | 230 | » |

★ Ce signe indique que l'officier est mort de ses blessures.

### 35ᵉ régiment de mobiles (Vendée).

| NOMS | GRADES | OFFICIERS | | | TROUPE | | |
|---|---|---|---|---|---|---|---|
| | | TUÉS | BLESSÉS | DISPARUS | TUÉS | BLESSÉS | DISPARUS |
| Seguin | Capitaine | » | 1 | » | » | » | » |
| Troupe | | » | » | » | » | 4 | » |
| Totaux | | » | 1 | » | » | 4 | » |

## BRIGADE DAUDEL.

### 7ᵉ et 8ᵉ régiments de marche.

| NOMS | GRADES | OFFICIERS | | | TROUPE | | |
|---|---|---|---|---|---|---|---|
| | | TUÉS | BLESSÉS | DISPARUS | TUÉS | BLESSÉS | DISPARUS |
| Officiers | | » | » | » | » | » | » |
| Troupe | | » | » | » | » | 1 | » |
| Total | | » | » | » | » | 1 | » |

|  | OFFICIERS ||| TROUPE |||
|---|---|---|---|---|---|---|
|  | TUÉS | BLESSÉS | DISPARUS | TUÉS | BLESSÉS | DISPARUS |
| **BRIGADE COUSIN (CAVALERIE)** |||||||
| Escadron de spahis. . . . . . . . . . . . | » | 1 | » | » | 3 | » |
| 9ᵉ régiment de chasseurs . . . . . . . . . | » | 2 | » | » | 10 | » |
| Totaux . . . . . . . . . . | » | 3 | » | » | 13 | » |
| **ARTILLERIE.** |||||||
| 3ᵉ batterie du 2ᵉ (Houeix). . . . . . . . | » | » | » | 2 | 8 | » |
| 4ᵉ — du 2ᵉ (Foncin). . . . . . . . | » | » | » | » | » | » |
| 4ᵉ — du 9ᵉ (mitrailleuses) (Dufour). | » | » | » | » | » | » |
| 4ᵉ — du 6ᵉ (Salle). . . . . . . . | » | » | » | » | 4 | » |
| 4ᵉ — du 12ᵉ (Salin). . . . . . . . | » | » | » | » | » | » |
| 4ᵉ — du 13ᵉ (Vernoy). . . . . . . . | » | » | » | » | » | » |
| 8ᵉ — du 13ᵉ (de Sazilly) . . . . . . | » | » | » | » | » | » |
| 15ᵉ — de la marine (Caris). . . . . . | » | » | » | » | » | » |
| Totaux . . . . . . . . . . | » | » | » | 2 | 12 | » |
| **GÉNIE.** |||||||
| Officiers . . . . . . . . . . . . . . | » | » | » | » | » | » |
| Troupe . . . . . . . . . . . . . . | » | » | » | 1 | 1 | » |
| Total . . . . . . . . . . | » | » | » | 1 | 1 | » |

## RÉCAPITULATION DES PERTES.

| RÉGIMENTS | OFFICIERS | | | TROUPE | | |
|---|---|---|---|---|---|---|
| | TUÉS | BLESSÉS | DISPARUS | TUÉS | BLESSÉS | DISPARUS |
| **Brigade Dumoulin.** | | | | | | |
| 9ᵉ régiment de marche. | 7 | 7 | » | 52 | 378 | » |
| 10ᵉ  do   do | 1 | 3 | » | 38 | 163 | » |
| Compagnies de chasseurs. | » | » | » | 6 | 14 | » |
| Totaux | 8 | 10 | » | 96 | 555 | » |
| **Brigade Guilhem.** | | | | | | |
| 35ᵉ régiment de ligne. | 5 | 14 | 5 | 80 | 605 | 74 |
| 42ᵉ  do   do | 1 | 3 | » | 41 | 114 | 19 |
| 1ᵉʳ bataillon des mobiles de la Côte-d'Or. | 1 | 4 | » | 15 | 38 | » |
| Général Guilhem | 1 | » | » | » | » | » |
| Totaux | 8 | 21 | 5 | 136 | 757 | 93 |
| **Brigade Blaise.** | | | | | | |
| 11ᵉ régiment de marche. | 1 | 5 | » | 12 | 103 | » |
| 12ᵉ  do   do | 2 | 10 | » | 30 | 230 | » |
| Régiment de mobiles de la Vendée | » | 1 | » | » | 4 | » |
| Totaux | 3 | 16 | » | 42 | 337 | » |
| **Brigade Daudel.** | | | | | | |
| 7ᵉ régiment de marche | » | » | » | » | » | » |
| 8ᵉ  do   do | » | » | » | » | 1 | » |
| Totaux | » | » | » | » | 1 | » |
| Totaux à reporter | 19 | 47 | 5 | 274 | 1650 | 93 |

| RÉGIMENTS | OFFICIERS | | | TROUPE | | |
|---|---|---|---|---|---|---|
| | TUÉS | BLESSÉS | DISPARUS | TUÉS | BLESSÉS | DISPARUS |
| Reports . . . . . . . . | 19 | 47 | 5 | 274 | 1650 | 93 |
| **Brigade Cousin.** | | | | | | |
| 9ᵉ régiment de chasseurs à cheval . . . . | » | 2 | » | » | 10 | » |
| Escadron de spahis. . . . . . . . . . . . . | » | 1 | » | » | 3 | » |
| Totaux . . . . . . . . . . . | » | 3 | » | » | 13 | » |
| Artillerie. . . . . . . . . . . . . . . . . . . . | » | » | » | 2 | 12 | » |
| Génie . . . . . . . . . . . . . . . . . . . . . | » | » | » | 1 | 1 | » |
| | » | » | » | 3 | 13 | » |
| Totaux d'ensemble . . . . . . . | 19 | 50 | 5 | 277 | 1676 | 93 |
| TOTAL général . . . . | **2,120** | | | | | |

## PERTES DES ALLEMANDS AU COMBAT DE CHEVILLY
(30 septembre 1870).

| RÉGIMENTS | OFFICIERS | | | TROUPE | | |
|---|---|---|---|---|---|---|
| | TUÉS | BLESSÉS | DISPARUS | TUÉS | BLESSÉS | DISPARUS |
| **2ᵉ corps bavarois.** | | | | | | |
| 6ᵉ bataillon de chasseurs . . . . . . . . | » | » | » | 1 | 2 | » |
| 5ᵉ régiment d'infanterie . . . . . . . . . | » | » | » | 1 | 7 | » |
| 7ᵉ    dᵒ        dᵒ    . . . . . . . . | » | » | » | 1 | » | » |
| Totaux. . . . | » | » | » | 3 | 9 | » |
| TOTAL pour le 2ᵉ corps . . . . . . | 12 | | | | | |
| **6ᵉ corps.** | | | | | | |
| 63ᵉ régiment d'infanterie . . . . . . . . . | 1 | 2 | » | 15 | 40 | » |
| 23ᵉ   dᵒ       dᵒ   . . . . . . . . . | » | 3 | » | 54 | 75 | 1 |
| 22ᵉ   dᵒ       dᵒ   . . . . . . . . . | 1 | » | » | 6 | 35 | » |
| 10ᵉ   dᵒ    de grenadiers . . . . . . . . | 2 | 7 | » | 25 | 50 | 1 |
| 15ᵉ   dᵒ    de dragons . . . . . . . . . | » | » | » | » | 1 | » |
| 6ᵉ    dᵒ    d'artillerie . . . . . . . . . . | » | 1 | » | 1 | 11 | » |
| 6ᵉ bataillon de pionniers . . . . . . . . . | 1 | » | » | 2 | 8 | » |
| 62ᵉ régiment d'infanterie . . . . . . . . | 1 | 1 | » | 7 | 25 | » |
| Totaux. . . . | 6 | 14 | » | 110 | 245 | 2 |
| TOTAL pour le 6ᵉ corps . . . . | 377 | | | | | |

**TOTAL des pertes** . . . { 2ᵉ bavarois . . 12 } **389.**
                            { 6ᵉ corps. . . . 377 }

Pendant ces rudes combats du plateau de Villejuif, la brigade de Susbielle fait plusieurs diversions en avant des forts d'Issy et de Vanves, dans le but de maintenir les troupes ennemies postées du côté de Châtillon, Clamart, Meudon. *(Opérations de la brigade de Susbielle en avant des forts d'Issy et de Vanves. (30 septembre.))*

Dès 5 heures du matin, les chaloupes canonnières établies près du Point-du-Jour, ouvrent le feu sur les positions avancées des Allemands, entre Meudon et Bellevue.

En même temps, le 1$^{er}$ bataillon du 13$^e$ de marche s'engage dans le bois de Meudon, y enlève une barricade et repousse l'avant-poste ennemi jusqu'à Bellevue; attaqué par des forces supérieures, ce bataillon prend position sur le plateau dominant le Val et s'embusque derrière des murs crénelés, où il tient presque tout le jour; à 9 heures du soir, il rentre à son campement d'Issy, rapportant des casques, sacs, fusils, etc., pris à l'ennemi... Il avait eu 3 hommes tués et 16 blessés. Les Prussiens avaient éprouvé des pertes plus considérables. *(Opérations du 13$^e$ régiment.)*

Pendant que le 1$^{er}$ bataillon du 13$^e$ de marche opère du côté du Bas-Meudon et que le 2$^e$ reste en réserve près du fort d'Issy, le 3$^e$ bataillon se porte sur Clamart, refoule l'avant-poste ennemi et se maintient dans le village toute la matinée.

A la pointe du jour, le 14$^e$ de marche sort de ses positions et surveille les villages de Châtillon et de Bagneux. Rien n'apparaissant, ce régiment ne s'engage pas; deux compagnies seulement échangent quelques coups de feu avec l'ennemi du côté de Châtillon. *(Opérations du 14$^e$ régiment.)*

Le 14$^e$ rentre dans ses cantonnements à midi, ayant eu 5 hommes blessés.

Les pertes de la brigade de Susbielle s'élevèrent, dans cette journée du 30 septembre, à 3 hommes tués et 21 blessés.

## COMBAT DE NOTRE-DAME-DES-MÈCHES.

### (30 septembre.)

*Dispositions générales.*

Pendant que le général Vinoy exécute sa grande opération contre les villages de Choisy-le-Roi, Thiais, Chevilly, L'Hay, le général d'Exea fait une démonstration sur la rive droite de la Seine.

Il n'avait à sa disposition qu'une brigade d'infanterie (général Mattat) avec la brigade de cavalerie de Bernis, augmentée du 1$^{er}$ chasseurs; la 2$^e$ brigade d'infanterie de la division (général Daudel) ayant été envoyée la veille à Villejuif pour faire partie de la réserve du général Vinoy.

L'infanterie doit agir en avant de Maisons-Alfort et du côté de Créteil; une partie de la cavalerie dans la plaine, entre Maisons-Alfort et la Seine, le reste de la cavalerie en réserve.

En faisant concourir à l'opération une si grande masse de cavalerie, on voulait faire croire à un rassemblement considérable de troupes de ce côté et obliger ainsi l'ennemi à ne rien distraire de ses forces pour les porter sur la rive gauche de la Seine.

*Les troupes se mettent en marche à 4 h. et demie du matin.*

A 4 heures et demie du matin, les colonnes du général d'Exea traversent le pont de Charenton.

Deux escadrons tiennent la tête; ils passent sous la voûte du chemin de fer et débouchent dans la plaine en prenant par les nouvelles rues de Maisons; ces deux escadrons doivent opérer entre le chemin de fer de Lyon et la Seine.

La brigade d'infanterie, l'artillerie et la cavalerie suivent la route de Maisons-Alfort, car la grande route directe de Créteil est impraticable; tous les arbres qui la

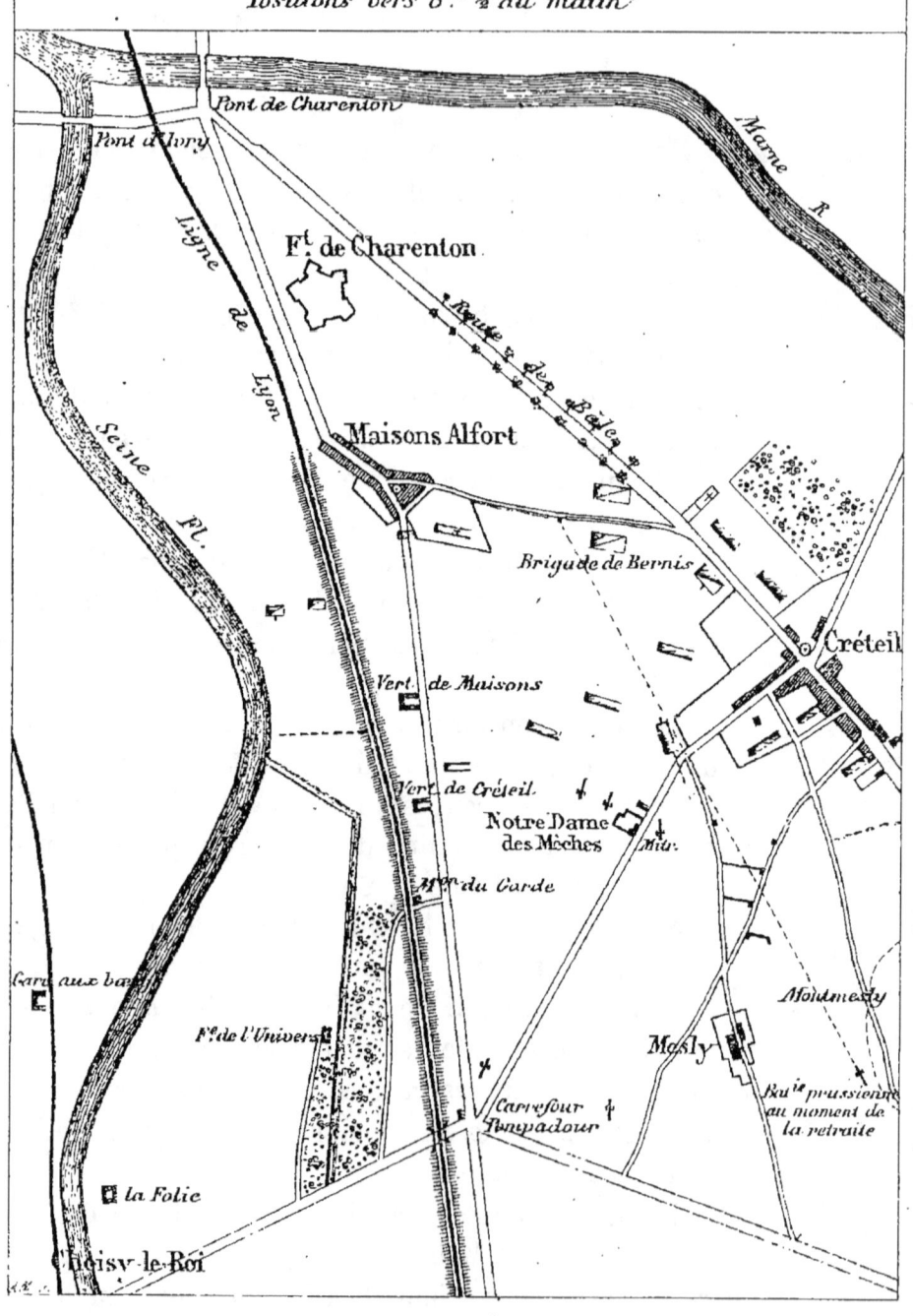

bordent ont été coupés, renversés les uns sur les autres, de manière à former un fouillis inextricable (1).

Pour protéger notre flanc droit, deux compagnies du 1ᵉʳ bataillon du 6ᵉ de marche, laissant une réserve à la barricade élevée à l'entrée de Maisons-Alfort, se déploient en tirailleurs en avant du village, le long de la grande route de Gex et de la ligne du chemin de fer.

<small>Prise de Créteil et de la ferme de Notre-Dame-des-Mèches.</small>

Arrivée sur la place de l'église de Maisons, la colonne du général d'Exea tourne à gauche et suit le chemin de Créteil... L'avant-garde, formée des deux compagnies de chasseurs à pied de la division, presse sa marche : parvenue à Créteil avant le jour, elle court à l'église où se tenait le poste prussien... surpris, l'ennemi s'enfuit et nous laisse des prisonniers... En peu d'instants tout le village est à nous ; deux bataillons l'occupent immédiatement.

Nos tirailleurs, continuant à pousser en avant, se dirigent sur la ferme de Notre-Dame-des-Mèches (2) : le poste prussien qui l'occupe se retire précipitamment sur Mesly sans faire de résistance.

Vers 6 heures du matin, maîtres de Créteil et de Notre-Dame-des-Mèches, gardés par le 5ᵉ de marche, nous prenons des mesures pour assurer notre ligne de retraite. Un bataillon du 6ᵉ est en réserve derrière Créteil, un autre

---

(1) Sur tout le pourtour de Paris, on avait eu la malheureuse idée d'obstruer complétement les routes : c'était un très-grand inconvénient pour nous quand nous voulions faire une opération quelconque, et cela ne gênait en rien l'ennemi qui nous attendait dans ses positions.

(2) La veille, le général Mattat, avec une colonne forte d'un bataillon, d'un escadron et d'une batterie d'artillerie, avait voulu démolir cette ferme des Mèches à coups de canon et la rendre intenable pour l'ennemi. Pendant que la cavalerie gardait la route de Gex, l'artillerie, soutenue par l'infanterie, prit position à 800 mètres de la ferme. Mais la brume étant très-épaisse, on ne parvint pas à distinguer les murs de la ferme, et, à 9 heures, le brouillard ne se dissipant pas, le général dut rentrer sans avoir pu tirer un coup de canon.

bataillon du même régiment se tient avec la cavalerie à la croisée des routes de Maisons-Alfort et de Charenton ; ce dernier bataillon occupe le grand parc de Maisons-Alfort, de manière à s'opposer à un mouvement tournant sur notre droite.

De ce côté nous étions encore protégés par les deux compagnies du 6e de marche, détachées en avant de Maisons-Alfort ; arrêtées près du Vert-de-Maisons, ces compagnies faisaient le coup de feu avec l'ennemi posté le long du remblai du chemin de fer. Enfin la plaine était gardée par deux escadrons de cavalerie, couverts eux-mêmes par des éclaireurs qui tiraillaient avec les sentinelles ennemies établies tout le long du bois, et dans la maison du garde, sur le chemin de fer.

En avant de la ferme des Mèches, nos chasseurs à pied poursuivent leur marche : se défilant dans les fossés, derrière les haies, les arbres de la route, ils arrivent à moitié chemin du carrefour Pompadour ; là, ils ouvrent un feu très-vif contre les Allemands postés à ce nœud de routes.

Une batterie ennemie, près du carrefour, fait face à ces nouveaux assaillants ; nos deux batteries de 4 (commandant de Cossigny) accourent à la ferme des Mèches et engagent l'action. Écrasée par ce feu supérieur, l'artillerie ennemie se retire précipitamment.

Le général d'Exea voulant profiter de cet avantage, fait avancer par échelons les bataillons établis entre Créteil et Maisons, pour menacer Pompadour ; cependant les défenseurs de Créteil engagent la fusillade avec les tirailleurs allemands qui garnissent les pentes de Montmesly.

Au même instant, de Pompadour et de la ferme de l'Hôpital, débouchent dans la plaine de nombreux groupes ennemis soutenus par une batterie ; sur la gauche surtout les groupes s'avancent rapidement et deviennent menaçants... La batterie de mitrailleuses (capitaine Lefrançois), placée entre les Mèches et Créteil, braque ses pièces de ce côté ; quelques coups bien ajustés suffisent pour briser ces petites colonnes, qui se dispersent dans la campagne en laissant des morts et des blessés. Aussitôt, le général d'Exea envoie le capitaine Rouvière, de son état-major, chercher un escadron pour charger ces Prussiens débandés ; malheureusement notre cavalerie se trouvait à quelque distance en arrière et lorsque l'escadron arrive près des Mèches, les groupes ennemis sont déjà loin ; nos cavaliers, lancés trop à gauche, sont accueillis par une formidable décharge venant des premières maisons de Mesly ; un certain nombre d'hommes et de chevaux sont atteints... l'escadron se replie accompagné par la fusillade et les obus.

Maintenus par leurs officiers, nos cavaliers montrent le plus grand calme ; longeant le parc de Créteil, ils rentrent au pas sous une pluie de projectiles ; le général d'Exea a hâte de les voir à l'abri. C'est en leur portant l'ordre d'allonger l'allure, que M. de Castries, sous-lieutenant de dragons, adjoint pour la journée à l'état-major du général, reçoit au front un éclat d'obus, dont il mourut quelques jours après.

On n'entendait plus rien de l'autre côté de la Seine, le combat semblait terminé ; il n'y avait donc plus lieu de continuer une lutte qui allait devenir inégale, car d'instant en instant les forces de l'ennemi ne cessaient de s'accroître ; de nouvelles batteries arrivées au carrefour Pompadour, venaient d'ouvrir un feu terrible... notre artillerie ripostait vigoureusement, mais inférieure en nombre, elle ne parvenait pas à prendre le dessus...

Le général d'Exea ordonne la retraite, et, afin de pré- Ordre de retraite.

venir un mouvement tournant sur notre droite, il envoie entre Maisons-Alfort et la Seine le 3ᵉ bataillon du 6ᵉ de marche pour renforcer nos escadrons de cavalerie qui se trouvaient déjà de ce côté.

Nos colonnes commencent leur mouvement rétrograde, protégées par la batterie de mitrailleuses postée à l'angle des deux chemins de Charenton et de Maisons-Alfort, d'où elle découvre et domine toute la plaine.

La grande route de Charenton étant obstruée, nos troupes ne pouvaient se retirer que par le chemin déjà suivi le matin, de Créteil à Maisons. Ce chemin, généralement bordé de murs, se trouvait par intervalles découvert ; dans un endroit, le mur manquait sur un espace de près de 20 mètres ; l'ennemi ne tarda pas à s'en apercevoir, et dès que la retraite commença, une batterie placée sur le flanc de Montmesly, à 3,000 mètres environ, dirigea son feu sur cette ouverture ; ses premiers coups furent d'abord trop courts, mais le tir ayant été rectifié, tous les obus tombèrent rapides, pressés, juste au milieu de la route à l'endroit découvert ; il n'y avait pas d'autres passages... nos batteries franchissent au grand trot avec intervalle entre les pièces ; cavaliers, fantassins se précipitent par groupes... soit hasard, soit promptitude de la part des nôtres, l'ennemi, malgré la précision mathématique de son tir, nous fait très-peu de mal ; à peine si quelques hommes sont blessés ou contusionnés.

La batterie de mitrailleuses, qui ne se retire qu'après l'abandon du carrefour par nos réserves, traverse également sans encombre le passage périlleux ; la section du génie qui fermait la marche est seule atteinte ; deux obus éclatent au milieu d'elle ; les hommes sont bousculés, jetés à terre, mais au grand étonnement de tous, aucun n'est blessé ; 7 sapeurs seulement sont contusionnés par les roues de la voiture d'outils dont les chevaux effrayés s'étaient emportés.

Les deux derniers bataillons d'infanterie, après avoir évacué le village de Créteil, évitent l'endroit dangereux et passent comme ils peuvent au milieu des arbres renversés de la route de Charenton.

A 11 heures 1/2, toutes nos troupes étaient rentrées à leurs cantonnements.

Nous avions eu :

45 hommes hors de combat.

De Castries, sous-lieutenant de dragons, blessé mortellement.

Briois, capitaine d'état-major, aide de camp du général de Bernis, blessé grièvement au bras (1).

---

(1) Le capitaine Briois avait reçu un coup de feu de la maison du garde au moment où il traversait le chemin de fer de Lyon. Personne ne l'avait vu tomber. Après la retraite, on le chercha vainement ; les Prussiens l'avaient emmené et conduit à Yères, où il resta jusqu'à la fin du siége. A Paris, on le porta comme mort.

# LIVRE IV

## OPÉRATIONS MILITAIRES DES 13ᵉ & 14ᵉ CORPS
### Du 1ᵉʳ au 21 Octobre.

---

## PREMIÈRE PARTIE

---

### EXAMEN DES POSITIONS DÉFENSIVES
#### QUI ENTOURENT PARIS.

Convaincu, dès le 1ᵉʳ octobre, que l'ennemi ne songeait pas à faire une attaque de vive force et prenait au contraire ses dispositions pour nous réduire par la famine, le général Ducrot n'ayant pu décider le Gouverneur à le laisser partir pour organiser la défense en province, ne pensa plus qu'à rechercher les moyens de rompre le cercle d'investissement. Il se mit donc immédiatement à l'œuvre et examina successivement les différentes positions du périmètre de Paris, afin de reconnaître les parties sur lesquelles nous pourrions diriger nos efforts avec le plus de chance de succès.

Comme précédent nécessaire à l'étude de ces positions, nous allons tout d'abord dire un mot des forces dont l'ennemi disposait et comment il s'en servait avant l'action et pendant l'action.

La zone d'investissement avait été divisée par l'état-major allemand en 4 grands secteurs :

Le 1er secteur, Nord-Est, entre Orgemont et Chelles, avait 26 kilomètres d'étendue ;

Le 2e secteur, Est, entre Seine et Marne, depuis Chelles jusqu'à Villeneuve-Saint-Georges, mesurait 17 kilomètres.

Le 3e secteur, Sud-Ouest, entre Villeneuve-Saint-Georges et Bougival, présentait une longueur de 26 kilomètres.

Le 4e secteur, de Bougival à Orgemont, comptait 15 kilomètres.

Cette ligne d'investissement, d'un développement de 84 kilomètres, était occupée par les 3e et 4e armées :

La 3e armée (5e, 6e et 11e corps, 2e corps bavarois) gardait la partie Sud, rive gauche de la Seine.

La 4e armée (corps de la Garde, 4e, 12e corps, division Wurtembergeoise) tenait la partie Nord, rive droite de la Seine.

Le 5e corps était établi sur les hauteurs de Bougival et de Malmaison, la 17e division du 11e corps à Sèvres et Meudon, le 2e corps bavarois et le 6e corps s'étendaient depuis Meudon jusqu'à Choisy-le-Roi.

Le corps de la garde se tenait au nord de Saint-Denis (quartier général Gonesse).

Le 4e corps dans la presqu'île d'Argenteuil, le 12e corps et la division Wurtembergeoise sur les hauteurs de Bondy et dans le grand angle de la Seine et de la Marne.

Tous ces corps composant la véritable armée d'investissement étaient soutenus en arrière par d'autres forces lesquelles, reliées aux lignes du blocus, cherchaient sans cesse à élargir, à agrandir le cercle d'occupation.

Ces forces, qui ont souvent varié, comprenaient : le

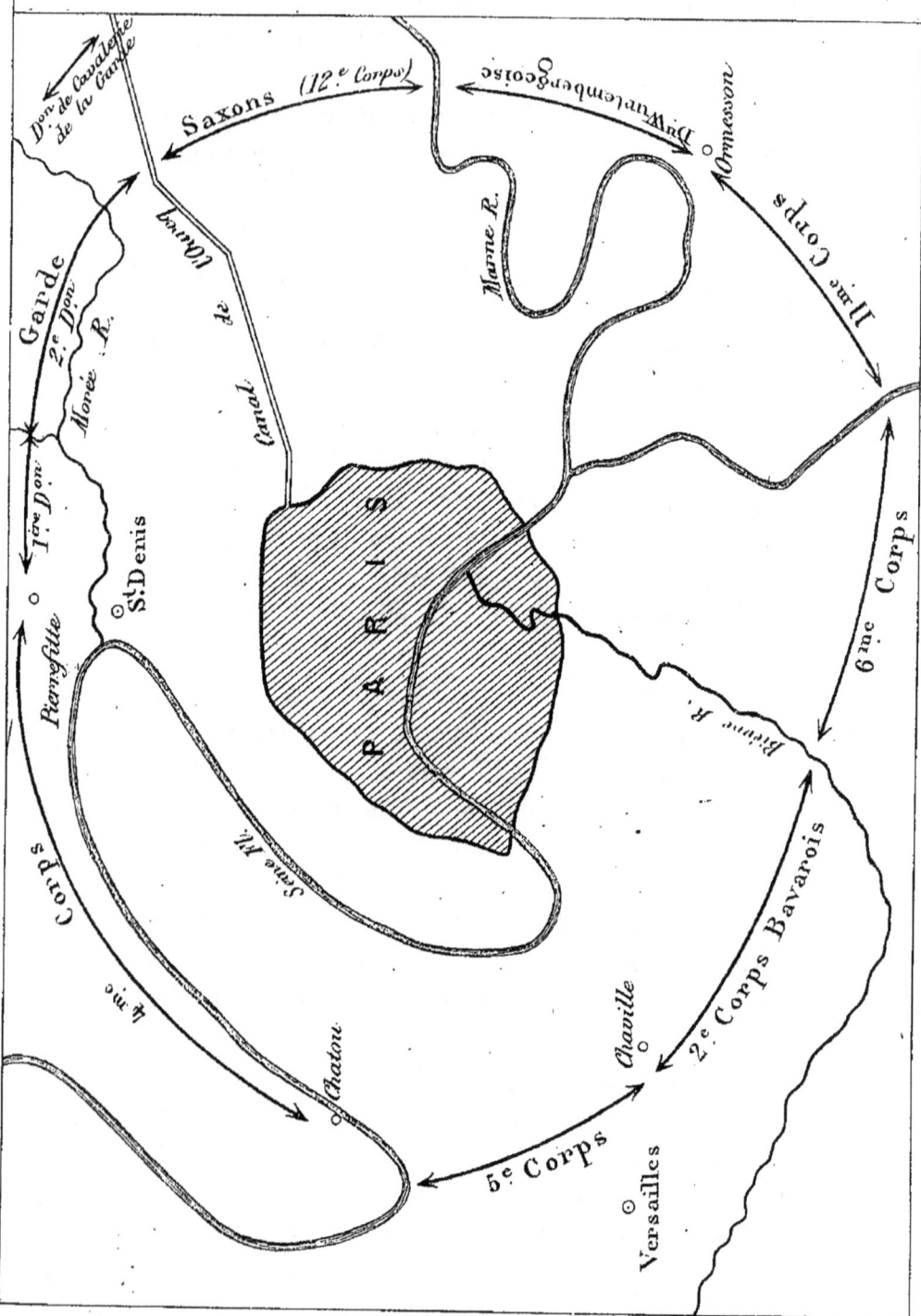

1ᵉʳ corps bavarois (Von der Thann) poussant d'abord jusqu'à Montlhéry puis jusqu'à Orléans ;

La 22ᵉ division détachée du 11ᵉ corps, général de Wittich, s'avançant par Rambouillet, Chartres, Châteaudun ;

Les deux fortes divisions de cavalerie opérant sur Vendôme, Dreux, Vernon.

Au nord également de nombreux et forts détachements de l'armée de la Meuse se dirigeaient vers Luzarches, Senlis...

Ces troupes, qui formaient pour ainsi dire une *immense* et *mobile* ligne de circonvallation, couvraient le blocus contre toute attaque extérieure et faisaient l'importante opération du ravitaillement.

Ainsi défendue et protégée, l'armée de siége proprement dite poursuivait sans crainte d'être prise à dos l'investissement de Paris... Cette ligne d'investissement, d'une étendue de 84 kilomètres, était gardée par 250,000 hommes environ (1) ; soit 3 hommes par mètre courant : c'était plus que suffisant si, tout en utilisant les accidents de terrain, tout en faisant un judicieux usage des travaux rapides, on savait employer et ménager les troupes.

Là où il n'était pas possible de tendre des inondations on avait relié des villages solidement fortifiés par des lignes à intervalles permettant de passer de la défensive à l'offensive... des épaulements de batteries étaient établis sur les flancs ou sur le front... Tout y était préparé, aménagé ; on n'avait qu'à amener les pièces... Ces lignes, ces épaulements, étaient plutôt surveillés que gardés, soit par quelques cavaliers pouvant rapidement prévenir, soit par de très-faibles postes d'infanterie

<small>Lignes d'investissement en pays de plaine.</small>

---

(1) C'est le chiffre de mi-octobre.

occupant des maisons isolées d'où l'on apercevait au loin (1).

<small>Lignes d'investissement sur les hauteurs.</small>

Sur les plateaux les lignes de défense étaient placées non sur la crête, mais en arrière, de façon à recevoir l'ennemi sur un terrain découvert et battu de toutes parts (2). Derrière ces lignes, dites premières lignes, se trouvait à 1,000 ou 1,500 mètres, le *champ de bataille* (2ᵉ ligne) : c'était là que devait se livrer le combat... Au delà, à peu près à la même distance, se développait la 3ᵉ ligne, dite *de retraite*, établie de manière à ce que l'ennemi ne pût la contre-battre en même temps que la première et la deuxième...

Sur la première ligne se tenaient les grand'gardes ; placées pour voir, avertir et non pour combattre. Ces grand'gardes, à l'approche de l'ennemi, se retiraient sur la 2ᵉ ligne.

Le combat était soutenu sur la 1ʳᵉ ligne par quelques compagnies (ordinairement des chasseurs) qui se plaçaient généralement sur les flancs de manière à forcer, par des feux obliques, l'ennemi à déployer ses forces.

Cependant la réserve spéciale et la réserve principale, cantonnées dans des villages en arrière, se portaient sur le champ de bataille (2ᵉ ligne) : les compagnies de chasseurs se retiraient peu à peu pour laisser le combat s'engager par le gros des forces sur un terrain choisi, préparé et battu de tous côtés par des batteries de position (3).

---

(1) On peut dire, d'une manière générale, que l'assiégeant fit plutôt l'investissement avec des *lignes d'obstacles* qu'avec ses troupes dont il fut toujours très-économe ; mais grâce à une surveillance active, ces *lignes d'obstacles* pouvaient être rapidement et fortement occupées.

(2) Ce qui suit était aussi pratiqué pour les pays de plaine.

(3) L'ennemi prit le plus grand soin de ménager ses troupes. La première ligne des grand'gardes se faisant sans feu, par les grands froids, les hommes étaient relevés fréquemment, ce qui assurait encore la sur-

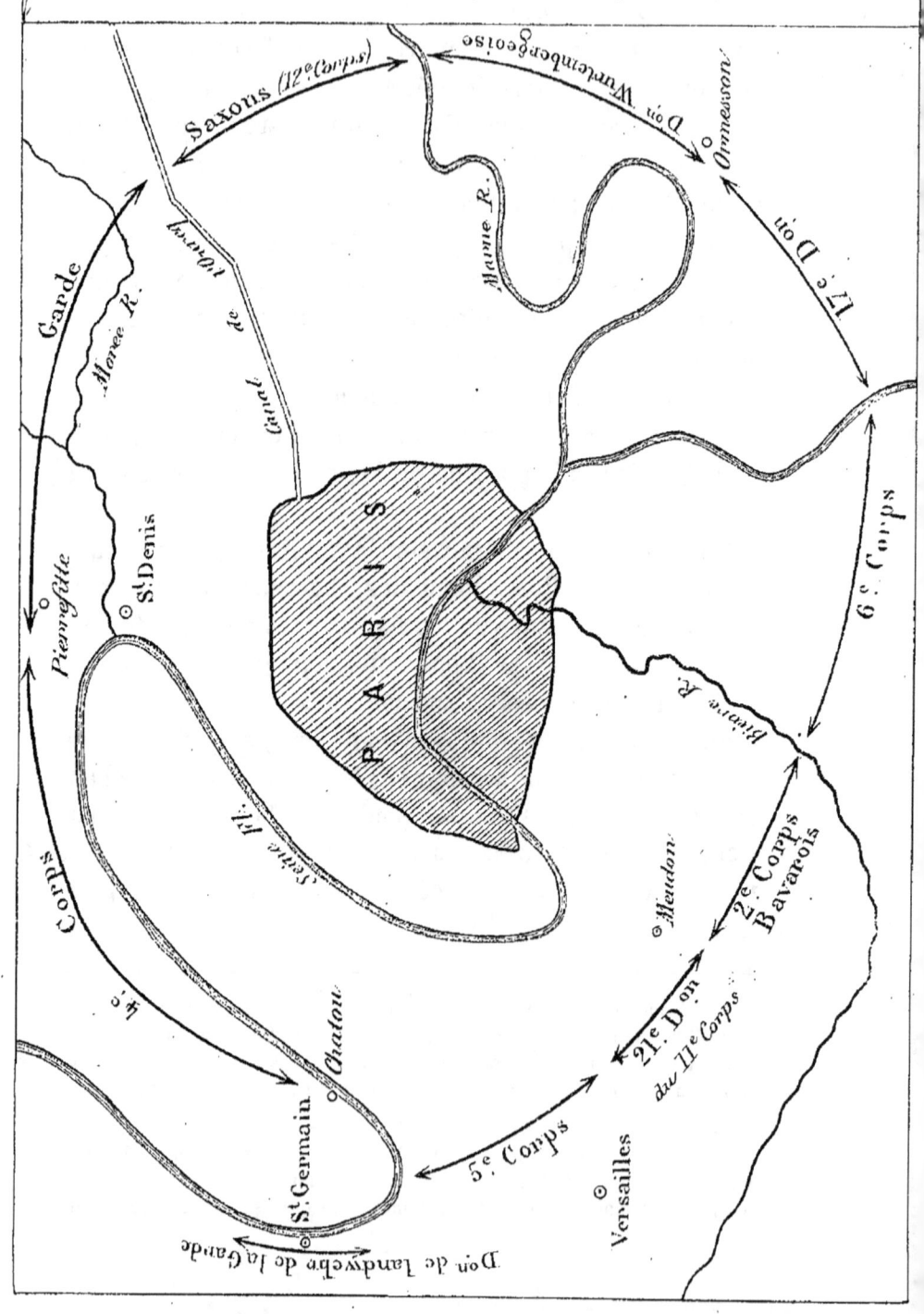

Maintenant que nous connaissons les forces *mobiles* de la ligne d'investissement, nous allons exposer ses forces *fixes*, tant naturelles qu'artificielles :

Chaque zone de terrain formant un ensemble et permettant le déploiement d'une armée ayant été de notre part l'objet d'une étude spéciale, nous suivrons dans cette description le même ordre que dans notre étude; examinant chaque zone au point de vue purement défensif; nous indiquerons les considérations militaires qui pouvaient déterminer à choisir telle ou telle direction.

Notre travail se trouve, par la nature même du terrain, subdivisé de la manière suivante :

1° Hauteurs comprises entre la route de Cherbourg et la vallée de Sèvres;

2° Terrain entre la vallée de Sèvres et la Bièvre;

3° Terrain entre la Bièvre et la Seine;

4° Terrain entre Seine et Marne;

5° Terrain compris entre la Marne et le canal de l'Ourcq;

6° Plaine de Saint-Denis, entre le canal de l'Ourcq et le Rouillon;

7° Hauteurs au nord de Saint-Denis, entre le Rouillon et la Seine;

8° Plaine de Gennevilliers et hauteurs de Sannois-Orgemont.

---

veillance; les groupes de la seconde ligne des grand'gardes, à 50 pas de la 1re environ, étaient abrités dans des maisons; les compagnies de chasseurs se trouvaient également à couvert; les réserves spéciales, les réserves principales étaient cantonnées dans les villages... Les corps occupaient toujours le même emplacement... Les troupes avancées alternaient entre elles pour le service; n'étant pas relevées; elles connaissaient les moindres détails du terrain qu'elles gardaient et observaient, de plus elles n'étaient pas fatiguées par des changements continuels et des allées et venues incessantes.

### 1º Hauteurs comprises entre la route de Cherbourg et la vallée de Sèvres.

De ce côté, la Seine est bordée sur la rive gauche par des pentes assez abruptes, qui s'élèvent immédiatement de 50 à 60 mètres au-dessus du lit du fleuve. Ces coteaux longent la Seine depuis Sèvres jusqu'à Puteaux; au delà de ce village, ils deviennent plus doux, serrent le fleuve de moins près, et vont, en s'abaissant successivement, se perdre dans la presqu'île de Gennevilliers.

Ces pentes limitent à l'est un plateau incliné qui, s'étendant depuis Saint-Cloud jusqu'au-dessus de Rueil et Nanterre, constitue une magnifique position contre Paris; de là on commande la presqu'île de Boulogne et on plonge à bonne portée sur tous les bastions du rempart, depuis le Point-du-Jour jusqu'à la porte Maillot.

Pour s'assurer une position aussi importante, on a construit la forteresse du Mont-Valérien. Établie au sommet d'un mamelon isolé au-dessus de Suresnes, cette forteresse commande non-seulement le plateau sur lequel elle est assise, mais encore une grande partie de la presqu'île de Gennevilliers. Comme elle n'a pas de vues sur le versant qui s'étend entre Garches et Montretout, on avait, dès le début de la guerre, élevé au-dessus de ce dernier village une redoute; armée de quelques pièces, elle devait battre ce versant, et toute la vallée de Villeneuve-l'Etang, que suit la route de Versailles par Vaucresson. Malheureusement on avait cru devoir évacuer cet ouvrage, ainsi que tous ceux commencés à l'extérieur de Paris, et depuis le 24 septembre la redoute de Montretout était occupée par les Prussiens; ce retranchement étant complétement sous le feu du Mont-Valérien, ils n'avaient pu y mettre de l'artillerie, mais il leur servait de poste avancé et d'observatoire.

Pour bien étudier le terrain, le général Ducrot s'était plusieurs fois rendu au Mont-Valérien... de là il avait pu constater que, sous la protection du fort, il était très-possible à une armée de se déployer dans la grande plaine de la Fouilleuse sans être trop inquiétée par l'artillerie; car, bien que cette plaine fût dominée par le plateau de la Bergerie, il eût été difficile aux batteries ennemies de s'établir sur le bord de ce plateau, dominé lui-même par le Mont-Valérien. L'extrême droite de l'armée pouvait plus facilement encore se masser derrière Nanterre, de façon à attaquer de front les premières défenses de la plaine : Malmaison, Bougival, pendant qu'on les tournerait par les hauteurs.

Mais ayant nécessairement pour objectif Versailles, cette armée, dont le déploiement pouvait s'effectuer sans de trop grandes difficultés, allait rencontrer de nombreux et sérieux obstacles; elle se heurtait tout d'abord au plateau de la Bergerie, dont la pente nord est occupée par le parc boisé de Buzenval; entouré de murs en zigzag, donnant des flanquements faciles, ce parc constitue au centre de la position une première ligne de défense des plus sérieuses; l'ennemi, sans cesse à l'œuvre, l'organisait, la complétait... on le voyait élever des ouvrages en terre, construire des blockhaus, creuser des tranchées-abris, etc....

En supposant cette première ligne forcée, et les difficultés eussent été grandes, nos troupes, arrivées sur la crête, se trouvaient aussitôt en présence de batteries, de retranchements, qui, parfaitement défilés du Mont-Valérien, croisaient leurs feux d'artillerie, de mousqueterie sur tout le plateau de la Bergerie. De plus, sur ce même plateau il existait de nombreuses tranchées destinées à conduire les eaux à l'hospice Brezin ; c'étaient autant d'obstacles que l'ennemi avait retournés contre nous ; au delà, enfin, se trouvait le Haras, avec ses longs murs, formant réduit. Qu'on ajoute les tranchées, les batteries, l'organisation défensive des parcs, des maisons, travaux que l'ennemi poursuivait jour et nuit, on pourra juger combien il aurait été difficile, au centre de notre armée, de percer dans cette direction.

Examinons maintenant comment était flanquée à droite et à gauche cette solide position de la Bergerie.

Sur la gauche, la redoute de Montretout enlevée, il aurait fallu nous emparer immédiatement du village de Garches, de manière à tourner les défenses de la pointe du plateau ; mais là, dans cette sorte de bas-fond entre la porte Jaune et le village de Montretout, nous nous trouvions sous le feu des batteries que l'ennemi aurait nécessairement amenées sur les crêtes de Marnes, de Villeneuve-l'Étang, dans le parc de Saint-Cloud ; poussions-nous plus loin sur la route de Rocquencourt, les longs murs du parc de Villeneuve-l'Étang et les défenses multiples organisées sur les flancs des coteaux de Garches formaient une sorte d'étranglement dans lequel il eût été impossible de s'aventurer. Les obstacles réellement insurmontables que présentait ce défilé, étaient encore augmentés par l'hospice Brezin, le château de la Marche, le village de Vaucresson qui, placés en échelons à l'extrémité, barraient et enfilaient la route dans presque toute son étendue.

Notre aile gauche aurait donc rencontré de telles difficultés qu'il lui eût été impossible de les surmonter et de les vaincre.

Sur la droite, les obstacles n'étaient ni moins nombreux ni moins formidables ; nous rencontrions comme première ligne de défense, le ravin profond et encaissé de Saint-Cucufa ; cette ligne, appuyée d'un côté au mur de Longboyau, de l'autre au parc de la Malmaison et à Bougival, soutenue en arrière par des batteries établies sur les pentes qui vont de la Celle-Saint-Cloud à la Jonchère, avec redoute aux châteaux du Butard et de Beauregard, présentait un front infranchissable. Il était bien difficile, sinon impossible, de la tourner par l'extrême droite, car le village de Bougival, véritable couloir entre la Seine et les pentes abruptes de la Jonchère, constituait une position inabordable.

Ainsi, au centre comme aux ailes, notre armée devait se heurter à des défenses presque inaccessibles.

En supposant même qu'elle eût pu, au prix de cruels sacrifices, réussir à franchir cette première ligne et à s'établir sur le plateau, depuis la Bergerie jusqu'à la Celle-Saint-Cloud, elle se serait immédiatement trouvée en présence d'une deuxième ligne tout aussi sérieuse, s'étendant depuis Marnes jusqu'au dessus de Bougival :

Les bois, les parcs, les châteaux, les villages de cet autre plateau constituaient une série de points d'appui solidement organisés, qui eussent infailliblement arrêté nos soldats fatigués, épuisés par un premier et sanglant succès.

Enfin, Versailles, le but de nos efforts, étant le quartier général du Roi, le quartier général des commandements, des princes et de la diplomatie... il était évident que les réserves de troupes y étaient plus nombreuses que partout ailleurs.

Ainsi, en résumé, dans cette première zone, nous nous trouvions non-seulement en présence d'obstacles successifs, toujours de plus en plus sérieux, depuis le parc de Buzenval jusqu'à Versailles, mais là encore, à Versailles, réduit de la grande armée assiégeante, nous allions avoir devant nous des forces considérables pouvant être rapidement soutenues et augmentées.

Une attaque dans cette direction n'avait donc presque aucune chance de réussite, même avec de vieilles troupes; avec celles dont nous disposions, il n'y fallait pas songer.

### 2° Terrain compris entre la vallée de Sèvres et la Bièvre.

Cette deuxième zone était peut-être encore plus difficile à forcer que la première; on peut la subdiviser en deux portions, l'une entre Sèvres et Meudon, l'autre de Meudon à la Bièvre.

*De Sèvres à Meudon.* Depuis Sèvres jusqu'à Meudon, le terrain, fort accidenté, est couvert d'obstacles de tout genre, villages, parcs, bois, remblai du chemin de fer... A toutes ces difficultés locales venaient s'ajouter plusieurs de nos travaux défensifs que les Allemands avaient promptement utilisés : la redoute de Brimborion (appelée par les Prussiens redoute du Prince-Royal), commandait à la fois le débouché du vallon de Sèvres et toute la rive gauche de la Seine jusqu'au Bas-Meudon. La redoute de la Capsulerie (redoute des Chasseurs pour les Allemands) couvrait le plateau de la Capsulerie et la route de Versailles par Bellevue et Chaville; elle était reliée à l'ouvrage ébauché au-dessus de Meudon au moyen d'abatis, de murs crénelés. Cet ensemble, avec la batterie du château de Meudon, formait une ligne de défense formidable.

Tout ce massif boisé était vraiment inaccessible, d'autant que nous avions encore la Seine à franchir dans de très-mauvaises conditions : massées dans la presqu'île de Billancourt, nos troupes eussent été dominées de toutes parts et exposées presque à bout portant au feu de l'ennemi ; de plus, la concavité de la courbe du fleuve étant tournée de notre côté, notre tir aurait été divergent, tandis que celui de l'ennemi serait venu converger sur nos colonnes entassées dans un espace relativement restreint.

Les forts d'Issy, Vanves et Montrouge, construits à peu près à moitié distance entre le plateau de Châtillon et le rempart, s'élèvent au milieu d'une plaine découverte, doucement inclinée, sur laquelle il serait possible de déployer une armée, si on n'avait pas devant soi la forte position de Châtillon, dont nous avions pu apprécier l'importance dans la journée du 19 septembre.

*De Meudon à la Bièvre.*

Les villages de Clamart, Châtillon, Bagneux, sortes de postes avancés établis au pied des glacis du plateau, constituaient une première ligne de défense extrêmement sérieuse ; soutenue en arrière par de nombreuses batteries élevées sur la crête, cette première ligne était encore flanquée à gauche par le canon de la terrasse de Meudon.

Ces obstacles franchis, le plateau abordé, il fallait se rendre maître de la redoute, achevée et organisée très-solidement par l'ennemi ; cet ouvrage enlevé, nous avions à marcher dans une plaine nue, découverte, sans abri, exposés pendant près de trois kilomètres au feu des nombreuses batteries établies à hauteur de Plessis-Piquet, lesquelles se reliaient à droite aux importants travaux défensifs de ce village.

Tourner ce plateau de Châtillon par la route de Toulouse était presque aussi impraticable que de l'attaquer de front, car nous présentions le flanc aux feux croisés de Bagneux, de Plessis-Piquet et de Sceaux.

Il était donc inutile de songer à une tentative sur un point quelconque de cette deuxième zone.

### 3° Terrain compris entre la Bièvre et la Seine.

Tout le terrain en avant de Villejuif est complétement découvert, presque plat ; il se prêterait admirablement aux manœuvres d'une armée.

Mais la tentative faite le 30 septembre contre L'Hay, Chevilly, Thiais, avait prouvé que ces villages étaient solidement fortifiés, et, depuis cette opération, les Allemands ne cessaient de compléter leurs travaux défensifs. De l'observatoire de Villejuif, on les voyait creuser des tranchées reliant les villages et élever de nombreux ouvrages en seconde ligne; ce terrain étant propre à un champ de bataille, l'ennemi voulait être en mesure de résister à toutes les tentatives que nous pourrions faire, soit pour percer, soit pour inquiéter ses communications avec Versailles. La première ligne, déjà très-forte, avec les points d'appui de L'Hay, Chevilly, Thiais, Choisy-le-Roi, était soutenue en arrière par une ligne plus forte encore passant par Fresnes, Rungis, la Belle-Epine, Orly, Villeneuve-le-Roi et Villeneuve-Saint-Georges.

Avant tous ces nouveaux travaux, nous avions pu voir, dans la journée du 30 septembre, combien il était périlleux de s'avancer à découvert contre ces villages, fussent-ils préalablement canonnés par l'artillerie. Nos troupes étaient encore sous l'impression d'un premier échec, il n'eût pas été prudent de les lancer à nouveau dans la même direction. Cependant, malgré ces diverses causes défavorables, le plateau de Chevilly était l'un des champs de bataille possibles autour de Paris.

### 4° Terrain compris entre la Seine et la Marne.

Cette zone peut se subdiviser en deux fractions :

Terrain entre la Seine et Ormesson, terrain entre Ormesson et la Marne.

La première portion comprend la grande plaine qui s'étend depuis Maisons-Alfort jusqu'à Valenton, Brevannes, dans laquelle étaient échelonnés des postes ennemis plus ou moins importants, mais qui tous devaient nécessairement céder devant une attaque sérieuse. *De la Seine à Ormesson.*

Maîtres de la hauteur de Montmesly, nous pourrions y faire avancer des pièces de gros calibre, capables de battre les pentes depuis Limeil jusqu'à Sucy, d'autres batteries établies dans la presqu'île de Saint-Maur appuieraient notre gauche; mais quelle que fût l'efficacité de la canonnade, restait toujours l'abordage des hauteurs; c'est alors que les difficultés commençaient : les pentes extrêmement raides de ces plateaux sont couvertes de parcs, de bois, de jardins, présentant à chaque pas des obstacles successifs; les villages de Valenton, Limeil, Brevannes, Boissy-Saint-Léger, Sucy, établis sur les abords ou les flancs du coteau, donnent de solides points d'appui. Il était douteux que nos troupes pussent enlever cette première ligne ; auraient-elles réussi... qu'arrivées sur le plateau, déjà épuisées, à moitié décimées, elles eussent été arrêtées par une série d'obstacles : tranchées, abatis, batteries ; enfin, au centre même de la position, se trouvait le grand parc de Gros-Bois ; quartier général d'un commandant de corps d'armée, cet immense enclos, fortifié, barricadé, était le lieu de concentration de toutes les réserves du terrain que nous considérons. Dans cette direction, nous n'avions donc aucune chance de succès.

La deuxième portion de cette zone s'étend entre Ormesson et Neuilly-sur-Marne. De ce côté nous possédions la presqu'île de Saint-Maur s'avançant comme un bas- *D'Ormesson à la Marne.*

tion au milieu des positions allemandes; il nous était facile d'y établir de solides batteries pour flanquer notre droite.

La presqu'île de Poulangis était, à la vérité, en partie occupée par l'ennemi, ses avant-postes arrivaient même jusqu'à la Fourche-de-Champigny, mais maîtres du passage près de l'ancien pont de Joinville, nous pouvions facilement prendre pied dans cette presqu'île, refouler les avant-postes prussiens et nous emparer de toute la plaine jusqu'au Tremblay, où une partie de l'armée se déployait.

Le passage de la Marne s'effectuait dans de bonnes conditions; la boucle de la rivière, dont la convexité est tournée vers Paris, est directement commandée par les redoutes de Gravelle, de la Faisanderie, à gauche elle est battue par la belle position de Nogent, par le fort de Nogent, à droite par nos défenses de Saint-Maur; nos feux étaient donc convergents, ceux de l'ennemi divergents. Enfin les arbres de Poulangis, du Tremblay, les bouquets de bois épars dans la plaine, masquaient à l'ennemi l'établissement de nos ponts.

Cette presqu'île semblait donc favorable aux dispositions d'attaque, mais comme elle offrait un front trop resserré pour le déploiement d'une nombreuse armée, il était de toute nécessité d'avoir un autre lieu de passage; l'aile gauche de l'armée, par exemple, opérant vers Neuilly-sur-Marne, pouvait franchir la rivière au coude qu'elle fait en aval de ce village. De cette façon, notre champ de bataille devenait assez étendu. Soutenus au centre par le fort de Nogent et des batteries établies dans le village même, leurs gros projectiles fouilleraient le plateau de Villiers; à droite, nous étions flanqués par l'artillerie de la presqu'île de Saint-Maur; à gauche, par les feux du plateau d'Avron.

Mais là, encore, nous nous trouvions en présence de hauteurs à enlever, hauteurs défendues en arrière par des villages et de grands parcs comme Noisy-le-Grand, Villiers, Cœuilly, Chennevières, solides points d'appui crénelés, fortifiés et se flanquant réciproquement ; puis, en seconde ligne, des bois, des parcs...

Cependant, malgré toutes ces difficultés sérieuses, ce terrain pouvait servir de champ de bataille, et nous être même favorable si notre aile gauche manœuvrant à temps, parvenait à prendre de flanc et à revers les positions attaquées de front par le gros de l'armée.

#### 5° Terrain compris entre la Marne et le canal de l'Ourcq.

Dans cette zone, Paris est protégé par une ligne de hauteurs commandant d'un côté la vallée de la Marne, de l'autre, la grande plaine de Bondy ; sur ces hauteurs ont été bâtis les forts de Nogent, de Rosny, de Noisy, de Romainville, qui étendent la défense assez loin vers l'est, et rendent le bombardement impossible dans cette direction. Les redoutes de Fontenay, de La Boissière, de Montreuil, de Noisy, construites dans les intervalles, battent les versants qui ne sont pas vus par les canons des forts. Des tranchées réunissant tous ces ouvrages rendaient cette position à peu près imprenable...

De ce solide camp retranché, nous pouvions déboucher dans la vallée de la Marne ; le plateau d'Avron, qui s'avance comme un coin dans la plaine, appuyait nos colonnes ; ainsi soutenus, nous enlevions facilement Neuilly, Ville-Evrard, Maison-Blanche ; mais alors se présentait un terrain difficile, resserré, étroit ; non-seulement notre flanc n'était plus protégé par Avron, mais il était entièrement exposé aux batteries ennemies de Montfermeil et de Champs... ; enfin, nous venions nous heurter au mamelon de Chelles, massif triangulaire d'une altitude de 107 mètres, sorte de redan naturel, barrant entièrement la vallée qu'il domine de tous côtés.

Il eût donc été imprudent de s'avancer par cette vallée de Chelles... on aurait éprouvé des pertes considérables sans être récompensé par le succès.

Pour tenter un effort dans cette direction, il eût fallu, préalablement, se rendre maître des hauteurs du Raincy et de Montfermeil ; mais sur ce plateau boisé, semé de villas, de fermes, de châteaux, de parcs aux longs murs, l'ennemi avait accumulé des obstacles multiples ; sur les nombreux points favorables, il avait élevé des batteries se flanquant réciproquement et dont les feux fouillaient les fonds des ravins, les moindres plis de terrain... Il n'y avait aucune croupe, aucun saillant qui ne fût garni d'artillerie, aucun point accessible qui ne fût barré par des murs crénelés, des tranchées, des abatis, des barricades... en un mot, nous savions que c'était une des positions les plus puissantes de l'ennemi, et l'idée ne pouvait venir à personne d'aller s'y briser.

###### 6° Plaine de Saint-Denis.

On appelle plaine Saint-Denis, tout le terrain compris entre Saint-Denis, le Rouillon et le canal de l'Ourcq.

De ce côté, nous avions comme défenses extérieures la place de Saint-Denis, le fort de l'Est, le fort d'Aubervilliers ; les forts de Romainville et de Noisy, qui constituaient les points d'appui de droite de cette grande ligne de défense.

A l'abri de ces forts, une armée pouvait facilement se déployer : elle avait en avant un vaste terrain plat, découvert, ne présentant pour tout obstacle que les deux petits ruisseaux de la Molette et de la Morée, qui coulent parallèlement vers la vallée du Croud, puis vers la Seine.

Le passage de la Molette était défendu par le grand village du Bourget; des batteries établies sur la rive droite de ce cours d'eau, appuyées à droite aux prairies marécageuses du Croud et au village de Dugny, à gauche, aux bois de la Voirie et à la ferme de Nonneville, formaient une première position difficile à enlever; mais cet obstacle, bien qu'augmenté encore par des inondations tendues, n'était pas à comparer avec les difficultés naturelles et artificielles que présentaient les hauteurs des autres portions du périmètre de Paris.

La deuxième ligne, également à Dugny, puis à Aulnai, avait au centre comme point d'appui le Blanc-Mesnil, ainsi que les batteries défendant le Pont-Iblon, sur la grande route de Lille; mais au moyen d'une action d'artillerie formidable nous pouvions réduire au silence toutes ces batteries; de plus, nos débouchés étant nombreux et faciles, il nous était possible d'avoir immédiatement une supériorité numérique très-marquée. Pour défendre tout ce front Nord, le plateau de Bondy compris, il n'y avait que le seul corps de la garde prussienne (quartier général Gonesse), qui ne pouvait être secouru que par le 4ᵉ corps prussien et le 12ᵉ corps saxon; le premier avait à contourner la boucle de la Seine, le second en partie avait à franchir la Marne... Au moyen de diversions, il était permis d'espérer que l'on arrêterait ou retarderait au moins l'arrivée de ces deux corps.

Cette plaine de Saint-Denis pouvait donc être considérée comme le vrai champ de bataille de Paris.

### 7° Terrain au nord de Saint-Denis.

Au nord de Saint-Denis, l'ennemi avait admirablement utilisé les hauteurs qui dominent immédiatement cette ville. Tout ce terrain coupé, mouvementé, rempli de villages, de parcs, de maisons isolées, de bouquets de bois, de fourrés, de jardins, présentait une série de positions dont les Allemands avaient formé un réseau de défenses échelonnées...; de plus, des batteries, des ouvrages établis sur la butte Pinçon, à Groslay, à Enghien, fermaient les vallées où se déroulent : à notre droite, la route de Dunkerque, à notre gauche, celle du Havre.

Sur la gauche de l'ennemi, cette solide position se trouvait flanquée par les inondations du Rouillon et du Croud, par les villages de Stains, de Dugny, reliés entre eux au moyen de tranchées; sur la droite elle avait les batteries d'Orgemont, de Sannois...; ce demi-cercle, allant d'Orgemont à Stains, présentait donc des obstacles multiples, sans cesse renaissants, et soutenus en arrière par le parc d'Enghien et la forêt de Montmorency. De plus, possédant très-peu de terrain en avant de Saint-Denis, nous aurions été obligés de nous concentrer, pour ainsi dire, sous le feu même des positions ennemies.

Une attaque de ce côté ne présentait donc aucune chance de succès.

### 8° Plaine de Gennevilliers.

La dernière zone comprend la presqu'île de Gennevilliers et la presqu'île de Houilles.

A première vue, cette zone semble l'une des plus difficiles.

En effet, les longs circuits de la Seine constituent des barrières successives, derrière lesquelles se trouvent les fortes positions de Saint-Germain et de Maisons-sur-Seine, croisant leurs feux avec les batteries des hauteurs de Cormeil. L'ennemi, comptant sans doute sur les obstacles naturels, avait peu de monde de ce côté. De l'observatoire du Mont-Valérien, où nous découvrions en détail tout ce terrain, l'on n'apercevait que quelques postes, à Carrières, à Bezons, à Argenteuil; quant à la presqu'île de Houilles proprement dite elle était à peine occupée.

Mais les difficultés étaient plus apparentes que réelles: maîtres de toute la presqu'île de Gennevilliers, nous pouvions y établir des batteries de gros calibre; démasquées à l'improviste, elles balayaient les faibles défenses de l'ennemi et nous établissions nos ponts à Bezons... Le passage de la Seine effectué, notre armée se déployait dans la presqu'île de Houilles sans être trop inquiétée... à gauche, le feu du Mont-Valérien retardait les secours venant de Saint-Germain ou même les empêchait de franchir la Seine... à droite, une diversion faite par la vallée de Montmorency, contenait les forces prussiennes de ce côté; de plus, des mouvements de terrain, près le château Le Marais, nous défilaient en partie des feux des batteries de Cormeil.

Une fois maîtres des hauteurs de Cormeil, la plaine qui s'étend jusqu'au confluent de l'Oise nous appartenait, et, marchant rapidement dans cette direction, nous franchissions la rivière avant l'arrivée des réserves ennemies.

La presqu'île de Gennevilliers nous offrait donc un débouché des plus favorables.

D'après ce que nous venons de voir, il n'y avait autour

*Résumé.*

de Paris que quatre champs de bataille sur lesquels nous pouvions tenter une opération avec les moyens dont nous disposions. Ces champs de bataille étaient :

Le plateau de Villejuif,
La presqu'île de Champigny,
La plaine de Saint-Denis,
La presqu'île de Gennevilliers.

Partout ailleurs nous avons constaté que l'ennemi occupait des positions dominantes, couvertes de bois, villages, parcs, reliés, complétés, renforcés par des tranchées, des redoutes, des batteries, de manière à former une sorte de barrière continue et infranchissable.

Voyons maintenant quelles considérations pouvaient déterminer à choisir l'un ou l'autre de ces quatre champs de bataille.

En opérant sur le plateau de Villejuif, pour nous porter vers le sud, nous avions à enlever successivement deux lignes solidement appuyées par de gros villages fortifiés. Déjà nous avions éprouvé un échec en attaquant la première ; les pertes considérables essuyées seraient, nous l'avons dit, une cause d'inquiétude pour nos jeunes soldats : avant tout, il fallait ménager leur moral.

Dans cette direction, nous tombions à la vérité sur les communications de l'ennemi avec Versailles, par les ponts de Choisy-le-Roi, de Villeneuve-Saint-Georges ; c'était important si nous voulions détruire sur place l'armée assiégeante, mais cela n'était que secondaire, si, suivant notre dessein, nous voulions rompre la ligne d'investissement pour donner la main à la province ; de plus, en agissant de ce côté, nous nous heurtions sciemment à des forces accumulées, car, vu leur valeur, ces communications étaient, non-seulement couvertes par de solides ouvrages, mais par de nombreuses réserves; enfin la proximité relative de Versailles permettant aux renforts d'arriver promptement sur le terrain de la lutte, augmentait encore les moyens de résistance de nos ennemis sur cette partie de la zone d'investissement.

Puis, supposant les lignes prussiennes franchies, nous tombions dans un pays ravagé, ruiné à grande distance ; et nous nous jetions sur le gros des forces allemandes, s'étendant jusqu'à Orléans. De ce côté, les chances de succès étaient donc bien faibles.

En débouchant par la presqu'île de Champigny, il était permis de penser que nous surprendrions l'ennemi, pouvant se croire à l'abri derrière la Marne ; mais après un premier succès, quel but aurions-nous? où serait notre point d'appui, notre base d'opérations, si nous n'avions pas l'espoir de rencontrer à peu de distance une armée de secours? Cette éventualité faisant défaut, nous n'aurions aucun moyen de nous ravitailler en vivres, en munitions, et bientôt nous verrions se réunir contre nous toutes les réserves ennemies; alors notre sort n'était pas douteux.

En livrant bataille dans la plaine de Saint-Denis, nous débouchions encore vers le Nord-Est, c'est-à-dire dans la direction de toutes les communications des Allemands ; comme dans le cas précédent, nous serions bien vite en présence de forces importantes, et nous avions les mêmes difficultés de ravitaillement. Nous pouvions, il est vrai, après la première journée, nous rabattre à gauche, tourner les hauteurs de Saint-Denis et chercher à gagner l'Oise; mais alors, pris en flanc par le corps d'armée stationné au nord de Saint-Denis, talonnés par les forces lancées à notre suite, nous courions risque d'être attaqués, mis en désordre avant d'avoir pu atteindre la rivière...

## PLAN DE SORTIE PAR LA BASSE-SEINE.

Il ne restait donc plus à choisir que le quatrième champ de bataille, c'est-à-dire la presqu'île de Houilles.

Se fondant sur ce principe, qu'à la guerre il faut toujours chercher à surprendre son ennemi, et tenter ce qui lui paraît le moins probable, le général Ducrot était d'avance assez disposé à percer par Houilles... Non-seulement de ce côté les troupes d'investissement se trouvaient moins bien établies, moins nombreuses que partout ailleurs, mais de plus... raison dominante, d'ordre supérieur, primant à elle seule toutes les autres considérations... par ce chemin, on gagnait *la Mer*, immense base d'opérations, où, grâce à notre flotte, nous étions inattaquables, et par où allaient affluer dans nos rangs toutes les ressources, tous les approvisionnements de la France et de l'Europe...

Ce projet de sortie, adopté en principe et bien arrêté, le général en chef examina avec le plus grand soin son terrain d'opérations.

Carrières-Saint-Denis, Houilles et Bezons forment un immense triangle isocèle dont Houilles est le sommet.

Le vaste terrain compris entre ces trois points est plan, uni, très-propre au débarquement d'une nombreuse armée; à droite et à gauche il se relève en ondulant, d'un côté vers Carrières-Saint-Denis, de l'autre vers Argenteuil, formant ainsi une immense tête de pont naturelle dont le saillant est marqué par le village de Houilles et dont les deux flancs s'appuient à Carrières et à Bezons.

Nos troupes une fois débarquées, trouvaient donc immédiatement une sorte de port, de havre, qui suffisait à les mettre en partie à l'abri des feux de droite et de gauche.

Quant au point de passage, il se trouvait parfaitement indiqué entre Bezons et le chemin de fer de Rouen.

Dans ce parcours, la rive gauche (rive de départ) domine la rive opposée; de plus, la rive droite ayant une berge en pente douce, permettait un débarquement rapide et facile.

Afin d'augmenter les avantages déjà si grands de ce point de passage, le général en chef projetait une série de redoutes, de batteries établies depuis Rueil jusqu'à Gennevilliers, au moulin des Gibets, à la Folie, à Charlebourg, près de Gennevilliers; il voulait avoir 70 ou 80 bouches à feu du plus gros calibre de marine pour battre toute la presqu'île d'Argenteuil; la forte batterie de marine de Saint-Ouen, dont les projectiles allaient jusqu'à Orgemont, nous prêterait aussi un puissant concours.

Derrière la digue élevée et épaisse qui va de Bezons jusqu'à Villeneuve-la-Garenne, en face de Saint-Denis, on devait établir une série de mortiers destinés à écraser le village d'Argenteuil et ses abords. Une grande quantité de fusées incendiaires mettraient le feu aux nombreux chantiers de bois établis sur les bords de la Seine; de ce côté toute communication serait donc interceptée le long du fleuve.

Le matériel de pontonnerie serait amené par chemin de fer jusqu'à Charlebourg et au delà; une tranchée se reliant avec la digue permettrait de faire circuler toutes les voitures sur le bord du fleuve.

Notre flottille, chargée de jeter les premières troupes de débarquement, devait être mise à flot dans le petit canal derrière l'île Marante, parfaitement à couvert des vues de l'ennemi. Un passage sous la digue, fermé par une porte épaisse et communiquant avec ce canal, nous donnait la facilité de faire notre premier embarquement de troupes complétement à l'abri des feux allemands.

Pendant que la flottille, descendue avant le jour sur Bezons, s'emparerait du village, des wagons blindés, armés de pièces d'artillerie puissantes, s'établissant au bord du fleuve, vers Argenteuil et vers le chemin de fer des Anglais, assureraient la construction des ponts.

Tels devaient être tous les moyens matériels et artificiels mis à notre disposition.

Aurions-nous eu, en effectuant ce passage, à redouter les feux des coteaux de Marly, de Saint-Germain, de Sannois?

Des hauteurs de Marly et de Saint-Germain au chemin de fer de Rouen, point de gauche de notre passage, il y a 6 à 9,000 mètres; de Bezons, point de droite, aux hauteurs de Sannois, la distance varie entre 5 et 8,000 mètres.

Les grosses pièces de Krupp seules pouvaient porter à si grande distance, et il n'était pas probable que les Prussiens en eussent à leur disposition lors de notre sortie; encore aurait-il fallu le temps de les mettre en position; du reste, nous l'avons dit, le terrain en avant du point de passage est très-favorable au défilement, et nos troupes se trouvaient à l'abri par la nature même des lieux.

Le passage effectué, débouchant de notre tête de pont, nous marchions vers Cormeil et Sannois, qui, sans travaux de défense sérieux, n'étaient occupés que par un rideau de troupes; un peu de cavalerie à Houilles et à Cormeil, 2,000 hommes environ d'infanterie entre Sannois, Argenteuil et Carrières-Saint-Denis.

Pendant que le gros de nos forces poussait dans cette direction, 40,000 hommes environ partant de Saint-Denis prenaient à revers les hauteurs d'Argenteuil et de Sannois.

Si cette dernière attaque ne réussissait pas complétement, elle empêchait du moins l'arrivée des renforts de l'ennemi.

Notre droite, comme on le voit, était suffisamment protégée.

Notre gauche et nos derrières étaient également assurés, car, l'ennemi ne pouvant aborder la presqu'île que par un ou deux ponts, se trouvait obligé d'envoyer ses renforts par petites fractions, lesquelles, aussitôt arrivées dans la presqu'île, étaient écrasées par l'artillerie puissante du Mont-Valérien et de toutes les batteries établies dans des positions beaucoup plus rapprochées du fleuve.

La marche de notre armée s'effectuait rapidement dans la presqu'île d'Argenteuil, dont le terrain est généralement praticable à l'infanterie, à la cavalerie, et où une multitude de chemins vicinaux rayonnent en tous sens. Le plateau de Sannois se trouve également traversé par une bonne route sur laquelle viennent s'embrancher plusieurs chemins ou sentiers transversaux pour le passage d'un versant à l'autre; enfin, parallèlement à la grande route de Pontoise, il y a un chemin de moyenne communication qui passe par Montigny-lès-Cormeil.

Un équipage complet de pontons sur voitures qui devait nous suivre, nous permettait de jeter rapidement sur la rive droite de l'Oise des forces suffisantes pour assurer ce nouveau passage de rivière.

Il n'y avait donc à redouter aucun encombrement pour arriver à la Patte-d'Oie d'Herblay, et de là jusqu'à Pontoise.

Une fois hors du cercle ennemi, notre armée marchait

par la rive droite de la Seine et gagnait Rouen en suivant les deux routes nationales qui, de Pontoise, se réunissent à Écouis, la première par Marines, Gisors, Étrepagny ; la deuxième par Magny-Saint-Clair ; cependant un gros de cavalerie avec de l'artillerie suivait la grande route qui longe la Seine et faisait sauter les ponts.

En avant de Rouen, l'armée de Paris, après avoir fait face en arrière, s'étendait sur les deux magnifiques plateaux de Boos et de la forêt du Rouvray ; couvertes par la Seine et l'Andelle, ces positions, reliées à Rouen par les trois ponts de Blosseville, Tourville, d'Orival, sont pour ainsi dire inexpugnables.

Là, nous arrivaient par eau les renforts d'hommes, de chevaux, des munitions et approvisionnements de toutes sortes.

L'armée de la Loire, laissant un rideau de troupes entre l'Eure et la Loire, faisait filer par les voies ferrées du Mans tout le gros de ses forces à Pont-Audemer, Lisieux, Caen, Cherbourg. Les troupes de Pont-Audemer, de Lisieux, de Caen se reliaient à notre droite ; les troupes de Cherbourg, embarquées sur notre flotte, arrivaient à Rouen, au Havre, à Saint-Valéry, Dieppe, pour appuyer notre gauche. Avec ce qui nous serait envoyé des places du Nord, auxquelles nous donnions la main, nous pouvions réunir entre Dieppe, Rouen et Caen près de 250,000 hommes.

La jonction faite, c'était presque une victoire, très-probablement suivie de véritables succès. Car avec de telles forces, il est permis de penser, sans être accusé de présomption, que nous serions venus à bout de là moitié de l'armée assiégeante lancée à notre poursuite.

Le général Ducrot venait de terminer son examen des positions à prendre pour mener à bien ce plan de sortie par la Basse-Seine, quand il apprit, le 7 octobre, que M. Gambetta était parti en ballon le matin même, pour aller organiser la défense en province, mission que le général avait vainement sollicitée.

Il se rendit immédiatement chez le Gouverneur, et, en présence du général Schmitz, son chef d'état-major, il exposa son projet, qui fut complètement approuvé par le général Trochu, lequel ajouta : « J'aime mieux te voir « sortir ainsi qu'en ballon. »

# DEUXIÈME PARTIE

## OPÉRATIONS DU 13ᵉ CORPS D'ARMÉE
### Du 1ᵉʳ au 21 Octobre.

Le 13ᵉ corps d'armée avait à garder tout le front Sud et le front Est de Paris, depuis Bas-Meudon jusqu'à Rosny. Cette étendue était tellement considérable, que le général Vinoy avait laissé une indépendance assez grande au général d'Exea, chargé de couvrir toute la portion comprise entre Rosny et la Seine avec la 1ʳᵉ division du corps d'armée. Quant au général Vinoy, avec ses 2ᵉ et 3ᵉ divisions, il se réservait la défense du front Sud depuis la Seine jusqu'au Bas-Meudon.

Nous allons exposer successivement les opérations qui ont eu lieu sur chacun des fronts Sud et Est.

# CHAPITRE I<sup>er</sup>.

### OPÉRATIONS DES 2<sup>e</sup> ET 3<sup>e</sup> DIVISIONS DU 13<sup>e</sup> CORPS

(Du 1<sup>er</sup> au 21 octobre).

*Travaux des Prussiens sur le plateau de Chevilly.*

Afin de prévenir une nouvelle attaque contre Thiais, Chevilly, L'Hay, Choisy-le-Roi, abordés par nous le 30 septembre, les Prussiens créèrent des obstacles multiples autour de ces villages.

Le 1<sup>er</sup> octobre, ils firent sauter la ferme de la Saussaye, qui, peu défendable, nous facilitait, une fois entre nos mains, l'attaque de Chevilly; ils creusèrent une longue tranchée reliant L'Hay, Chevilly, Thiais, de manière à former une ligne continue depuis la Bièvre jusqu'à la Seine; présentant des saillants, des rentrants, cette ligne avait pour points d'appui et de résistance les divers villages désignés ci-dessus, dont les défenses étaient extrêmement solides.

*Opérations défensives du plateau de Villejuif.*

De notre côté, les travaux commencés sur le plateau de Villejuif se poursuivaient activement, sous la direction du commandant du génie Mengin (1). La redoute des Hautes-Bruyères fut bientôt en état et armée de 6 pièces de 12 fournies par la réserve d'artillerie du 13<sup>e</sup> corps; en arrière, des chemins encaissés furent disposés, aménagés comme postes-abris pour les réserves; une tranchée armée d'une batterie de 6 mitrailleuses relia les Hautes-Bruyères à Villejuif; solidement organisé, ce village, dont une forte barricade défendait la Grande-Rue, communiqua au Moulin-Saquet par une ligne de défense formée de murs crénelés et de tranchées.

---

(1) Cet officier supérieur était attaché à la division de Maud'huy.

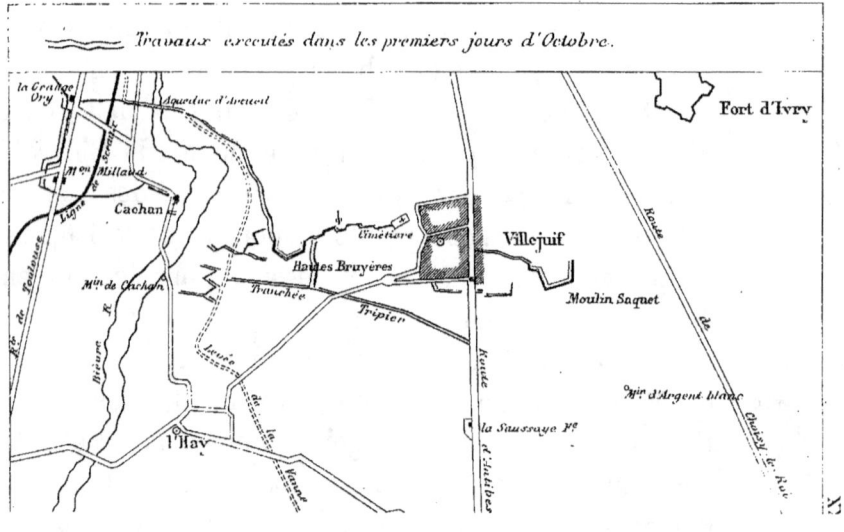

Dans cette redoute de Moulin-Saquet, les travaux, bien que poussés avec activité, ne purent, vu leur importance, être terminés aussi promptement qu'on l'aurait voulu ; il y avait, entre autres, plusieurs traverses à construire pour défiler les défenseurs des coups du plateau du Moulin-d'Argent, qui était un peu plus élevé. Moins bien armé que les Hautes-Bruyères, le Moulin-Saquet n'avait que 4 pièces de 12.

Une série d'ouvrages considérables furent encore entrepris de ce côté par le général du génie Tripier (1). Frappé des pertes éprouvées par nos troupes le 30 septembre, en marchant à découvert contre les villages de L'Hay, Chevilly, Thiais, etc., cet officier général résolut d'employer le système d'ouvrages de contre-approche si admirablement utilisé par les Russes à Sébastopol ; ayant jugé par lui-même pendant ce siège mémorable des résultats obtenus, il voulut exécuter en avant de nos positions des travaux analogues qui nous permettraient de marcher à l'ennemi en nous défilant au moyen de parallèles et de tranchées successives.

Approuvé par le Gouverneur (2), le général Tripier s'entendit immédiatement avec le commandant du 13ᵉ corps, pour l'exécution des ouvrages depuis Vitry jusqu'au fort de Montrouge. Mais avant de les commencer, il fallait gagner un peu de terrain dans la vallée de la Bièvre, se rendre maîtres de différents points, tels que Cachan, maison Plichon ou Millaud (3).

L'occupation de Cachan est confiée au colonel de La Mariouse, du 35ᵉ de ligne, qui, depuis la mort du général

Occupation de Cachan.
(7 octobre.)

---

(1) Le général Tripier, appartenant au cadre de réserve, s'était trouvé enfermé dans Paris.

(2) Voir aux pièces justificatives, nº XXIX.

(3) Cette maison se trouve à la jonction des routes d'Orléans et de Bagneux.

Guilhem, commandait provisoirement la brigade 35ᵉ-42ᵉ.

Le 7 octobre, au matin, ces deux régiments se portent sur Cachan, les avant-postes ennemis n'opposent aucune résistance et se retirent du village que nous mettons immédiatement en état de défense; cependant on construit une tranchée pour relier la redoute des Hautes-Bruyères à l'aqueduc d'Arcueil; poursuivie les jours suivants, cette tranchée fut poussée jusqu'à la Grange-Ory, grande fabrique située sur la route d'Orléans, et que nous avions déjà fortifiée.

*Enlèvement de la maison Plichon ou Millaud. (10 octobre.)*

L'enlèvement de la maison Plichon ou maison Millaud est confiée aux mobiles de la Côte-d'Or, soutenus par la brigade de La Mariouse.

Le 10 octobre, à la tombée de la nuit, le régiment de la Côte-d'Or s'avance en colonne jusqu'à la Grange-Ory; là il attend que le fort de Montrouge ait suffisamment battu son objectif... quelques obus ayant atteint la maison Plichon, les mobiles marchent rapidement sur elle et le poste prussien qui l'occupait se retire sans chercher à résister. Aussitôt les murs sont crénelés; en même temps on creuse une tranchée, reliant cette habitation au remblai du chemin de fer de Sceaux à Cachan, un autre boyau est poussé jusqu'à une carrière située à peu de distance sur la droite. Dès le lendemain, tous ces travaux sont assez avancés pour permettre de soutenir vigoureusement une attaque; mais rien ne se présente, et ce poste, que nous avons toujours conservé, est solidement organisé, ainsi que tous les autres points, sous la direction du commandant du génie Guyot (1).

Bien qu'il n'y ait eu que quelques coups de fusil

---

(1) Cet officier appartenait à la division d'Exea; il avait été momentanément détaché pour l'exécution de ces travaux.

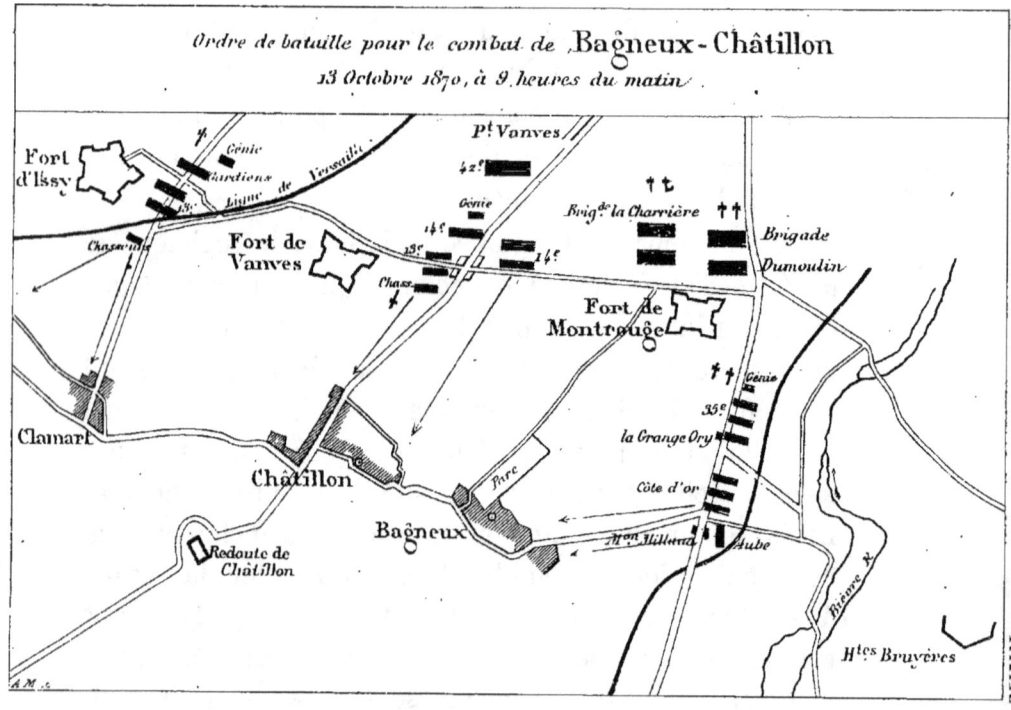

échangés, cette affaire bien conduite, vigoureusement exécutée, donna aux mobiles de la Côte-d'Or un certain renom dont ils se montrèrent constamment dignes.

Pendant que s'exécutait cette opération, le général commandant le 13ᵉ corps reçut du Gouverneur une longue lettre (1), l'informant que, par suite de renseignements venus de sources diverses, il était amené à croire que l'ennemi faisait des rassemblements de troupes considérables sur le front Sud de Paris et qu'il se préparait à une attaque.

<small>Le Gouverneur croit à une attaque de l'ennemi pour le 14 octobre</small>

On approchait du 14 octobre, anniversaire de la bataille d'Iéna, il était permis de penser que les Allemands choisiraient ce jour-là pour faire une tentative sérieuse. Afin de parer à toute éventualité, le général Trochu indiquait au général commandant le 13ᵉ corps toutes les dispositions à prendre et lui annonçait l'envoi d'une division du 14ᵉ corps (division de Caussade) et de plusieurs batteries d'artillerie pour renforcer ses positions.

Il lui prescrivait, en même temps, de pousser les travaux de défense avec la plus grande activité sur tout son front.

### COMBATS DE BAGNEUX-CHATILLON.

(13 octobre).

D'après de nouveaux et derniers avis, le général Trochu fut amené à croire que le mouvement de concentration opéré les jours précédents du côté de Choisy-le-Roi et sur tout le front Sud avait pour objet de dissimuler l'envoi en province d'une partie des troupes assiégeantes et de cacher l'affaiblissement momentané

<small>Ordre d'exécuter une reconnaissance offensive sur Châtillon.</small>

---

(1) Voir aux pièces justificatives, n° XXX.

de la ligne de blocus. Mais n'ayant rien de positif, et voulant être complétement éclairé sur les forces, les positions, les ressources de l'ennemi, il ordonna, dans la nuit du 12 au 13 octobre, au général Vinoy, de pousser une reconnaissance offensive sur Châtillon (1).

Le général Blanchard, commandant la 3ᵉ division, dont le quartier général était au lycée de Vanves, ne put être prévenu qu'à deux heures du matin, et les deux commandants de brigade de La Mariouse et de Susbielle ne furent informés qu'à quatre heures.

A la pointe du jour, le général Vinoy se rend au fort de Montrouge, où il arrête, avec le général Blanchard, les dispositions d'attaque.

<small>Dispositions d'attaque.</small>

A droite, le lieutenant-colonel Pottier, commandant le 13ᵉ de marche, doit s'avancer sur Fleury et Clamart avec une compagnie de chasseurs, les 1ᵉʳ et 2ᵉ bataillons du 13ᵉ, 5 compagnies de gardiens de la paix, une batterie d'artillerie, une section du génie.

Au centre, le général de Susbielle, avec le 14ᵉ de marche et le 3ᵉ bataillon du 13ᵉ, a pour objectif Châtillon. Ces troupes ont comme réserve le 42ᵉ de ligne et le 3ᵉ bataillon de l'Aube, établis au Petit-Vanves.

A gauche, le colonel de La Mariouse se portera sur Bagneux avec le régiment des mobiles de la Côte-d'Or et le 1ᵉʳ bataillon des mobiles de l'Aube ; le 35ᵉ de ligne, placé derrière la Grange-Ory avec un détachement de 40 sapeurs du génie, sert de soutien.

La brigade de La Charrière, de la division de Caussade, doit prendre position entre Bagneux et la maison Millaud, pour contenir les troupes établies à Bourg-la-Reine.

La brigade Dumoulin, venue des Hautes-Bruyères,

---

(1) Voir aux pièces justificatives, n° XXXI.

restera en réserve derrière le fort de Montrouge, prête à porter des renforts aux diverses parties de la ligne.

Enfin, le régiment de mobiles de la Vendée forme extrême réserve.

C'était un ensemble de 25,000 hommes avec plus de 80 pièces d'artillerie, ayant pour objectifs principaux Châtillon et Bagneux; les attaques dérivées sur Fleury et Clamart à droite, à gauche, du côté de Bourg-la-Reine, n'étaient que des diversions pour surveiller les mouvements de l'ennemi, et, au besoin, les contenir.

A 9 heures du matin, le signal de l'attaque est donné par deux coups de canon tirés du fort de Vanves.

<small>Colonne de gauche. — Combat de Bagneux.</small>

Le fort de Montrouge couvre de ses boulets les premières maisons de Bagneux; les obstacles en partie renversés, nos mobiles s'élancent de la maison Millaud au pas de course; ceux de la Côte-d'Or, 3ᵉ bataillon en tête, marchent vers l'entrée de Bagneux, ceux de l'Aube se dirigent vers les maisons de gauche de ce village.

Ils parcourent intrépidement plus d'un kilomètre, sous la fusillade de Bagneux et de Fontenay, qui les prend de front et de flanc. Mais nos jeunes mobiles profitant de tous les couverts du terrain : carrières, haies, fossés, arrivent sans grandes pertes à la lisière de Bagneux; ils s'emparent de quelques maisons, de la première barricade, et engagent avec l'ennemi un feu très-vif.

Le 35ᵉ de ligne, massé derrière la Grange-Ory, se rapproche, attendant le moment de se jeter dans la mêlée.

A droite de ce régiment prennent position les deux batteries, 4ᵉ du 12ᵉ, 4ᵉ du 13ᵉ, qui ouvrent le feu sur Châtillon et les maisons situées entre ce village et Bagneux.

Le 3ᵉ bataillon de la Côte-d'Or (commandant d'Andelarre), bientôt appuyé par le 2ᵉ (commandant Dicrolf), enlève de nouvelles barricades dans Bagneux; mais les Prussiens dont le nombre s'accroît rapidement, opposent une énergique résistance; nos mobiles avancent lentement, péniblement et perdent beaucoup de monde; le 2ᵉ bataillon du 35ᵉ de ligne (commandant, capitaine Bernard) reçoit l'ordre d'appuyer leur attaque.

Ce bataillon, accompagné du détachement du génie (lieutenant Montès), sans se laisser émouvoir par le feu de flanc des premières maisons de Châtillon et le feu direct d'une barricade de Bagneux, se porte résolûment sur la partie droite de ce dernier village; mais il se trouve arrêté par des jardins entourés de murs, les portes solidement barricadées résistent aux efforts de nos hommes... heureusement, cette fois nous avons des outils, les sapeurs brisent les portes à coups de hache, et tout le bataillon se jette dans ces enclos, où il est presque complétement à couvert des feux de l'ennemi, grâce à une longue muraille, qui, bordant le chemin de Fontenay-aux-Roses, nous défile de Châtillon; les clôtures parallèles sont percées ou renversées, et le bataillon, sans faire des pertes sensibles, gagne les maisons de l'intérieur de Bagneux.

A la vue des braves soldats de la ligne, surgissant inopinément au milieu du village, les mobiles retrouvent leur ardeur, ils vont de l'avant et enlèvent de nouveaux obstacles.

Cependant un certain nombre de tirailleurs ennemis, postés dans des maisons, résistent énergiquement et nous tuent du monde; le capitaine Bernard, commandant le 2ᵉ bataillon du 35ᵉ, demande des hommes de bonne volonté pour aller les déloger; un grand nombre s'offrent; mais déjà quelques soldats intrépides se sont élancés; rasant les murs, ils parviennent jusqu'aux maisons oc-

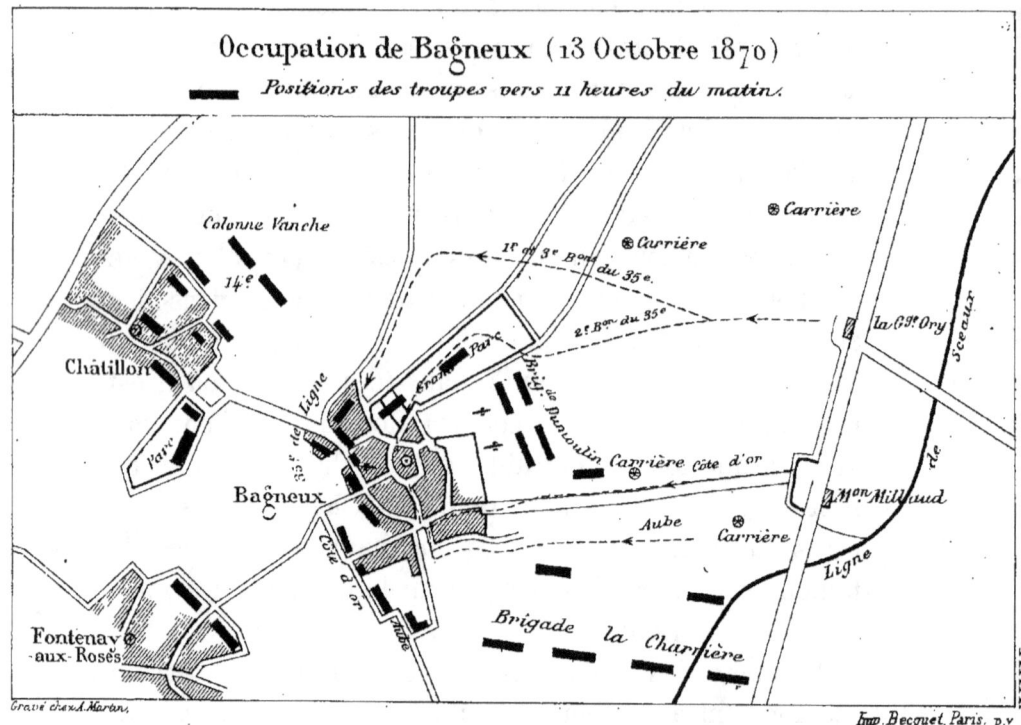

cupées, dont ils enfoncent les portes : le soldat Le Gouil, avec deux de ses camarades, pénètre dans l'une d'elles, y trouve une dizaine de Prussiens et les fait prisonniers.

Le soldat Gletty entre seul dans une maison : trois Bavarois se dressent devant lui, il fonce sur eux à la baïonnette et les force à mettre bas les armes, les autres tirailleurs se sauvent au plus vite et rien ne s'oppose plus à la marche du 2ᵉ bataillon du 35ᵉ, qui, le capitaine adjudant-major Proal en tête, débouche sur la place de l'Église, pendant que les mobiles du colonel de Grancey y pénètrent par la grande rue.

A la gauche, l'attaque des mobiles de l'Aube avait également réussi; mais le succès était chèrement acheté; leur brave commandant, le comte de Dampierre, avait été mortellement frappé, en enlevant la dernière barricade.

Bagneux en notre pouvoir, nous nous y établissons solidement : toutes les issues, toutes les rues sont barricadées, deux batteries pénètrent jusqu'à la place de l'Église, prêtes à balayer les débouchés. *Occupation de Bagneux.*

Pendant que l'on prend rapidement ces premières mesures, la fusillade continue avec les groupes ennemis, qui, chassés du village, se sont répandus dans les jardins, les maisons isolées entre Bagneux et Châtillon. Pour en finir avec cette résistance opiniâtre, des pièces de 4 braquées dans des ouvertures pratiquées aux murs tirent vigoureusement sur ces maisons.

En même temps, ordre est donné au lieutenant-colonel Le Cerf (du 35ᵉ) de se porter en avant avec les 1ᵉʳ et 3ᵉ bataillons, de déloger les tirailleurs de leurs abris, et de se réunir au capitaine Bernard sur la route de Bagneux à Châtillon.

Le lieutenant-colonel du 35ᵉ, précédé de deux compagnies en tirailleurs, se met en marche, mais, arrêté par des difficultés de terrain : des haies, des murs successifs, etc... pris de flanc par la fusillade des premières maisons de Châtillon, il est contraint de se rabattre sur la droite de Bagneux.

<small>Répartition des troupes.</small> Ce village se trouve alors occupé par 3 bataillons de mobiles de la Côte-d'Or, un bataillon des mobiles de l'Aube et les 3 bataillons du 35°; ces troupes sont soutenues en arrière par la brigade Dumoulin (9° et 10° de marche).

Deux bataillons du 9° (1$^{er}$ et 2°) se sont avancés jusqu'aux premières maisons de Bagneux; le 3° est en soutien près de l'artillerie.

Le 10° s'est également porté en avant; son 1$^{er}$ bataillon (commandant Allard) a pénétré en partie dans le village, où il aide le 35° à faire prisonniers les Bavarois cachés dans les maisons et les caves; une portion du 2° bataillon va occuper le grand parc; le 3° bataillon reste en soutien de batterie derrière Bagneux. La brigade de La Charrière est venue prendre position entre Bagneux et la route de Sceaux, face à Bourg-la-Reine.

Malgré des tentatives réitérées, nous ne parvenons pas à sortir de Bagneux; dans le haut du village les mobiles sont arrêtés par les feux des parcs entre Bagneux et Châtillon; sur la droite, le 35°, dès qu'il veut déboucher, est rejeté en arrière par la mousqueterie de Châtillon. Il était impossible de rien tenter avant la prise de ce dernier village qui nous prenait de flanc et à revers; dès lors nos troupes tout en se maintenant dans les positions conquises, se bornent à échanger des coups de fusil avec les tirailleurs ennemis, postés dans les maisons et enclos couvrant tout le terrain entre Châtillon et Fontenay-aux-Roses.

Dans ce combat de Bagneux, le 35° de ligne et les mo-

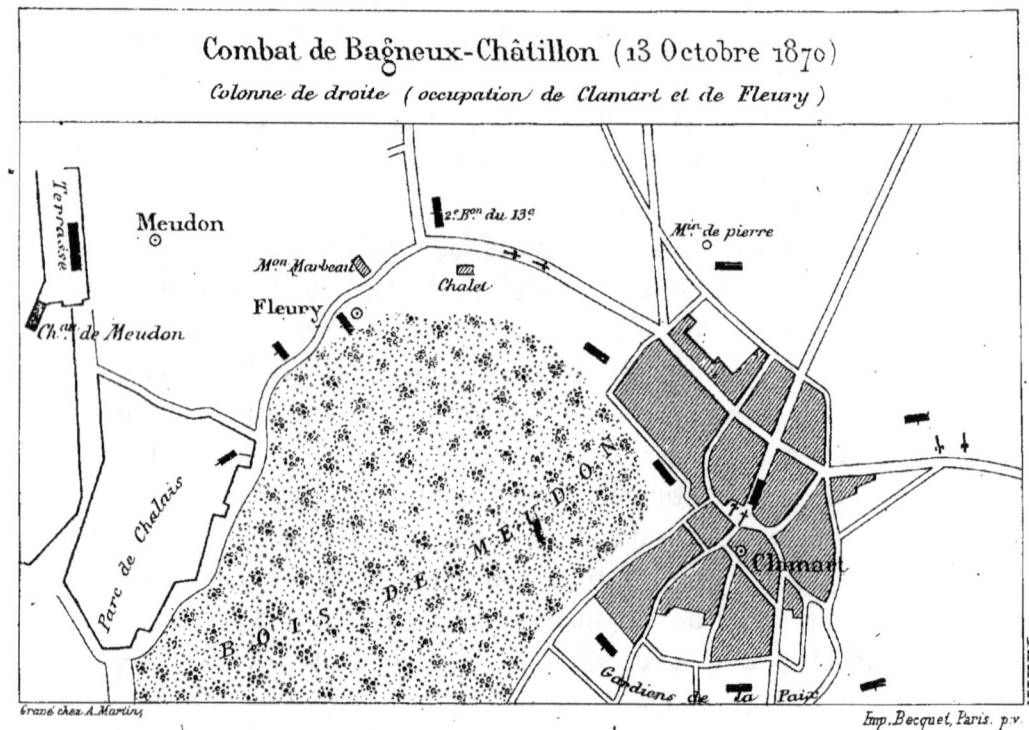

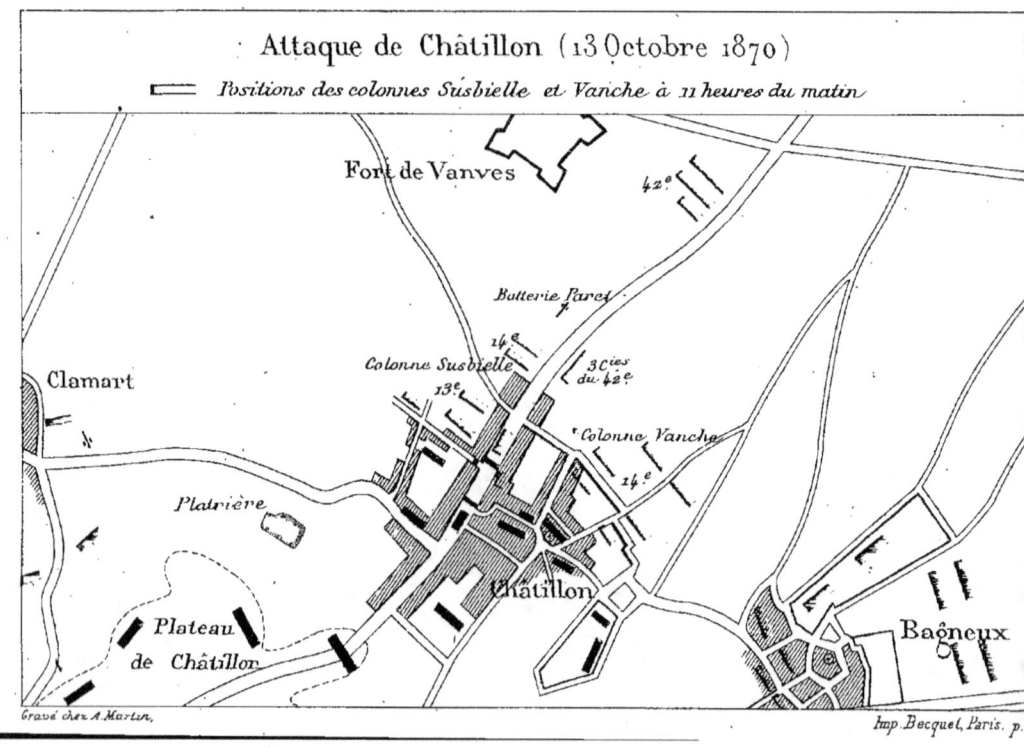

biles avaient fait une centaine de Bavarois prisonniers, dont deux officiers blessés.

A l'extrême droite, le lieutenant-colonel Pottier, avec les deux bataillons du 13ᵉ et 500 gardiens de la paix, s'empare de Clamart sans coup férir, puis refoulant les avant-postes ennemis jusque sur les pentes du plateau de Châtillon, il détache vers sa droite le 2ᵉ bataillon du 13ᵉ de marche (commandant Besson) pour contenir les forces ennemies du côté de Meudon. — Arrivé à Fleury, ce bataillon envoie des reconnaissances dans les bois environnants : l'ennemi n'est aperçu que sur la terrasse du château de Meudon.

*Colonne de droite.*
*Attaque de Clamart.*

Les carrefours, les maisons du haut Clamart, occupés avec le concours des gardiens de la paix, ne tardent pas à être attaqués par de nombreux tirailleurs embusqués dans les bois. Notre artillerie entre en action : deux pièces sur la route de Clamart à Châtillon, deux sur la route de Clamart à Fleury, battent les crêtes (1). Ainsi soutenus, nos soldats gagnent du terrain, repoussent l'ennemi jusque sur le plateau de Châtillon et parviennent à se maintenir sur les pentes à 800 mètres environ au delà de Clamart ; là ils se relient à une compagnie du 3ᵉ bataillon de leur régiment (13ᵉ) qui opérait sur Châtillon avec la colonne du centre sous les ordres du général de Susbielle.

Cependant, le détachement du génie adjoint à la colonne du colonel Pottier ne reste pas inactif ; dirigé par le sergent-major de la compagnie, il met Clamart en état de défense, ouvre des passages dans les barricades, et pratique un chemin de retraite à travers les murs et les clôtures.

---

(1) Les deux autres pièces sont en réserve sur le plateau de Clamart.

**Colonnes du centre.**

**Combat de Châtillon.**

Au centre le général de Susbielle avait formé deux colonnes pour attaquer Châtillon.

La première, forte des 2ᵉ et 3ᵉ bataillons du 14ᵉ de marche, sous les ordres du lieutenant-colonel Vanche, commandant ce régiment, a pour objectif la gauche du village du côté de Bagneux.

La deuxième, comprenant une compagnie du 18ᵉ bataillon de chasseurs à pied, capitaine Palach, le 3ᵉ bataillon (49ᵉ) du 13ᵉ de marche, commandant de Poulpiquet, le 1ᵉʳ bataillon (55ᵉ) du 14ᵉ de marche, commandant Mowat-Bedfort, une batterie d'artillerie, capitaine Paret, une section du génie, capitaine de La Taille, doit enlever la partie centrale de Châtillon ; cette colonne est sous les ordres directs du général de Susbielle qui prend les dispositions suivantes :

En tête, deux pièces d'artillerie masquées par une maison, sont établies sur la droite de la route à hauteur du fort de Vanves ; derrière, la compagnie de chasseurs à pied, puis la moitié du 3ᵉ bataillon du 13ᵉ de marche et la section du génie.

En seconde ligne, le second demi-bataillon du 13ᵉ et le reste de la batterie... Ces dernières pièces doivent préparer ou appuyer les mouvements du 1ᵉʳ bataillon du 14ᵉ de marche si l'on trouve jour à le lancer à droite ou à gauche quand la tête de colonne aura engagé l'action.

**Attaque de Châtillon.**

A 9 heures, au signal convenu, le général de Susbielle fait ouvrir le feu, par les deux pièces de l'avant-garde, sur les premières maisons de Châtillon ; presque aussitôt l'ennemi les abandonne ; lancés en avant, les chasseurs s'en emparent ; mais ils sont arrêtés par une barricade A élevée à l'intersection de la rue principale avec une autre rue venant de l'ouest.

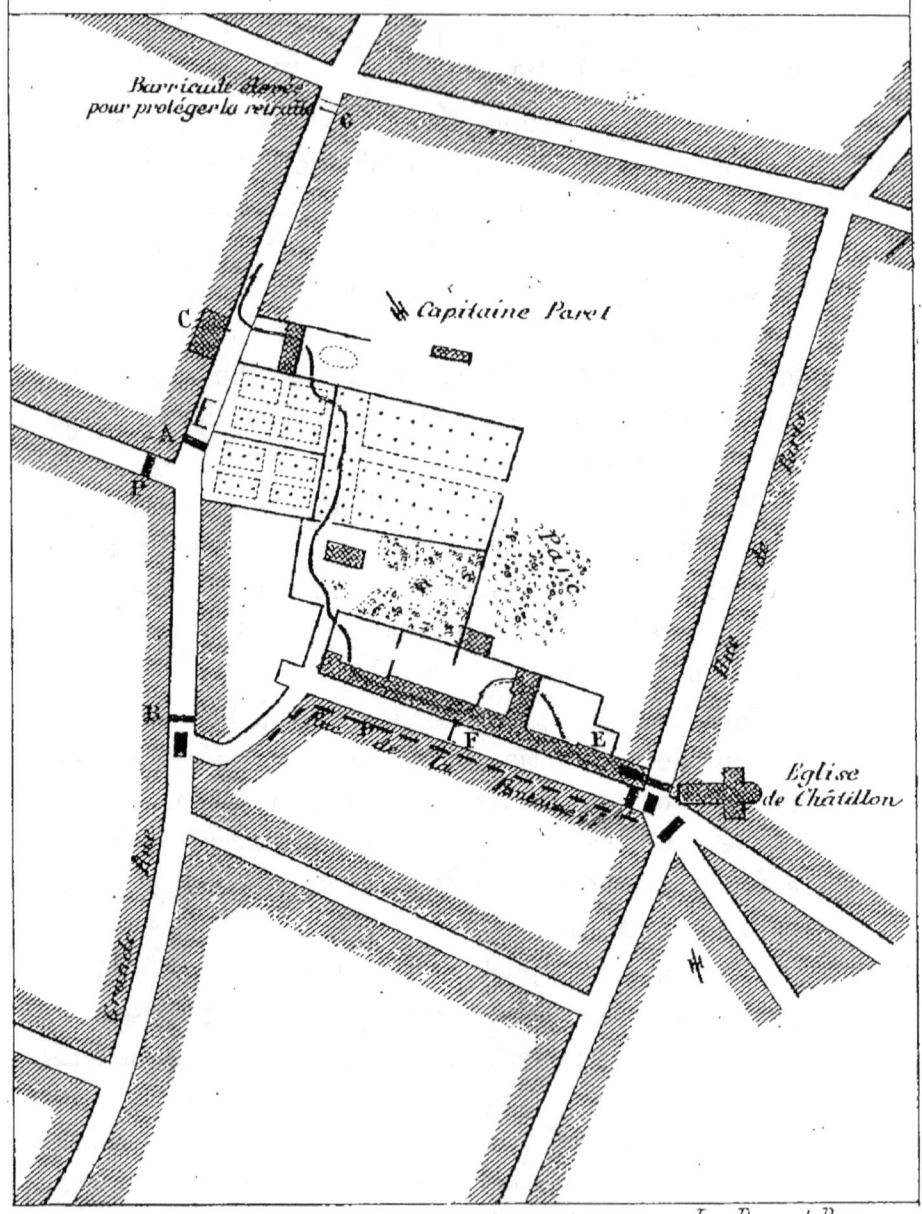

La possession des premières maisons permet au général de Susbielle de faire avancer deux pièces sous la conduite de l'adjudant Jouvenel. Plusieurs obus sont lancés sur la barricade qui riposte vigoureusement; des feux de mitraille partant de la terrasse d'une maison située sur le flanc du coteau augmentent encore la force et la résistance de cet obstacle... plusieurs de nos chevaux d'artillerie sont tués ou blessés; celui de l'adjudant Jouvenel tombe frappé à mort, et, dans sa chute, blesse ce sous-officier... nos artilleurs n'en continuent pas moins énergiquement le feu; leurs projectiles, habilement dirigés, finissent par jeter le désordre parmi les défenseurs de la barricade dont la mousqueterie se ralentit peu à peu... les chasseurs, le bataillon du 13e, se précipitent au pas de course et enlèvent l'obstacle en partie abandonné. Nos deux pièces allongent leur tir et envoient par dessus la barricade des obus dans le village.

Mais à mesure que l'on avançait, les difficultés devenaient plus grandes, plus nombreuses. La grande rue était non-seulement enfilée par des mitrailleuses placées sur la hauteur, mais encore par le feu d'une deuxième barricade B établie en avant d'une rue conduisant à l'église.

Sur la droite dans une rue adjacente, s'élevait encore une autre barricade P qui nous prenait de flanc; avant de songer à gagner du terrain et à pousser plus loin, il était de toute nécessité de s'emparer de ce dernier obstacle; le général de Susbielle s'étant avancé pour l'examiner et chercher les moyens de le tourner, reçoit un coup de feu à la jambe gauche; cette blessure, heureusement sans gravité, ne l'empêche pas de diriger nos jeunes soldats qui, à la vue de leur général blessé, redoublent d'ardeur : trois compagnies du 13e de marche, enlèvent au pas de course la barricade et s'y établissent.

Malgré cet avantage nous n'avançons que lentement ; l'ennemi, embusqué dans les maisons voisines, nous fusille à bout portant, les balles nous arrivent de toutes parts, des murs crénelés, des fenêtres, des toits, des soupiraux... Il est impossible de pousser plus loin et d'attaquer directement la barricade de la grande rue.

*Les sapeurs du génie cheminent à travers les maisons de Châtillon.*

Le général de Susbielle fait appel aux sapeurs du génie : déjà leur chef, le brave capitaine de La Taille, a percé des créneaux dans une haute maison C située sur le côté droit de la rue, espérant de là fusiller les défenseurs de la deuxième barricade B ; mais s'étant aperçu que les vues n'étaient pas suffisantes, il se jette sur la gauche pour la tourner. Après avoir cheminé à travers des clôtures de jardins, de vergers, il arrive à la rue de la Fontaine, il lui est impossible de la traverser ; plusieurs maisons sont occupées par l'ennemi, les défenses de l'Église l'enfilent dans toute son étendue, une grêle de balles là sillonne de toutes parts... (1) Alors le capitaine de La Taille et ses sapeurs poursuivent leur marche d'habitation en habitation, ils trouent les murs, brisent les cloisons, et se prolongent sur le côté gauche de la rue de la Fontaine en se taillant à coups de pioche une sorte de galerie. Trois compagnies du 42ᵉ de ligne, sous les ordres du commandant Charpentier, marchent pas à pas derrière les sapeurs ; trois compagnies du 14ᵉ de marche, servant de réserve, les remplacent à mesure qu'elles avancent. Tout en gagnant du terrain on fait le coup de feu par les portes, les fenêtres, avec les Allemands, qui, de l'autre côté de la rue, nous suivent parallèlement de maison en maison...

---

(1) Un instant quelques hommes parviennent à pénétrer de l'autre côté de la rue en D, mais ils ne peuvent s'y maintenir.

Dans cette lutte pied à pied, l'ennemi, qui occupait aussi les habitations à travers lesquelles nous cheminions, perd du monde ; nombre de ses tués et de ses blessés encombrent les chambres, que nous enlevons une à une ; plusieurs Bavarois, cachés dans les caves, se rendent ou tombent sous nos coups.

Sur la gauche, le lieutenant-colonel Vanche, du 14ᵉ de marche, devait attaquer la partie gauche de Châtillon ; il disposait du 2ᵉ bataillon (67ᵉ), capitaine Noël, et du 3ᵉ bataillon (100ᵉ), commandant Swiney, de son régiment.

*Attaque de Châtillon.*
—
*Colonne de gauche.*

Parti de Montrouge, il suit le chemin conduisant entre Châtillon et Bagneux ; trois compagnies du 2ᵉ bataillon, déployées en tirailleurs, marchent en avant ; le 3ᵉ bataillon, formant réserve, s'abrite derrière un pli de terrain à hauteur des forts de Vanves et de Montrouge.

Arrivés à petite portée, les tirailleurs sont accueillis par un feu soutenu, venant des premières maisons, du clocher et d'un mur crénelé qui se développe vers Bagneux. Bien qu'un peu abrités par les vignes, nos soldats commencent à souffrir ; plusieurs sont tués ou blessés ; voulant éviter des pertes inutiles, le général de Susbielle brusque l'attaque et ordonne de se porter en avant.

Le brave colonel Vanche marche résolûment à la tête de ses hommes ; à peine a-t-il fait quelques pas qu'il tombe grièvement blessé. Le commandant Swiney lui succède.

Un peu ébranlés par la perte de leur chef, nos soldats hésitent, s'arrêtent ; mais bientôt, renforcés par des compagnies du 3ᵉ bataillon, il reviennent à la charge, enlèvent les enclos, les jardins et quelques maisons du côté de l'église. Là encore il faut faire successivement le siége de chaque habitation, opération d'autant plus difficile que l'ennemi, dont le réduit se trouve sur la place de l'Église, à peu de distance, envoie à tous moments de nouveaux renforts.

A gauche comme au centre, nous étions donc arrêtés au milieu du village, par des obstacles qui se multipliaient à mesure que nous avancions.

Pendant ce temps arrivaient les réserves ennemies, de toutes parts elles étaient signalées ; le sémaphore de la redoute des Hautes-Bruyères informait que de longues colonnes d'artillerie, passant par la Croix de Berni, gravissaient rapidement les pentes du plateau de Châtillon.

A 10 heures 1/2, en effet, de nombreuses batteries couronnent ce plateau et canonnent les différents points occupés par nos troupes. Mais les grosses pièces des forts de Vanves, Montrouge, Issy, ainsi que les batteries de campagne établies entre ces ouvrages, ouvrent un feu des plus vifs et réduisent plusieurs fois au silence l'artillerie ennemie : une batterie bavaroise, ayant voulu se mettre en ligne sur la pente de Châtillon, une pièce de 24 du fort de Montrouge la prend d'écharpe et l'oblige à se retirer ; plusieurs fois les canonniers bavarois cherchent, dans des positions successives, à se remettre en batterie, mais toujours cette même pièce les poursuit de ses obus, tue des hommes, des chevaux et force définitivement cette batterie à abandonner la lutte.

Le fort de Bicêtre, la redoute des Hautes-Bruyères prennent également part à l'action ; leurs feux pressés ne tardent pas à avoir raison des groupes ennemis, qui, postés à l'entrée de Bourg-la-Reine, ne cessaient de diriger sur les nôtres un feu roulant de mousqueterie.

<small>Situation vers 11 heures.</small> Vers onze heures, la lutte était donc partout à notre avantage : Sur la droite, nous avions les pentes au-dessus de Clamart ; sur la gauche, Bagneux était solidement

occupé par nos troupes ; au centre, malgré tous les obstacles, nous nous étions rendus maîtres du bas de Châtillon.

A la vérité, si l'on voulait pousser plus avant, il fallait s'emparer de tout Châtillon ; alors les colonnes de Clamart, de Châtillon, de Bagneux se donnaient la main et prenaient pied sur le plateau.

Mais l'occupation de la hauteur de Châtillon rentrait-elle dans les données et les vues du Gouverneur ; une fois cette position enlevée, étions-nous en mesure de nous y maintenir ? Le général commandant le 13ᵉ corps ne le croyait pas ; cependant, voulant être prêt à tout, il fait organiser la défense du village de Bagneux par le colonel du génie Dupouët, afin de se donner un solide point d'appui.

Quoi qu'il en fût, on ne pouvait aller plus loin sans la prise complète de Châtillon... et les difficultés naturelles, les obstacles matériels, la facilité qu'avait l'ennemi d'alimenter la défense, tout semblait rendre imprenable cette redoutable position. Au centre du village même, il nous était impossible d'arriver dans la grande rue ; à hauteur de l'église les deux rues débouchant de ce côté étaient non-seulement enfilées par l'artillerie, mais encore vues de revers par les maisons du haut de Châtillon ; enfin, près de l'église une maison spacieuse, réduit de l'ennemi, commandait notre terrain et nous écrasait de ses feux.

*Attaque du réduit Châtillo[n]*

Le commandant Mowat, du 14ᵉ de marche, reçoit l'ordre d'attaquer ce réduit, pendant que le capitaine du génie de La Taille continuera à cheminer à travers les maisons dans la direction de l'église.

Des pièces abritées et tirant à mitraille, repoussent toutes les attaques de la colonne du commandant Mowat et la forcent à se replier ; alors le général de Susbielle

I.                                     22

ordonne au capitaine d'artillerie Paret de faire avancer ses dernières pièces ; l'une placée sur un terrain formant plate-forme est défilée par un mur de jardin : son tir, bien dirigé, portait déjà le désordre dans la défense du réduit, quand tout-à-coup un de nos caissons saute... hommes, chevaux sont blessés et nos pièces sont obligées de se retirer ; cet accident jette de la confusion parmi nos fantassins... Le général de Susbielle, au milieu d'eux, cherchait à les maintenir, à les rassurer, quand il est rejoint par le capitaine Delcambre, aide de camp du général Blanchard, venant, de la part du général en chef, demander s'il était possible de s'emparer du plateau de Châtillon.

Le général de Susbielle fit remarquer combien cette position de Châtillon, déjà si forte par elle-même, était solidement défendue : chaque maison étant occupée, c'était une succession de petits siéges d'autant plus difficiles et meurtriers, que l'artillerie ne pouvait, au milieu de ces barricades, de ces rues étroites, suivre partout les troupes et leur prêter son utile concours.

La colonne de gauche marchait lentement par suite de la mise hors de combat de son chef, le lieutenant-colonel Vanche ; les attaques de droite du côté de Clamart semblaient ne plus gagner de terrain. Il était donc difficile à la colonne du centre, chargée avec deux bataillons de jeunes troupes seulement, d'une tâche bien rude, de la poursuivre avec succès.

Toutefois, le général de Susbielle dit au capitaine Delcambre de faire savoir au commandant en chef que, malgré ses pertes et son peu d'espoir dans la réussite, il n'en persisterait pas moins à cheminer pour chercher à gagner le haut du village.

Sur ces entrefaites arrivèrent quelques nouvelles

## Combat de Bagneux-Châtillon (13 Octobre 1870)

*Positions des troupes en retraite vers $4^h \frac{1}{2}$.*

compagnies du 42ᵉ de ligne (régiment de réserve) envoyées par le général Blanchard.

Leur vue ranime l'ardeur bien diminuée de nos soldats des 13ᵉ et 14ᵉ de marche, et quelques maisons sont encore prises.

Mais la résistance allait croissant; de toutes parts accouraient de nouvelles troupes, de nouvelles batteries.

Devant ce flot de défenseurs se renouvelant sans cesse nous ne pouvons gagner du terrain et la lutte ne consiste plus, à gauche comme au centre, qu'en une vive fusillade de maison à maison.

Ces attaques réitérées, énergiques, mais sans succès, l'accroissement perpétuel des masses ennemies, l'épuisement des troupes, tout dit qu'il faut renoncer à enlever d'assaut cette position inexpugnable de Châtillon... Le général de Susbielle veut cependant encore tenter de l'arracher à l'ennemi par le feu... il s'entretenait des moyens incendiaires à prendre avec le capitaine du génie dans l'une des maisons E, à quelques mètres seulement de la place de l'Église, quand l'ordre de cesser le combat lui fut apporté par le capitaine Delcambre.

Il était près de trois heures.

Aussitôt la prise de Bagneux, le commandant du 13ᵉ corps avait envoyé au Gouverneur la dépêche suivante :

<small>Instructions du Gouverneur données pendant le combat.</small>

« Nous sommes maîtres de Bagneux. Je prends des
« mesures pour nous y maintenir. Voulez-vous le con-
« server ? »

Le général Trochu répondait par le télégramme ci-joint, parvenu à 1 heure 58 minutes du soir :

« Blanchard tiendra dans le bas Châtillon sans dé-
« passer la route de Clamart. Je lui annonce que vous
« le soutiendrez de Bagneux par votre canon, qui devra

« tirer entre le Télégraphe et le haut Châtillon. Sous
« cette protection, Blanchard fera sa retraite quand il le
« jugera à propos, ou quand vous le lui direz. »

Ordre de retraite. En prescrivant de ne pas dépasser dans Châtillon la route de Clamart, c'est-à-dire le centre du village, et en donnant au général Blanchard la liberté d'opérer sa retraite quand il le jugerait à propos, le Gouverneur laissait au combat son caractère d'une grande reconnaissance offensive et semblait ne pas tenir à ce que l'action fût continuée jusqu'à l'enlèvement de la hauteur de Châtillon.

Quant au but de la reconnaissance, il était atteint : on avait de ce côté Sud de Paris obligé l'ennemi à déployer, à montrer ses forces ; rester plus longtemps sans être secourus, c'était s'exposer inutilement à de nouvelles pertes : de toutes parts les vigies signalaient de nombreux renforts ennemis ; d'instant en instant de nouvelles batteries se démasquaient et nous couvraient d'obus.

Vers 2 heures 1/2 le général Blanchard informa le commandant en chef du 13ᵉ corps qu'il prenait ses dispositions pour se retirer.

Le général Vinoy ordonne à toutes les troupes engagées dans Bagneux de se conformer au mouvement rétrograde.

En même temps, il envoie du fort de Montrouge un détachement de 400 marins, commandé par le capitaine de frégate d'André, pour abattre, sous la direction du lieutenant-colonel du génie Lévy, les murs du parc de Bagneux. Ce vaste enclos, d'une forme rectangulaire, s'avançant en pointe sur Montrouge, constituait contre nous une excellente position ; lors de notre retraite surtout, il aurait pu nous être funeste.

Aussitôt le mouvement rétrograde commencé, l'ennemi

amène de nouvelles batteries à Sceaux, à Bourg-la-Reine, sur le plateau de Châtillon : bientôt Bagneux, la maison Millaud, Châtillon et les pentes en arrière sont criblés d'obus. Cette violente canonnade ne fait cependant pas grand mal aux troupes engagées comme aux troupes de soutien ; parmi ces dernières, la brigade Dumoulin reprend le chemin des Hautes-Bruyères, la brigade de La Charrière se maintient à la maison Millaud, d'où ses batteries répondent vigoureusement au feu de l'ennemi.

Les troupes de Bagneux se replient lentement sans nul désordre. Les 400 marins du capitaine de frégate d'André finissent d'abattre les murs du parc de Bagneux au moment même où les derniers de nos soldats quittent ce village... les marins se retirent à leur tour, fermant la marche et couvrant la retraite... Un instant l'ennemi sort du village, se précipite à notre poursuite, nos colonnes s'arrêtent, font demi-tour et, par des feux de mousqueterie et d'artillerie, le rejettent en désordre derrière les murailles de Bagneux...

A Châtillon, nous ne cédons le terrain que pied à pied en faisant partout ferme contenance.

Dans le quartier de la rue de la Fontaine, le détachement du 42ᵉ de ligne, sous les ordres du commandant Charpentier, et les sapeurs du génie se replient successivement par tous les détours qu'ils avaient suivis en cheminant en avant ; ils prennent même le temps de construire en F une barricade de tonneaux, afin de retarder la marche des Prussiens, puis ils viennent joindre le reste de la colonne derrière une barricade en bois de chauffage G, que le général de Susbielle a fait élever à la hâte. Enfin nous abandonnons entièrement le village. Le 42ᵉ de ligne, sous les ordres du colonel Comte, protège le mouvement. Pendant que quelques pelotons, défilés dans les plis de terrain, s'échelonnent en arrière; plusieurs tirailleurs restent à la barricade G pour empêcher l'ennemi de déboucher par la grande rue et donner ainsi de l'avance au gros de nos forces.

L'artillerie du capitaine Paret prend position de manière à observer toutes les issues de Châtillon; mais aucune troupe n'ose inquiéter notre retraite. Il en est de même à Clamart.

En se retirant, quelques compagnies du 42$^e$, postées de façon à prendre en flanc les colonnes ennemies sorties de Bagneux, s'arrêtent et contribuent, avec les marins du capitaine de frégate d'André, à les refouler dans le village.

A 4 heures 1/2, toutes les troupes étaient hors de portée du feu de l'ennemi, et le canon des forts seul se faisait encore entendre.

*Pertes aux combats de Bagneux et Châtillon.*

Nos pertes de la journée se montaient à 14 officiers et 386 hommes hors de combat :

Attaque de Bagneux : 4 officiers et 188 hommes ;

Attaque de Châtillon : 8 officiers, parmi lesquels le général de Susbielle, et 199 hommes ;

Attaque de Clamart : 2 officiers et 15 hommes.

L'ennemi avait eu 9 officiers et 295 hommes tués ou blessés, et 120 disparus; total 424. Ses pertes étaient donc plus considérables que les nôtres (1).

*Observations sur les combats de Bagneux et Châtillon.*

Comme au combat de Chevilly, nous avions attaqué directement des villages, nos hommes s'étaient précipités contre des murailles dans lesquelles nos canons n'avaient fait que quelques brèches insignifiantes; et cependant nos pertes étaient beaucoup moins considérables que dans la journée du 30 septembre.

Cela tenait à ce que l'ennemi considérait Bagneux,

---

(1) Voir aux pièces justificatives, n° XXXII, le rapport du général Vinoy.

Châtillon, Clamart comme de simples avant-postes. La solide position du plateau de Châtillon formait sa véritable ligne de défense. Là étaient accumulées ses forces, tandis qu'il n'avait que de faibles détachements dans les villages. Grâce à la vigueur de l'attaque, nos soldats avaient pu aborder ces premiers obstacles avant l'arrivée des renforts ennemis. D'offensif, le combat était devenu défensif, et à l'abri derrière ces murs, ces maisons dont nous nous étions rendus maîtres, nous avions eu peu à souffrir des attaques presque à découvert de l'ennemi.

Le 30 septembre, au contraire, Thiais, Chevilly, L'Hay, constituaient la ligne de défense principale de l'ennemi. Organisés solidement, ces villages avaient un nombre de défenseurs considérable; aussi n'avions-nous pu les enlever, malgré des pertes cruelles.

Dans ces combats de Bagneux-Châtillon, toutes les troupes se comportèrent avec le plus grand entrain. Le Gouverneur les félicita par un ordre du jour (1).

Le 35ᵉ et le 42ᵉ se montrèrent à hauteur de la réputation qu'ils avaient acquise si chèrement dans la journée du 30 septembre.

Les régiments de marche 13ᵉ, 14ᵉ, 9ᵉ, 10ᵉ, déployèrent également une grande vigueur, et prouvèrent qu'on pourrait bientôt compter sur eux à l'égal des vieilles troupes.

Les mobiles de la Côte-d'Or, conduits par le brave lieutenant-colonel de Grancey, eurent une grande part dans le succès ; à eux seuls ils firent une soixantaine de prisonniers.

Les mobiles de l'Aube ne furent pas moins ardents ; leur digne chef, le brave commandant comte de Dam-

---

(1) Voir aux pièces justificatives, n° XXXIII.

pierre, tomba mortellement frappé en chargeant à leur tête dans l'attaque de Bagneux.

Bien que les positions conquises eussent été abandonnées, ces combats n'en produisirent pas moins un heureux effet sur le moral de la défense, en prouvant que nos jeunes soldats et nos mobiles commençaient à se former, que déjà même ils pouvaient se mesurer avec un ennemi habitué à vaincre.

De part et d'autre, les forces étaient à peu près égales : nous avions la valeur de cinq régiments en première ligne, et deux brigades formant réserve. L'ennemi, de son côté, avait engagé tout le 2ᵉ corps bavarois; mais, dominés de toutes parts, nous nous heurtions à des murailles, à des positions difficiles. Nous avions donc, malgré l'appui que nous prêtaient les forts, un désavantage marqué, et cependant nous avions en partie réussi, et fait plus de mal à l'ennemi qu'il ne nous en avait fait lui-même.

En résumé, le combat du 13 octobre fut une affaire bien conçue et vigoureusement exécutée... elle prouva une fois de plus à l'ennemi qu'il avait désormais à compter sérieusement avec l'armée de Paris et qu'il lui faudrait maintenir constamment autour de la capitale des forces considérables.

## PERTES AUX COMBATS DE BAGNEUX ET CHATILLON
(13 octobre 1870).

| NOMS | GRADES | OFFICIERS | | | TROUPE | | |
|---|---|---|---|---|---|---|---|
| | | TUÉS | BLESSÉS | DISPARUS | TUÉS | BLESSÉS | DISPARUS |
| **9ᵉ régiment de marche.** | | | | | | | |
| N... | ..... | » | 1 | » | » | » | » |
| Troupe | ..... | » | » | » | » | 4 | » |
| Totaux. | | » | 1 | » | » | 4 | » |
| **10ᵉ régiment de marche.** | | | | | | | |
| Troupe. | | » | » | » | » | 8 | » |
| **16ᵉ régiment de marche.** | | | | | | | |
| Troupe. | | » | » | » | » | 3 | » |
| **13ᵉ régiment de marche.** | | | | | | | |
| N... | ..... | » | 1 | » | » | » | » |
| Troupe | ..... | » | » | » | 3 | 35 | » |
| Totaux. | | » | 1 | » | 3 | 35 | » |
| **Gardiens de la paix.** | | | | | | | |
| Lerminier | Sˢ-lieutenant | 1 | » | » | » | » | » |
| N... | ..... | » | 1 | » | » | » | » |
| Troupe | ..... | » | » | » | 1 | 14 | » |
| Totaux. | | 1 | 1 | » | 1 | 14 | » |

| NOMS | GRADES | OFFICIERS | | | TROUPE | | |
|---|---|---|---|---|---|---|---|
| | | TUÉS | BLESSÉS | DISPARUS | TUÉS | BLESSÉS | DISPARUS |
| **14ᵉ régiment de marche.** | | | | | | | |
| Vanche | Lieut.-colonel | » | 1 | » | » | » | » |
| Arnaud | Capitaine | 1 | » | » | » | » | » |
| Pallu | Lieutenant | » | 1 | » | » | » | » |
| Bougaud | dº | » | 1 | » | » | » | » |
| Seybel | Sˢ-lieutenant | 1 | » | » | » | » | » |
| Troupe | | » | » | » | 24 | 70 | 5 |
| TOTAUX | | 2 | 3 | » | 24 | 70 | 5 |
| **35ᵉ régiment de ligne.** | | | | | | | |
| Leblanc | Lieutenant | 1 | » | » | » | » | » |
| Troupe | | » | » | » | 9 | 22 | » |
| TOTAUX | | 1 | » | » | 9 | 22 | » |
| **42ᵉ régiment de ligne.** | | | | | | | |
| Troupe | | » | » | » | 8 | 12 | 3 |
| **Mobiles de la Côte-d'Or.** | | | | | | | |
| Blandin | Capitaine | » | 1 | » | » | » | » |
| Troupe | | » | » | » | 27 | 112 | » |
| TOTAUX | | » | 1 | » | 27 | 112 | » |
| **Mobiles de l'Aube.** | | | | | | | |
| De Dampierre | Chef de batᵒⁿ | 1 | » | » | » | » | » |
| André | Capitaine | » | 1 | » | » | » | » |
| Troupe | | » | » | » | 4 | 15 | » |
| TOTAUX | | 1 | 1 | » | 4 | 15 | » |

## RÉCAPITULATION DES PERTES.

| | OFFICIERS | | | TROUPE | | |
|---|---|---|---|---|---|---|
| | TUÉS | BLESSÉS | DISPARUS | TUÉS | BLESSÉS | DISPARUS |
| 9ᵉ régiment de marche | » | 1 | » | » | 4 | » |
| 10ᵉ do do | » | » | » | » | 8 | » |
| 16ᵉ do do | » | » | » | » | 3 | » |
| Général DE SUSBIELLE | » | 1 | » | » | » | » |
| 13ᵉ régiment de marche | » | 1 | » | 3 | 35 | » |
| Gardiens de la paix | 1 | 1 | » | 1 | 14 | » |
| 14ᵉ régiment de marche | 2 | 3 | » | 24 | 70 | 5 |
| Mobiles de l'Aube (2ᵉ bataillon) | » | (1)1 | » | 4 | 9 | » |
| 35ᵉ régiment de ligne | 1 | » | » | 9 | 22 | » |
| 42ᵉ do do | » | » | » | 8 | 12 | 3 |
| Mobiles de la Côte-d'Or | » | 1 | » | 27 | 112 | » |
| Mobiles de l'Aube (1ᵉʳ bataillon) | 1 | » | » | » | 6 | » |
| Génie | » | » | » | » | 1 | » |
| Artillerie | » | » | » | 6 | 16 | » |
| TOTAUX | 5 | 9 | » | 82 | 312 | 8 |
| TOTAL GÉNÉRAL | | | | 416 | | |

(1) M. André, capitaine, blessé.

## PERTES DES ALLEMANDS AUX COMBATS DE BAGNEUX ET CHATILLON
(13 octobre 1870).

| RÉGIMENTS. | OFFICIERS | | | TROUPE | | |
|---|---|---|---|---|---|---|
| | TUÉS | BLESSÉS | DISPARUS | TUÉS | BLESSÉS | DISPARUS |
| **2ᵉ corps bavarois.** | | | | | | |
| 1ᵉʳ régiment d'infanterie | 2 | 4 | » | 20 | 72 | 3 |
| 11ᵉ  dᵒ  dᵒ | » | 1 | » | 4 | 14 | 15 |
| 2ᵉ  dᵒ  d'artillerie | » | » | » | » | 6 | » |
| 14ᵉ  dᵒ  d'infanterie | » | » | » | 2 | 8 | » |
| 5ᵉ bataillon de chasseurs | 1 | 1 | » | 15 | 46 | 99 |
| 10ᵉ  dᵒ  dᵒ | » | » | » | » | 8 | » |
| 2ᵉ compagnie de service de santé | » | » | » | » | 1 | » |
| 5ᵉ régiment d'infanterie | » | » | » | 10 | 33 | 3 |
| 9ᵉ  dᵒ  dᵒ | » | » | » | » | 9 | » |
| 7ᵉ  dᵒ  dᵒ | » | » | » | 1 | 15 | » |
| 15ᵉ  dᵒ  dᵒ | » | » | » | 3 | 28 | » |
| Totaux | 3 | 6 | » | 55 | 240 | 120 |
| TOTAL GÉNÉRAL | | | **424** | | | |

Après le combat de Bagneux-Châtillon, toutes les troupes des 2ᵉ et 3ᵉ divisions du 13ᵉ corps rentrèrent dans leurs cantonnements où elles achevèrent de s'instruire, de s'exercer, tout en faisant le service de campagne et de nombreux travaux de tranchées.

<small>Positions de la 3ᵉ division du 13ᵉ corps du 13 au 21 octobre.</small>

La brigade de Susbielle (13ᵉ et 14ᵉ de marche) continua à défendre l'intervalle entre le Bas-Meudon et la route de Châtillon; dès le 15 octobre, elle travailla aux tranchées reliant les forts de Montrouge, de Vanves, d'Issy et à diverses batteries construites sur cette ligne.

La brigade de La Mariouse (35ᵉ et 42ᵉ de ligne), gardant l'intervalle entre la route de Châtillon et la Bièvre, poursuivit les travaux de défense commencés entre la maison Millaud et Cachan, de manière à barrer complétement la vallée.

Le 16 octobre, les mobiles de la Côte-d'Or, qui concouraient de ce côté avec le 35ᵉ et le 42ᵉ au service des avant-postes, furent remplacés par des bataillons du Finistère.

<small>Positions de la 2ᵉ division du 13ᵉ corps du 13 au 21 octobre.</small>

L'intervalle entre la Bièvre et Villejuif inclusivement était gardé par la brigade Dumoulin (9ᵉ et 10ᵉ de marche). Ces deux régiments alternaient pour l'occupation des positions avancées. De plus, ils concouraient simultanément à l'exécution des travaux de tranchée commencés en avant des Hautes-Bruyères et de Villejuif.

L'occupation de la redoute du Moulin-Saquet et la défense de Vitry à la Seine étaient confiées à la brigade Blaise (11ᵉ et 12ᵉ de marche). Le 11ᵉ était particulièrement chargé de la défense du Moulin-Saquet ainsi que des tranchées reliant cet ouvrage à Villejuif; le 12ᵉ fournissait la ligne d'avant-postes qui s'étend depuis les pentes du Moulin-Saquet jusqu'à Port-à-l'Anglais; tout d'abord ce régiment fut seulement maître de la moitié du village de Vitry, dont les dernières maisons du côté de Choisy-le-Roi étaient occupées par les avant-postes prussiens, mais bientôt il les en chassa.

La redoute de Port-à-l'Anglais ayant été achevée vers le 16 octobre, nos soldats prirent des positions plus avancées dans Vitry et commencèrent des travaux de tranchée entre ce village et la Seine.

Ce même jour, 16 octobre, la batterie des mobiles de la Drôme releva à Villejuif une batterie de la garde.

Les artilleurs de cette batterie fournirent trois détachements : le plus considérable à la redoute du Moulin-Saquet, le deuxième près de la redoute des Hautes-Bruyères, le troisième à la barricade de Villejuif.

*21 octobre. Démonstrations faites par les 2ᵉ et 3ᵉ divisions du 13ᵉ corps.*

Le 21 octobre, pendant que le général Ducrot exécutait une forte reconnaissance offensive vers la Malmaison et la Jonchère, le général commandant le 13ᵉ corps fit une démonstration en avant de son front.

Toute la division Blanchard se porta en avant des forts de Montrouge, de Vanves et d'Issy, couverte par de nombreux tirailleurs ; elle marcha ainsi pendant 3 ou 400 mètres, menaçant les villages de Bagneux, de Châtillon, de Clamart et de Meudon, que les forts couvraient de projectiles.

La division de Maud'huy se porta également en avant de ses positions, pendant que la redoute des Hautes-Bruyères tirait sur L'Hay et Choisy-le-Roi.

A la tombée de la nuit, suivant les prescriptions du Gouverneur, toutes ces troupes rentrèrent dans leurs cantonnements.

### OPÉRATIONS DE LA PREMIÈRE DIVISION DU 13ᵉ CORPS

(DIVISION D'EXEA)

(Du 1ᵉʳ au 21 octobre).

Le général d'Exea était chargé de défendre tout le

front compris entre Maisons-Alfort et Rosny. Il avait sous ses ordres sa division (1ʳᵉ du 13ᵉ corps), le groupe des mobiles du lieutenant-colonel Reille, ainsi qu'un certain nombre de bataillons de mobiles envoyés successivement de Paris pour se former au service des avant-postes.

Au commencement d'octobre, les troupes étaient encore sous la tente, mais le froid se faisant sentir, on les cantonna dans les villages situés aux abords des positions occupées. *Cantonnements occupés par la division d'Exea dans le couran d'octobre.*

La 1ʳᵉ brigade (Mattat), spécialement chargée de défendre l'intervalle entre la Seine et Créteil, eut ses deux régiments cantonnés, le 5ᵉ dans les baraques du camp de Saint-Maur, sur le plateau de Vincennes, le 6ᵉ à Charenton et Saint-Maurice; un bataillon de mobiles à Maisons-Alfort.

La 2ᵉ brigade (Daudel), établie à Fontenay-sous-Bois et Nogent ainsi que dans une partie des baraques du camp de Saint-Maur, fournissait un bataillon de garde à Saint-Maur. Joinville-le-Pont était occupé par un bataillon de mobiles du Loiret; les deux autres bataillons de ce département campaient derrière la Faisanderie.

Le plateau de Tilmont était défendu par le groupe de mobiles du lieutenant-colonel Reille (régiment du Tarn, et 2ᵉ bataillon de la Drôme).

Ces mobiles, chargés de garder l'intervalle entre le fort de Rosny et la redoute de Fontenay, étaient cantonnés à Montreuil et Bagnolet.

En dehors du service d'avant-postes, des travaux de tranchée, toutes ces troupes fournissaient des reconnaissances journalières au delà de leurs positions; elles continuaient et complétaient leur instruction par des marches, des exercices, des tirs à la cible. *Services fournis par la division d'Exea.*

Des détachements du 5ᵉ ou du 6ᵉ de marche allaient alternativement chaque nuit reconnaître les abords de Maisons-Alfort, concurremment avec les mobiles cantonnés dans ce village. Il s'avançaient jusqu'à la ferme de Notre-Dame-des-Mèches, jusqu'à Créteil; parfois même ils pénétraient dans ce dernier village, que l'ennemi n'occupait pas constamment.

*16 octobre. Fourrage au sec dans le village de Créteil.*

Ce village de Créteil renfermait de grandes quantités de paille et de foin ; le 16 octobre au matin, une patrouille ayant constaté l'absence de l'ennemi, le général d'Exea résolut de faire entrer dans nos lignes cet approvisionnement. Un certain nombre de voitures du train escortées par quelques compagnies de la brigade Mattat, s'avancèrent jusqu'au village, enlevèrent rapidement tout le fourrage et rentrèrent sans avoir été sérieusement inquiétées. Commencée vers midi, terminée à cinq heures du soir, cette opération, lestement conduite, ne nous coûta qu'un sergent blessé.

*Organisation du service dans la presqu'île de Saint-Maur.*

La presqu'île de Saint-Maur était sous les ordres du commandant de Conchy, chef de bataillon du 7ᵉ de marche.

En dehors de son bataillon cantonné à Saint-Maur, M. de Conchy avait sous ses ordres un bataillon du Loiret établi à Joinville, et la compagnie des carabiniers parisiens postée à Port-Créteil; cette compagnie était spécialement chargée d'empêcher l'ennemi de tenter un passage de la Marne aux abords de l'ancien pont de Créteil, où les gués sont nombreux. La garnison de Saint-Maur poussait ses avant-postes jusqu'à l'extrémité du petit parc où était la redoute dite de Saint-Maur; ces avant-postes se reliaient à ceux de Port-Créteil, de manière à fermer complétement l'isthme.

Chaque nuit des patrouilles faisaient, de deux heures en deux heures, le tour de la presqu'île et fouillaient les bords de la Marne ; dans le jour, des postes étaient installés sur des petites éminences dans des maisons d'où l'on découvrait au loin. Ces reconnaissances, ces postes d'observation furent dévolus à la compagnie des francs-tireurs du bataillon (20ᵉ), du 7ᵉ de marche ; le lieutenant Zaccone qui la commandait, accomplit cette mission difficile avec autant de zèle que d'intelligence.

Les carabiniers parisiens chargés de garder la partie de la Marne depuis Port-Créteil jusqu'à la Varenne-Saint-Maur et d'empêcher l'ennemi de tenter un passage aux abords de l'ancien pont de Créteil où les îles boisées, les gués nombreux pouvaient rendre l'opération facile, montrèrent un dévoûment non moins actif que les francs-tireurs de la ligne du 7ᵉ de marche.

Bien que les Allemands n'aient pas essayé de s'emparer de cette position s'avançant comme un bastion dans leur ligne d'investissement, ils la surveillèrent constamment et avec la plus grande attention.

Toute la rive gauche de la Marne, depuis Champigny jusqu'à Créteil, était garnie de postes prussiens ; on en voyait dans la *maison crénelée* à Champigny, au pont de Champigny, au moulin de Champigny, dans l'île d'Amour sous Chennevières, sur la pente de Chennevières, au pont de la Varenne-Saint-Hilaire, sur la pente d'Ormesson, au moulin de Bonneuil, au moulin d'Amont-sous-Créteil ; enfin, sur les bords de la rivière même, une foule de sentinelles, embusquées derrière des arbres, cachées dans des trous, observaient sans cesse les routes, les chemins, les sentiers : les moindres mouvements, les moindres indices pouvant annoncer quelques préparatifs de marche ou d'action étaient signalés immédiatement.

— Entouré, gardé à vue, le commandant de Conchy déploya dans ce service d'observation défensive la plus grande habileté, la plus vive énergie.

Depuis le commencement d'octobre, l'ennemi avait évacué, dans la presqu'île de Champigny, la ferme de Poulangis; ses postes les plus avancés étaient le Tremblay et la maison de la Fourche de Champigny; la nuit seulement ses patrouilles venaient jusqu'à la Marne.

Nos postes de Nogent, de Saint-Maur, garnis d'artillerie et croisant leurs feux sur toute cette presqu'île, empêchaient les Allemands de s'y établir en force, mais toute cette grande plaine de Poulangis, abondante en légumes, en ressources de toute nature, n'en était pas moins perdue pour nous.

*Établissement d'un pont de chevalets en amont du pont de pierre de Joinville.* — Le général d'Exea résolut d'y prendre pied, et fit construire un pont de chevalets en amont du pont de pierre de Joinville. L'opération, exécutée par la compagnie du génie de la 1$^{re}$ division (capitaine Granade), fut terminée en une nuit.

Le passage établi, on construisit, sur la rive gauche de la Marne, une petite tête de pont, forme redan, capable de contenir une centaine d'hommes. Par ce débouché, nos reconnaissances purent s'avancer jusqu'à une certaine distance de la rivière; dès lors, les patrouilles ennemies cessèrent de venir dans la ferme de Poulangis et à Villa-Palissy; bientôt même une de nos compagnies d'infanterie s'installa dans ce petit hameau, et, dès le mois d'octobre, nos corvées de légumes poussèrent jusqu'aux abords de Poulangis; cependant les Allemands conservèrent toujours, comme poste avancé, la maison de la Fourche de Champigny, d'où ils commandaient les deux grandes routes de Bry, de Champigny et observaient le débouché du pont.

Au delà de Nogent, nos avant-postes furent poussés jusqu'à la ligne du chemin de fer de Mulhouse, et nos reconnaissances sillonnèrent journellement les rues du Perreux. Dès les premiers jours d'octobre, les patrouilles

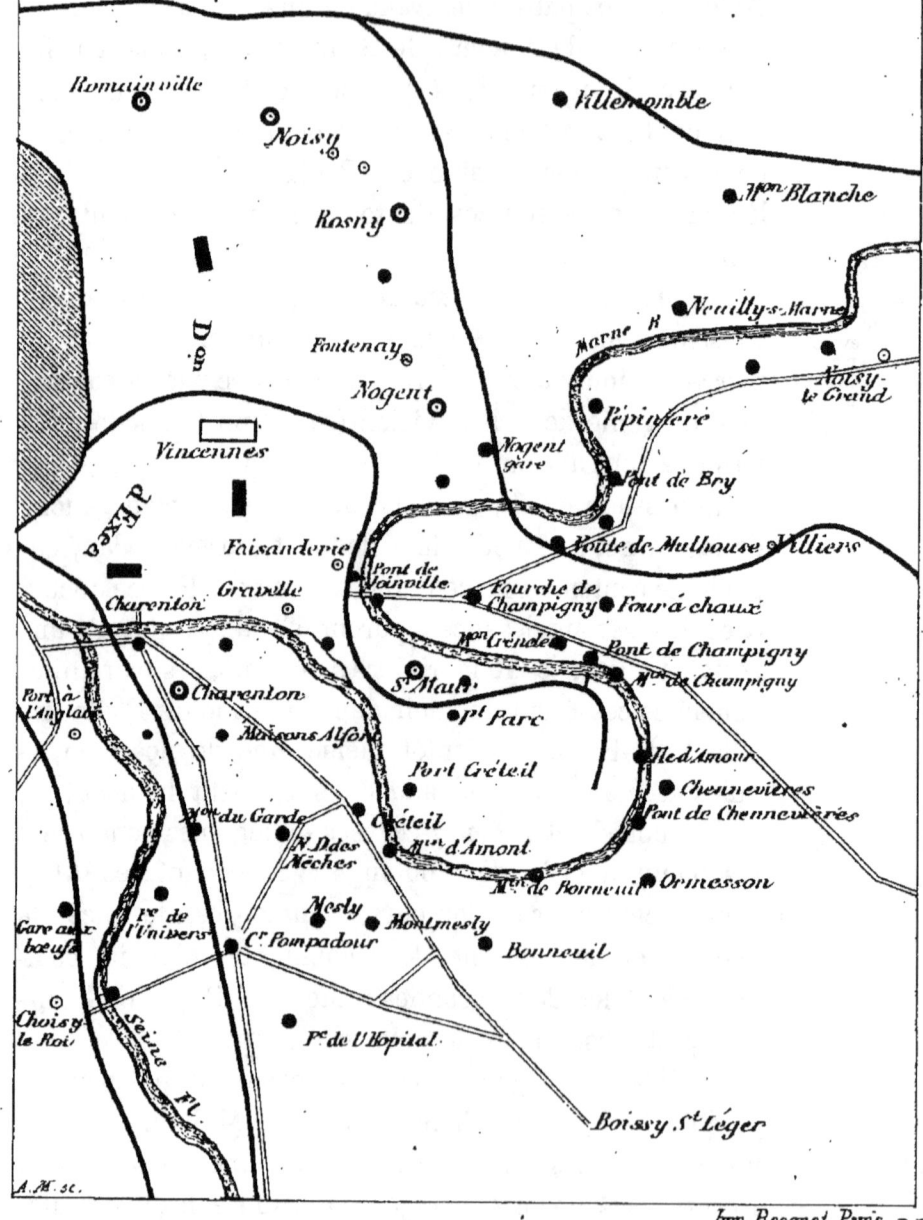

ennemies cessèrent leurs incursions dans ce village, et au carrefour de Plaisance; elles ne s'aventurèrent même plus sur la rive droite de la Marne entre Nogent et le pont de Bry. C'est de ce côté que commencèrent les exploits du brave sergent Hoff :

Le 24 septembre, le sergent Hoff, du 2ᵉ bataillon du 7ᵉ de marche, compagnie des francs-tireurs, tue de sa main la sentinelle prussienne du pont de Bry;

Le 5 octobre, embusqué avec une quinzaine d'hommes, il laisse arriver presque à bout portant une troupe d'infanterie et de cavalerie... fusiliers et cavaliers, surpris par un feu à brûle pourpoint, s'enfuient laissant leurs morts et leurs blessés;

Le 13 octobre, monté avec 4 hommes sur le toit d'une maison voisine de la Marne, il tue ou blesse plusieurs cavaliers ennemis.

Laissé libre de ses mouvements, chaque nuit le sergent Hoff, accompagné de quelques soldats, était dehors... Toujours posté dans des endroits différents, il ne cessa de tenter des coups de main hardis qui le rendirent bientôt célèbre dans les rangs mêmes de l'armée allemande.

Bien que d'un effectif assez restreint, les mobiles du lieutenant-colonel Reille poussaient chaque jour des reconnaissances aux abords du plateau de Tilmont où ils étaient établis; quelquefois même, exécutant des reconnaissances offensives, ils s'avançaient jusqu'à Neuilly-sous-Bois, Neuilly-sur-Marne et le plateau d'Avron. *Reconnaissances exécutées par les mobiles du lieutenant-colonel Reille.*

Le 4 octobre, l'une de ces reconnaissances rencontre un détachement saxon au delà du rond-point de Plaisance, près du bois de la Raffinerie; le peloton de spahis formant tête de colonne charge aussitôt: rompu, dispersé, l'ennemi se retire précipitamment sur Neuilly-sur-Marne.

Le 12 octobre, les mobiles font une reconnaissance sur le plateau d'Avron, afin de s'assurer si les Prussiens n'y ont pas établi de batterie. Pendant que deux compagnies du 1<sup>er</sup> bataillon du Tarn, éclairées par les spahis, occupent le village de Neuilly-sous-Bois, le commandant de Foucaud, à la tête de trois autres compagnies, soutenues par un peloton de chasseurs à cheval, fouille tout le plateau et échange quelques coups de feu avec les petits postes ennemis, qui se replient rapidement. Entièrement maîtres du plateau, nous pouvons constater que les Allemands n'ont fait aucun travail de batterie.

Le 18 octobre, une nouvelle reconnaissance, dirigée par le lieutenant-colonel Reille, est poussée sur toute la ligne de Villemonble à Neuilly-sur-Marne.

Au nord du plateau d'Avron, et formant la gauche, marche le bataillon de la Drôme (commandant Balète), avec trois compagnies de la Côte-d'Or (commandant Dupuy) en réserve. Cette colonne s'avance dans Villemonble sans apercevoir l'ennemi; au delà de ce village, à Launay, la compagnie d'avant-garde (capitaine de Blottefières), rencontre un poste prussien qui, tout en se repliant, commence la fusillade; nos hommes répondent, mais de part et d'autre on ne s'engage pas à fond.

Au centre, le commandant Faure, avec un bataillon du Tarn éclairé par un peloton de spahis, marche sur le plateau d'Avron et les pentes sud. Le poste ennemi qui était à l'extrémité du plateau, se retire à la hâte sans résister.

A droite, un autre bataillon du Tarn (commandant de Faramond), explore la vallée de la Marne; il s'avance jusqu'aux premières maisons de Neuilly-sur-Marne sans rien rencontrer.

Cette reconnaissance, qui nous permet de constater la position des postes prussiens sur un front assez étendu, ne nous coûte que quelques blessés.

Le 21 octobre, pendant que le général Ducrot exécute son opération sur Rueil et la Malmaison, le général d'Exea, d'après l'ordre du Gouverneur, fait des démonstrations en avant de tout son front. Les troupes se mettent en marche à deux heures de l'après-midi.

21 octobre. Démonstrations exécutées par la division d'Exea.

A droite, le général Mattat, avec deux bataillons du 6ᵉ de marche et un escadron de dragons, doit menacer Créteil et le carrefour Pompadour; au centre, le colonel Galland, du 5ᵉ de marche, avec deux bataillons de son régiment et un bataillon du 7ᵉ, s'avancera vers le Plant et Champigny; à gauche, le général Daudel, avec tout le 8ᵉ de marche, a l'ordre d'exécuter une reconnaissance sur les bords de la Marne, au delà du rond-point de Plaisance.

Le général Mattat pénètre dans Créteil; ses éclaireurs échangent des coups de feu avec les grand'gardes de Mesly et du Montmesly. Sur la route de Gex, une fusillade très-vive s'engage avec le poste de la maison du garde et les troupes établies derrière les remblais du chemin de fer. Cette action, qui ne dure qu'un instant, nous coûte un officier : le sous-lieutenant de dragons Philoche, tué d'une balle au front.

Démonstration vers Créteil.

Le feu ayant cessé, l'ennemi ne sortant pas de ses positions, nos bataillons rentrent à cinq heures dans leurs cantonnements.

A gauche, le 8ᵉ de marche, venant de Fontenay-sous-Bois, suit la route de Strasbourg. Le rond-point de Plaisance dépassé, il se déploie en bataille, face à Neuilly-sous-Bois, en avant du chemin de fer de Mulhouse ; ses deux bataillons sont en première ligne, le 3ᵉ en réserve. Le 7ᵉ de marche s'avance dans cet ordre, précédé par ses francs-tireurs, qui fouillent tout le village de Neuilly-sous-Bois et poussent jusqu'à peu de distance de Neuilly-sur-Marne ; là seulement l'ennemi est aperçu : il ne sort pas de ses positions, et à la tombée de la nuit, ce

Démonstration vers le rond-point de Plaisance.

régiment rentre dans ses cantonnements de Fontenay.

Au centre, dans la presqu'île de Champigny, l'affaire est plus sérieuse.

*Démonstration vers Champigny.* — Le colonel Galland a sous ses ordres trois bataillons d'infanterie (deux du 5ᵉ de marche et un du 7ᵉ de marche), plus une cinquantaine de volontaires de la garde nationale et une section de carabiniers parisiens : le canon de Nogent, de la Faisanderie, de Gravelle et de Saint-Maur doivent le soutenir.

Après avoir passé la Marne sur le petit pont de chevalets, nos troupes se portent rapidement en avant ; le poste prussien de la Fourche de Champigny, celui du Tremblay, se replient devant nos francs-tireurs de la ligne, qui continuent leur marche d'un côté vers le Plant, de l'autre vers Champigny. De nouveaux groupes ennemis s'étant présentés sur la lisière des bois du Plant et l'Huillier, une fusillade très-vive s'engage ; nos bataillons, déployés en tirailleurs sur deux lignes, couvrent toute la presqu'île depuis le Tremblay jusqu'à la Marne, en face du parc de Saint-Maur. La première ligne s'avançant par bonds successifs, gagne du terrain... un certain nombre de soldats, entraînés par le lieutenant de Pontevès-Sabran, officier d'ordonnance du général d'Exea, arrivent jusqu'aux premières maisons de Champigny : mais de tous les murs crénelés part un feu roulant qui les arrête, nos tirailleurs se replient un peu précipitamment ; le lieutenant de Sabran, à cheval au milieu d'eux, parvient cependant à les arrêter, à les contenir et les reforme à peu de distance du village.

Au centre, entre les deux routes de Bry et de Champigny, la lutte est aussi des plus vives ; de nombreux arbres, des constructions, des bouquets de bois, des haies, des taillis facilitent et favorisent l'action de nos tirailleurs.

Mais les renforts ennemis ne cessent d'arriver par le

Plant, le Four-à-Chaux, Champigny; les nombreux projectiles envoyés sur ces différents points par le fort de Nogent et la batterie établie à ce village produisent, comme toutes les canonnades à grande distance, peu d'effet. — Le général d'Exea, voyant l'ennemi toujours gagner en avant, fait amener deux sections de mitrailleuses à la redoute de Saint-Maur et une section à Nogent (1). De ces deux positions, qui enfilent la plaine de Poulangis, nos artilleurs prennent de flanc et d'écharpe les colonnes prussiennes ; tirant à 1,800 et 2,000 mètres, nos mitrailleuses produisent un effet foudroyant, et en quelques minutes tous les groupes ennemis qui serraient de près les nôtres sont renversés ou dispersés.

Ainsi protégés, nous nous replions par échelons lentement et avec calme... A cinq heures nos bataillons du 7ᵉ régiment repassent la Marne.

Cette petite opération, où nos jeunes soldats s'étaient fort bien montrés, nous avait coûté 3 officiers, un docteur blessés, 3 hommes tués, 6 disparus, 23 blessés, parmi lesquels 5 gardes nationaux.

## TROISIÈME PARTIE

### OPÉRATIONS DU 14ᵉ CORPS D'ARMÉE
#### Du 1ᵉʳ au 21 octobre.

Pendant que le 13ᵉ corps cherchait à contenir l'ennemi sur le front sud et sud-est, le 14ᵉ corps, établi sur le front ouest, gagnait chaque jour du terrain.

---

(1) La batterie de mitrailleuses était attelée et prête à marcher, dans la cour de la ferme, derrière la Faisanderie.

Nos trois divisions étaient échelonnées sur la rive droite de la Seine depuis Saint-Ouen jusqu'à Billancourt ; en avant du fleuve, nous avions les têtes des ponts de Neuilly et d'Asnières, nous occupions Courbevoie, le Rond-Point, Puteaux, reliés avec le Mont-Valérien ; et nos avant-postes allaient jusqu'à Suresnes et Nanterre...

Les derniers jours du mois de septembre furent employés à organiser la défense sur toutes nos positions depuis Saint-Ouen jusqu'au Point-du-Jour... Mais au commencement d'octobre, quand il fut bien établi que les Prussiens ne songeaient qu'à nous investir, il fallut penser exclusivement à rendre nos troupes capables de combattre en rase campagne sans trop de désavantage.

Tous les régiments du 14ᵉ corps, constitués d'éléments très-divers, de cadres incomplets, imparfaits, avaient à peine quelques notions du métier... Le mois d'octobre en partie fut consacré à les instruire : exercices, tirs à la cible, travaux de sape, marches, reconnaissances, petites opérations de guerre, employèrent tous les instants des officiers et des soldats... « Il était intéressant, dit « un officier allemand du Vᵉ corps, d'observer les « exercices et les petites guerres que l'ennemi faisait « exécuter à ses jeunes troupes pour les former... Cela « se pratiquait en grand et en petit, souvent même dans « la ligne des avant-postes... »

Chaque jour nos reconnaissances de cavalerie parcouraient les abords de nos positions, et poussaient assez loin dans la plaine de Gennevilliers. Les corvées de pommes de terre, toujours protégées par des compagnies d'infanterie, étaient l'occasion de reconnaissances, de découvertes ; souvent ces fractions s'avançaient au delà du Mont-Valérien, dans la plaine de Nanterre, jusqu'au bord de la Seine.

Pendant que nous consolidions nos positions, que nous instruisions nos hommes, l'ennemi continuait avec activité ses travaux qui, chaque jour, prenaient un développement plus considérable.

Comme il semblait se fortifier d'une manière particulière dans le parc de Saint-Cloud, le Gouverneur fit donner l'ordre de canonner tout le terrain entre Montretout et Bas-Meudon.

Le 5 octobre, la canonnade fut surtout très-vive; le feu était soutenu par le Mont-Valérien, la batterie flottante du parc de Suresnes, la batterie de marine, les batteries de 12 du Rond-Point de Mortemart, les batteries flottantes de l'île Seguin, les bastions du 6e secteur, les batteries du parc Rothschild. De plus, deux batteries de 12 de la réserve du 14e corps vinrent prendre diverses positions dans le bois de Boulogne, sur les bords de la Seine, et combinèrent leurs feux avec ceux des batteries fixes.

*Canonnade de Saint-Cloud. (5 octobre.)*

L'ennemi essuya cette violente canonnade sans y répondre, mais il dut momentanément abandonner tous ses travaux.

Le 6 octobre, le général en chef conduit dans la presqu'île de Gennevilliers une forte reconnaissance de cavalerie, accompagnée d'artillerie (4 pièces de 4 et 2 mitrailleuses). L'ennemi est signalé en aval de Bezons, aux abords du pont du chemin de fer de Rouen; deux canons et deux mitrailleuses sont immédiatement mis en batterie à 1,400 mètres, à hauteur du chemin de fer de Saint-Germain; après une douzaine de coups tirés, les groupes allemands disparaissent et le général fait cesser le feu.

*Reconnaissance vers Bezons. (6 octobre.)*

Le lendemain, le général Ducrot fait une reconnaissance offensive vers la Malmaison, afin de savoir si le parc est solidement occupé.

*Reconnaissance vers la Malmaison. (7 octobre.)*

La colonne, composée d'infanterie, d'artillerie et de cavalerie, se met en marche à une heure de l'après-midi, dans l'ordre suivant :

200 hommes des francs-tireurs de Paris, commandant Thierrard,

200 hommes du 7ᵉ bataillon de mobiles de la Seine,
200 hommes du 4ᵉ bataillon d'Ille-et-Vilaine,
200 hommes du bataillon de l'Aisne.

Ces 800 hommes, sous les ordres du général Martenot, prennent la route du Mont-Valérien et se dirigent vers le Moulin-des-Gibets, qui domine Rueil et Nanterre. Avec cette colonne marchent une batterie de 12 de la réserve, une batterie de 4 et une batterie de mitrailleuses de la 2ᵉ division du 14ᵉ corps ; les francs-tireurs volontaires de la 1ʳᵉ et de la 2ᵉ division suivent l'artillerie.

Quatre escadrons de cavalerie (deux de gendarmes et deux de dragons), sous le commandement du colonel Bonaparte, ainsi que la batterie à cheval, sortent par la route de Bezons, tournent à gauche après avoir passé le chemin de fer, se dirigent sur Nanterre et prennent position entre ce village et Rueil. Le colonel Bonaparte observe Chatou et Croissy; un de ses escadrons est détaché dans la direction de Charlebourg.

Les francs-tireurs volontaires de la ligne et de la mobile du Mont-Valérien (capitaines L'lopis et de La Rochethulon), appuyés par quatre compagnies de mobiles, sortent du fort vers une heure ; prenant le chemin creux qui descend vers Bois-Préau, ils se portent vers l'ouest du parc de la Malmaison.

Les volontaires de la 1ʳᵉ et de la 2ᵉ division, précédés par les francs-tireurs de Paris, se dirigent vers l'est du même parc.

A 2 heures et demie, le Mont-Valérien ouvre son feu sur Bougival, la Jonchère et les hauteurs de Buzenval ;

cependant, nos petites colonnes de francs-tireurs de la ligne, de la mobile, de Paris, abordent à droite et à gauche les murs du Parc de la Malmaison ; les pétards éventrent les murailles et les tirailleurs se précipitent.... le poste venait d'être abandonné ; retiré dans une position en arrière, l'ennemi se contente d'envoyer seulement quelques obus sur les escadrons du colonel Bonaparte.

Le Mont-Valérien et nos batteries installées au Moulin-des-Gibets continuent leur feu ; mais les Prussiens ne répondant pas et demeurant toujours invisibles, le général en chef ordonne de rentrer dans les cantonnements.

Sentant la faiblesse des points que nous venions d'attaquer, l'ennemi n'avait pas voulu les défendre. A notre approche, le poste de la Malmaison, sur l'ordre du colonel commandant la ligne des avant-postes prussiens, avait évacué le parc (1).

Tous les avant-postes avaient également pris leurs dispositions de combat, et la 10ᵉ division, à laquelle ils appartenaient, s'était concentrée en arrière de la Celle-Saint-Cloud. Là, nous eussions rencontré une résistance considérable ; le général en chef n'avait ni l'intention, ni les moyens de la briser ; par ces petites entreprises incessantes, il ne poursuivait qu'un but : relever le moral et exciter l'émulation de ses jeunes soldats.

Le 9 octobre, une reconnaissance de francs-tireurs de la ligne, sous la conduite du commandant Cholleton, vient occuper la redoute du Petit-Nanterre et échange quelques coups de feu avec les postes prussiens de Bezons...

La batterie de Courbevoie, des mitrailleuses placées au chemin de fer de Saint-Germain tirent sur Bezons

*Reconnaissance du 9 octobre.*

---

(1) Cette ligne des avant-postes suivait la lisière du bois Bérenger, les hauteurs de la Jonchère jusqu'à l'extrémité de Bougival (partie Est) et la Seine.

et Houilles, pour soutenir nos francs-tireurs ; une colonne de cavalerie prussienne apparaît ; quelques coups de mitraille suffisent à la faire fuir rapidement vers Houilles.

Aucune troupe ne s'étant plus montrée, à 10 heures et demie le général en chef ordonne de cesser le feu, et les troupes rentrent dans leurs campements.

10 octobre.
La brigade Berthaut est mise à la disposition du 14ᵉ corps.

Le 10 octobre, une brigade de nouvelle formation, sous les ordres du général Berthaut, est mise à la disposition du général commandant en chef les 13ᵉ et 14ᵉ corps. Elle se compose :

D'un régiment de zouaves de marche,

Du 36ᵉ régiment de marche,

De deux bataillons de la garde mobile du Morbihan (2ᵉ et 3ᵉ).

Par suite de l'arrivée de cette brigade, les changements suivants ont lieu dans le cantonnement des troupes :

Les zouaves sont placés dans la caserne de Courbevoie, et occupent la ligne de retranchement depuis la Seine jusqu'à la ligne du chemin de fer de Versailles.

Le 36ᵉ de marche est établi au Rond-Point de Courbevoie ; continuant les travaux déjà commencés, il garde cette position, ainsi que la batterie de marine établie sur le remblai du chemin de fer de Versailles ; un bataillon de la garde mobile du Morbihan occupe le village de Puteaux ; un demi-bataillon du Morbihan est installé dans l'usine située sur la route du Mont-Valérien, au Rond-Point de Suresnes ; l'autre demi-bataillon dans l'usine située au-dessous du barrage de Suresnes.

Le 19ᵉ de marche quitte ses positions de Courbevoie et va s'établir sur la rive droite de la Seine, du côté de Villiers.

Ce même jour, 10 octobre, le capitaine de La Rochethulon, commandant la compagnie des éclaireurs du 28ᵉ mobiles (Loire-Inférieure), fait une reconnaissance vers Buzenval: laissant le gros de sa troupe sur la route de Saint-Cloud, il s'avance avec quatre hommes jusqu'au mur près du château, et constate que le poste prussien est peu considérable.

Le 11 octobre, le 2ᵉ régiment de dragons de marche passe sous les ordres du général Berthaut, commandant toutes les troupes placées sur la rive gauche de la Seine.

<small>11 octobre.</small>

Le 2ᵉ bataillon des francs-tireurs de Paris (commandant Thierrard) va prendre position à l'usine du Rond-Point des Bergères.

A 7 heures, un peloton de francs-tireurs de la 1ʳᵉ division, un peloton de francs-tireurs de la 2ᵉ division, un peloton de dragons, quarante gendarmes et deux compagnies de zouaves, sous le commandement du capitaine Faverot, poussent une reconnaissance vers Colombes et Gennevilliers, pendant que le génie, protégé par ce rideau de troupes, examine les positions à fortifier autour du pont d'Asnières.

A 9 heures, la division de Caussade quitte son campement pour aller se mettre à la disposition du général Vinoy, sur le front sud de Paris; elle est suivie par les trois batteries de réserve du commandant Pachon.

<small>La division de Caussade est momentanément mise à la disposition du général Vinoy.</small>

La 2ᵉ division fait appuyer à droite sa première brigade afin d'occuper les principales positions abandonnées par la 1ʳᵉ division.

Quatre pièces de 4 sont placées dans la batterie à droite du chemin de fer; deux pièces de 4 à gauche de la voie.

A 2 heures, le Mont-Valérien envoie une vingtaine de coups de canon sur la cour d'honneur du château de Saint-Cloud.

La batterie Mortemart et les batteries de 12 établies à la porte de Boulogne et à la porte de l'Hippodrome tirent également chacune une douzaine de coups sur le château et ses abords.

*12 octobre. Reconnaissance vers Bougival.*

Le 12 octobre, à 8 heures du matin, le capitaine Berthier, officier d'ordonnance du général en chef, part à la découverte vers Rueil avec un peloton de dragons et un peloton de gendarmes.

A une heure, une reconnaissance offensive a lieu dans la même direction.

Les troupes sont divisées en trois colonnes :

Quatre compagnies de gardes mobiles du Mont-Valérien, les francs-tireurs du capitaine L'lopis, les tirailleurs de la Seine du capitaine Dumas, formant la première colonne, se dirigent vers la Malmaison par le sud du Mont-Valérien, la Briqueterie, le château de Richelieu et Bois-Préau ;

Les zouaves, deux bataillons de la garde mobile du Morbihan, deux escadrons de dragons, une batterie de 4, une de 12, une batterie de mitrailleuses formant la deuxième colonne, marchent vers le même point par Nanterre et Rueil ; le général Berthaut commande ces deux colonnes.

Les francs-tireurs de la 2ᵉ division, capitaine Faure-Biguet, un bataillon du 19ᵉ de marche, deux batteries de 12 et une de 4, se portent vers la Maison-Brûlée, au-dessous du Mont-Valérien ; le lieutenant-colonel Cholleton commande cette troisième colonne.

A 2 heures, la batterie de 4 du général Berthaut donne le signal ; aussitôt toutes les batteries, ainsi que le Mont-Valérien couvrent de projectiles tous les massifs boisés compris entre la Malmaison, l'île de Croissy et la Jonchère.

Une batterie établie derrière le pont de Chatou, sur la rive droite de la Seine, répond à notre feu. La canonnade ayant cessé, les zouaves, les tirailleurs des

2ᵉ et 3ᵉ bataillons du Morbihan se jettent en avant, dépassent la Malmaison...; mais ils sont arrêtés par un retranchement établi à la jonction de la route de la Jonchère et du chemin de fer américain; cet ouvrage, armé de canons, les couvre de mitraille, et les force à se mettre à l'abri dans le saut de loup de la Malmaison. On voulait reconnaître l'emplacement de cette batterie: le but était atteint, le général Berthaut donne l'ordre de la retraite. Les autres colonnes, sans avoir été engagées, suivent le mouvement; à 5 heures, toutes les troupes rentrent dans leurs cantonnements.

Le 13 octobre, à 7 heures, un officier d'état-major et un capitaine d'artillerie vont reconnaître dans la direction de Bezons les points les plus favorables à l'emplacement de batteries pour une reconnaissance offensive qui doit avoir lieu dans la journée. *13 octobre. Reconnaissance vers Bezons.*

A 10 heures, cette reconnaissance, composée de 4 bataillons d'infanterie, d'une batterie de 4, d'une section de 12, se met en mouvement sous les ordres du général Berthaut; elle se porte sur les bords de la Seine, entre Bezons et le pont des Anglais; notre artillerie prend position dans la redoute de la Folie; soutenue par les pièces de marine de Courbevoie, elle dirige son feu sur les maisons de Bezons, qui servent de poste à l'ennemi; nos obus ont bientôt délogé les Allemands; tout le pâté de maisons situé en avant et à gauche du pont devient la proie des flammes.

La section de 12 (Lesage) se porte ensuite dans l'angle formé par les chemins de fer de Saint-Germain et de Rouen. La maison du pont des Anglais, la ferme de la Folie sont vivement canonnées; dès les premiers coups, l'incendie éclate et les murs s'écroulent.

Pendant tout le cours de cette opération, les Prussiens

ne répondent que très-faiblement, et, à midi, la reconnaissance rentre à Courbevoie.

Dans la nuit du 12 au 13 octobre, le capitaine de La Rochethulon s'embusque avec sa compagnie d'éclaireurs dans une rue de Rueil (avenue de Bois-Préau), pour surprendre une patrouille ennemie, qu'il sait devoir passer.

Vers quatre heures et demie du matin, paraît un groupe de Prussiens ; le capitaine de La Rochethulon le laisse approcher à quelques pas, et donne le signal du feu en tirant deux coups de carabine sur le sous-officier (Ugo de Breslau) qui marche en tête. Ce sous-officier est tué, ainsi qu'un de ses hommes; sept autres soldats sont blessés, et le reste de la patrouille se disperse.

*Arrivée du régiment de garde mobile de Seine-et-Marne.* Quatre bataillons de la garde mobile de Seine-et-Marne, mis à la disposition du général en chef, arrivent à trois heures, et campent, deux dans l'avenue de Neuilly, et deux sur le boulevard Maillot.

Pendant cette journée du 13 octobre, Rueil est vigoureusement canonné ; ce village nous servant d'abri dans nos opérations de ce côté, les Allemands voulaient le brûler entièrement ; mais les maisons, solidement construites, résistent en partie à l'incendie, les murs restent debout ; l'ennemi, voyant qu'il ne peut ruiner complétement ce village, renonce à son entreprise, et se contente de renforcer tous les obstacles en avant de ses positions.

Dans cette même journée, un obus du Mont-Valérien met le feu au château de Saint-Cloud (1).

Depuis plusieurs jours cette forteresse ne cessait de canonner tous les points qui lui semblaient des postes prussiens ou des observatoires. La lanterne de Démos-

---

(1) Ce léger incendie fut promptement éteint. C'est pendant *l'armistice qui précéda la paix, alors que les hostilités avaient partout cessé,* que le Palais a été entièrement brûlé avec les villages de Saint-Cloud, Montretout, Garches, etc.....

thène étant un de nos points de mire, l'ennemi la fait sauter dans la nuit du 12 au 13.

Le 14 octobre, le régiment de mobiles de Seine-et-Marne (38ᵉ), composé de quatre bataillons, se porte sur la rive gauche de la Seine, ayant comme centre de position le village d'Asnières ; il doit défendre tout le terrain entre Courbevoie et Villeneuve-la-Garenne.

*14 octobre. Le régiment de mobiles de Seine-et-Marne prend position dans la presqu'île de Gennevilliers.*

Le 1ᵉʳ bataillon établi sur ce dernier point garde le pont et la redoute en avant ; le 2ᵉ bataillon occupe les maisons situées entre la gauche de Villeneuve et les premières maisons d'Asnières, poussant ses avant-postes vers Gennevilliers ; le 3ᵉ bataillon, installé dans le village d'Asnières, défend les maisons et jardins en avant de son front ; le 4ᵉ bataillon, dont une compagnie occupe le château de Bécon, tient toute la ligne comprise entre le chemin de fer d'Asnières et les premières maisons de Courbevoie ; ses avant-postes sont sur la ligne d'Asnières à Courbevoie, se reliant à gauche à ceux des zouaves.

Une batterie complète de 12 prend position au Rond-Point de Courbevoie, à la place des deux pièces de 12 qui s'y trouvaient.

La batterie de marine, voisine du Rond-Point, tire sur le pont d'Argenteuil, que l'ennemi essaie de rétablir.

Deux compagnies de mobiles du Mont-Valérien font une reconnaissance vers la redoute de Montretout ; elles pénètrent dans l'ouvrage, après avoir chassé le poste qui l'occupait ; mais les renforts ennemis arrivant, elles sont obligées de se replier.

Dans la nuit du 14 au 15 octobre, un lieutenant prussien venu en reconnaissance dans le village de Rueil, tombe sur une embuscade où il est tué.

Le 15 octobre, à dix heures du matin, le général Berthaut, avec quatre pièces de 4, quatre pièces de 12,

*15 octobre. Reconnaissance vers Argenteuil.*

un bataillon de zouaves, deux bataillons de mobiles, quatre escadrons de dragons, se porte vers Argenteuil ; il canonne vigoureusement les maisons aux alentours, principalement la fabrique qui se trouve un peu au sud du village. Les Prussiens répondent par quelques coups de canon ; le feu cesse bientôt de part et d'autre et la reconnaissance rentre dans ses cantonnements.

Dans la soirée, une fraction de la compagnie des éclaireurs volontaires des zouaves (organisée à la date du 11 octobre), se met en marche vers Colombes pour reconnaître les abords de l'île Marante.

16 octobre.

Le 16 octobre, à la suite de demandes réitérées du général en chef, les trois bataillons de garde mobile stationnés à Pantin, trop éloignés du 14ᵉ corps, cessent d'en faire partie.

Trois autres bataillons de mobiles : le 2ᵉ d'Ille-et-Vilaine, le 4ᵉ des Côtes-du-Nord et le 6ᵉ de la Somme, sont mis à la disposition du 14ᵉ corps.

Reconnaissance vers Argenteuil.

A midi, le général Berthaut fait une reconnaissance vers Argenteuil avec quatre bataillons, le régiment de dragons, deux escadrons de gendarmerie, l'artillerie de la brigade, plus une batterie de 12 et une de 4. Il canonne les abords du pont d'Argenteuil et force les Prussiens à abandonner momentanément leurs travaux de défense. L'ennemi riposte des maisons d'Argenteuil par quelques coups de feu, puis avec une batterie établie près du village. Les obus allemands suivent nos batteries à leur retour vers Colombes, mais sans faire aucun mal et nos pièces de marine de Courbevoie ne tardent pas à faire cesser le feu de l'ennemi.

17 octobre.

Le 17 octobre, les trois bataillons de garde mobile annoncés arrivent à Neuilly ; le 2ᵉ d'Ille-et-Vilaine est donné au général Martenot ; les deux autres sont mis à la disposition du général Berthaut.

Vers 10 heures du matin, six compagnies de zouaves (deux de chaque bataillon), sous les ordres du commandant Noëllat, vont occuper les redoutes de Colombes et de Charlebourg.

Deux de ces compagnies sont placées au point où la route de Bezons coupe le chemin de fer de Saint-Germain ; deux autres sont établies à droite, sur la ligne du chemin de fer ; une compagnie occupe la redoute de Colombes, une autre la redoute de Charlebourg.

Dans cette journée, le caporal Lecomte, du régiment de zouaves, est cité à l'ordre et nommé sergent : un messager de l'armée, surpris par un poste prussien, avait eu sa barque coulée par la fusillade ennemie en passant de la rive droite de la Seine sur l'île Marante ; ce malheureux, ne sachant pas nager, était dans l'île depuis 48 heures. {*Mise à l'ordre du caporal Lecomte, des zouaves.*}

Le caporal Lecomte se jette à l'eau, met l'homme sur un tonneau trouvé près de l'île, et toujours nageant, le ramène à la rive. — A l'aller et au retour les sentinelles ennemies lui tirent plusieurs coups de feu qui ne l'atteignent pas.

Le général en chef voulant voir par lui-même tout son terrain d'action, ne cessait de faire des reconnaissances ; le 17 il pousse au delà de ses avant-postes, du côté de Rueil. {*Reconnaissances du 17 et du 18 octobre.*}

Pendant ce temps, le Mont-Valérien, la canonnière de Suresnes, la batterie Mortemart et une batterie de 12 de la 3ᵉ division tirent sur les travaux des Prussiens dans le parc de Saint-Cloud.

Le 18 octobre, à 1 heure de l'après-midi, une colonne composée de trois bataillons d'infanterie, du régiment de dragons, d'une batterie de 12 et d'une batterie de 4, sous les ordres du général Berthaut, se porte vers Argenteuil ; elle est suivie par une batterie de 12 de la {*18 octobre. Reconnaissance vers Argenteuil.*}

réserve, deux escadrons de gendarmerie forment soutien.

Toute l'artillerie prend position près de l'ouvrage du Moulin ; soutenue par la batterie de Courbevoie, elle met le feu à une fabrique signalée comme atelier de munitions des Prussiens, et force les petits postes établis aux alentours à se replier.

L'ennemi répond par quelques coups de canon sans résultat.

*19 octobre.*
*La D$^{on}$ de Caussade revient de Bicêtre.*

Le 19 octobre, à une heure, la 1$^{re}$ division (de Caussade) revient de Bicêtre, où elle était depuis quelques jours à la disposition du général Vinoy ; elle s'installe dans ses cantonnements de Clichy à Saint-Ouen.

La 2$^e$ division reprend également vers la gauche ses anciennes positions.

Une compagnie de 60 pontonniers postée sur les bords de la Seine, en avant de Clichy, établit deux passerelles sur les arches démolies du pont d'Asnières.

*20 octobre.*
*Reconnaissance du cap$^{ne}$ Faverot vers Chatou et la Malmaison.*

Le 20 octobre, à 7 heures du matin, le capitaine Faverot, avec un peloton de 40 gendarmes, part en reconnaissance ; il doit examiner les abords du pont de Chatou, les approches de la Malmaison et les hauteurs de la Jonchère.

Arrivé à la station de Rueil, le capitaine Faverot met pied à terre et s'avance seul jusqu'au bord de la Seine ; de là, il constate l'existence de deux batteries de position construites sur la rive droite, de chaque côté du pont du chemin de fer de Chatou.

Il se porte ensuite sur le plateau qui domine la Malmaison et détermine un emplacement favorable pour l'établissement d'une batterie de campagne, sur un éperon situé à la jonction de la route de Saint-Cloud avec le mur du parc de la Malmaison.

Après cette reconnaissance, exécutée en vue d'une opération pour le lendemain, le capitaine Faverot se rend dans la journée auprès du général Trochu pour lui soumettre le plan d'ensemble. Le Gouverneur ayant approuvé, le général Ducrot fait, à 3 heures de l'après-midi, une nouvelle reconnaissance dans la direction de Rueil. Pendant ce temps, deux pièces de 12 de siége placées sur le chemin qui descend du Mont-Valérien à Rueil, canonnent Chatou et le pont sur la Seine ; elles sont couvertes par deux compagnies de francs-tireurs de Paris et 600 mobiles, par une batterie de 12 et une batterie de mitrailleuses en réserve sous le Mont-Valérien.

*Reconnaissance du général Ducrot vers Rueil.*

Le même jour trois pièces de siége de 24 sont conduites au Mont-Valérien pour prendre part à l'affaire du lendemain.

### COMBAT DE LA MALMAISON.

(21 octobre 1870.)

L'action du 21 octobre, dite de la Malmaison, a eu un but tout particulier, tout spécial.

*Double but du combat de la Malmaison.*

A cette époque était décidée la grande opération du passage de la Seine à Bezons, pour nous porter sur les hauteurs de Cormeil et de Sannois ; de là gagner par la patte d'oie d'Herblay et Pontoise, la vallée de la Seine, Rouen et le Havre...

Tout avait été préparé en vue de cette entreprise qui, nous ne craignons pas de le dire, nous inspirait la plus grande confiance, nous donnait les plus vives espérances.

Une série de redoutes construites de Gennevilliers jusqu'à Rueil (Colombes, Charlebourg, la Folie...) devaient, en jetant une masse de fer et de feu, broyer les faibles obstacles établis sur la rive droite du fleuve.

L'esprit toujours tendu vers ce projet (trois personnes seules en connaissaient le secret : le Gouverneur, son chef d'état-major et le général Ducrot), nous l'entourions de tous nos soins, nous y donnions une scrupuleuse et vigilante attention.

Or, vers le milieu d'octobre, nous avions remarqué, non sans inquiétude, que l'ennemi avait une certaine tendance à gagner sur notre gauche du côté de Rueil. Cheminant par des travaux successifs et toujours à l'abri des feux du Mont-Valérien, il s'était successivement établi dans le vieux château de la Malmaison, dans le château neuf, dans le parc de Bois-Préau ; enfin il tenait les premières maisons de Rueil, et chaque jour ses patrouilles s'aventuraient plus avant dans ce village.

S'il poussait au delà, s'il parvenait à se glisser dans le pli de terrain qui s'étend de la Maison-Brûlée au Moulin-des-Gibets, portion entièrement défilée des vues du Mont-Valérien, non-seulement il s'approchait d'une manière inquiétante de notre grande forteresse, mais, en possession de Rueil et de Nanterre, il débouchait en son temps, quand et comme il voulait, dans la presqu'île de Gennevilliers.

Notre passage de la Seine à Bezons était donc des plus compromis, puisque les colonnes ennemies pouvaient faire irruption sur notre flanc gauche, nous prendre à revers même, avant que nous eussions seulement commencé à effectuer le passage du fleuve.

Il devenait urgent de le refouler de ce côté, de le chasser définitivement de Rueil, ainsi que de la Malmaison, si cela était possible ; dans tous les cas, il fallait préparer les moyens de construire, en toute sécurité, une redoute vers le Moulin-des-Gibets, qui, enfilant toute la vallée jusqu'au delà de la Malmaison, tiendrait en respect Chatou et Carrières-Saint-Denis.

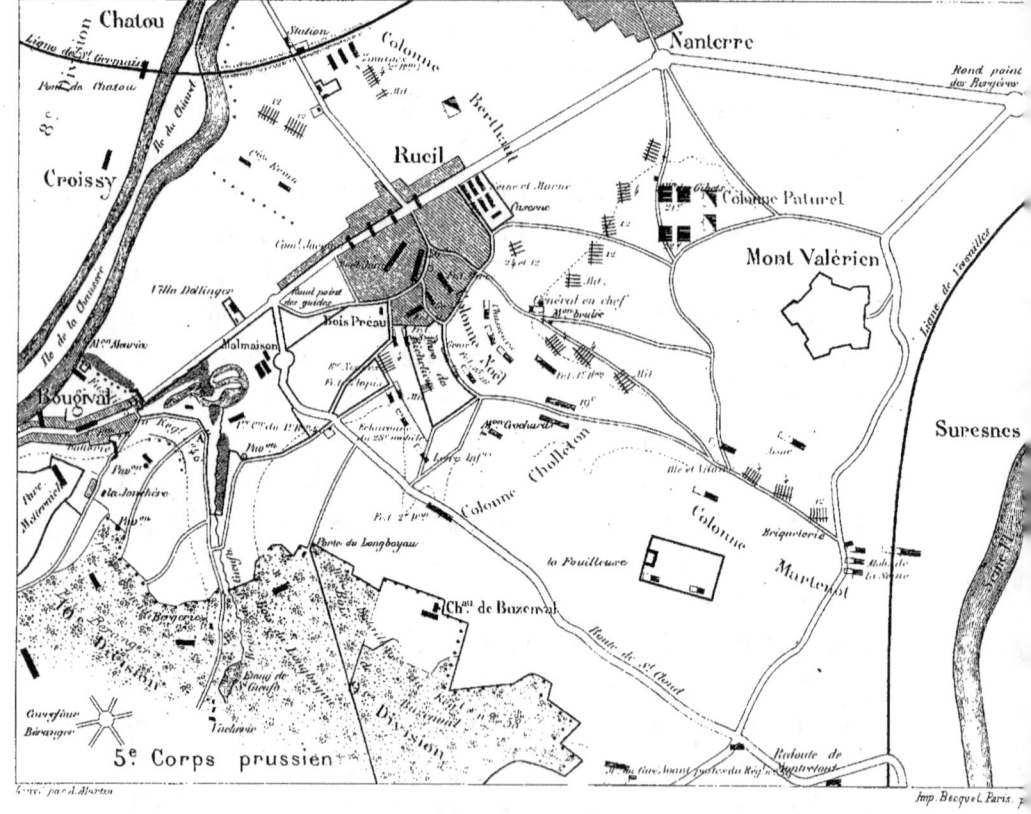

Cette redoute des Gibets établie, notre flanc gauche serait entièrement à l'abri de toute tentative immédiate, et nous n'aurions plus à craindre d'être pris en flagrant délit d'opération.

Tel a été le but matériel du combat de la Malmaison.

Nous avions également un autre but qui était *tout moral*.

Nous nous étions beaucoup occupé de nos troupes; nous les avions fait tirer à la cible, marcher, manœuvrer par régiment, brigade, avec artillerie et cavalerie; de fréquents exercices de détail avaient également habitué les hommes à se mouvoir dans le rang avec ordre et silence; ces reconnaissances entreprises sur Montretout, Fouilleuse, Buzenval, Malmaison, Argenteuil, Rueil, Bezons, etc... que nous avons énumérées plus haut jour par jour, avaient fortifié l'instruction de nos jeunes soldats en les habituant à marcher, en présence de l'ennemi, par fractions constituées; mais cela ne suffisait pas. Le 14° corps n'avait pas encore donné réuni, en entier; il s'agissait de savoir comment alors il se comporterait.

Avant de tenter sa grande entreprise sur Bezons le général Ducrot voulait être sûr de ses troupes, connaître par une épreuve sérieuse, décisive, jusqu'à quel point il pouvait compter sur elles.

Les récits sur le combat de Châtillon, tronqués, dénaturés, continuaient à influencer nos soldats qui, prenant la partie pour le tout, étaient persuadés qu'un corps entier avait fui le 19 septembre, aux premiers coups de canon.

Il fallait chasser ces mauvaises impressions, il fallait raffermir les cœurs de nos jeunes troupes, en faisant un coup d'élan, de vigueur qui leur donnât le sentiment de leurs forces. Tel était le but moral que nous nous proposions.

Toutes nos dispositions préparatoires se trouvent consignées dans l'ordre suivant qui, soumis au Gouverneur de Paris le 20 octobre, reçut son entière approbation :

ORDRE DU GÉNÉRAL EN CHEF.

« Les troupes seront divisées en trois groupes :

« 1° Général Berthaut, 3,400 hommes d'infanterie,
« 20 bouches à feu, 1 escadron de cavalerie (1) ; agira
« entre le chemin de fer de Saint-Germain et la partie
« supérieure du village de Rueil. Son artillerie sera pla-
« cée aux environs de la station de Rueil et bien cou-
« verte par le chemin de fer. Elle canonnera vigoureu-
« sement la Malmaison et l'entrée de Bougival. Les
« tirailleurs occuperont Bois-Préau et les maisons voi-
« sines de la Malmaison et du rond-point des Guides,
« avec réserve sur la place de l'Église et de la Réunion.

« De nombreux tirailleurs à droite garniront le chemin
« de fer, avec fortes réserves près de la station. Le gros
« des troupes prendra position derrière la caserne.

« 2° Général Noël, 1,350 hommes d'infanterie, 10 bou-

---

(1) La colonne du général Berthaut comprenait :
  2 bataillons de mobiles de Seine-et-Marne ;
  2 bataillons de zouaves ;
  1 bataillon du 36e ;
  1 bataillon de mobiles du Morbihan ;
  3 compagnies du 2e bataillon des francs-tireurs de Paris ;
  3 batteries (2 de 12 et 1 de 4) et 1 section de mitrailleuses ;
  20 sapeurs du génie ;
  1 escadron de gendarmerie ;
  10 éclaireurs Franchetti.

« ches à feu (1); tournera le Mont-Valérien au sud, des-
« cendra par le chemin qui va de la Briqueterie au châ-
« teau de Richelieu ; son artillerie en batterie sur le
« versant qui descend du château de Buzenval ; ses
« tirailleurs aussi rapprochés du château et de la partie
« supérieure de la Malmaison que le permettront les plis
« de terrain. Réserves à droite et à gauche, abritées dans
« les ravins; gros de troupes près du château de Richelieu.

« 3° Colonel Cholleton, 1,600 hommes d'infanterie, 3ᵉ groupe.
« 18 bouches à feu et 1 escadron de cavalerie (2) ; pren-
« dra position aux environs de l'ancien moulin (Maison-
« Brûlée) au-dessus de Rueil ; son artillerie en batterie
« de manière à battre la Malmaison et la Jonchère.

« Réserve de gauche, général Martenot, 2,600 hom- Réserves.
« mes d'infanterie, 18 bouches à feu (3) ; suivra le che-
« min de Puteaux et de Suresnes, et viendra prendre

---

(1) La colonne du général Noël comprenait :
   Les francs-tireurs du Mont-Valérien ;
   Les tirailleurs de la Seine ;
   Le 5ᵉ bataillon des mobiles de la Loire-Inférieure ;
   1 section de la compagnie d'éclaireurs du 28ᵉ mobiles (Loire-Infʳᵉ).
   2 compagnies de chasseurs à pied de la 1ʳᵉ division ;
   2      dᵒ            dᵒ            2ᵉ     dᵒ
   2      dᵒ            dᵒ            3ᵉ     dᵒ
   Les francs-tireurs des Ternes ;
   Les francs-tireurs de la 3ᵉ division ;
   1 batterie de 4 et 4 mitrailleuses ;
   20 sapeurs du génie ;
   10 éclaireurs Franchetti.
(2) La colonne du lieutenant-colonel Cholleton comprenait :
   Les francs-tireurs de la 1ʳᵉ division ;
   Les      dᵒ         2ᵉ    dᵒ
   2 bataillons du 19ᵉ de marche ;
   2 batteries de 4 et 1 de mitrailleuses ;
   20 éclaireurs Franchetti.
(3) La réserve du général Martenot se composait de :
   2 bataillons de mobiles d'Ille-et-Vilaine ;
   2    dᵒ         dᵒ    de la Seine ;
   1    dᵒ         dᵒ    de l'Aisne ;
   3 batteries (2 de 4 et 1 de 12).

« position entre la Briqueterie et le chemin de fer. Elle
« poussera des tirailleurs à droite et à gauche du che-
« min de fer, dans les vergers des maisons aux envi-
« rons de Montretout.

« L'artillerie sera prête à être portée derrière la
« Fouilleuse, où elle sera favorablement placée pour
« battre la Malmaison, le versant de la Jonchère, le bois
« de Buzenval et même les hauteurs de Montretout.

« Réserve du centre, général Paturel, 2,000 hommes
« d'infanterie, 28 bouches à feu, 2 escadrons de cava-
« lerie (1); prendra position derrière le Moulin-des-Gi-
« bets, entre Nanterre et le Mont-Valérien, également à
« portée de toutes les positions.

« Le régiment de dragons avec une batterie d'artille-
« rie à cheval, fera quelques démonstrations dans la
« plaine entre Colombes et Nanterre, en se rapprochant
« de la Seine.

« Trois bataillons de la 1$^{re}$ division passeront la Seine
« à Asnières et viendront prendre position entre Asnières
« et Courbevoie, en avant du chemin de fer de Versailles.

« Si les troupes du général de Bellemare, comman-
« dant à Saint-Denis, étaient appelées à concourir à
« l'action, elles pourraient se porter sur Colombes, en
« remontant la rive gauche de la Seine, et venir prendre
« position derrière Colombes.

« Quelques pièces de 4 pourraient se mettre en bat-
« terie dans le fort du Moulin, occupé par une compa-
« gnie de zouaves, et tirer dans la direction d'Argen-
« teuil, sur quelques maisons au bord de la Seine, où
« se trouvent en permanence des postes prussiens.

« Enfin, pour terminer l'ensemble des mesures de pré-

---

(1) La réserve du général Paturel se composait de :
    4 bataillons de la 2$^e$ brigade de la 2$^e$ division ;
    5 batteries (2 de 4, 2 de 12 et 1 de mitrailleuses).

« caution à prendre, et se mettre à l'abri de toute éven-
« tualité, l'on pourrait faire sortir de Paris, à midi, par
« la porte de Clichy, les trois bataillons de la Côte-d'Or
« du lieutenant-colonel de Grancey. Cette sortie aurait
« pour motif un exercice quelconque à faire sur notre
« terrain, ainsi que l'a demandé le colonel de Grancey.

« Une section de mitrailleuses et six bouches à feu se-
« ront placées au parc de Rothschild et sous Boulogne,
« de manière à battre le revers sud de Montretout.

« Le contre-amiral de Langle pourra également re-
« cevoir l'ordre d'ouvrir le feu sur toute la partie com-
« prise entre Garches, Ville-d'Avray et Sèvres, et princi-
« palement sur la Porte-Jaune et le village de Garches,
« pour gêner les mouvements de troupes qui se feraient
« de droite à gauche.

« La canonnière placée à Suresnes battra la partie
« comprise entre Montretout et la Seine, et les canon-
« nières placées vers l'île Saint-Germain tireront sur
« Sèvres et Saint-Cloud.

« Le Mont-Valérien s'attachera particulièrement à
« couvrir de ses feux le bois de la Jonchère, la Celle-
« Saint-Cloud, Saint-Cucufa, la Bergerie et Bougival.

« A un signal convenu, l'artillerie cessera le feu sur la
« Malmaison, nos troupes avancées s'y précipiteront,
« cherchant à tourner et à enlever les barricades et bat-
« teries qui sont établies sur le chemin de fer américain
« et dans le parc. Elles se logeront dans le ravin qui
« descend de Saint-Cucufa sur le derrière de la Malmai-
« son, et, si elles ne rencontrent pas de grands obstacles,
« pousseront jusqu'aux deux maisons de la Jonchère, ha-
« bituellement occupées par l'ennemi, et qui auront été
« préalablement vigoureusement canonnées par nous.

« Si elles peuvent s'y établir fortement, les troupes
« venant derrière pousseront dans la direction de la

« Seine, de manière à tourner et enlever la barricade
« établie à hauteur de l'Ile de la Chaussée, et qui au-
« rait été préalablement canonnée; *puis se rabattront
« sur la Malmaison, ne dépassant sous aucun prétexte
« le pont de Bougival.*

« Toutes les troupes se replieront sur les positions
« d'où elles sont sorties, protégées par l'artillerie du
« Mont-Valérien et celle de nos batteries en position sur
« le plateau de l'ancien moulin.

« Nos dispositions seront prises de façon que l'attaque
« commence vers 1 heure. Le signal sera donné par
« trois coups de canon du bastion sud du Mont-Va-
« lérien, à 30 secondes d'intervalle.

« Dès midi, une grande flamme rouge et blanche sera
« arborée sur les deux terrasses des casernes du Mont-
« Valérien. Les commandants des colonnes les feront
« bien observer. A midi 45, ces pavillons seront descen-
« dus; à 1 heure, lorsque le général Berthaut aura pris
« toutes ses dispositions, il fera tirer deux coups de ca-
« non à la station de Rueil; immédiatement après, le
« Mont-Valérien tirera les trois coups de canon indi-
« quant le moment de la canonnade générale.

« Après trois quarts d'heure environ, le général en
« chef fera lever trois fois, près de la Maison-Brûlée, un
« grand drapeau tricolore.

« Immédiatement le Mont-Valérien hissera les flam-
« mes aux points primitifs.

« Toutes les pièces alors devront cesser de tirer sur
« la Malmaison, qui sera envahie par les troupes du gé-
« néral Berthaut et du général Noël.

« Toute l'artillerie reportera son tir en avant, vers le
« pont de Bougival et les hauteurs de la Jonchère et de
« Buzenval. »

Résumé général. Comme on le voit dans cet ordre très-détaillé, la Malmaison, attaquée au nord par le général Berthaut (3,400 hommes et 20 bouches à feu), au sud par le général Noël (1,340 hommes et 10 bouches à feu), était, avec la Jonchère, l'objectif principal. Le colonel Cholleton, attaquant Buzenval avec 1,600 hommes, appuyait notre gauche. A notre extrême gauche, le général Martenot, avec 2,000 hommes, empêchait toute tentative de l'ennemi par Montretout; à notre droite, le général Paturel, sur le plateau des Gibets, observait la presqu'île de Houilles et soutenait directement les colonnes Berthaut et Noël.

C'était environ une dizaine de mille hommes que le général Ducrot engageait. Il n'avait donc pas l'intention de livrer une *grande bataille ;* il n'était même pas décidé à pousser à fond les faibles forces dont il disposait. « *Sous aucun prétexte,* disait-il dans son ordre, « *les troupes ne dépasseront le pont de Bougival.* » Il voulait simplement, ainsi que nous l'avons dit, relever le moral et exciter l'ardeur de ses jeunes soldats, refouler les avant-postes ennemis dans la direction de l'ouest, afin de les empêcher de prendre certaines positions autour de Rueil, qui lui étaient indispensables pour l'exécution de ses projets ultérieurs.

Les troupes du 14ᵉ corps allaient avoir devant elles ce massif boisé qui, appuyé aux deux rives de la Seine, par Bougival et Saint-Cloud, forme une épaisse muraille entre Paris et Versailles. Le 5ᵉ corps prussien (von Kirchbach), avec les 9ᵉ et 10ᵉ divisions, tenait toute cette ligne de hauteurs et de vallées dont les villages, les parcs, les taillis, les villas étaient devenus autant de postes fortifiés, autant de positions formidables. Positions ennemies.

## LE COMBAT.

A midi et demi, nos dix mille hommes soutenus par Les colonnes se mettent en

120 bouches à feu déployées depuis la station de Rueil jusqu'au carrefour de la Croix-du-Roi, se mettent en mouvement :

*marche à midi et demi.*

La colonne du général Berthaut se masse derrière Nanterre ; ses tirailleurs couvrent l'intervalle entre le chemin de fer de Saint-Germain et le village de Rueil.

La colonne du général Noël sort du Mont-Valérien, prend le chemin de la Briqueterie au parc de Richelieu, et s'établit dans le ravin Masséna.

La colonne du lieutenant-colonel Cholleton, venant de Courbevoie, s'avance par la même route ; elle a derrière elle les troupes du général Martenot ; le général Paturel prend à droite du Mont-Valérien le chemin du Moulin-des-Gibets.

A une heure, toute notre artillerie occupe les emplacements assignés.

*Positions occupées par notre artillerie.*

A l'extrême droite (colonne Berthaut) les deux batteries de 12 Déthorey et de Chalain sont en avant de la station de Rueil, garanties sur leur droite par la levée du chemin de fer ; elles ont pour objectifs Bougival et la Jonchère. La batterie de 4 (capitaine Bajau), d'un trop petit calibre vu la distance de ces objectifs, se tient en réserve à la station, derrière le chemin de Rueil, avec une section de mitrailleuses (lieutenant Beurnier) détachée de la batterie Perrault.

Ces batteries sont sous les ordres du commandant Warnesson.

Au centre (colonne Noël), la batterie de 4 du capitaine Nismes est en avant du parc de Richelieu, sur une terrasse de jardin d'où l'on découvre la Malmaison, le parc et une partie de Bougival ; elle doit battre ces points.

Les quatre mitrailleuses du capitaine de Granchamp (1)

---

(1) Une section de la batterie Grandchamp avait été laissée dans le parc de Rothschild, pour tirer sur Saint-Cloud.

s'abritent dans le parc de Richelieu en attendant le moment d'agir.

Le chef d'escadron de Miribel commande ces deux batteries.

A gauche (colonne Martenot), les trois batteries Jenny (4), Deschamps (4), d'Épinay (12), sous les ordres du commandant Mathieu, sont établies entre la Fouilleuse et la Briqueterie, elles ont Buzenval et Garches pour objectifs.

Notre première ligne d'artillerie décrit ainsi un vaste demi-cercle s'étendant de la station de Rueil à la Briqueterie.

Derrière, nous avons une deuxième ligne formée par toutes les batteries des colonnes Paturel et Cholleton, disposées, suivant les instructions du général en chef, par le général Boissonnet, commandant l'artillerie du 14e corps. Elles sont échelonnées sur le bord du plateau qui domine Rueil et Nanterre, depuis le Moulin-des-Gibets jusqu'au delà de la Maison-Brûlée.

Les batteries de la colonne Paturel, sous les ordres du colonel Villiers, sont dans l'ordre suivant : la batterie de 4 (Lapâque), à droite du Moulin, observant Carrières-Saint-Denis et le pont de Chatou ; à sa gauche la batterie de 4 (Froment), les batteries de 12 (Buloz et Larquet), ayant pour objectifs la Malmaison, Bougival et la Jonchère ; enfin les quatre mitrailleuses du capitaine Perrault (1).

Les batteries de la colonne Cholleton, sous les ordres du commandant Viguier, sont placées : celles de 4 (Lesage et Dassonville), sur l'éperon de la Maison-Brûlée ; elles ont pour objectifs Buzenval et le bois Béranger ;

---

(1) Comme nous l'avons dit plus haut, une section de la batterie Perrault avait été mise à la disposition du général Berthaut.

les mitrailleuses Ladvocat à leur gauche, sur le bord du plateau.

Le général Boissonnet, qui a sous ses ordres toute cette artillerie de réserve, surveille en même temps une pièce de 24 court et 2 pièces de 12 de siége ; placés dans la partie basse du chemin descendant du centre du plateau des Gibets au village de Rueil, ces gros calibres doivent couvrir de feux la Malmaison et la Jonchère.

Le Mont-Valérien observe les deux flancs de notre ligne de bataille, le parc de Saint-Cloud et le pont de Chatou.

A une heure et demie, toutes nos batteries ouvrent leur feu ; Bougival, la Malmaison, la Jonchère, le château de Buzenval, sont criblés de projectiles.

Pendant ce temps nos diverses colonnes continuent à s'avancer et prennent leurs positions :

*Positions occupées par les diverses colonnes d'infanterie.*

*Colonne Berthaut.*

**Colonne Berthaut.** — Les éclaireurs volontaires du régiment de zouaves sont à la station de Rueil, observant le pont de Chatou. Le 2ᵉ bataillon de ce régiment est en colonne derrière quelques maisons à peu de distance du chemin de fer de Saint-Germain ; ces troupes doivent soutenir l'artillerie établie en avant du chemin de Rueil à la station. Les deux premières compagnies du 3ᵉ bataillon de zouaves, sous les ordres du capitaine Revin, sont en tirailleurs le long d'un fossé courant de Rueil à la Seine, à un kilomètre en avant de l'artillerie.

Les 3ᵉ, 4ᵉ, 5ᵉ et 6ᵉ compagnies du 3ᵉ bataillon, sous les ordres du commandant Jacquot, s'avancent par la route de Cherbourg, et occupent successivement toutes les maisons de Rueil, qui bordent le côté droit de cette route.

Le lieutenant-colonel Colonieu avec le bataillon du 36ᵉ

est sur la place de l'église de Rueil, ayant à sa droite dans les rues du village le bataillon du Morbihan, à sa gauche la compagnie de francs-tireurs du 36ᵉ et les francs-tireurs de Paris; ces derniers précèdent une section du génie (2 sergents, 3 caporaux et 15 sapeurs de la 16ᵉ compagnie du 2ᵉ régiment) commandée par le capitaine Ligneau; ce détachement porte 12 sacs de poudre amorcés et 32 sacs à terre.

Les deux bataillons de Seine-et-Marne sont en réserve derrière la caserne de Rueil, et l'escadron de gendarmerie dans la plaine entre Rueil et Nanterre.

**Colonne Noël.** — Les francs-tireurs de la ligne (1) de la 3ᵉ division réunis en un bataillon sous les ordres du commandant Conti (du 23ᵉ), forment deux détachements; les deux compagnies des 23ᵉ et 24ᵉ sont en soutien de la batterie Nismes, en avant du parc de Richelieu; les deux compagnies des 25ᵉ et 26ᵉ sont derrière ce parc, dans le ravin Masséna, où se trouve la majeure partie des troupes de la colonne du centre et de la colonne de gauche.

*Colonne Noël.*

Les francs-tireurs de la ligne du Mont-Valérien (2) (capitaine L'lopis) et les tirailleurs de la Seine (capitaine Dumas) sont à la gauche de la batterie Nismes; ils lui servent de soutien ainsi que la section des éclaireurs du 28ᵉ régiment de mobiles (3) (Loire-Inférieure), établie dans leur voisinage.

---

(1) Par décision du général en chef en date du 1ᵉʳ octobre, il avait été organisé dans chacune des trois divisions du 14ᵉ corps une compagnie de francs-tireurs par régiment; ces compagnies étaient composées d'officiers, sous-officiers, caporaux et soldats volontaires pris dans toutes les compagnies de leur régiment.

(2) La compagnie des francs-tireurs du Mont-Valérien avait été formée à l'aide de soldats pris dans cinq compagnies de dépôt résidant au fort et appartenant aux 3ᵉ, 22ᵉ, 42ᵉ, 52ᵉ et 89ᵉ de ligne, à raison de 20 hommes par compagnie, ce qui lui donnait un effectif de 100 hommes.

(3) La compagnie des éclaireurs du 28ᵉ mobiles avait été créée dès le

Les trois groupes de chasseurs à pied (1) sont installés sur le versant de la Maison-Brûlée, non loin du chemin creux qui longe le parc de Richelieu.

Dans le chemin même se trouvent les francs-tireurs des Ternes et le détachement du génie attaché à la colonne, commandé par le capitaine Rothmann et composé de 2 sous-officiers, 3 caporaux et 15 sapeurs.

Les deux compagnies de la Loire-Inférieure (commandant de Pellan), sont plus à gauche, abritées dans le même ravin.

---

21 septembre. Elle se composait de mobiles choisis dans les deux bataillons de la Loire-Inférieure envoyés au Mont-Valérien le 20 septembre pour remplacer les mobiles de Paris qui, après avoir déposé leurs anciens chefs par l'élection, avaient, sans ordre, évacué la forteresse.

Le commandement avait été donné à M. le marquis de La Rochethulon.

Cette compagnie fut officiellement reconnue par le ministère de la guerre à la date du 11 octobre.

M. le marquis de La Rochethulon, maintenu capitaine, eut pour lieutenant M. le comte de Montaigu; l'effectif était alors de 60 hommes environ, comptant toujours dans les compagnies d'où ils étaient détachés.

Cette organisation présentait de graves inconvénients pour le service d'avant-poste auquel était constamment employée cette compagnie.

Aussi, dans les premiers jours de décembre, les éclaireurs du 28e mobiles furent-ils formés en compagnie à part. Leur effectif fut porté à 90 hommes, et le cadre comprit un nouvel officier, M. Le Gouvello, sous-lieutenant.

Cette compagnie rendit de très-grands services : constamment aux avant-postes, devant le Mont-Valérien, elle faisait, la nuit surtout, des reconnaissances hardies, et, dans plusieurs circonstances, ses embuscades furent couronnées de succès.

(1) A chaque division du 14e corps étaient attachées deux compagnies de chasseurs à pied. Chacune de ces compagnies avait fourni pour l'opération une section de 75 hommes. Les deux sections de chaque division formaient un groupe sous le commandement d'un capitaine.

Voici quels étaient les cadres d'officiers de ces trois groupes :

Groupe 1re division. { 3e Bon. — Trollat, lieutenant.
{ 4e » — Garrier, capitaine commandant.

Groupe 2e division. { 6e » — Pomez, lieutenant; Bouffé, lieutenant.
{ 9e » — Brun, capitaine commandant; Darcissas, sous-lieutenant.

Groupe 3e division. { 12e » — Lalier, capitaine commandant; Schmit, sous-lieutenant.
{ 14e » — D'Aubigny, sous-lieutenant.

# Emplacement des troupes du 5.me Corps d'armée prussien.

*lors du combat de la Malmaison (21 Octobre 1870)*

Nota: Le régiment de droite de chaque brigade d'avant-poste est indiqué en *Rouge*.
Le régiment de gauche de chacune de ces brigades .......... en *Bleu*.
La réserve principale de la 9.e div.on est en *Bleu*, celle de la 10.e en *Rouge*.

**Colonne Cholleton.** — Les francs-tireurs de la 1ʳᵉ division, comprenant les compagnies franches des 15ᵉ, 16ᵉ, 17ᵉ, 18ᵉ, sous les ordres du commandant Cajard (du 15ᵉ), sont déployés en tirailleurs au-dessous de la Maison-Brûlée, sur le versant qui fait face au parc de Richelieu et à Rueil. A leur gauche, et sur le même versant, face à Buzenval, sont les deux bataillons du 19ᵉ : la 1ʳᵉ compagnie du 1ᵉʳ bataillon de ce régiment occupant la maison Crochard.

Les francs-tireurs de la 2ᵉ division, comprenant les compagnies franches des 19ᵉ, 21ᵉ, 22ᵉ (la compagnie du 20ᵉ ayant été laissée au pont de Neuilly), sous les ordres du capitaine Faure-Biguet (du 19ᵉ), sont défilés dans les fossés de la route de Saint-Cloud à la Malmaison, face au château de Buzenval, leur objectif.

**Colonne Martenot.** — Les deux bataillons d'Ille-et-Vilaine et le bataillon de l'Aisne sont établis sur le versant du Mont-Valérien, en arrière de la Fouilleuse, avec un avant-poste dans cette ferme.

Les deux bataillons de la Seine sont à la même hauteur, sur la gauche et près de la Briqueterie ; l'un d'eux, le 7ᵉ, à cheval sur le chemin de fer de Versailles, garde avec ses tirailleurs tout le versant de Suresnes jusqu'à la Seine.

**Colonne Paturel.** — Les deux bataillons du 21ᵉ sont en colonne, en arrière du Moulin-des-Gibets ; les deux bataillons du 22ᵉ, en colonne également, à cent cinquante pas sur la gauche. Enfin, les deux escadrons de gendarmerie sont un peu en arrière de la brigade, entre les deux régiments.

### ATTAQUE DES POSITIONS.

A 2 heures 15 minutes, au signal convenu, l'artillerie cesse son feu et nos têtes de colonnes s'élancent en avant.

Les francs-tireurs de la 2ᵉ division se précipitent sur le château de Buzenval; les francs-tireurs du Mont-Valérien, les tirailleurs de la Seine et les éclaireurs du 28ᵉ mobiles s'avancent vers le ravin de Saint-Cucufa par le plateau, entre le mur de Buzenval et celui de la Malmaison; les troupes de la colonne Berthaut engagées dans Rueil marchent sur Bois-Préau, qui est occupé sans combat.

Le commandant Jacquot, avec ses quatre compagnies de zouaves, débouche de Rueil; devant lui, à l'entrée de Bougival, la route est coupée par une solide barricade armée de canons et appuyée d'un côté, au mur du parc de la Malmaison, de l'autre à des constructions crénelées, à des tranchées couvertes par des abatis. Il est impossible d'attaquer de front cette position...

*Attaque de la Malmaison par la colonne Berthaut*

Le général Berthaut ordonne aux zouaves de la tourner par le parc de la Malmaison; la porte d'entrée à l'angle du mur, enfoncée par les sapeurs du capitaine Ligneau, le commandant Jacquot traverse rapidement la route sous le feu de la barricade et s'élance dans le parc à la tête de la 6ᵉ compagnie (capitaine Ducos). Devant cette attaque subite, le poste prussien de la Malmaison prend la fuite et s'embusque derrière les fourrés du fond du parc. Le commandant Jacquot, entraîné par ce premier succès, n'attend pas l'arrivée des autres compagnies de son bataillon et continue sa marche le long d'un grand mur qui borde la route; mais il se trouve arrêté par une mare et des abatis s'étendant sur une grande largeur.

Déjà le lieutenant Lantelme et quelques soldats sont blessés; le commandant Jacquot n'a plus auprès de lui qu'une soixantaine d'hommes avec le capitaine Ducos et le capitaine adjudant-major Colonna d'Istria.

## Attaque de la Malmaison (21 Octobre 1870)
*Positions à 2h ¾ de l'après-midi*

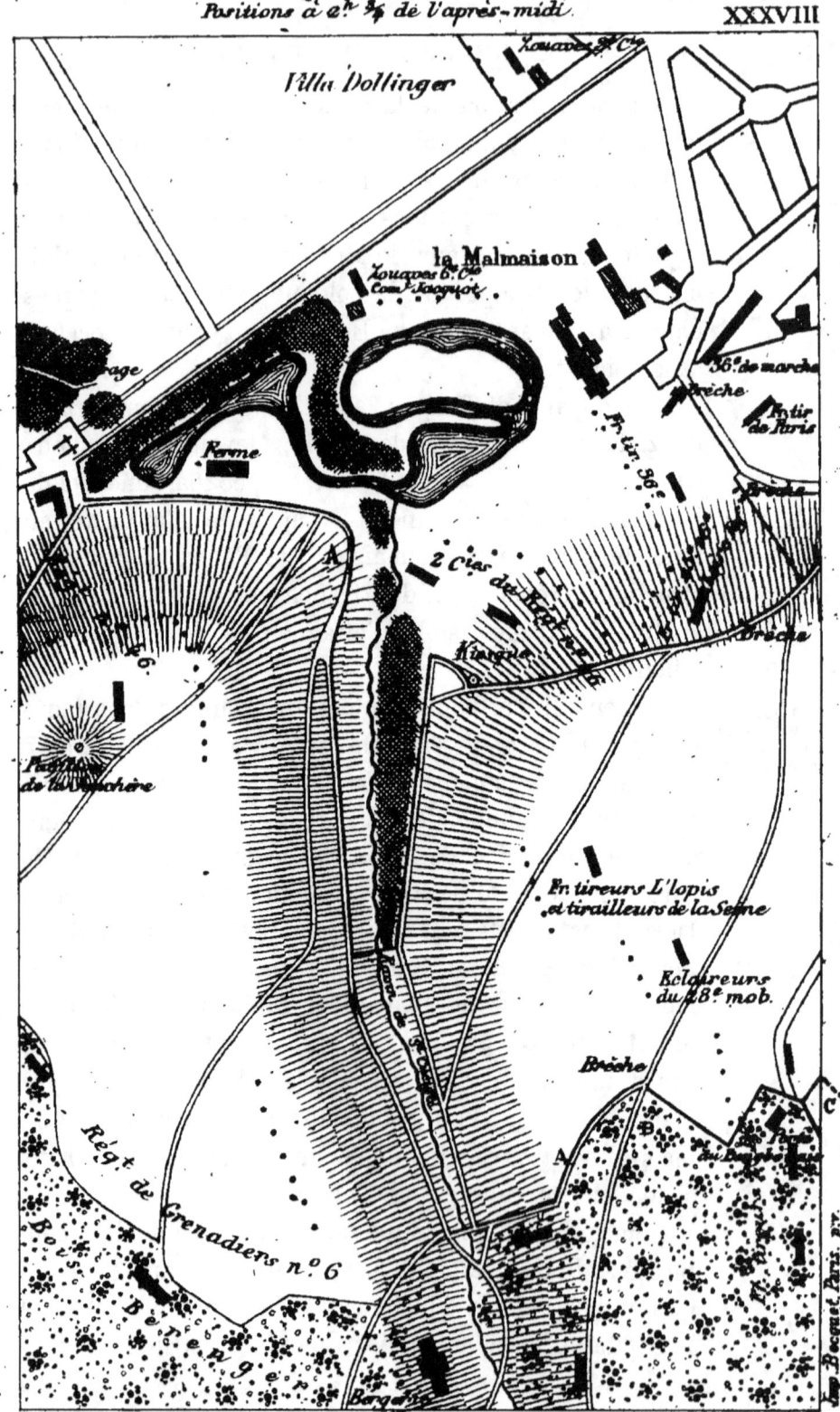

Nota — Les compagnies prussiennes avaient généralement 200 hommes, les nôtres seulement 70 ou 80.

## Attaque de la Jonchère (21 Octobre 1870)
### Positions à 3ʰ ¼ de l'après-midi.

XXXIX

*Nota.* — Les compagnies prussiennes avaient généralement 200 hommes, les nôtres seulement 70 ou 80.

A ce moment débouchent dans le parc, par la grande grille et par des brèches que nos sapeurs viennent de pratiquer, les francs-tireurs du 36ᵉ, les francs-tireurs de Paris et la tête de colonne du bataillon du 36ᵉ; les Prussiens, postés sur les pentes et dans les fourrés, les arrêtent par un feu roulant (1). Devant l'hésitation de ses jeunes troupes, le lieutenant-colonel Colonieu réclame le concours du commandant Jacquot (2), qui aussitôt envoie son adjudant-major hâter l'arrivée des 4ᵉ et 5ᵉ compagnies de zouaves...

Le général Noël, voyant la colonne de droite sérieusement engagée, détache pour lui venir en aide les deux compagnies de francs-tireurs des 25ᵉ et 26ᵉ de ligne (capitaines Risbourg et Chapuis), plus une compagnie des mobiles de la Loire-Inférieure.

Ces trois compagnies se précipitent par des brèches faites à la hâte dans la partie sud-est du parc, et pénètrent dans un bois très-fourré appelé garenne de la Malmaison (3); poursuivant leur marche, sur ce terrain accidenté, coupé de haies, de ravins, de fossés, elles arrivent sur le flanc des Allemands; une fusillade vive, rapide, s'engage presque à bout portant (4). Attaqués de

---

(1) L'attaque avait eu lieu au moment même où se faisait le relèvement des postes; nous avions donc affaire, dans le parc, à la compagnie de garde, ainsi qu'à une seconde compagnie qui venait la relever.

(2) Par l'intermédiaire du capitaine adjudant-major de Boysson.

(3) Ces brèches furent pratiquées par les sapeurs du capitaine Rothmann.

(4) Le lieutenant de Luxer, de la compagnie du 26ᵉ, accompagné du caporal Toullec et d'un autre homme de la compagnie, cherchait à reconnaître le terrain en avant. Tout d'un coup, il se voit cerné par un groupe de Prussiens et un sous-officier qui crie : « Bas les armes! » — « J'aimerais mieux cre...! » répond le caporal Toullec. Il fait feu sur le sous-officier et tombe dans le tas à coups de crosse. M. de Luxer et le soldat foncent également sur les Allemands; ceux-ci, surpris, se jettent de côté, et les nôtres peuvent s'enfuir; mais à vingt-cinq pas, ils reçoivent une décharge qui tue le soldat et blesse au bras gauche le caporal Toullec. Ce brave soldat fut décoré pour cet acte énergique.

tous les côtés, de face et sur leurs deux flancs, les tirailleurs ennemis reculent vers la partie ouest du parc.

Pendant ce temps, le commandant Jacquot, contournant la grande mare, a rejoint le 36°. Toujours avec sa seule compagnie de zouaves, il se précipite vers une brèche A, faite par l'ennemi, au pied d'un mamelon couronné en ce moment de nombreux tirailleurs.

*Attaque de la Jonchère par le commandant Jacquot avec la 6ᵉ compⁱᵉ de zouaves (3ᵉ bataillon).*

Les zouaves, leurs trois officiers en tête (commandant Jacquot, capitaines Ducos et Colonna d'Istria), s'élancent par cette brèche sous une pluie de balles; ils gravissent au pas de course la pente couverte de vignes et s'arrêtent derrière un ressaut de terrain, à très-petite distance des tranchées prussiennes. Des deux côtés, les combattants tirent sur les têtes qui paraissent au-dessus du sol. Le commandant Jacquot, les capitaines Ducos et Colonna d'Istria maintiennent leurs soldats par leur énergique exemple; jetée, pour ainsi dire, au milieu des lignes ennemies, cette poignée d'hommes attend l'arrivée du 36ᵉ et des autres compagnies de zouaves (4ᵉ et 5ᵉ).

Les instants s'écoulent..., le danger devient de plus en plus pressant... et rien n'apparaît à la brèche par où doivent déboucher les secours. Tout à coup, la sonnerie française de « cessez le feu » se fait entendre dans le parc de la Malmaison... Voici ce qui s'était passé de ce côté :

*Retraite du batⁿ du 36ᵉ dans le parc de la Malmaison.*

Le bataillon du 36ᵉ a d'abord suivi le commandant Jacquot, s'élançant en avant avec sa 6ᵉ compagnie; mais au milieu du parc, ce bataillon, accueilli par la fusillade du plateau de la Jonchère, s'arrête. De cette position de la Jonchère, qui domine entièrement la Malmaison, les balles passant par-dessus les murs arrivent en plein sur le bataillon du 36ᵉ qui, au lieu de franchir rapidement la zone dangereuse, reste massé, groupé sous cette mousqueterie d'un ennemi invisible. Surpris, les hommes

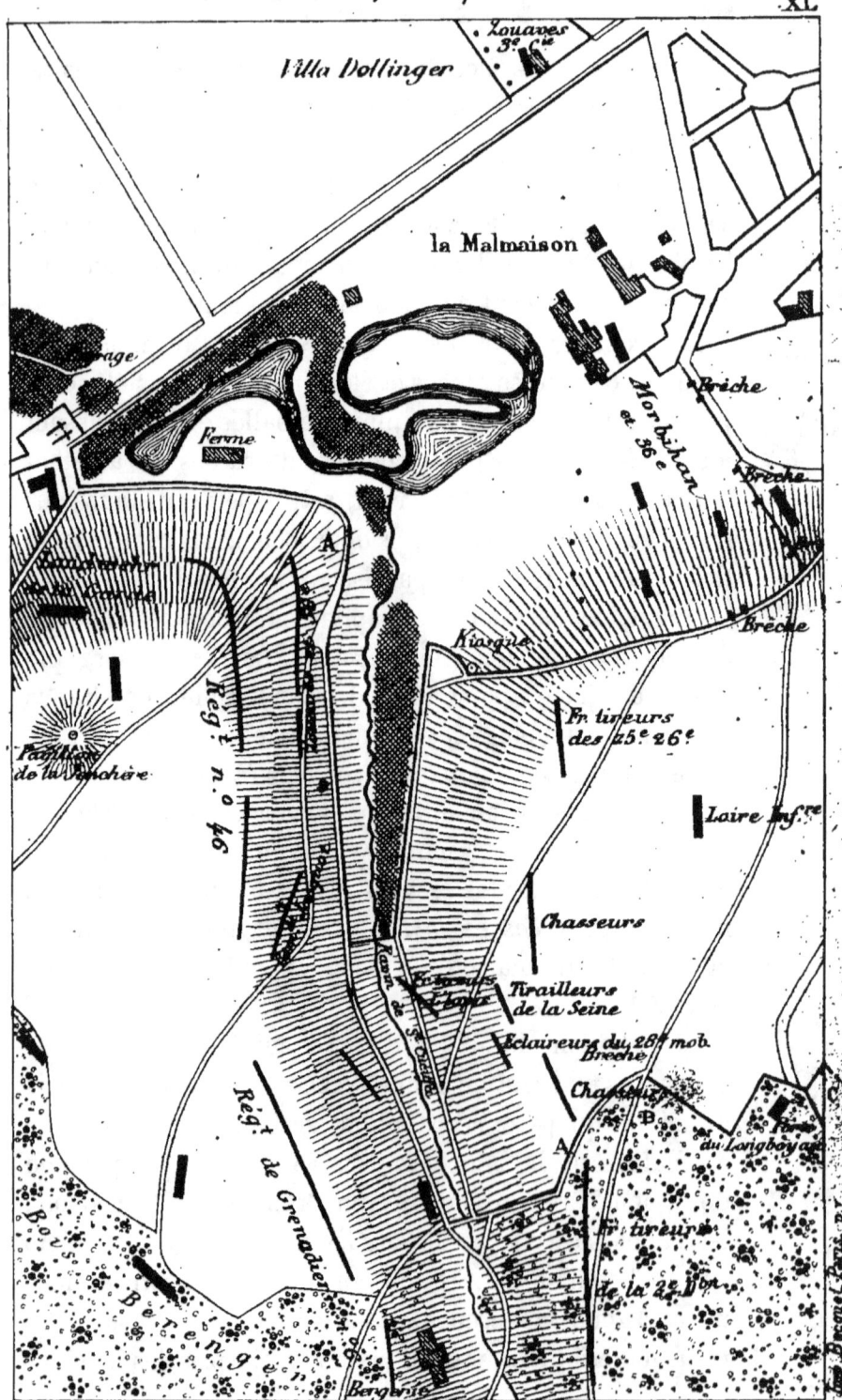

tirent sans but, sans direction, un peu de tous les côtés, risquant de se massacrer les uns les autres et de tuer les zouaves du commandant Jacquot établis au delà sur les pentes. Les officiers, ne parvenant pas à arrêter cette fusillade, l'un d'eux a la malheureuse idée de faire sonner : « *cessez le feu.* »

A cette sonnerie, l'ennemi croit que nous nous retirons ; un peu ébranlé par la vigoureuse attaque du commandant Jacquot, il reprend confiance, et, poussant ses hurrahs, s'ébranle en avant, déborde les zouaves et cherche à les couper de la brèche A, leur unique point de retraite. De plus en plus serré par l'ennemi, le commandant Jacquot veut néanmoins conserver sa position ; il envoie son adjudant-major, M. Colonna d'Istria, demander du monde au général Berthaut.

Après avoir lancé les zouaves à l'attaque de la Malmaison (1), le général Berthaut était revenu vers Bois-Préau diriger sa colonne de gauche.

Portant le bataillon du Morbihan en avant, il venait d'arriver à l'angle sud-est du parc, quand se présente à lui le capitaine Colonna d'Istria. A ce moment-là, le 36ᵉ, continuant à reculer, était venu s'abriter derrière le mur d'enceinte du parc, lequel se trouvait ainsi presque entièrement évacué.

Apprenant la situation critique du commandant Jacquot, le général Berthaut envoie chercher immédiatement le 1ᵉʳ bataillon des mobiles de Seine-et-Marne, resté en réserve derrière la caserne de Rueil.

Ce bataillon, longeant extérieurement le mur du parc, doit marcher rapidement au secours des zouaves.

---

(1) Les compagnies de zouaves n'étaient pas entrées dans le parc simultanément ; arrivées à l'extrémité de Rueil, côté droit de la rue, elles avaient dû, pour donner moins de prise au feu de la barricade de Bougival, traverser la route par petits groupes.

Descendant vers les brèches du mur Est, le général ordonne au lieutenant-colonel Colonieu de se reporter en avant avec son bataillon du 36ᵉ, renforcé des mobiles du Morbihan ; et de sa personne il pénètre dans le parc, afin de diriger le mouvement.

*Les francs-tireurs du 36ᵉ et la 5ᵉ compᵢₑ de zouaves franchissent la brèche A.*

Cependant, les francs-tireurs du 36ᵉ de ligne ne se sont pas retirés complétement ; la plupart, abrités derrière des arbres, dans des plis de terrain, attendent... et dès que les 4ᵉ et 5ᵉ compagnies de zouaves, venant en aide au commandant Jacquot, débouchent dans le parc, ils s'élancent en avant et courent au pas de course vers la brèche ; à peine l'ont-ils franchie, que leur chef, le capitaine Couvès, tombe blessé... Le lieutenant Deschamps prend le commandement, enlève les hommes un moment ébranlés, et escalade les pentes de la Jonchère, où il est suivi par la 5ᵉ compagnie de zouaves du capitaine Collin.

Le commandant Jacquot se trouvait alors assez loin sur la gauche... longtemps ce brave officier s'était maintenu sur sa position ; longtemps il avait résisté sur place à tous les efforts d'un ennemi dix fois plus nombreux ; mais pressé de toutes parts, se voyant sur le point d'être enveloppé, il s'était rabattu vers l'angle sud-ouest du parc, sans franchir cependant le ravin de Saint-Cucufa.

Dès qu'il aperçoit les tirailleurs du 36ᵉ en dehors du parc, il leur fait signe de venir à lui ; le lieutenant Deschamps se porte aussitôt de son côté avec un autre officier, une vingtaine de francs-tireurs et de zouaves, les autres restent sur les pentes, en avant de la brèche, et font le coup de feu avec les nombreux tirailleurs prussiens postés à peu de distance.

*Deuxième effort tenté par le commandant Jacquot contre la Jonchère.*

A l'arrivée de ce léger renfort, l'héroïque commandant Jacquot, mettant son képi au bout de son sabre, fait sonner la charge, s'élance en avant... les trois officiers

## Attaque de la Jonchère (21 Octobre 1870)

*Positions vers 4h ½ de l'après-midi.*

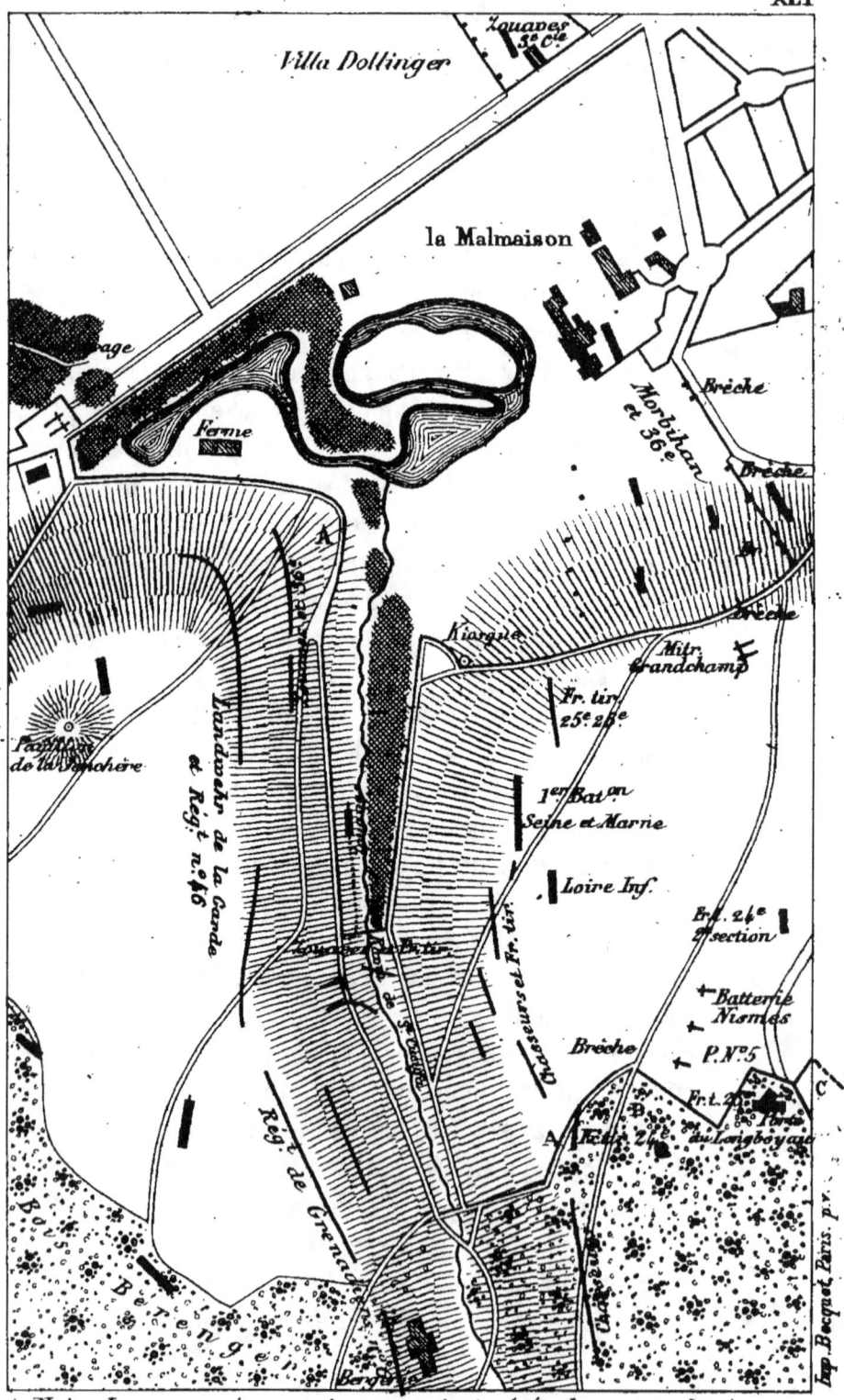

Nota — Les compagnies prussiennes avaient généralement 200 hommes, les nôtres seulement 70 ou 80.

(Ducos, Deschamps, N...), une soixantaine d'hommes le suivent et gravissent les pentes de la Jonchère au pas de course.

Mais de la crête garnie d'une longue ligne de tirailleurs part une pluie de projectiles, nombre de nos soldats sont atteints... le commandant Jacquot, blessé à l'épaule, maintient sa petite troupe par son indomptable courage ; plusieurs hommes ayant commencé à plier, le capitaine Ducos les ramène en criant : « A moi les zouaves ! » et pendant quelque temps encore, nos soldats répondent énergiquement à la fusillade des Allemands, sans parvenir toutefois à prendre le dessus. Voyant la moitié de son monde tué ou blessé, voyant que l'ennemi, soutenu par des renforts incessants, gagne par sa gauche, qu'il va être débordé, cerné, le commandant Jacquot ordonne la retraite vers l'angle sud du parc... Les zouaves descendent rapidement la côte de la Jonchère sous une grêle de balles... Le commandant Jacquot reçoit une seconde blessure et roule à terre... Le capitaine Ducos se précipite pour l'emporter, deux coups de feu le mettent hors de combat... Le sergent-major Petit de Grandville, se dévoue ; il court à son commandant et le met sur ses épaules ; à peine a-t-il fait quelques pas, qu'il tombe frappé à son tour.

Sur la gauche, à quelques pas de l'endroit où combattaient si vaillamment les zouaves, des tirailleurs ennemis se glissant par un sentier qui descend jusqu'au ravin de Saint-Cucufa, près de l'angle du parc, menacent de nous tourner. Le lieutenant Deschamps se porte de ce côté avec un groupe de zouaves et de soldats du 36°.

Le capitaine L'Iopis qui, après une lutte énergique dans le ravin de Saint-Cucufa, s'est replié vers l'entrée du parc de la Malmaison, vient bientôt prêter main-forte au lieutenant Deschamps avec quelques-uns de ses soldats.

*Lutte à bout portant dans le ravin de Saint-Cucufa.*

Une haie touffue et à hauteur d'homme courant le long du sentier sépare seule les combattants; on se fusille à bout portant... Soldats de la ligne, zouaves se battent en désespérés; chacun fait des prodiges de valeur... Mais nos rangs s'éclaircissent, tués et blessés s'entassent sur ce terrain étroit, le brave lieutenant Deschamps tombe grièvement frappé... Le flot des Allemands ne cesse de grossir; il menace de nous envelopper... nous battons en retraite vers le fond du ravin, poursuivis de près par un ennemi furieux de cette résistance acharnée.

*Lutte des zouaves et des soldats du 36e sur les pentes de la Jonchère.*

Pendant les diverses péripéties de ce combat inégal, soutenu si vaillamment par le commandant Jacquot avec les 6e et 5e compagnies de zouaves et les francs-tireurs de la ligne du lieutenant Deschamps et du capitaine L'lopis, quelques hommes restés autour de la brèche A, avaient été rejoints par une partie de la 4e compagnie de zouaves et un certain nombre de soldats du 36e. Entraînés par de braves officiers, tous ces hommes s'étaient portés en avant au moment où le commandant Jacquot prononçait sa nouvelle attaque : nous avions gagné du terrain, mais notre avantage, nous l'avons vu, avait été de courte durée; et bientôt tout ce qui reste des 6e, 5e, 4e compagnies de zouaves, des francs-tireurs de la ligne, accablé par une fusillade des plus vives, redescend vers le parc, autour de la brèche... nos morts, nos blessés jonchent le sol, le capitaine Collin, des zouaves (5e compagnie), est frappé mortellement; son sous-lieutenant, Grémaud, reçoit un coup de feu; le capitaine adjudant-major de Boysson, du 36e, est tué, les capitaines Lafforgue, Delapierregrosse, le sous-lieutenant Grass, du même régiment, sont mis hors de combat.

Cependant nous tenons encore, rendant feu pour feu... quand tout à coup paraissent des colonnes profondes venant de la Jonchère et de Bougival (landwehr de la garde).

Cette fois il n'y a plus de résistance possible ; tout le monde se précipite à la brèche... serrés de près, acculés au mur du parc, n'ayant pour toute retraite qu'une ouverture de deux mètres de largeur battue par un feu roulant, nos hommes paraissent perdus ; quelques-uns essaient de franchir la brèche en courant, ils tombent morts ou blessés ; le sous-lieutenant Lefaivre, du 36e, le seul officier resté debout, est atteint d'un coup de feu. Ces braves allaient être massacrés ou faits prisonniers lorsque, sur la gauche, un mouvement de retraite se produit chez les Allemands : c'est le 1er bataillon de mobiles de Seine-et-Marne qui entre en ligne, bien tardivement, hélas !

Ce bataillon, après avoir traversé Rueil, s'était déployé sur le plateau face à la Jonchère ; soutenu en arrière par deux mitrailleuses du capitaine de Grandchamp, il avait longtemps tiraillé contre le bois Béranger.

*Le 1er bataillon de Seine-et-Marne dégage nos tirailleurs acculés dans l'angle du mur de la Malmaison.*

Le feu de notre artillerie ayant produit un certain mouvement de recul dans la ligne prussienne, le lieutenant-colonel Franceschetti et le commandant de Piolenc entraînent les mobiles qui, se précipitant dans le fond du ravin de Saint-Cucufa, remontent la pente opposée et abordent résolûment les groupes ennemis ; surpris par cette brusque attaque, ils se retirent en désordre vers le plateau, et le petit nombre de nos soldats qui restent encore debout, en avant de la brèche A, peuvent rentrer dans le parc.

Mais bientôt paraissent de nouvelles colonnes prussiennes : l'une longeant à droite le parc de la Malmaison, l'autre descendant vers le ravin. Pris entre deux feux, nos mobiles sont obligés de se retirer ; soutenus par les troupes du général Noël, garnissant la berge orientale, ils regagnent le plateau du Longboyau, après avoir fait des pertes sensibles.

*Vains efforts du général Berthaut pour entraîner ses troupes hors du parc de la Malmaison.*

Pendant que ces divers épisodes se passaient sur les pentes de la Jonchère, la majeure partie du bataillon du 36ᵉ, le bataillon du Morbihan, les francs-tireurs de Paris, quelques zouaves et quelques mobiles de la Loire-Inférieure qui occupaient le parc de la Malmaison n'avaient pu être portés en avant ; ce parc étant complétement dominé par le plateau de la Jonchère, les balles ennemies le sillonnaient de toutes parts ; nos jeunes soldats ne voyant pas d'où leur venaient ces projectiles, refusaient d'avancer ; en vain le général Berthaut cherche à les entraîner... ils se pelotonnent, s'abritent derrière les taillis, les haies, un grand nombre se retirent en arrière dans les bâtiments du château...

L'offensive n'étant plus possible, le général Berthaut prépare les moyens d'assurer la retraite : il fait abattre un long pan de mur, vers la partie sud-est de la Malmaison, pour l'écoulement des troupes, puis il place, sur une terrasse voisine du château de Bois-Préau, deux mitrailleuses commandant les débouchés du parc.

*Fin et résumé de la lutte en avant de la Malmaison.*

Lorsque nos derniers tirailleurs de la Jonchère eurent franchi la brèche A, les Allemands les suivirent à petite distance ; mais reçus par la fusillade venant de tous les fourrés du parc et des fenêtres du château, ils se replièrent précipitamment derrière le mur jusqu'au moment où la Malmaison fut évacuée par nos troupes. Ce fut le dernier épisode de ce rude combat de la Jonchère, où nos soldats, au nombre de deux à trois cents, avaient vaillamment résisté, depuis 3 heures jusqu'à 5 heures, à des forces bien supérieures : devant eux se trouvaient plus de la moitié du régiment n° 46 (10ᵉ division), une partie d'un régiment de landwehr de la garde, venu de Saint-Germain, sur leur gauche, cinq compagnies du régiment n° 6 (10° division) et trois compagnies du régiment n° 50 (faisant partie de la réserve principale de la 10° division) (1).

La 6° compagnie du 3° bataillon de zouaves, celle qui marcha la première avec le commandant Jacquot, perdit ses deux officiers (Ducos, capitaine, et Lantelme, lieutenant) et 38 hommes sur 70 combattants. L'une des compagnies du 36° (4°) eut également ses deux officiers blessés (Delapierregrosse, capitaine, Lefaivre, sous-lieutenant) et 45 hommes hors de combat sur 70. La compagnie des francs-tireurs de la ligne du Mont-Valérien (capitaine L'Iopis) qui, après avoir énergiquement lutté dans le ravin de Saint-Cucufa, était venue porter secours au commandant Jacquot, avait perdu deux officiers sur trois (Tournade et Pardes, sous-lieutenants) et 52 hommes sur 100.

Le commandant Jacquot, qui s'était conduit en véritable héros, succomba à ses blessures; sa mort fut un deuil général pour l'armée.

Avant de revenir à la colonne de gauche et du centre, nous terminerons le récit des opérations de la colonne Berthaut.

*Opérations dans la plaine, entre la route de Cherbourg et la Seine.*

La 3° compagnie du 3° bataillon de zouaves, établie dans la villa Dollinger, tenait en respect le poste prussien de la barricade de Bougival.

Le 2° bataillon de Seine-et-Marne était en réserve près de Bois-Préau.

Le 2° bataillon de zouaves, continuant à servir de soutien à l'artillerie de l'extrême droite, s'était rapproché de Bougival, à mesure que l'artillerie s'avançait par échelons dans la plaine.

---

(1) Voir *Opérations du 5° corps prussien,* par Stieler von Heydekampf, pages 220-222.

Les éclaireurs des zouaves et les deux compagnies du capitaine Revin (1re et 2e du 3e bataillon) se tenaient à quelque distance du pont de Chatou pour observer ce débouché et couvrir les derrières et le flanc droit de nos batteries.

Ainsi que nous l'avons dit, au signal d'attaque, toutes nos pièces avaient cessé le feu, sauf les deux batteries établies à l'extrême droite, en avant de la gare de Rueil... placées sur le flanc de nos colonnes, elles pouvaient, sans crainte de les atteindre, continuer à tirer sur Bougival et les positions voisines.

L'artillerie sous le Mont-Valérien allongeant son tir, rouvrit bientôt son feu sur les hauteurs de la Jonchère et de la Celle-Saint-Cloud; ses projectiles, passant par-dessus les bois, allaient fouiller en arrière toute la vallée de Bougival, où l'ennemi semblait avoir réuni la majeure partie de ses réserves.

*Lutte d'artillerie.* Tout d'abord, les deux pièces de la barricade de Bougival furent seules à répondre; puis une batterie prussienne, établie sur le coteau de la Jonchère, entra en action; placée sur le versant ouest au-dessus de Bougival, elle était parfaitement défilée, surtout des coups de face; c'est en vain que les batteries de 12 établies sur le plateau des Gibets cherchent à faire cesser son feu; nos deux batteries de la gare de Rueil, qui la voyaient d'écharpe, parviennent seules à l'inquiéter; encore n'est-ce qu'au bout d'une heure de lutte très-vive que cette batterie ennemie se retire par les hauteurs; tout en retraitant, elle s'arrête de temps à autre pour chercher à prendre position, mais nos batteries de droite ne la perdent pas de vue, et la poursuivent à outrance; bientôt enfin elle disparaît complétement du champ de bataille.

Suivant les instructions qu'il avait reçues du général

## Combat de la Malmaison (21 Octobre 1870)
*Ensemble des positions à 3ʰ½ de l'après-midi.*

Berthaut, le commandant Warnesson porte son artillerie en avant; la batterie de 4 du capitaine Bajau se joint aux batteries de 12 Déthorey et de Chalain, et ces trois batteries, s'avançant par échelons, arrivent jusqu'à moins d'un kilomètre de Bougival; divisées par sections, elles couvrent toute la plaine entre la Seine et la route de Cherbourg, la gauche de la batterie Bajau appuyée aux maisons les plus avancées du village de Rueil. Leurs projectiles tombant sur Bougival et fouillant les bois en arrière de la Jonchère, viennent en aide aux troupes engagées sur ce dernier point.

Au centre et à gauche sur le plateau entre Buzenval et la Malmaison, la lutte avait été également très-chaude. *Opérations des colonnes Noël et Cholleton.*

La batterie de 4 du capitaine Nismes établie en avant du parc de Richelieu, sur une terrasse de jardin d'où l'on découvre à la fois tout le parc de la Malmaison et le plateau dominant, entame l'action en ouvrant son feu sur la Malmaison et la Jonchère.

Cette batterie est protégée par deux compagnies de francs-tireurs des 23ᵉ et 24ᵉ de ligne, sous les ordres du commandant Conti, par les francs-tireurs du Mont-Valérien (capitaine L'lopis), les tirailleurs de la Seine (capitaine Dumas) et les éclaireurs du 28ᵉ mobiles (lieutenant de Montaigu). A leur gauche les francs-tireurs de la ligne de la 2ᵉ division (capitaine Faure-Biguet) sont défilés dans les fossés de la route de Saint-Cloud, attendant le moment de se jeter sur Buzenval.

Toutes les autres troupes des colonnes Noël et Cholleton sont massées dans les ravins voisins de la maison Crochard et sur le versant de la Maison-Brûlée.

Les quatre mitrailleuses du capitaine de Grandchamp sont installées à l'abri, dans le parc de Richelieu, avec de faciles issues devant et derrière.

Au signal de l'attaque, les francs-tireurs de la ligne *Les troupes de la colonne Noël se portent en avant, vers le ravin de Saint-Cucufa.*

du Mont-Valérien, les tirailleurs de la Seine et les éclaireurs du 28ᵉ mobiles se portent rapidement sur le plateau et se déploient en tirailleurs sur la berge orientale du ravin de Saint-Cucufa, la droite appuyée au mur du parc de la Malmaison, la gauche dans la direction de la porte du Longboyau; le feu s'engage immédiatement avec les tirailleurs ennemis postés de l'autre côté du ravin.

*Les francs-tireurs de la 2ᵉ division s'emparent du château de Buzenval.*

Les francs-tireurs de la ligne (2ᵉ division) se précipitent au pas de course vers le château de Buzenval (1); devant cet élan énergique l'ennemi abandonne la position, le capitaine Faure-Biguet pousse avec ses hommes jusqu'au mur qui sépare le parc de Buzenval de celui du Longboyau; une brèche prussienne lui livre passage, il gagne la porte du Longboyau et poursuit jusqu'au bord du ravin... L'ennemi à cent mètres à peine, garnit la berge opposée et commence aussitôt la fusillade sur les nôtres qui répondent vigoureusement.

*Positions vers 3 heures.*

A 3 heures environ nos tirailleurs forment ainsi une ligne continue s'étendant de l'intérieur du parc de Buzenval à l'angle sud du parc de la Malmaison, ligne composée des francs-tireurs de la 2ᵉ division, des éclaireurs du 28ᵉ mobiles, des tirailleurs de la Seine et des francs-tireurs du Mont-Valérien.

Leurs réserves sont échelonnées en arrière.

Le feu des batteries du plateau des Gibets n'étant pas, vu la distance, assez efficace contre les positions de la Jonchère, le commandant de Miribel porte son artillerie à hauteur des premières réserves. Il établit ses quatre mitrailleuses (capitaine de Grandchamp) à la jonction de la route de Saint-Cloud avec celle du Longboyau, et sur leur droite trois pièces de 4 de la batterie

---

(1) Un commencement d'incendie, allumé par nos obus, s'était déclaré dans le château de Buzenval.

Nismes; les trois autres prennent position non loin du parc de la Malmaison.

Cette batterie mixte couvre bientôt de projectiles les abords de la Jonchère, et malgré plusieurs tentatives, l'artillerie prussienne, écrasée par notre tir à balles, ne parvient pas à y prendre position.

La colonne Noël, au lieu de se rabattre sur la Malmaison, appuie trop à gauche : cherchant à gagner du terrain par le sud de Saint-Cucufa, ses tirailleurs garnissent tout le bord oriental du ravin ; mais arrêtées par un feu des plus violents venant des bois de la Bergerie et Béranger, ces têtes de colonne ne peuvent franchir la gorge et donner la main au commandant Jacquot qui, entraîné par un premier succès, s'est jeté vers la Jonchère.

Si nous ne pouvons avancer, pendant quelque temps du moins, nous parvenons à contenir l'ennemi ; mais bientôt lui arrivent de nombreux renforts... tout le versant occidental de Saint-Cucufa se garnit de nouveaux groupes... Des haies, des taillis, des fourrés, part une grêle de balles... soldats de la ligne, tirailleurs de la Seine, mobiles, tous font les plus énergiques efforts pour résister à ce feu intense... Malheureusement nos munitions s'épuisent, le nombre de nos tués, de nos blessés augmente... les hommes plient... notre centre est menacé... la chaîne de nos tirailleurs va être rompue, quand accourent les chasseurs à pied de la division et deux compagnies de la Loire-Inférieure; grâce à ce renfort, la ligne se reforme, le capitaine Faure-Biguet fait rentrer tous ses francs-tireurs dans le parc de Longboyau, et nous tenons ferme avec les chasseurs à pied, les mobiles de la Loire-Inférieure, sur tout l'espace compris entre la porte de Longboyau et le parc de la Malmaison.

Quelques instants encore le capitaine Faure-Biguet fait

tête aux tirailleurs ennemis postés dans le chalet situé de l'autre côté de l'étang de Saint-Cucufa et dans les fourrés avoisinants; mais n'ayant plus de munitions, il est remplacé par deux compagnies de chasseurs à pied de la 2ᵉ division, et se retire avec ses francs-tireurs vers le château de Buzenval.

Pour mieux appuyer nos troupes, le commandant de Miribel porte hardiment son artillerie en avant : une demi-batterie de 4 du capitaine Nismes se jetant dans la mêlée, s'établit en pleine ligne de tirailleurs, près de la porte de Longboyau, d'où elle prend d'écharpe les colonnes ennemies sur le plateau de la Jonchère (1). Le capitaine de Grandchamp, laissant deux mitrailleuses en réserve, s'avance avec les deux autres pour coopérer à l'action de la batterie Nismes... il s'établit d'abord près de la Malmaison ; mais gêné par nos tirailleurs, par un mouvement de terrain, il se rapproche de la porte de Longboyau et se poste sur le prolongement de la batterie Nismes.

De cette position avancée, notre artillerie écrase toutes les colonnes prussiennes à mesure qu'elles arrivent sur le plateau de la Jonchère. — Les pièces de 4 tirent sur les troupes qui viennent de Bougival, les mitrailleuses sur celles qui tentent de sortir du bois Béranger.

La vue de l'artillerie a ranimé nos hommes : tous se reportent en avant ; bientôt le ravin est de nouveau garni d'une ligne épaisse de tirailleurs ; c'est alors que le bataillon de Seine-et-Marne se précipite vers la droite et dégage les débris de la petite colonne du commandant Jacquot, en avant de la brèche A.

A gauche, nous occupons le parc de Longboyau avec les chasseurs de la 2ᵉ division. — Deux compagnies de

---

(1) Les trois autres pièces restent en avant de la route de Saint-Cloud.

francs-tireurs des 23ᵉ et 24ᵉ de ligne servent de soutien à la batterie de Nismes.

Les chasseurs des 12ᵉ, 14ᵉ, 3ᵉ et 4ᵉ bataillons (environ 800 hommes), déployés en tirailleurs, tiennent toute la berge du ravin... Les tirailleurs de la Seine, les éclaireurs du 28ᵉ, établis sur la pente, derrière les arbres, les haies, les broussailles, les fossés, les coupures, forment seconde ligne. — A l'extrême droite, deux compagnies de francs-tireurs de la 3ᵉ division (25ᵉ et 26ᵉ de ligne) sont établies près du mur de la Malmaison; déployées en tirailleurs dans les vignes, elles luttent avec énergie contre les Prussiens, postés à 7 ou 800 mètres sur la pente opposée.

L'ennemi, un moment ébranlé par notre retour offensif, ne tarde pas à montrer des forces nouvelles; la chaîne de ses tirailleurs s'épaissit de plus en plus... tout le versant occidental du ravin fourmille de groupes, d'essaims se rapprochant d'instant en instant.

Le signal d'alarme donné jusqu'à Versailles a fait arriver les réserves... Parmi elles on distingue les casques de la garde : indice de la présence d'une nouvelle division.

Nos soldats continuent néanmoins à faire bonne contenance; de part et d'autre la fusillade est des plus vives, quand tout à coup la sonnerie : « Cessez le feu ! » se fait entendre de notre côté (1). Un moment d'hésitation se produit parmi nous.... les uns cessent de tirer, les autres reculent... Aussitôt l'ennemi franchit le ravin de Saint-Cucufa, et s'élance en face l'intervalle qui sépare

---

(1) Comme à la droite, cette sonnerie partait de notre seconde ligne ; nos jeunes soldats avaient ouvert la fusillade sous le coup d'une émotion assez naturelle chez des hommes qui voyaient le feu pour la première fois. Quelques officiers avaient eu la fâcheuse idée d'employer le clairon afin de faire cesser ce feu plus dangereux pour nos troupes de première ligne que pour l'ennemi.

les deux parcs de la Malmaison et de Longboyau... Le capitaine Nismes, impassible devant ces masses d'assaillants, leur envoie des décharges à mitraille... le capitaine de Grandchamp les prend en flanc avec ses mitrailleuses. — Décimés, les Allemands s'arrêtent... Mais tout à coup, sur notre gauche, un immense hurrah retentit : c'est le 50°, 3° Basse-Silésie, qui, parti du chalet de Saint-Cucufa, se précipite dans le parc de Longboyau.

En un instant, les chasseurs à pied des 6° et 9° bataillons (150 hommes) sont bousculés, les francs-tireurs du 23° de marche sont refoulés hors du parc, et tous les murs avoisinant la porte de Longboyau se couronnent de Prussiens. Fusillée à bout portant, notre artillerie est obligée de battre en retraite.

*Retraite artillerie.* La pièce n° 5 de la batterie Nismes (1), la plus rapprochée du parc, est emmenée en longeant la muraille; mais les deux pièces n°s 4 et 6, n'ayant plus ni servants ni chevaux, sont abandonnées.

Les deux mitrailleuses, bien qu'établies à peu de distance du mur (une centaine de mètres environ), avaient peu souffert, les chevaux et le matériel de la batterie de 4 ayant fait rempart. L'une d'elles, cependant, faillit

---

(1) La demi-batterie de gauche amenée par le capitaine Nismes était établie un peu en avant de la porte du Longboyau, la pièce de gauche (n° 5) à 20 mètres environ de la muraille. Cette dernière pièce seule put être emmenée, ses chevaux et servants ayant été préservés par le rentrant de la muraille; ils se trouvaient, en effet, à l'abri des coups de la colonne qui longeait le mur A, et ils étaient assez rapprochés du mur B pour que les projectiles venant de ce point leur passassent par-dessus la tête.

La pièce n° 5 se retira en longeant la muraille C, protégée par cette muraille même.

Les deux pièces de 4 n°s 4 et 6, en butte aux feux croisés venant de A et de B, furent criblées et durent être abandonnées.

Les deux mitrailleuses reçurent des coups de face, mais elles furent protégées des coups de revers par les attelages des pièces de 4.

rester sur le terrain. Comme l'on cherchait à la remettre sur l'avant-train, le lieutenant Darolles est atteint d'une balle à la poitrine; un des deux sous-officiers, frappé mortellement, tombe sous les roues de la voiture, son cheval se jette sur l'attelage; un autre cheval touché se dérobe; les autres, effrayés, se traversent, l'avant-train tourne... les servants, fort impressionnés, commencent à se décourager... Il faut toute l'énergie du capitaine de Grandchamp pour faire ramener l'avant-train et enlever la pièce. Poursuivis par la fusillade, nos artilleurs se replient au galop.

Près de la brèche, en avant du Longboyau, tiennent encore : francs-tireurs de la ligne, chasseurs et mobiles. Ces braves tentent un instant d'empêcher l'ennemi de faire irruption par cette ouverture; mais criblés par la fusillade, ils sont obligés de céder... longeant le pied de la muraille pour se défiler des coups qui partent du sommet, ils arrivent à la porte à claire-voie de Longboyau que soutenaient de leurs épaules quelques francs-tireurs du 24ᵉ de ligne, pendant que l'ennemi, poussant de l'autre côté, cherchait à la défoncer à coups de crosse... A travers les grilles, les créneaux, Français et Allemands se tuent à bout portant; le capitaine Glück (du 24ᵉ) est blessé; assaillis de toutes parts, écrasés par le nombre, nos hommes se replient au pas de course, s'abritant dans les vignes et les plis de terrain.

Sur le plateau également, la retraite est à peu près générale; cependant, un certain nombre de chasseurs à pied, de francs-tireurs de la ligne et quelques artilleurs tiennent autour de nos deux pièces de 4.

*Défense héroï[que] autour des deux pièces [de 4.]*

Maintenus par d'énergiques officiers, ces braves gens, au milieu des arbres, des haies, des vignes..., se réunissent par petits groupes et luttent avec le dernier acharnement... déjà ils ont permis au capitaine de

Grandchamp de se replier avec ses pièces ; ils veulent sauver encore les deux canons qu'on a été obligé de laisser sur le terrain... Sans se préoccuper de la grêle de balles qui vient de toutes parts, ils rendent feu pour feu, et leur tir, bien dirigé, arrête les efforts opiniâtres de l'ennemi... Tout à coup, une compagnie prussienne débouche de la porte de Longboyau, à trente pas à peine et court sur eux... Les capitaines Nismes et Lalier (1), suivis de quelques hommes, se jettent en avant de nos pièces... font une décharge et foncent à la baïonnette. Le lieutenant prussien (2) est tué, plusieurs de ses soldats tombent morts ou blessés, le reste de la compagnie s'arrête, et nos pièces sont encore sauvées...

Mais de nouveaux groupes ennemis accourent, le feu recommence plus violent que jamais... le sol est balayé par les projectiles ; les balles, ricochant sur les canons, frappent de tous côtés... cependant nos hommes tiennent encore ; morts et vivants forment un dernier rempart autour de nos pièces... les sous-lieutenants Goudmant (3) et Schmit (4) tombent grièvement blessés... chasseurs, soldats de la ligne, canonniers, jonchent le sol de leurs cadavres... écrasés par le nombre, épuisés, anéantis, ces braves se replient... le capitaine Nismes, le capitaine Lalier, avec huit hommes (5) restent encore, et font feu

---

(1) M. Lalier était capitaine au 12ᵉ bataillon de chasseurs.
(2) Le 1ᵉʳ lieutenant Michler, du régiment d'infanterie nᵒ 50.
(3) M. Goudmant, du 21ᵉ de marche, blessé d'une balle à la cuisse gauche, fut sauvé grâce à l'énergie du caporal Otto, des francs-tireurs du 23ᵉ de ligne, qui l'emporta sur ses épaules.
(4) M. Schmit, sous-lieutenant au 12ᵉ bataillon de chasseurs, avait reçu, presque à bout portant, une balle qui, lui traversant la figure, avait brisé les mâchoires et coupé une partie de la langue ; il fut également sauvé par un de ses hommes, le chasseur Halftermeyer, qui l'emporta sur ses épaules au milieu des balles.
(5) Ces huit hommes sont :
    Richard Thiébaud, sergent au 12ᵉ bataillon de chasseurs ;
    Théodore Delattre,   dᵒ         dᵒ

## Combat de la Malmaison (21 Octobre 1870)
*Ensemble des positions vers 5ʰ au moment de l'ordre de retraite.*

jusqu'à la dernière cartouche... Frappé de cette audace, l'ennemi n'ose aborder ces vaillants, qui ne se retirent qu'à toute extrémité.

Au moment où cet épisode se déroulait, il était tard, le jour baissait sensiblement. L'ennemi avait été repoussé bien au delà de Rueil; nos troupes, sérieusement engagées, avaient fait généralement très-bonne contenance. Le double but que nous nous proposions était atteint; ordre est donné aux fractions les plus avancées de commencer la retraite. *Dispositions prises pour couvrir retraite.*

Elle s'exécute avec calme : à la droite, les deux compagnies de francs-tireurs des 25ᵉ et 26ᵉ, commandées par le capitaine Risbourg, blessé de deux coups de feu, se replient lentement le long du mur de la Malmaison; passant par le parc de Richelieu, elles rallient leur colonne dans le ravin Masséna.

A gauche, le 1ᵉʳ bataillon du 19ᵉ de marche, embusqué sur le plateau, empêche l'ennemi de sortir du parc de Buzenval, puis il vient se rallier derrière la maison Crochard, dans le chemin encaissé qui conduit au ravin de Rueil.

Les Allemands, rendus prudents par nos retours offensifs et les décharges de nos mitrailleuses postées à la maison Crochard et à la Maison-Brûlée, suivent lentement à distance... lorsqu'ils parviennent à hauteur de cette dernière maison, la nuit est complète.

---

    Nicolas Dulstein, caporal au 12ᵉ bataillon de chasseurs;
    Pierre Lebâtard, chasseur                dᵒ
    Étienne Noël,    dᵒ                  dᵒ
    Dominique Croisat, dᵒ               dᵒ
    Jacques Crue,   dᵒ                 dᵒ
    Huguet, trompette d'artillerie. Cet homme ne voulut pas abandonner le capitaine Nismes; il avait trois balles dans le corps et n'en restait pas moins à cheval; il put se retirer jusqu'à la route de Saint-Cloud, où il tomba pour expirer.

Malheureusement, par suite d'une négligence inexcusable, un certain nombre de nos blessés, 50 environ, qui, pendant le combat, avaient été réunis dans le fond du ravin, au lieu d'être évacués successivement sur le Mont-Valérien et Nanterre, furent oubliés; la nuit l'ennemi les recueillit et les fit transporter à Bougival.

*rations de la colonne Martenot.* A l'extrême gauche de notre ligne de bataille, les troupes du général Martenot avaient été tenues en réserve pendant toute l'action sur les pentes du Mont-Valérien; ses tirailleurs avaient pris position le long de la route de Saint-Cloud, et pendant quelque temps, l'une des compagnies du 7e bataillon de mobiles de la Seine avait été maîtresse de la redoute de Montretout.

Nos batteries, établies d'abord à droite de la Briqueterie, s'étaient avancées de plusieurs centaines de mètres, lançant quelques obus sur les bois et les positions qu'on supposait occupés par l'ennemi.

Mais nulle part, les Prussiens ne s'étaient montrés de ce côté, et à cinq heures et demie, toute la colonne du général Martenot reprenait le chemin du rond-point de Courbevoie.

### OBSERVATIONS SUR LE COMBAT DE LA MALMAISON.

On a dit, on a écrit à propos de ce combat, qu'après notre commencement de succès nous aurions dû continuer à marcher en avant et faire notre percée sur Versailles, où les Allemands étaient fort inquiets.

Nous avons déjà exposé quel était notre double but : aguerrir nos soldats et dégager notre gauche. Dans l'ordre de mouvement qui précède ce récit, les proportions de l'opération avaient été parfaitement définies, les objectifs soigneusement déterminés et limités. Il s'agissait d'une forte reconnaissance offensive, afin de se rendre compte des positions de l'ennemi et de lui enlever quelques-uns de ses avant-postes : entre autres, la Malmaison et les barricades établies sur la route de Bougival.

Pour cette opération nous avions choisi dans chaque division ce qu'il y avait de plus sûr, de plus solide ; nous avions porté en avant des francs-tireurs de la ligne, les zouaves, des compagnies de ligne, des chasseurs à pied... mais ces éléments divers, bien qu'excellents, ayant été groupés pour l'action même, sous le commandement de chefs nouveaux, n'avaient pas tout l'ensemble, toute l'homogénéité désirables... Cependant, chacun sur son terrain avait rempli son rôle, partout, dans ce combat qui avait été des plus chauds, on s'était battu avec vigueur, avec entrain; après avoir repoussé les avant-postes de l'ennemi, nous avions entamé ses positions du côté de la Jonchère. Malheureusement, dans le feu de l'action, on perdit de vue le but assigné ; en se laissant entraîner au delà, on occasionna des pertes sérieuses.

Quoi qu'il en soit, le résultat avait été supérieur à ce que nous pouvions espérer, vu la faiblesse numérique des troupes et leur variété.

Si nous avions voulu tenter une entreprise plus considérable, nous aurions employé des éléments plus nombreux, moins disparates, et surtout nous n'aurions pas commencé l'action à une heure de l'après-midi.

Du reste, cette trouée sur Versailles était loin d'être facile. L'armée allemande, en établissant dans cette ville son quartier général, avait pris, dès les premiers jours, toutes les précautions, toutes les mesures pour la mettre à l'abri d'un coup de main.

Le terrain s'y prêtait admirablement : La grande route, par la vallée de Sèvres, Chaville, Viroflay, sui un véritable défilé entre de hautes collines boisées, offrant de nombreuses positions défensives; les autres routes, par Ville-d'Avray, par Vaucresson, traversent un pays très-difficile, couvert d'obstacles que nous-mêmes avions encore augmentés : avant l'investissement, nos ingénieurs avaient dépavé la plupart de ces routes sur de grandes étendues, ils avaient fait des coupures, élevé des barricades, etc., etc.; en cherchant à *défendre Paris*, ils *avaient fortifié Versailles*.

Il avait fallu peu de temps à nos ennemis pour tirer tout le parti possible de ces travaux divers, multiples, et vers le milieu d'octobre, leurs lignes de défense étaient très-solidement établies.

Partant de la Seine, la première ligne passait par la maison Meurice, l'extrémité orientale de Bougival, le bord du plateau de la Jonchère, la lisière du bois Béranger, traversait le ravin de Saint-Cucufa et se prolongeait par le mur crénelé du parc de Buzenval jusqu'au plateau de la Bergerie, où l'ennemi avait utilisé les tranchées profondes destinées à conduire l'eau à l'hospice Brezin. De là, passant par le village de Garches, elle allait se relier au parc de Saint-Cloud à la porte de Villeneuve, puis elle suivait le mur de ce parc et se prolongeait par Sèvres, etc.

Derrière cette première ligne était une deuxième beaucoup plus forte encore : elle passait par Bougival, la Celle-Saint-Cloud, le haras Lupin, véritable forteresse flanquée par des batteries ou des blockhaus, et ayant comme réduits un rédan et un ouvrage à cornes ; puis elle se continuait par Vaucresson, l'hospice Brezin, le château de la Marche, le village de Marnes, Ville-d'Avray, etc...

Une troisième enfin passait par Louveciennes, le château de Beauregard, le Butard, Jardy, la butte de Picardie, etc...

Tous ces travaux étaient augmentés, perfectionnés chaque jour; mais au 21 octobre, ils étaient déjà formidables. Après le combat de la Malmaison ils furent continués (1), et non pas entrepris à cette date comme l'ont prétendu certains récits.

Une flèche fut élevée autour du pavillon de la Jonchère, dont nos zouaves avaient si vaillamment chassé l'ennemi ; au-dessous on établit un blockhaus pour enfiler le ravin de Saint-Cucufa, le mur Est de la villa Metternich fut crénelé, et on prolongea les tranchées sur la pente en avant de la Jonchère. Toute la grande rue de Bougival, depuis l'extrémité jusqu'au pont détruit fut barricadée, pour empêcher de fortes colonnes de la traverser dans le cas où nous obtiendrions un succès sur l'aile gauche.

Vers Buzenval et la Bergerie, les Allemands continuèrent à construire, pour les grand'gardes, des abris blindés contre le feu de l'artillerie, et à abattre les maisons en avant du parc de Saint-Cloud ; puis des batteries furent construites dans le parc pour dominer les hauteurs de Garches, et flanquer la première ligne entre Villeneuve-l'Étang et la Bergerie.

En un mot, tous les jours l'ennemi travaillait sans relâche à augmenter la force de ses trois lignes de défense.

Quant aux troupes qui les défendaient, elles étaient nombreuses, solides, et, sans les user par un service continuel, toutes les mesures se trouvaient prises pour qu'elles offrissent le maximum de résistance.

Le 5ᵉ corps, qui se trouvait devant nous, couvrait tout le terrain entre la Lanterne de Démosthène, dans le parc de Saint-Cloud et Port-Marly. Il se reliait, à

---

(1) Voir : *Opérations du 5ᵉ corps prussien*, par Stieler von Heydekampf, page 226.

droite, à la 21ᵉ division (11ᵉ corps), arrivée le 11 octobre dans la ligne d'investissement et chargée de défendre la vallée de Sèvres; à gauche, à la division de landwehr de la garde, établie à Saint-Germain depuis le 12 octobre; il se reliait également à la 8ᵉ division qui, installée à Argenteuil, couvrait la presqu'île et défendait le passage du fleuve jusqu'à Chatou et Croissy.

La 9ᵉ division du 5ᵉ corps avait tout le terrain entre la Lanterne et le haras de Vaucresson; la 10ᵉ division, le reste de la ligne. Chaque division avait une brigade d'avant-postes, l'autre formait réserve principale de la division (1).

---

(1) Vu la position étendue occupée par le corps d'armée, le commandant du corps (von Kirchbach) avait confié, en cas de combat, la direction aux commandants des divisions, leur laissant toute liberté pour établir leurs ouvrages défensifs; il donnait seulement les ordres généraux et maintenait l'entente nécessaire entre les deux divisions; il s'était réservé la disposition exclusive des réserves générales, que les commandants de divisions ne pouvaient mettre en alerte que dans les cas urgents.

Chaque brigade d'avant-poste était divisée en deux sections, une par régiment.

1ᵉ Section de l'aile droite de la 9ᵉ division : Parc de Saint-Cloud occupé par un régiment d'infanterie et deux compagnies de chasseurs.

Un bataillon fournissait les avant-postes des deux côtés du château depuis la Lanterne jusqu'à la grille d'Orléans le long du mur du parc. Un autre bataillon les fournissait depuis la grille d'Orléans jusqu'à la porte de Villeneuve.

Les sentinelles doubles se tenaient au pied même du versant et le long du mur Nord du parc; derrière elles, à peu de distance, les grand'-gardes. Les soutiens étaient abrités dans les cours du château de Saint-Cloud, au château de Villeneuve, sous les tunnels de la route, du chemin de fer, et dans les différents bâtiments du parc.

Le 3ᵉ bataillon et les deux compagnies de chasseurs formaient la *réserve spéciale* à Ville-d'Avray et Marnes.

Chaque compagnie de chasseurs fournissait un poste de sous-officier, l'un à la redoute de Montretout, l'autre à la croisée des routes de Saint-Cloud à Buzenval et de Garches à Suresnes.

A cette section étaient attachés un escadron et une batterie; l'escadron, sauf les plantons qu'il fournissait aux avant-postes, se trouvait à Versailles; la batterie à Jardy avec deux pièces détachées à Ville-d'Avray.

Les sentinelles et les grand'gardes indiquaient exac-

2ᵉ Section de l'aile gauche de la 9ᵉ division : Un bataillon fournissait les avant-postes depuis la porte de Villeneuve jusqu'au nord de Garches; un deuxième sur le plateau de la Bergerie jusqu'au bois de la vacherie de Saint-Cucufa. Deux compagnies de chasseurs détachaient deux postes de sous-officier, l'un à la maison du curé, l'autre au mur du parc de Buzenval au nord de la Bergerie.

Les soutiens occupaient des baraques construites dans le jardin de l'hospice Brezin, dans le parc du château de la Marche et dans le Haras.

Les réserves spéciales, un bataillon, deux compagnies de chasseurs, un escadron, une batterie et une section de détachement sanitaire occupaient Marnes, le château de la Marche et Vaucresson.

*La réserve principale* de la 9ᵉ division (une brigade d'infanterie, deux batteries divisionnaires, quatre batteries de réserve, deux escadrons et une compagnie de sapeurs), était cantonnée à Versailles; la place d'alarme était à Jardy.

3ᵉ Section de l'aile droite de la 10ᵉ division : Un bataillon aux avant-postes; les sentinelles doubles se reliaient à celles de la 9ᵉ division au delà de Saint-Cucufa, suivant la lisière nord-est du bois Béranger, jusque et non compris la Jonchère; les soutiens étaient abrités dans le kiosque, les maisons et les baraques sur le plateau de la Celle-Saint-Cloud.

La réserve spéciale, deux bataillons et un peloton de dragons à la Celle-Saint-Cloud.

4ᵉ Section de l'aile gauche de la 10ᵉ division : Jusqu'à la Seine à l'extrémité Est de Bougival, un bataillon aux avant-postes.

Les sentinelles doubles de cette section occupaient les hauteurs en avant de la Jonchère, elles étaient retranchées; en avant de Bougival se trouvait une grand'garde vers Rueil. Les soutiens se trouvaient dans la villa Metternich et à Bougival, à quelques centaines de mètres de la barricade.

Dans le parc de la Malmaison était un poste de sous-officier.

La réserve spéciale, deux bataillons, trois pelotons de dragons et une batterie, se tenait dans la partie sud-est de Bougival.

*La réserve principale* de la 10ᵉ division (une brigade d'infanterie, trois escadrons, trois batteries divisionnaires, deux batteries à cheval de la réserve, deux compagnies de sapeurs, un détachement sanitaire) occupait le Chesnay, Rocquencourt, les Gressets, Saint-Michel, Louveciennes, Montbuisson et Prunay; sa place d'alarme était à Beauregard.

A la 9ᵉ division, il avait été décidé qu'en cas d'attaque de la part de l'ennemi les compagnies de chasseurs se porteraient en toute hâte sur les hauteurs de Garches, l'une sur les deux côtés de la redoute de Montretout, deux entre celle-ci et le château de la Bergerie, la quatrième vers la ferme de la Bergerie. Dans ces positions, les chasseurs devaient, par leurs feux, obliger l'ennemi à se déployer, et, l'attaque bien engagée, se retirer sur la partie fortifiée de la position. Pendant ce temps, les

tement la première ligne de défense ; les réserves spéciales de chaque régiment d'avant-poste marquaient à peu près la deuxième ligne, et enfin les deux réserves principales (une par division) avaient leurs cantonnements sur la troisième ligne, ou en arrière, suivant les ressources des localités ; les places d'alarme étaient sur cette troisième ligne à Beauregard et à Jardy.

L'ennemi avait en avant de sa première ligne quelques postes avancés : Malmaison, carrefour 112, Montretout... mais, comme nous l'avons vu, les chefs de ces postes avaient l'ordre de se replier devant une attaque sérieuse ; l'ennemi ne songeait pas non plus à défendre véritablement le long mur de Buzenval, qui était complétement sous le canon du Mont-Valérien, mais il avait accumulé les obstacles, dans le bois en arrière et sur le bord du plateau de la Bergerie, là où il était entièrement défilé. Partout, du reste, les Allemands ont parfaitement appliqué ce principe : Voir sans être vu.

Pour se jeter au milieu de toutes ces lignes, pour chercher à franchir tous ces obstacles, il eût fallu des forces autrement nombreuses et surtout bien autre-

---

grand'gardes et les soutiens devaient occuper cette position et la batterie de la réserve spéciale de la 2e section s'établissait sur l'emplacement préparé près d Belle-Vue. L'infanterie des réserves spéciales se formait près du tunnel de la route et du chemin de fer, dans le parc de Saint-Cloud et près du château de Vaucresson.

La réserve principale se concentrait sur le plateau de Jardy, laissant à Versailles un bataillon de garde, un autre bataillon et une batterie.

A la 10e division, les grand'gardes avaient, en cas d'attaque, la même mission à remplir que les compagnies de chasseurs de la 9e division. Les soutiens occupaient immédiatement les ouvrages fortifiés, renforcés par des troupes de la réserve spéciale; Celle-ci se concentrait derrière la crête ouest du plateau de la Celle-Saint-Cloud et près du pont détruit de Bougival ; la batterie d'avant-poste de la 2e section allait prendre position sur son emplacement, à l'extrémité Est de Bougival.

La réserve principale se rassemblait près de Beauregard.

ment solides que celles dont nous disposions le 21 octobre.

Si nos troupes avaient, à cette époque, acquis une certaine valeur, si elles étaient susceptibles d'un certain élan, elles manquaient encore de solidité et elles auraient été incapables de se maintenir contre les retours offensifs de l'ennemi.

Malheureusement on confond souvent l'élan et la solidité; cependant ce sont deux choses bien distinctes : l'élan peut s'obtenir d'une troupe jeune, manquant d'instruction, d'éducation militaire, de discipline même, et momentanément exaltée sous l'impression de sentiments généreux ; mais la solidité ne s'obtient que de troupes instruites, encadrées, bien exercées et rompues à la guerre. C'est ce qui a toujours manqué aux troupes de l'armée de Paris comme aux troupes des armées de province.

Le seul énoncé des forces fixes et des forces mobiles accumulées en avant de nous, le 21 octobre, suffirait à démontrer que la panique des Allemands dans Versailles, panique dont il a été tant parlé, a été un peu amplifiée par les habitants de cette ville... en proie à toutes les illusions de captifs, ceux-ci voyaient naturellement toutes choses à travers le prisme de leurs illusions et de leurs espérances; la fusillade, la canonnade se faisaient-elles entendre dans leur direction, que déjà, se croyant délivrés, ils s'attendaient « *à voir dé-* « *boucher les pantalons rouges.* »

*Résumé général sur le combat de la Malmaison.*

A la vérité, cette affaire de la Malmaison qui, pendant deux heures durant, avait été des plus chaudes, et où plusieurs régiments prussiens avaient été éprouvés, causa une certaine attention expectante chez nos ennemis, chez les principaux chefs, chez le roi lui-même, accouru sur les hauteurs de Marly pour voir l'ensemble du combat, qui pouvait être le précurseur d'une sortie générale (1).

Mais, de là à dire que l'armée allemande ne pensait qu'à la retraite, ne songeait qu'à la fuite... c'est le fait d'une opinion plus inquiète, plus impatiente, qu'éclairée et consciente... Cette exagération était cependant compréhensible à une époque si prompte aux sensations extrêmes, et où les désirs laissaient si peu de place à la dure réalité des faits.

En résumé, cette sortie avait réussi au delà de nos espérances : nos jeunes troupes s'étaient partout honorablement montrées, quelques-unes avaient été héroïques... enfin nous avions repoussé l'ennemi hors des positions qui pouvaient gêner nos mouvements ultérieurs. Cet avantage matériel, dont l'opportunité et les conséquences échappaient au public et à l'ennemi, était pour nous de la plus haute importance.

Désormais les Allemands se bornèrent à couvrir leur aile gauche « *qu'ils considéraient comme très-avancée,* » et « *pour l'avenir,* » ajoute l'historien des opérations du 5ᵉ corps prussien, « *on renonça à établir des pièces à « l'extrémité Est de Bougival.* »

C'était, pour le moment, tout ce que nous cherchions... tout ce que nous voulions.

---

(1) Le 21 octobre était bien dans notre pensée le précurseur d'une grande sortie sur la basse Seine.

## PERTES AU COMBAT DE LA MALMAISON
(21 octobre 1870.)

| NOMS | GRADES | OFFICIERS | | | TROUPE | | |
|---|---|---|---|---|---|---|---|
| | | TUÉS | BLESSÉS | DISPARUS | TUÉS | BLESSÉS | DISPARUS |
| **Régiment de zouaves de marche.** | | | | | | | |
| Jacquot | Chef de bat<sup>on</sup> | » | ★ 1 | » | » | » | » |
| Collin | Capitaine | 1 | » | » | » | » | » |
| Ducos | d° | » | 1 | » | » | » | » |
| Lantelme | Lieutenant | » | 1 | » | » | » | » |
| Grémaud | S<sup>s</sup>-lieutenant | » | 1 | » | » | » | » |
| Troupe | | » | » | » | 27 | 34 | » |
| Totaux | | 1 | 4 | » | 27 | 34 | » |

★ Ce signe indique que l'officier est mort de ses blessures.

**1<sup>er</sup> bataillon du Morbihan (31<sup>e</sup> mobiles).**

| NOMS | GRADES | TUÉS | BLESSÉS | DISPARUS | TUÉS | BLESSÉS | DISPARUS |
|---|---|---|---|---|---|---|---|
| Penhoët | Lieutenant | » | 1 | » | » | » | » |
| Pendu | S<sup>s</sup>-lieutenant | » | 1 | » | » | » | » |
| Troupe | | » | » | » | 1 | 24 | 5 |
| Totaux | | » | 2 | » | 1 | 24 | 5 |

**Régiment de Seine-et-Marne (1<sup>er</sup> bataillon).**

| NOMS | GRADES | TUÉS | BLESSÉS | DISPARUS | TUÉS | BLESSÉS | DISPARUS |
|---|---|---|---|---|---|---|---|
| Garnier | Capitaine | 1 | » | » | » | » | » |
| Moisant | Lieutenant | » | ★ 1 | » | » | » | » |
| De Balloy | d° | » | » | 1 | » | » | » |
| Troupe | | » | » | » | 8 | 38 | 1 |
| Totaux | | 1 | 1 | 1 | 8 | 38 | 1 |

★ Ce signe indique que l'officier est mort de ses blessures.

| NOMS | GRADES | OFFICIERS | | | TROUPE | | |
|---|---|---|---|---|---|---|---|
| | | TUÉS | BLESSÉS | DISPARUS | TUÉS | BLESSÉS | DISPARUS |

### 36ᵉ régiment de marche.

| NOMS | GRADES | TUÉS | BLESSÉS | DISPARUS | TUÉS | BLESSÉS | DISPARUS |
|---|---|---|---|---|---|---|---|
| Capdecoume | Capitaine | » | 1 | » | » | » | » |
| Couvès | dº | 1 | » | » | » | » | » |
| Delapierregrosse | dº | » | 1 | » | » | » | » |
| De Boysson | Cap. adj.-maj. | 1 | » | » | » | » | » |
| Lafforgue | Capitaine | » | 1 | » | » | » | » |
| Deschamps | Lieutenant | » | 1 | » | » | » | » |
| Grass | Sˢ-lieutenant | » | 1 | » | » | » | » |
| Lefaivre | dº | » | 1 | » | » | » | » |
| Troupe | | » | » | » | 34 | 54 | 22 |
| Totaux | | 2 | 6 | » | 34 | 54 | 22 |

### Francs-tireurs de Paris.

| | | TUÉS | BLESSÉS | DISPARUS | TUÉS | BLESSÉS | DISPARUS |
|---|---|---|---|---|---|---|---|
| Troupe | | » | » | » | 1 | 7 | » |

### Francs-tireurs du Mont-Valérien (capitaine L'LOPIS, effectif 100 hommes).

| | | TUÉS | BLESSÉS | DISPARUS | TUÉS | BLESSÉS | DISPARUS |
|---|---|---|---|---|---|---|---|
| Tournade (42ᵉ de ligne) | Sˢ-lieutenant | » | 1 | » | » | » | » |
| Pardes (89ᵉ de ligne) | dº | » | 1 | » | » | » | » |
| Troupe | | » | » | » | 16 | 29 | 7 |
| Totaux | | » | 2 | » | 16 | 29 | 7 |

### Tirailleurs de la Seine (capitaine DUMAS, effectif 62 hommes).

| | | TUÉS | BLESSÉS | DISPARUS | TUÉS | BLESSÉS | DISPARUS |
|---|---|---|---|---|---|---|---|
| Troupe | | » | » | » | 5 | 12[1] | » |

[1] Parmi les blessés, l'on doit citer le sergent-major Turquet, qui ne s'est retiré du champ de bataille qu'après trois blessures. (Voir pièces justificatives, nº XXXVI.)

# DÉFENSE DE PARIS.

| NOMS | GRADES | OFFICIERS | | | TROUPE | | |
|---|---|---|---|---|---|---|---|
| | | TUÉS | BLESSÉS | DISPARUS | TUÉS | BLESSÉS | DISPARUS |

### Éclaireurs du 28e mobiles (Loire-Inférieure).

| | | | | | | | |
|---|---|---|---|---|---|---|---|
| Troupe . . . . . . . . . . . . . | | » | » | » | 2 | 3 | » |

### 5e bataillon de la Loire-Inférieure.

| | | | | | | | |
|---|---|---|---|---|---|---|---|
| Troupe . . . . . . . . . . . . . | | » | » | » | 3 | 5 | » |

### Chasseurs à pied.

| | | | | | | | |
|---|---|---|---|---|---|---|---|
| 1re division. { 3e bat⁰ⁿ. Troupe . . | . . . . . . | » | » | » | 1 | 3 | » |
| 4e — Garrier . . | Capitaine | » | 1 | » | 1 | 9 | » |
| 2e division. { 6e — Bouffé . . . | Lieutenant | » | 1 | » | 3 | 13 | » |
| 9e — Troupe . . | . . . . . . | » | » | » | 2 | 11 | » |
| M. Brun, capitaine, contusionné. | | | | | | | |
| 3e division. { 12e bat⁰ⁿ. Schmit . . | S-lieutenant | » | 1 | » | 1 | 6 | 3 |
| 14e — Troupe . . | . . . . . . | » | » | » | 1 | 6 | » |
| Totaux . . . . . . . | | » | 3 | » | 9 | 48 | 3 |

### Francs-tireurs de la 3e division.

| | | | | | | | |
|---|---|---|---|---|---|---|---|
| 23e de marche. Troupe . . | . . . . . . | » | » | » | » | 4 | » |
| 24e — Glück . . . | Capitaine | » | 1 | » | 2 | 3 | 1 |
| 25e — Risbourg . | dº | » | 1 | » | 4 | 9 | » |
| 26e — Chapuis . . | dº | 1 | » | » | 5 | 9 | » |
| Totaux . . . . . . . | | 1 | 2 | » | 11 | 25 | 1 |

### Francs-tireurs de la 1re division.

(1 homme du 18e régiment de marche blessé accidentellement.)

| NOMS | GRADES | OFFICIERS | | | TROUPE | | |
|---|---|---|---|---|---|---|---|
| | | TUÉS | BLESSÉS | DISPARUS | TUÉS | BLESSÉS | DISPARUS |

### Francs-tireurs de la 2e division.

| NOMS | GRADES | TUÉS | BLESSÉS | DISPARUS | TUÉS | BLESSÉS | DISPARUS |
|---|---|---|---|---|---|---|---|
| 19e de marche. Didio | S<sup>s</sup>-lieutenant | 1 | » | » | » | » | » |
| 21e — Goudmant | d° | » | 1 | » | 3 | 8 | » |
| 22e — Troupe | ...... | » | » | » | 3 | 7 | » |
| Totaux | | 1 | 1 | » | 6 | 15 | » |

### 19e régiment de marche.

| NOMS | GRADES | TUÉS | BLESSÉS | DISPARUS | TUÉS | BLESSÉS | DISPARUS |
|---|---|---|---|---|---|---|---|
| Rondet | Capitaine | » | ★ 1 | » | » | » | » |
| Troupe | ...... | » | » | » | 8 | 16 | » |
| Totaux | | » | 1 | » | 8 | 16 | 2 |

★ Ce signe indique que l'officier est mort de ses blessures.

### Francs-tireurs des Ternes.

| NOMS | GRADES | TUÉS | BLESSÉS | DISPARUS | TUÉS | BLESSÉS | DISPARUS |
|---|---|---|---|---|---|---|---|
| Troupe | | » | » | » | » | 3 | » |

### Artillerie.

| NOMS | GRADES | TUÉS | BLESSÉS | DISPARUS | TUÉS | BLESSÉS | DISPARUS |
|---|---|---|---|---|---|---|---|
| Darolles | Lieutenant | » | 1 | » | » | » | » |
| Troupe | ...... | » | » | » | 8 | 9 | » |
| Totaux | | » | 1 | » | 8 | 9 | » |

### Génie.

| NOMS | GRADES | TUÉS | BLESSÉS | DISPARUS | TUÉS | BLESSÉS | DISPARUS |
|---|---|---|---|---|---|---|---|
| Troupe | | » | » | » | » | 4 | » |

Capitaine Rothmann, contusionné.

## RÉCAPITULATION DES PERTES.

| RÉGIMENTS | OFFICIERS | | | TROUPE | | |
|---|---|---|---|---|---|---|
| | TUÉS | BLESSÉS | DISPARUS | TUÉS | BLESSÉS | DISPARUS |
| Régiment de zouaves de marche | 1 | 4 | » | 27 | 34 | » |
| 3ᵉ bataillon du Morbihan (31ᵉ régiment) | » | 2 | » | 1 | 24 | 5 |
| Régiment de Seine-et-Marne (1ᵉʳ bataillon) | 1 | 1 | 1 | 8 | 38 | 1 |
| 36ᵉ régiment de marche | 2 | 6 | » | 34 | 59 | 22 |
| Francs-tireurs de Paris | » | » | » | 1 | 7 | » |
| Francs-tireurs du Mont-Valérien | » | 2 | » | 16 | 29 | 7 |
| Tirailleurs de la Seine | » | » | » | 5 | 12 | » |
| Éclaireurs du 28ᵉ mobiles (Loire-Inf⁽ʳᵉ⁾) | » | » | » | 2 | 3 | » |
| 5ᵉ bataillon de la Loire-Inférieure | » | » | » | 3 | 5 | » |
| Chasseurs à pied | » | 3 | » | 9 | 48 | 3 |
| Francs-tireurs de la 3ᵉ division | 1 | 2 | » | 11 | 25 | 1 |
| dᵒ              1ʳᵉ    dᵒ | » | » | » | » | » | » |
| dᵒ              2ᵉ    dᵒ | 1 | 1 | » | 6 | 15 | » |
| 19ᵉ régiment de marche | » | 1 | » | 8 | 16 | 2 |
| Francs-tireurs des Ternes | » | » | » | » | 3 | » |
| Artillerie | » | 1 | » | 8 | 9 | » |
| Génie | » | » | » | » | 4 | » |
| Totaux d'ensemble | 6 | 23 | 1 | 139 | 331 | 41 |
| TOTAL GÉNÉRAL | | | 541 | | | |

## PERTES DES ALLEMANDS AU COMBAT DE LA MALMAISON
(21 octobre 1870.)

|  | RÉGIMENTS | OFFICIERS | | | TROUPE | | |
|---|---|---|---|---|---|---|---|
|  |  | TUÉS | BLESSÉS | DISPARUS | TUÉS | BLESSÉS | DISPARUS |
| | **5ᶜ corps prussien.** | | | | | | |
| 10ᵉ DIVISION. | 56ᵉ régᵗ d'infanterie | 1 | » | » | 8 | 26 | 1 |
| | 37ᵉ — de fusiliers | » | » | » | 1 | 15 | » |
| | 46ᵉ — d'infanterie | 1 | 6 | » | 20 | 119 | 15 |
| | 6ᵉ — de grenadiers | 1 | 3 | » | 15 | 95 | 3 |
| | 5ᵉ — d'artill. de campᵍⁿᵉ. | » | » | » | » | 4 | » |
| 9ᵉ DIVISION. | 59ᵉ — d'infanterie | » | » | » | » | 3 | » |
| | 58ᵉ — | » | » | » | » | 2 | » |
| | État-major de la 9ᵉ division. | » | » | » | » | 1 | » |
| | 1ᵉʳ régiment de landwehr de la garde | 1 | 4 | » | 9 | 55 | 5 |
| | Totaux | 4 | 13 | » | 53 | 320 | 24 |
| | TOTAL GÉNÉRAL | | | | 414 | | |

# DÉFENSE DE PARIS

# PIÈCES JUSTIFICATIVES

# DÉFENSE DE PARIS

## PIÈCES JUSTIFICATIVES

### A

Convoqué à l'Assemblée pour le 20 mars, le général Ducrot avait quitté Nevers le 19 au matin pour se rendre à Paris. A la gare de Fontainebleau, il trouva son aide-de-camp, commandant Bossan, très-anxieux, qui lui apprit l'insurrection de Paris, l'assassinat des généraux Lecomte et Clément Thomas, et l'informa que la gare de Lyon était occupée par la garde nationale et qu'on l'y attendait.

Le général descendit à Melun, mais vu le peu de temps d'arrêt, il ne put retirer sa malle, contenant de nombreux papiers importants, notamment le registre de correspondance du siége.

A l'arrivée du train à Paris, cette malle fut saisie par le poste de garde nationale de la gare de Lyon, comme le prouvent les pièces suivantes, et toutes recherches pour la retrouver restèrent infructueuses.

CHEMINS DE FER
DE
PARIS A LYON
& A LA MÉDITERRANÉE

Clermont, 29 mars 1871.

EXPLOITATION.
5ᵉ section.
Nº 11177.

*A M. Giat, commissaire de surveillance administrative,
à Nevers.*

Monsieur,

J'ai l'honneur de répondre à votre lettre du 22 courant, qui n'est parvenue à mon collègue de la 1ʳᵉ section qu'hier, relative au colisbagage du général Ducrot.

Le 20 courant, sur la réquisition du capitaine, chef du poste des gardes nationaux actuellement dans la gare de Paris, et suivant des ordres émanés du Comité central de la garde nationale, le chef de gare de Paris a dû livrer audit capitaine, contre reçu, la malle en bois noir, kilos 28, adresse général Ducrot, laquelle se trouvait sur le quai des bagages par suite de non-réclamation à l'arrivée du train 618 du 18/19 courant.

M. le chef de gare de Paris a été invité à aviser le général Ducrot de ladite saisie.

Je vous serai obligé d'en aviser aussi madame Ducrot.

Recevez, Monsieur, l'assurance de ma considération très-distinguée.

Pour l'Inspecteur de l'exploitation :

*L'Inspecteur,*

*Signé :* (Illisible).

---

**Poste de la garde nationale à la gare de Lyon.**

Reçu de M. le chef de gare de Paris-Lyon, un colis n° 5, Nevers-Paris, 28 kilos. — Caisse en bois noir, carrée, portant l'adresse de M. le général Ducrot, à Paris, en présence de M. le commissaire de surveillance administrative de la gare, par suite des ordres du Comité central de la garde nationale.

Paris, le 20 mars 1871.

*Signé :* E. Daniau.

Vu :

*Le Commissaire de surveillance administrative de la gare,*

*Signé :* Etard.

DÉFENSE DE PARIS.

1.

## COMPOSITION DU 13ᵉ CORPS.

Le 13ᵉ corps a été formé à Paris, le 16 août, sous les ordres du général de division Vinoy.

Commandant en chef. . . .   Général de division **VINOY**.
Chef d'état-major général .   Général de brigade **DE VALDAN**.
Commandant de l'artillerie .   Général de brigade **RENAULT D'UBEXI**.
Commandant du génie . . .   Colonel **DUPOUET**.
Intendant . . . . . . . .   Intendant militaire **VIGUIER**.
Prévôt. . . . . . . . . . .   N...

### 1ʳᵉ division d'infanterie.

COMMANDANT : GÉNÉRAL **D'EXEA**.

Chef d'état-major . . . . .   Colonel **de Belgarric**.
Commandant de l'artillerie .   Chef d'escadron **Charpentier de Cossigny**.
Commandant du génie . . .   Chef de bataillon **Guyot**.
Sous-Intendant militaire . .   N...
Prévôt. . . . . . . . . . .   N...

1ʳᵉ brigade. . . . {
    Commandant : Général **Mattat**.
    Une compagnie du 5ᵉ batᵒⁿ de chasseurs à pied.
    Une compagnie du 7ᵉ batᵒⁿ de chasseurs à pied.
    5ᵉ et 6ᵉ régiments de marche.

2ᵉ brigade. . . . {
    Commandant : Général **Daudel**.
    7ᵉ et 8ᵉ régiments de marche.

Artillerie. . . . . {
    3ᵉ et 4ᵉ batteries du 10ᵉ régiment.
    3ᵉ batterie du 11ᵉ régiment.

Génie . . . . . .   1ʳᵉ compagnie de sapeurs du 2ᵉ régiment.

### 2ᵉ division d'infanterie.

COMMANDANT : GÉNÉRAL **DE MAUD'HUY**.

Chef d'état-major. . . . .   Colonel **Crépy**.
Commandant de l'artillerie .   Chef d'escadron **Berthaut**.
Commandant du génie . . .   Chef de bataillon **Mengin**.
Sous-Intendant . . . . . .   N...
Prévôt. . . . . . . . . . .   N...

1re brigade. . . . { Commandant : Général **Guérin**.
9e et 10e régiments de marche.

2e brigade. . . . { Commandant : Général **Blaise**.
11e et 12e régiments de marche.

Artillerie. . . . . { 3e et 4e batteries du 2e régiment.
4e batterie du 9e régiment.

Génie . . . . . . 15e compagnie de sapeurs du 2e régiment.

### 3e division d'infanterie.

COMMANDANT : GÉNÉRAL **BLANCHARD**.

Chef d'état-major. . . . . . Chef d'escadron **Boudet**.
Commandant de l'artillerie . Chef d'escadron **Magdelaine**.
Commandant du génie . . . Chef de bataillon **de Bussy**.
Sous-Intendant militaire . . N...
Prévôt. . . . . . . . . . . N...

1re brigade. . . . { Commandant : Général baron **de Susbielle**.
Une compagnie du 1er bat<sup>on</sup> de chasseurs à pied.
Une compagnie du 2e bat<sup>on</sup> de chasseurs à pied.
13e et 14e régiments de marche.

2e brigade. . . . { Commandant : Général **Guilhem**.
35e et 42e régiments de ligne.

Artillerie. . . . . { 3e batterie du 9e régiment.
3e et 4e batteries du 13e régiment.

Génie . . . . . . 15e compagnie de sapeurs du 3e régiment.

### Réserve d'artillerie.

COMMANDANT : COLONEL **HENNET**.

Chef d'escadron  { 3e batterie du 14e régiment.
**Lefébure**.     { 4e       idem.

Chef d'escadron  { 3e batterie du 6e régiment.
**Delcros**.      { 4e       idem.

Chef d'escadron  { 3e batterie du 12e régiment.
**Dorat**.        { 4e       idem.

### Parc.

DIRECTEUR : COLONEL **HUGON**.

# DÉFENSE DE PARIS.

## II.

## COMPOSITION DU 14ᵉ CORPS.

Par décret impérial en date du 31 août, le 14ᵉ corps d'armée a été constitué de la manière suivante :

| | |
|---|---|
| Commandant en chef. . . . | Général de division baron **RENAULT**. |
| Chef d'état-major général. . | Général de brigade **APPERT**. |
| Commandant de l'artillerie . | Général de brigade **BOISSONNET**. |
| Commandant du génie . . . | Colonel **CORBIN**. |
| Intendant . . . . . . . . . | M. **BAILLOD**. |
| Prévôt. . . . . . . . . . . | Chef d'escᵒⁿ de gendarmerie **LAMARCHE**. |

### 1ʳᵉ division d'infanterie.

COMMANDANT : GÉNÉRAL **BECHON DE CAUSSADE**.

| | |
|---|---|
| Chef d'état-major. . . . . | Colonel **Sautereau**. |
| Commandant de l'artillerie . | Chef d'escadron **Mathieu**. |
| Commandant du génie . . . | Chef de bataillon **Houbigant**. |
| Sous-Intendant. . . . . . . | N... |
| Prévôt. . . . . . . . . . . | Capitaine de gendarmerie **Hürstel**. |

1ʳᵉ brigade. . . . { Commandant : Général **Ladreit de La Charrière**.
1ʳᵉ compagnie du 3ᵉ bataillon de chasseurs à pied.
1ʳᵉ compagnie du 4ᵉ bataillon de chasseurs à pied.
15ᵉ et 16ᵉ régiments de marche.

2ᵉ brigade . . . . { Commandant : Général **Lecomte**.
17ᵉ et 18ᵉ régiments de marche.

Artillerie. . . . . { 17ᵉ batterie du 6ᵉ régiment.
17ᵉ batterie du 7ᵉ régiment.

Génie . . . . . . 1ʳᵉ section de la 16ᵉ compagnie du 2ᵉ régiment.

### 2ᵉ division d'infanterie.

COMMANDANT : GÉNÉRAL **D'HUGUES**.

| | |
|---|---|
| Chef d'état-major. . . . . | Chef d'escadron **Montels**. |
| Commandant de l'artillerie . | Chef d'escadron **Viguier**. |
| Commandant du génie . . . | Capitaine **Bardonnant**. |
| Sous-Intendant . . . . . . | N... |
| Prévôt. . . . . . . . . . . | Lieutenant de gendarmerie **Lepetit-Didier**. |

1re brigade. . . .
- Commandant : Général **Bocher**.
- 1re compagnie du 6e bataillon de chasseurs à pied.
- 1re compagnie du 9e bataillon de chasseurs à pied.
- 19e et 20e régiments de marche.

2e brigade. . . .
- Commandant : Général **Paturel**.
- 21e et 22e régiments de marche.

Artillerie. . . . .
- 17e batterie du 8e régiment.
- 17e batterie du 13e régiment.

Génie . . . . . . 2e section de la 16e compagnie du 2e régiment.

### 3e division d'infanterie.

COMMANDANT : GÉNÉRAL DE MAUSSION.

Chef d'état-major. . . . . . Chef d'escadron **Carré**.
Commandant de l'artillerie . Chef d'escadron **de Miribel**.
Commandant du génie . . . Capitaine **Michon**.
Sous-Intendant . . . . . . N...
Prévôt. . . . . . . . . . . Lieutenant de gendarmerie **Thomas**.

1re brigade. . . .
- Commandant : Général **Benoît**.
- 1re compagnie du 12e bataillon de chasseurs à pied.
- 1re compagnie du 14e bataillon de chasseurs à pied.
- 23e et 24e régiments de marche.

2e brigade . . . .
- Commandant : Général **Courty**.
- 25e et 26e régiments de marche.

Artillerie. . . . .
- 17e batterie du 9e régiment.
- 17e batterie du 12e régiment.

Génie . . . . . . 1re section de la 16e compagnie du 3e régiment.

### Réserve d'artillerie.

COMMANDANT : LIEUTENANT-COLONEL VILLIERS.

Chef d'escadron **Cavalier**.
- 17e batterie du 4e régiment.
- 17e batterie du 11e régiment.

Chef d'escadron **Warnesson**.
- 8e batterie mixte du 3e régiment.
- 17e           idem.

Chef d'escadron **Villate**.
- 13e batterie mixte du 18e régiment.
- 13e batterie mixte du 19e régiment.

**Parc.**

Directeur : Lieutenant-Colonel **ASTRUC**.

Détachement à pied de la batterie 2 bis du 14e régiment.
Détachement à pied de la 2e compagnie d'ouvriers d'artillerie.
Compagnies 5 bis et 14 bis du 1er régiment du train d'artillerie.

L'organisation de la cavalerie et des services administratifs sera donnée ultérieurement.

Au quartier général, à Paris, le 2 septembre 1870.

*Le Général de division,
Commandant en chef le 14e corps d'armée.*

Par ordre :

*Le Général, Chef d'état-major général,*

*Signé :* F. Appert.

---

14e CORPS D'ARMÉE.

ÉTAT-MAJOR GÉNÉRAL.

N° 4.

III.

**Lettre du Général Renault, commandant le 14e corps d'armée, au Ministre de la guerre.**

Paris, le 4 septembre 1870
(au matin, après le rapport).

Monsieur le Ministre,

J'ai l'honneur de porter à la connaissance de Votre Excellence les renseignements qui m'ont été donnés aujourd'hui de vive voix par les généraux commandant les divisions et les chefs de service présents à Paris, au sujet du degré de formation du 14e corps.

Le général commandant la 1re division déclare que sa division peut, à la rigueur, se mettre en route; toutefois elle n'a pas de matériel d'ambulance, il lui manque environ 70 officiers et le lieutenant-colonel commandant le 18e régiment de marche.

Dans la 2e division il manque, en fait de personnel, un tiers des officiers, le lieutenant-colonel commandant le 20e régiment de marche; le personnel des officiers de santé n'est pas au complet. Quant au matériel, le campement est incomplet, ainsi que les moyens de transport régimentaires.

Un certain nombre d'hommes n'ont pas de cartouchières, enfin le tir n'est pas terminé, et beaucoup d'hommes n'ont pas tiré, quoique toutes les heures disponibles aient été employées. En résumé, cette division n'est pas en état de partir.

Dans la 3ᵉ division, il manque un général (M. Benoît), le sous-intendant, un lieutenant-colonel chef de corps, un officier d'état-major et à peu près le quart des officiers dans les corps.

Des compagnies entières n'ont pas de sacs, qui ont été laissés au dépôt dans la précipitation du départ. Il manque un assez grand nombre de tentes-abris, de petites gamelles, et les corps n'ont encore que le tiers des voitures régimentaires.

Les chefs de corps ont passé directement des marchés pour arriver plus vite à se compléter.

Les hommes n'ont pas achevé leur tir et n'ont pas touché leurs quatre jours de vivres; hier, dans l'après-midi, des détachements ont été renvoyés, l'administration ayant dit qu'elle n'avait pas d'ordre.

En résumé, cette division ne peut pas se mettre en marche. Le général commandant la division, officier général jeune, plein d'entrain et expérimenté, ne croit pas pouvoir être en mesure avant quatre jours au plus tôt.

L'intendance n'a pas de moyens de transport à sa disposition, et, par suite, n'a pu prendre le matériel qui lui est nécessaire pour les ambulances. Le personnel des officiers de santé n'est pas au complet; celui des vivres n'a encore personne.

Le génie est dispersé dans les forts de Saint-Denis et du Mont-Valérien, où les compagnies et les officiers sont employés aux travaux de la défense. Il est indispensable de réunir ces divers détachements.

Le général commandant l'artillerie est arrivé hier. Je ne l'ai pas encore vu.

L'artillerie n'a pas envoyé de rapport, mais, d'après les renseignements que l'état-major a pris à Vincennes même, quelques batteries seulement seraient arrivées, dont quelques-unes ne seraient pas pourvues d'effets de campement. Les autres batteries sont attendues aujourd'hui et demain.

Des renseignements plus positifs seront donnés aussitôt que le général commandant l'artillerie nous aura fait parvenir son premier rapport, qui doit être adressé aujourd'hui même.

Quant à la cavalerie, elle n'a pas encore un seul général présent à Paris. Un seul des régiments annoncés comme devant faire partie du 14ᵉ corps est arrivé à Versailles. Les trois autres sont peut-être en route pour rejoindre, mais nous sommes sans nouvelles sur leur compte.

Veuillez agréer, Monsieur le Ministre, l'assurance de mon profond respect.

*Le Général commandant le 14ᵉ corps*

*Signé* : Baron Renault.

---

## IV.

Paris, le 16 septembre 1870.

*Général Trochu à Général Vinoy.*

Cher Général,

Le Gouvernement vient de faire une nomination que je vous prie de ne pas juger avant de m'avoir entendu.

Il s'agit d'un grand intérêt public qui doit être sauvegardé, toute préoccupation de personnes cessant.

Je vous donnerai à cet égard des explications confidentielles nécessaires.

Votre tout dévoué camarade,

*Signé* : Général Trochu.

---

## V.

Paris, le 16 septembre 1870.

*Général Trochu à Général Vinoy.*

Mon cher Général,

J'ai l'honneur de vous informer que j'ai nommé au commandement des 13ᵉ et 14ᵉ corps M. le général de division Ducrot. Je fais appel à tous les sentiments de patriotisme que vous inspire la situation grave dans laquelle nous sommes, pour vous inviter à faciliter à cet officier général l'accomplissement de la tâche que je lui ai confiée.

Veuillez agréer, mon cher général, l'assurance de mes sentiments les plus affectueux.

*Le Président du Gouvernement de la Défense nationale,*

*Signé* : Général Trochu.

MINISTÈRE
DE LA GUERRE.

1ʳᵉ direction.

BUREAU
DES
états-majors et des
écoles militaires.

## VI.

*A M. le Général de division Ducrot.*

Paris, le 16 septembre 1870.

Général,

J'ai l'honneur de vous informer que, par décision de ce jour, vous êtes nommé au commandement en chef des 13ᵉ et 14ᵉ corps d'armée, réunis à Paris.

Vous prendrez sur-le-champ possession de votre commandement.

Recevez, général, l'assurance de ma considération la plus distinguée.

*Le Ministre de la guerre,*

*Signé :* Général LE FLÔ.

---

## VII.

Maisons-Alfort, 16 septembre 1870, 4 h. soir.

Mon Général,

En sortant de Maisons-Alfort, des paysans m'ont prévenu que les avant-gardes ennemies étaient à quelques pas, au carré de Pompadour.

Mon avant-garde de cinq cavaliers a rencontré une troupe de huit hussards bleus, les a chargés et fait tourner bride. A ce moment d'autres cavaliers prussiens sont arrivés; un combat s'est engagé; deux de mes cavaliers ont été démontés, un autre, M. de Kergariou, a été sabré, et mon adjudant, M. de Marval, après avoir eu son cheval tué, est resté évanoui dans un fossé. J'ai été relever nos blessés et j'ai dû me hâter, car l'avant-garde de l'armée prussienne paraissait et j'ai été forcé de battre en retraite sous le feu de l'ennemi, en emportant les blessés en croupe.

J'ai rapporté les armes des trois cavaliers ennemis que nous avons tués.

Je crois pouvoir affirmer qu'un corps considérable venant de Villeneuve-Saint-Georges marche sur Choisy-le-Roi et sur Châtillon.

*Signé :* FRANCHETTI.

## VIII.

### COMPOSITION DU 5ᵉ CORPS D'ARMÉE PRUSSIEN

(AU DÉBUT DE LA CAMPAGNE).

---

COMMANDANT LE CORPS D'ARMÉE : LIEUTENANT-GÉNAL **Von KIRCHBACH**.

| | |
|---|---|
| Chef d'état-major. . . . . . | Lieutenant-Colonel **Von der ESCH**. |
| Commandant de l'artillerie . | Colonel **GAEDE**. |
| Commandant du génie . . . | Commandant en 1ᵉʳ : Major **Von OWSTEIN**, commandant le bataillon de pionniers de la Basse-Silésie, n° 5. |
| Intendant . . . . . . . . . | Conseiller d'intendance **GERVAIS**. |

### 9ᵉ division.

COMMANDANT : GÉNÉRAL-MAJOR **Von SANDRART**.

| | |
|---|---|
| Chef d'état-major. . . . . . | Major **Jacobi**. |
| Commandant de l'artillerie . | Major **Kipping**. |
| Commandant du génie . . . | Major **Von Owstein**, pour tout le corps d'armée. |
| Assesseur d'intendance. . . | Lenz. |

17ᵉ brigade d'infanterie.
{ Commandᵗ la brigade : Colonel **Von Bothmer**.
4ᵉ régiment d'infanterie de Posen, n° 59 : Colonel **Eyl**.
3ᵉ régiment d'infanterie de Posen, n° 58 : Colonel **Von Rex**.

18ᵉ brigade d'infanterie.
{ Commandant la brigade : Colonel **Von Voigts-Rhetz**.
2ᵉ régiment d'infanterie de la Basse-Silésie, n° 47 : Colonel **Von Burghoff**.
Régiment de grenadiers du Roi, n° 7 : Colonel **Von Köthen**.

*Faisant partie de la division :*

1ᵉʳ bataillon de chasseurs de Silésie, n° 5 : Major comte **Von Valdersée**.
1ᵉʳ régiment de dragons de Silésie, n° 4 : Lieut.-Colonel **Von Schenck**.

ARTILLERIE
—
1re divon montée du régt d'artillie de campagne de la Basse-Silésie, n° 5 : Major **Kipping**.
- 1re batterie légère.
- 2e —
- 1re batterie lourde.
- 2e —

Détachement sanitaire n° 1.
- Compagnie de pontonniers et équipage léger de pont.
- Ambulances n°s 1 et 2.
- Colonne de vivres n° 1.

### 10e division.

COMMANDANT : GÉNÉRAL-MAJOR **Von SCHMIDT**.

Chef d'état-major. . . . . . Capitaine **Von Struensee**.
Commandant de l'artillerie . Major **Röhl**.
Commandant du génie . . . Major **Von Owstein**, pour tout le corps d'armée.
Assesseur d'intendance. . . **Steinbeck**.

19e brigade d'infanterie.
- Commandant la brigade : Colonel **Von Henning auf Schönhoff**.
- 1er régiment d'infanterie de la Basse-Silésie, n° 46 : Colonel **Von Stosch**.
- 1er régiment de grenadiers (Prusse Occidentale, n° 6) : Colonel **Flöckher**.

20e brigade d'infanterie.
- Commandant la brigade : Colonel **Walter Von Monbary**.
- 3e régiment d'infanterie de la Basse-Silésie, n° 50 : Colonel **Michelmann**.
- Régiment de fusiliers de Westphalie, n° 37 : Colonel **Von Heinemann**.

*Faisant partie de la division :*

Régiment de dragons de la Marche-Électorale, n° 14 : Colonel **Von Schön**.

ARTILLERIE.
—
3e divon montée du régt d'artillie de campagne de la Basse-Silésie, n° 5 : Major **Röhl**.
- 5e batterie légère.
- 6e —
- 5e batterie lourde.
- 6e —

Détachement sanitaire n° 2. { Compagnies de sapeurs et de mineurs, avec colonne d'outils.
Ambulances n°s 3 et 4.
Colonne de vivres n° 2.

### Réserve d'artillerie.

COMMANDANT : LIEUTENANT-COLONEL **KÖHLER**, commandant le régiment d'artillerie de campagne de la Basse-Silésie, n° 5.

2e div$^{on}$ montée du rég$^t$ d'artill$^{ie}$ de campagne de la Basse-Silésie, n° 5 : Lieut.-Colonel **Von Borries.** { 3e batterie légère.
4e —
3e batterie lourde.
4e —

Division à cheval du rég$^t$ d'artill$^{ie}$ de campagne de la Basse-Silésie, n° 5 : Major **Pilgrim.** { 2e batterie à cheval.
3e — —

COLONNES : CAPITAINE **REICHE.**

Colonnes de munitions d'infanterie. { N° 1.
— 2.
— 3.
— 4.

Colonnes de munitions d'artillerie. { N° 1.
— 2.
— 3.
— 4.
— 5.

Détachement sanitaire n° 3. { Ambulance n° 5.
Colonne de pontons.
Détachement sanitaire n° 3.

**COMPAGNIE GÉNÉRALE des eaux.**

## IX.

Paris, le 25 septembre 1873.

Monsieur le Général,

En réponse à votre lettre en date du 30 août dernier, j'ai l'honneur de vous informer que la commune de Châtillon est alimentée par les machines établies à Choisy-le-Roi, et non par celles de Villejuif.

Ces dernières, qui n'existent plus, du reste, n'ont pas cessé de fonctionner, pendant le siége de Paris, pour alimenter notre armée occupant Villejuif et les redoutes des Hautes-Bruyères et du Moulin-Saquet.

L'eau manquait, en effet, à Châtillon, le jour du combat du 19 septembre 1870, parce que, dès le 18, l'armée ennemie occupait Choisy-le-Roi et que le personnel de notre usine avait dû, suivant mes ordres, se retirer après avoir démonté une pièce de nos machines de manière à ce qu'elles ne pussent être utilisées par l'ennemi.

*Le Directeur,*

*Signé :* MARCHANT.

---

**14ᵉ CORPS D'ARMÉE.**

**Iʳᵉ DIVISION.**

## X.

**Lettre du Général de Caussade au Général Ducrot.**

Paris, le 20 septembre 1870.

Mon Général,

J'ai l'honneur de vous informer que la 1ʳᵉ division, ralliée hier, d'abord entre Clamart et Châtillon, puis entre les forts de Vanves et d'Issy, et enfin à Paris, bordant les fortifications, de la Porte de Châtillon à la Seine, s'est réunie au Champ-de-Mars sur l'ordre d'un amiral commandant un secteur, au moment où les troupes du 13ᵉ corps ont occupé le rempart.

Mon quartier général est établi avenue de Tourville, 18.

On s'occupe de remplacer les munitions consommées et les effets perdus.

Je n'ai pas encore le relevé des pertes en hommes de la journée d'hier.

14ᵉ CORPS D'ARMÉE.

ÉTAT-MAJOR GÉNÉRAL.

XI.

## Lettre du Capitaine d'état-major de Chabannes au Général Ducrot.

Porte Maillot, 21 septembre 1870.

Mon Général,

D'après vos ordres, j'ai l'honneur de vous rendre compte que, fait prisonnier à Sedan, je me suis échappé des mains de l'ennemi le 14 septembre, à Pont-à-Mousson.

Je suis arrivé à Versailles, le 19 du courant, à 9 heures du matin, pendant le combat de Châtillon.

A ce moment un assez grand nombre de uhlans sont arrivés en désordre sur Versailles, dont les grilles furent immédiatement fermées par les postes de la garde nationale. Ils accusaient un grand nombre de blessés et demandaient leur admission dans les hôpitaux de Versailles.

Un officier prussien fut reçu en ville comme parlementaire et la capitulation suivante fut accordée à la ville :

« Les troupes prussiennes entreront dans Versailles et seront
« logées autant que possible dans les établissements militaires.
« La garde nationale conservera ses armes et continuera à mon-
« ter la garde dans la ville. »

Pensant, d'après le désordre des avants-coureurs ennemis, que le combat de Châtillon était à notre avantage, je restai à Versailles jusqu'à 1 heure.

Mais, à ce moment, un général prussien entra à Versailles par l'avenue de Paris, annonçant que les troupes prussiennes avaient pris position sur les hauteurs de Châtillon, et il occupa la ville et les abords avec quelques escadrons de cavalerie.

Je n'eus que le temps de gagner Rueil avant que la ligne de leurs avant-postes ait été formée.

Les Prussiens ont annoncé de grandes pertes au combat de Châtillon.

## XII.

**Rapport du Général Ducrot sur le combat de Châtillon.**

Paris, 20 septembre 1870.

Monsieur le Gouverneur,

Le 18 septembre une reconnaissance très-hardiment et très-habilement faite par le capitaine Faverot de Kerbrech, mon officier d'ordonnance, me donnait connaissance de la présence à Igny, à Bièvres et au Petit-Bicêtre de forts détachements de cavalerie ennemie paraissant marcher dans la direction de Versailles. Vers une heure, au moment où ces rapports me parvenaient, je faisais monter à cheval la cavalerie commandée par le général de Bernis et le régiment de gendarmerie à cheval; je les appuyai par une batterie d'artillerie à cheval et les envoyai par la route de Plessis-Piquet dans la direction où l'ennemi m'était signalé, avec ordre de tâcher de couper la retraite aux escadrons ennemis les plus avancés et dans tous les cas de reconnaître exactement et la direction et la force des détachements signalés le matin.

Je me rendis de ma personne au Moulin-Plessis, où j'avais installé dès le matin un détachement de volontaires, puisés dans la 1re division et soutenus en arrière par le 15e régiment de marche établi dans deux grands parcs offrant de bonnes conditions de défense.

La cavalerie, après avoir poussé jusqu'au Petit-Bicêtre, sans avoir rien rencontré, revint prendre position à la hauteur de la ferme de Trivaux; j'allais la rejoindre après être resté en observation environ deux heures, au Moulin-Plessis, lorsque, sur la lisière des bois de Verrières, nous fûmes assaillis par quelques coups de fusils tirés par des fantassins ennemis. Un peu plus tard, au moment où la cavalerie commençait à se retirer, une fusillade s'engagea entre un détachement de zouaves placé dans la ferme de Trivaux et quelques tirailleurs ennemis qui avaient occupé une autre ferme dite Pointe de Trivaux ; ils en furent délogés par quelques coups de canon bien pointés par notre artillerie.

Cette première reconnaissance et les quelques incidents dont je viens de parler, me firent supposer que le corps principal ennemi suivait la route de Choisy-le-Roi à Versailles par Bièvre et qu'il avait envoyé quelques détachements vers le Petit-Bicêtre, la pointe de Verrière et la ferme de Dame-Rose pour protéger son mouvement de flanc. Je conçus le projet du tenter un mouvement offensif, le lendemain matin, pour refouler ce rideau et tomber sur le flanc des colonnes ennemies pendant qu'elles traversaient les défilés difficiles de Bièvre et d'Igny. — En conséquence, j'arrêtai les dispositions suivantes : 2,000 hommes composés de différentes fractions des trois régiments de zouaves campés au château de Meudon et aux environs devaient être réunis le matin du 19 à 5 heures et demie près de la ferme de Trivaux.

La 1$^{re}$ division, campée dans les bois en avant et à droite du fort de Clamart, devait se masser à hauteur de la tête du grand ravin qui part du plateau de Châtillon dans la direction de Meudon.

La 2$^e$ division devait se masser à gauche de la route de Versailles, sa tête de colonne à hauteur du ravin qui descend vers Plessis-Piquet. La cavalerie, formée en six colonnes de 2 escadrons chacune, occupait le plateau entre les deux divisions d'infanterie ; et derrière chaque colonne de cavalerie deux batteries d'artillerie présentant un ensemble de 70 bouches à feu.

Cet ordre de combat une fois pris, les zouaves formant l'extrême droite devaient se porter, en suivant la lisière du bois, sur la ferme de Dame-Rose, que je supposais occupée par l'ennemi.

La cavalerie devait se porter en avant, puis démasquant tout à coup l'artillerie, lui laisser libre action sur la pointe de Verrière, le Petit-Bicêtre et le commencement du bois de Verrière. L'action une fois préparée par cette artillerie, la 1$^{re}$ division devait se porter sur la pointe de Verrière en même temps que la 2$^e$ sur le Petit-Bicêtre et les bois de Verrière.

Cette première position conquise, l'action de notre artillerie devait se concentrer sur Villa-Coublay, et nous permettre de conquérir cette position, d'où nous serions facilement arrivés sur le plateau de la tour de Gizey, d'où nous aurions dominé complétement les routes qui suivent la vallée de la Bièvre.

Le 19, au matin, les opérations prescrites la veille s'exécutaient, mais avec quelques incidents qui apportaient un peu de retard : les zouaves s'étaient égarés en route, et n'étaient pas au lieu du rendez-vous à 6 heures. Prévenu par le colonel Méric, pendant la nuit, qu'un grand nombre d'hommes n'avaient pas la quantité de cartouches prescrite (90), j'en avais fait conduire 60,000 à la ferme de Trivaux, où l'on commençait à les distribuer vers 6 heures 1/4. Enfin le brouillard était tellement épais qu'il était impossible de distinguer aucun de nos objectifs ; il fallait bon gré mal gré attendre sur place que l'éclaircie se fît un peu ; cependant, à 6 heures 1/2 quelques coups de feu se faisaient entendre à notre droite, sur la lisière des bois et, à gauche, vers le Pavé-Blanc, sur la grande route de Versailles.

Immédiatement, je faisais battre les quelques maisons de ce groupe par 2 batteries que j'avais placées à la pointe de Trivaux et, après quelques salves, je lançai dans cette direction le 7ᵉ bataillon des gardes mobiles de la Seine. A ce moment la distribution des cartouches s'achevait aux zouaves, au coin du bois, près de la grande avenue qui va de la ferme de Trivaux au château de Meudon.

L'ennemi venait de mettre en batterie quelques canons sur la hauteur de Villa-Coublay; il tirait dans la direction de la ferme de Trivaux; deux ou trois obus vinrent éclater assez près du corps de zouaves qui fut pris d'une folle panique et se dispersa en poussant des hurlements.

J'accourus aussitôt vers la droite, craignant un instant qu'elle n'eût été tournée par les Prussiens, mais il n'en était rien; je retrouvai les officiers occupés à rallier leurs hommes, je les aidai et nous parvînmes enfin à les lancer dans les bois qui conduisent à la ferme de Dame-Rose. Je fis avancer en même temps la 1ʳᵉ division dans la direction de la pointe de Verrière, et enfin je lançai le 7ᵉ bataillon des gardes mobiles sur le groupe de maisons du Pavé-Blanc; puis, comme le feu de l'artillerie ennemie redoublait de vivacité, je fis entrer successivement en batterie toute mon artillerie de 12 et de 4, ne me réservant que les mitrailleuses.

Tout allait bien : la garde mobile avait gagné du terrain vers la gauche, la 2ᵉ division la suivait, la supériorité de notre artillerie sur l'artillerie ennemie s'accentuait, lorsque tout à coup, vers la droite, quelques fractions de zouaves pris d'une folle panique, se débandèrent et se jetèrent à travers bois ; et depuis lors, je ne les ai plus revus. Mais j'ai appris que de grand matin (9 heures), les premiers fuyards rentraient dans Paris. (Il y a lieu de faire exception pour la fraction appartenant au 3ᵉ régiment, qui, ralliée par ses officiers, est rentrée au château de Meudon, où elle s'est maintenue jusqu'au moment où elle a reçu l'ordre de rentrer dans Paris.) Ce funeste exemple produisit une déplorable impression sur nos jeunes soldats de la 1ʳᵉ division, et quelques obus, venant à éclater dans leurs rangs y jetèrent un assez grand désordre; tous les bataillons reculèrent successivement, quelques-uns assez vivement pour me faire redouter une débandade. Cependant nous parvînmes, avec le secours de quelques bons officiers, à les calmer, et nous pûmes exécuter notre retraite en très-bon ordre, toujours soutenus par l'artillerie qui s'échelonnait avec beaucoup de calme et tirait avec une grande précision, protégée par la cavalerie, dont l'attitude est restée toujours très-satisfaisante.

Arrivé à hauteur des bivouacs de la 1re division, je fis arrêter; je donnai l'ordre à cette division de reprendre ses sacs qu'elle avait laissés dans son campement, et je prescrivis verbalement au général de Caussade, commandant la 1re division, et au général d'Hugues, commandant la 2e, d'aller prendre leurs emplacements de campement : le premier, en arrière de la droite de la redoute de Clamart, et le deuxième en arrière et à gauche de la même redoute, ajoutant que les hommes pourraient faire la soupe, mais que l'on devait toujours être en mesure de prendre les armes, dans le cas où l'ennemi viendrait à avancer.

Je fis armer de deux batteries de 12 et de deux batteries de 4 les épaulements que j'avais fait préparer la veille sur le plateau et à gauche, près du Télégraphe; je disposai de même deux batteries dans les épaulements préparés à droite, au-dessus de Clamart.

Toutes ces dispositions étaient à peine prises, lorsqu'une batterie ennemie ouvrit son feu dans la direction de Sceaux; elle fut soutenue successivement par deux, trois et quatre batteries, auxquelles les nôtres répondirent avec avantage; elles les forcèrent à reculer d'abord et enfin à disparaître complétement.

Pendant ce temps, le moulin de Plessis et les parcs de Plessis-Piquet étaient toujours occupés par les sections de volontaires et par le 15e de marche de la première division, sous les ordres du lieutenant-colonel Bonnet. Le combat sur ce point fut très-vif. — Malgré l'éloignement momentané, malgré le feu très-violent de la mousqueterie et de l'artillerie, ce détachement résista dans cette position jusque vers 1 heure, et fit alors la retraite en très-bon ordre, maintenant parfaitement l'ennemi en respect.

Vers 1 heure, le calme était à peu près complet; pour la seconde fois notre artillerie avait éteint le feu de l'ennemi, lorsque nous aperçûmes sur le plateau, à gauche de la route de Versailles, d'assez fortes colonnes ennemies. Je fis ouvrir le feu sur elles, à peu près à une distance de 1,000 mètres; elles ripostèrent par un feu de mousqueterie auquel répondirent également nos hommes placés dans la redoute, nos mitrailleuses et nos pièces de 12.

L'artillerie ennemie reprit également son feu dans plusieurs directions. Tout allait bien, cependant, et je me préoccupais des moyens d'assurer les approvisionnements de l'ouvrage en vivres et en munitions; j'avais fait venir, dans ce but, l'intendant du corps d'armée, lorsque je fus informé que l'eau manquait complétement dans l'ouvrage et dans le village de Châtillon, depuis la veille au soir, les conduites ayant été coupées. J'envoyai immédiatement le colonel du génie Corbin vérifier le fait et reconnaître s'il n'existait pas quelque citerne ou quelque puits pouvant suppléer à l'eau des conduites; mais au bout d'un certain temps il vint me rendre compte qu'il fallait renoncer à tout espoir de ce côté, qu'il n'y avait plus réellement une goutte d'eau sur le plateau ou dans le village.

En même temps le général commandant l'artillerie me rendit compte que l'approvisionnement de munitions pour les pièces de 12 était à peu près épuisé. J'en avais bien demandé, depuis plusieurs heures, mais je n'avais reçu aucun avis de leur envoi.

Enfin, j'apprenais que par suite d'un malentendu des plus regrettables, le général de Maussion avait évacué l'excellente position de Bagneux, et que notre flanc gauche se trouvait ainsi complétement à découvert; que la 1$^{re}$ division, au lieu de se maintenir sur l'emplacement assigné, à hauteur de la partie supérieure du village de Châtillon, était descendue tout entière vers le fort d'Issy; que la deuxième était descendue vers le fort de Vanves. J'envoyai immédiatement l'ordre à ces deux divisions de remonter en toute hâte sur les positions abandonnées, et le général d'Hugues, commandant la 2$^e$ division, put s'y conformer avec la majeure partie des troupes sous ses ordres. Quant à la 1$^{re}$ division, il avait été impossible de la retrouver. — J'ai su, en effet, depuis que, dès 1 heure, le général de Caussade avait abandonné sa position sans ordre, et, aussi sans ordre, était rentré dans Paris. Lorsque je lui ai demandé, ce matin, l'explication d'une si étrange conduite, il m'a répondu que voyant la route couverte de fuyards, et n'entendant plus le canon du fort de Clamart, il avait pensé que le fort était abandonné, et que ne sachant où me trouver pour prendre mes ordres, il avait cru devoir prendre sur lui de rentrer dans Paris. Vous apprécierez, Monsieur le Gouverneur, la conduite de cet officier général.

Dans les conditions où m'avaient placé les divers incidents que je viens de relater, je dus penser à préparer mes moyens de retraite : rien ne pressait, et j'aurais probablement attendu la soirée ou même la matinée du lendemain, s'il ne s'était produit un nouvel incident qui impressionna d'une manière très-fâcheuse les défenseurs du fort.

Pendant que la fusillade s'échangeait entre l'ennemi formé en bataille derrière une grande haie, à environ 1,000 mètres du fort, quelques balles vinrent tomber dans les rangs d'un bataillon d'infanterie posté en arrière de la Redoute, entre ladite redoute et les batteries du Télégraphe. Ces jeunes soldats se mirent immédiatement à tirer, sans ordre, dans l'étroite ouverture qui était devant eux. Leurs balles sifflèrent aux oreilles des défenseurs de la Redoute et des artilleurs.

Je fis sonner : « cessez le feu; » je m'épuisai en cris et en démonstrations, et j'eus beaucoup de peine à obtenir la cessation du feu.

Les défenseurs de la Redoute, à partir de ce moment, montrèrent moins de calme et de résolution. Comme on signalait l'occupation de Bagneux par l'ennemi et sa marche dans la direction de Fontenay-aux-Roses, je me décidai à me retirer en bon ordre avant que notre ligne de retraite ne fût tout à fait menacée.

Je prescrivis à l'artillerie de faire filer les coffres vides et les autres voitures inutiles. Je retirai successivement les pièces en batterie à droite et à gauche du plateau, ainsi que les trois mitrailleuses qui étaient dans la redoute.

Je voulais même emmener les pièces qui étaient dans l'ouvrage; mais, par une fatale erreur, les avant-trains avaient suivi les caissons vides et étaient déjà trop éloignés pour qu'il fût possible de les faire revenir. En conséquence, j'ordonnai d'enclouer les pièces, ce qui fut fait avec soin par M. le capitaine Saint-Vincent lui-même; puis je fis écouler les troupes de ligne qui étaient dans l'ouvrage. Je maintins seulement sur la face principale une compagnie d'un bataillon d'Ille-et-Vilaine dont les hommes avaient bonne contenance, ainsi qu'une section de sapeurs du génie, et lorsque la route de Vanves me parut parfaitement dégagée je donnai l'ordre à ces deux petites troupes de cesser le feu et d'évacuer la redoute, ce qu'elles firent en très-bon ordre, à une allure très-modérée et sans être un seul instant inquiétées par l'ennemi.

Tel est, Monsieur le Gouverneur, l'ensemble des faits qui se sont passés dans la journée d'hier. En somme, la journée n'a pas été mauvaise. J'ai la conviction d'avoir fait beaucoup de mal à l'ennemi; si quelques corps ont été quelque peu impressionnés par le premier effet du feu, beaucoup ont réellement fait bonne contenance, une fois la première impression passée, et c'est, je crois, une excellente leçon pour nos jeunes soldats, qui, pour la plupart, se sont maintenus résolûment sous un feu d'artillerie très-vif pendant huit heures.

J'aurai l'honneur de vous soumettre ultérieurement les noms des officiers, sous-officiers et soldats qui se sont particulièrement distingués.

Nos pertes sont relativement peu importantes. J'aurai l'honneur de vous en faire connaître exactement le chiffre aussitôt que les rapports des chefs de corps me seront parvenus.

Recevez, Monsieur le Gouverneur, l'assurance de mes sentiments dévoués et respectueux.

*Le Général commandant en chef les<br>
13<sup>e</sup> et 14<sup>e</sup> corps,*

Signé : Ducrot.

---

### Note de M. le capitaine Trève.

M. Trève, capitaine de vaisseau, ayant, à la suite de ses nombreux travaux sur le magnétisme, inventé un appareil exploseur, trouva l'occasion de l'utiliser avantageusement dans les circonstances suivantes :

En septembre 1870, à son retour de Cherbourg, où, dès les premiers bruits de guerre, le ministre de la marine l'avait envoyé établir une seconde zone de torpilles au large de la digue, il proposa au Gouvernement de miner certains points des environs de Paris.

M. Dupuy de Lôme appuya son projet et vint lui-même sur les lieux diriger ses opérations. Mais il était déjà tard : l'ennemi s'avançait à marches forcées, et le matériel ne répondait pas à tous les besoins. Il fallut tout improviser et, grâce à l'activité et au dévouement de M. Bréguet, M. le commandant Trève parvint rapidement à organiser un matériel assez complet.

Le 17 septembre il établissait plusieurs mines sur le plateau de Châtillon, tous les fils conducteurs aboutissant au fort de Vanves (distance 1,800 mètres).

Dans la journée du 20, des groupes ennemis se montrant dans le petit bois qui couronne les hauteurs de Châtillon, M. le commandant Trève donna le feu à l'une des mines.

Un journal de Cologne, du 21 septembre 1870, rendit compte de cet incident par la phrase suivante :

« Les Français ont établi un grand nombre de mines entre Meu-
« don et Montrouge; l'une d'elles a éclaté hier à Châtillon et
« blessé quelques soldats bavarois. »

L'ennemi fut vivement impressionné par cette mine éclatant sous ses pieds à une telle distance, et la crainte de voir tout le terrain miné jusqu'aux remparts a pu le rendre plus circonspect, et a peut-être contribué, dans une certaine mesure, à empêcher une attaque de vive force.

---

## XIII.

**Extraits des procès-verbaux du Gouvernement de la Défense nationale, relatifs aux élections de la garde mobile.**

---

SÉANCE DU 12 SEPTEMBRE 1870 (*soir*).

M. GAMBETTA signale les embarras suscités partout par les choix d'officiers de la mobile.

M. PICARD émet l'avis de soumettre les grades à l'élection, même sous le feu de l'ennemi.

M. LE MINISTRE DE LA GUERRE combat cet avis, qui paraît de nature à désorganiser les cadres au moment de la lutte.

Le Conseil ajourne cette question.

SÉANCE DU 14 SEPTEMBRE (*soir*).

M. le général TROCHU signale l'indiscipline des gardes mobiles de la Seine, qui refusent de se rendre aux postes, où ils ne se trouvent pas suffisamment abrités. Ils ont refusé d'aller à la redoute de Gravelle.

M. le général LE FLÔ propose le désarmement de ce bataillon (le 11º) et un ordre du jour qui signale ce refus en face de l'ennemi. Cet avis est approuvé.

M. PICARD et plusieurs membres du Conseil demandent que l'élection des officiers vienne couper court à ces désordres.

M. les généraux TROCHU et LE FLÔ objectent le danger de désorganiser les cadres devant l'ennemi. Les officiers paraissent pour la plupart fort mal choisis. Il est décidé qu'il sera fait un exemple sur certains d'entre eux qui manquent à toutes les lois militaires; de ce nombre sont MM. Ernest Baroche, de Boigne, Piétri, etc.

SÉANCE DU 15 SEPTEMBRE (*soir*).

M. SIMON insiste sur la nécessité de révoquer les quatre officiers de mobiles les plus compromis ; ce sont MM. de Boigne, Piétri, Casanova et Ernest Baroche.

M. le général Trochu consent à cette révocation, qui peut être considérée comme faite et qui sera demain à l'*Officiel*.

séance du 16 septembre (*soir*).

M. Gambetta annonce qu'on se plaint de plus en plus des mobiles. Il croit que les élections seraient le seul remède à ce mal. En tout cas, le désordre ne peut être plus grand avec des officiers élus, et au moins les prétextes auront disparu.

M. Magnin appuie cette proposition en se fondant sur des exemples.

M. de Kératry, préfet de police, conseille également l'élection. Ces élections sont décidées et décrétées pour le lundi 19.

M. le général Le Flô exprime des craintes quant au résultat de cette mesure.

séance du 18 septembre (*matin*).

M. le général Trochu déplore de ne pas s'être plus énergiquement opposé aux élections des officiers de la garde mobile. Ces élections produisent une véritable désorganisation.

XIV.

Paris, 11 octobre 1870.

### Rapport du Ministre de la guerre sur l'organisation des corps francs.

Depuis l'ouverture de la campagne contre la Prusse, un grand nombre de corps francs, dus à l'initiative individuelle, ont été levés à Paris et dans ses environs.

Le Gouvernement leur a prêté son concours en donnant des commissions aux officiers, et des armes et des munitions aux hommes de troupe.

Quelques corps francs ont même reçu, à titre exceptionnel, des objets d'équipement, des subsides, etc.

Le nombre de ces corps suffit aujourd'hui à tous les besoins du service, et il y aurait de sérieux inconvénients à en augmenter le nombre, et à distraire de la garde nationale et de l'armée des hommes qui y ont leur place marquée naturellement.

Le moment est donc venu de régler définitivement l'organisation de ces corps. J'ai, en conséquence, l'honneur de proposer au Gouvernement de la Défense nationale d'adopter les propositions contenues dans le projet de décret ci-joint :

Article premier. — Les corps francs existant en ce moment à Paris, et dont l'organisation a été autorisée, seront maintenus en activité pendant tout le temps de la durée de la guerre contre la Prusse.

Art. 2. — Chacun de ces corps sera placé sous les ordres d'un commandant militaire.

Art. 3. — Les officiers, sous-officiers, caporaux ou brigadiers et soldats qui en font partie, pourront, en vertu d'arrêtés du ministre de la guerre, être traités, sous le rapport de la solde et des vivres, comme la garde nationale mobile.

Aucune autre allocation, soit en deniers, soit en nature, ne pourra leur être faite par le département de la guerre.

Art. 4. — Dans le cas où des bataillons de la garde nationale sédentaire de Paris seraient autorisés à former des compagnies de volontaires destinés à faire des sorties, il ne sera rien changé à la position des officiers, sous-officiers, caporaux ou brigadiers et gardes nationaux de ces compagnies, sous le rapport de la solde et des vivres, c'est-à-dire qu'ils continueraient à être traités exactement comme les autres gardes nationaux sédentaires.

Art. 5. — Aussitôt après la promulgation du présent décret, il sera passé une revue d'effectif par un fonctionnaire de l'intendance militaire.

L'effectif constaté à cette revue ne pourra jamais être dépassé.

Art. 6. — Il sera délivré de nouvelles commissions à tous les officiers des corps francs par le ministre de la guerre.

Art. 7. — Les grades dans les corps francs ne donneront à ceux qui en exercent, ou qui en auront exercé les fonctions, aucun droit à un grade régulier dans l'armée.

Art. 8. — Il ne sera plus délivré, à dater de la promulgation de ce décret, aucune autorisation de lever des corps francs.

Art. 9. — Le ministre de la guerre est chargé de l'exécution du présent décret.

## XV.

### Extrait d'une lettre du Général Le Flô, Ministre de la guerre, en date du 7 octobre 1870.

Commandant,

J'ai reçu votre lettre et j'ai examiné avec la plus sérieuse attention les diverses demandes que vous m'avez adressées.

En principe, le pantalon rouge est exclusivement réservé aux troupes régulières, mais en raison des services particuliers rendus par l'escadron des éclaireurs à cheval de la Seine, je consens à l'autoriser, par exception, à adopter ce pantalon.

*Le Ministre de la guerre,*

*Signé :* Général Le Flô.

---

## XVI.

### ORDRE.

Il est ordonné à M. le capitaine d'artillerie Pothier, directeur des ateliers de construction des mitrailleuses de Paris, d'organiser un corps franc d'artillerie, pour le service des mitrailleuses et autres engins de guerre que le Gouvernement de la Défense nationale lui confiera.

Paris, le 23 septembre 1870.

*Le Ministre des travaux publics,*

*Signé :* Dorian,

Jules Favre,
Emmanuel Arago,
Eugène Pelletan,
Ernest Picard,
Gambetta,
Jules Simon,
Jules Ferry.

Pour copie conforme :

*Le Chef de bureau du cabinet du Ministre des travaux publics,*

*Signé :* E. Bescherelle.

## XVII.

### ARRÊTÉ.

Le Ministre secrétaire d'État au département des travaux publics,

Sur la proposition de M. l'inspecteur général des ponts et chaussées, chargé par intérim des fonctions de secrétaire général et de directeur général des ponts et chaussées et des chemins de fer,

Vu l'ordre, en date du 23 septembre 1870, par lequel le Gouvernement de la Défense nationale chargé M. le capitaine d'artillerie Pothier, directeur des ateliers de construction des mitrailleuses à Paris, d'organiser un corps franc d'artillerie pour le service de ces mitrailleuses et autres engins de guerre,

Arrête ce qui suit :

Article premier. — La dépense qu'entraîneront l'organisation et le fonctionnement du corps franc précité sera imputée, sauf remboursement ultérieur, s'il y a lieu, par le Département de la guerre, sur les fonds du chapitre 7 du budget extraordinaire de l'année 1870.

Art. 2. — Cette dépense sera payée en régie, et à cet effet M. Peynot, conducteur des ponts et chaussées, est nommé régisseur comptable.

Paris, le 30 septembre 1870.

*Signé :* Dorian.

---

## XVIII.

Le 2 janvier 1871, le *Journal officiel de la République française* publiait le décret suivant :

Le Gouvernement de la Défense nationale,

Vu le décret du Gouvernement de la Défense nationale, en date du 23 septembre 1870, relatif à l'organisation d'un corps franc d'artillerie pour le service des mitrailleuses et autres engins de guerre ;

Vu l'ordre donné au commandant Pothier, le 24 décembre 1870 de compléter l'organisation dudit corps,

Décrète :

Article premier. — Le corps d'artillerie constitué par décret, en date du 23 septembre 1870, sous le nom de *Corps franc d'artillerie* (service des mitrailleuses) prendra à l'avenir la dénomination de *Corps d'artillerie des mitrailleuses*.

Il sera affecté à l'essai et au service des pièces et d'autres engins de guerre fabriqués par l'industrie privée.

Art. 2. — Il sera composé de huit batteries à pied, d'un parc d'artillerie et d'une batterie de parc montée.

*(Suit la composition des cadres.)*

Art. 3. — Les engagements n'auront lieu et les grades ne seront conférés que pour la durée de la guerre.

Art. 4. — Le ministre de la guerre et le ministre des travaux publics sont chargés de l'exécution du présent décret.

Fait à Paris, le 2 janvier 1871.

*Signé :* Général Trochu, Jules Favre, Jules Ferry, Jules Simon, Eugène Pelletan, Ernest Picard, Garnier-Pagès.

Par le Gouvernement de la Défense nationale :

*Le Ministre de la guerre,*

*Signé :* Général Le Flô.

## XIX.

Monsieur le Ministre,

Dès le début du siége de Paris, un appel énergique fut fait par vous à l'industrie privée, qui eut dès lors une part active à la défense nationale et entreprit la fabrication des pièces de canon.

Le type adopté fut la pièce de canon de 7, et bientôt les commandes furent réparties entre les industriels, par la Commission du génie civil.

Aussitôt la production arrivée, un personnel spécial fut désigné par vous pour prendre les pièces des mains de l'industrie, les essayer, les former en batteries et les livrer à l'armée avec es munitions fournies par l'artillerie. C'est le parc du corps d'artillerie des mitrailleuses que vous avez chargé de cette tâche, dont je viens vous rendre compte en dehors des procès-verbaux qui vous ont été adressés après chaque série d'expériences.

Nous étions en présence d'industriels habitués à la construction et à l'ajustage de machines parfois très-délicates, parfois très-puissantes, mais dans lesquelles les chocs, comparables à ceux de l'explosion de la poudre, sont inconnus. De là, un élément entièrement nouveau pour eux et dont ils devaient ignorer absolument l'effet, de là aussi, certains insuccès au début.

Notre rôle devient alors double.

Les membres du génie civil qui étaient chargés de surveiller la fabrication, et notamment leur président, furent invités à venir assister à nos essais ; ils purent ainsi se rendre compte des vraies difficultés et y porter remède dans les pièces en cours de fabrication. Leur attention fut attirée vers certains détails qu'ils avaient jusque-là considérés comme superflus, et dont au contraire l'exécution réclamait la plus scrupuleuse exactitude.

Il y avait déjà, à coup sûr, quelques vices irrémédiables, défauts de fonte, de rayure, d'ajustement, etc., qui, en temps normal, eussent fait rejeter les pièces.

Mais il nous fallait tenir compte des circonstances exceptionnelles, non-seulement mettre de côté toute coquetterie, mais même faire abstraction, dans beaucoup de cas, de certains défauts qui ne pouvaient pas présenter d'inconvénients immédiats.

Telle était pour nous la mesure à saisir, et, en dehors de cela, notre devoir était d'exiger la perfection de tous les détails indispensables à la précision, à la portée du tir et au service des pièces.

Telles sont, Monsieur le Ministre, les considérations qui nous ont guidés dans les premiers essais faits, chaque jour, pendant une longue période, au fort de Montrouge.

Nous devons dire ici, du reste, que nous avons trouvé pendant ces essais, de la part des membres de la Commission du génie civil, une patience et un zèle qui leur ont rapidement permis de diminuer dans une grande mesure les défauts des premières pièces.

L'un de ces Messieurs fut même désigné pour réparer, avec une escouade d'ouvriers, les pièces rentrées au parc, et continua à se livrer pendant deux mois à cette tâche ingrate.

Là ne devait pas se borner notre rôle ; il fallait pouvoir dire aux officiers à qui l'on confiait ces armes nouvelles : Ces pièces ont tiré dans les conditions réelles du tir de campagne, non pas dans un polygone, mais sur l'ennemi ; nous connaissons leurs défauts, comme leurs qualités. Voici comment on peut remédier aux uns et profiter des autres.

C'est alors que, cherchant à utiliser ces essais dans la journée du 21 décembre, nous avons pu, ce jour-là, avec des pièces neuves, canonner, de la redoute du Moulin Joly, les convois des Prussiens entre Cormeil et Argenteuil.

Enfin, une fois les pièces mises en service, il fallait recueillir des officiers et servants, les observations de chacun, de manière à compléter le dossier de la pièce de 7, et de tous côtés les observations ont été d'accord avec celles des essais : grande précision de tir, grande portée, mais difficulté dans l'extraction de la cartouche, nuisant peut-être à la grande rapidité du tir. Cet inconvénient, dû à l'imperfection des chambres, a nécessité la création d'un outil extracteur qui l'a considérablement diminué.

Enfin, Monsieur le Ministre, je terminerai cette note en indiquant brièvement les services rendus par les pièces de 7, fabriquées par l'industrie privée pendant la deuxième période du siége de Paris.

|                        |            |   |                       |
|------------------------|-----------:|---|-----------------------|
| Plateau d'Avron.       | 31 pièces. |   | Décembre.             |
| Armée active           | 48·        | — | Décembre et janvier.  |
| Moulin Joly.           | 12         | — | 21 décembre.          |
| Moulin Gibet           | 6          | — | Décembre et janvier.  |
| Fort de Vanves.        | 8          | — | Janvier.              |
| Villejuif              | 2          | — | D°                    |
| Fort de la Briche.     | 4          | — | D°                    |
| 6e secteur.            | 18         | — | D°                    |
| 7e —                   | 22         | — | D°                    |
| 8e —                   | 26         | — | D°                    |
| 9e —                   | 3          | — | D°                    |

A ces différents postes, les pièces ont été servies et commandées par des hommes et des officiers des divers corps d'artillerie, et partout il y a eu concordance parfaite entre leurs appréciations et les prévisions tirées des essais.

Tel est, Monsieur le Ministre, l'historique des travaux de la Commission que vous avez chargée de l'essai des pièces de 7.

Cet exposé complète les renseignements contenus dans les procès-verbaux que j'ai eu l'honneur de vous adresser.

*Le Directeur du parc du corps d'artillerie*
*des mitrailleuses,*

Signé : LAPRADE.

## XX.

**SERVICE DES VIVRES DE LA PLACE DE PARIS.**

---

Renseignements sur les effectifs de l'armée de Paris aux diverses époques de la défense, et sur les approvisionnements de cette armée.

---

PREMIÈRE PARTIE. — EFFECTIF DES RATIONNAIRES.

Le 1ᵉ août 1870, toutes les troupes disponibles ayant été dirigées sur l'armée du Rhin, le nombre de rationnaires n'est que d'environ 25,000, répartis dans les places de Paris, Vincennes, Versailles et Saint-Germain. Sur cet effectif, inférieur de moitié à celui des temps ordinaires, 17,000 sont servis par la manutention des vivres de Paris, 8,000 par les manutentions des trois autres places qui recevaient la farine de Paris.  1870. — Août.

Dans les 17,000 rationnaires de Paris, figurent 4,164 hommes de la garde nationale mobile de la Seine.

Cependant, les distributions du mois de juillet donnent une moyenne journalière pour Paris de 29,600 rations, ce qu'il faut attribuer tant aux distributions faites aux troupes de passage regagnant l'armée, qu'aux réserves de vivres emportées par les corps de la garnison appelés à faire campagne.

Dans la deuxième quinzaine d'août, à la suite de nos désastres, qui rendent imminent le siège de Paris, les effectifs s'élèvent rapidement par l'arrivée :

De quatre régiments d'infanterie de marine, formant une division de 10,000 hommes, de brigades armées de douaniers, de gardes forestiers, de tirailleurs algériens et d'un bataillon de la légion étrangère, de nombreux quatrièmes bataillons de régiments de l'intérieur, destinés à former les régiments de marche du 13ᵉ corps, etc., etc.

Vers la fin d'août, l'effectif atteint plus de 130,000 hommes.

Au 1ᵉʳ septembre, par suite du départ du 13ᵉ corps pour Mézières, il se trouve réduit à environ 93,000, dont 70,000 servis par la manutention du quai de Billy et par ses annexes, c'est-à-dire par les services de fabrication et de distribution que l'on  Septembre.

crée dans les forts, ci. . . . . . . . . . . . . . . . . . 70,000
Stationnés dans les trois places de Vincennes, Versailles et Saint-Germain, ci . . . . . . . . . . . . . . . . 10,000
Alimentés par la marine, qui avait été chargée de l'occupation des forts de Romainville, Noisy, Rosny, Ivry, Bicêtre et Montrouge, ci. . . . . . . . . . . . . . . 13,000
                                                        ─────
                                                        93,000

Les autres forts entrent, à cette époque, pour 15,000 rations dans les 70,000 du service des vivres de Paris.

Il avait été formé dans ces forts un approvisionnement de quarante-cinq jours, calculé sur les effectifs fixés ci-après :

500 hommes pour les redoutes (la Briche, la Gravelle et la Faisanderie);

2,000 hommmes pour les forts carrés (Vanves, Est, Nogent);

2,500 hommes pour les forts pentagonaux (Issy, Aubervilliers, Mont-Valérien, Charenton et Vincennes);

4,000 hommes pour la Double-Couronne de Saint-Denis.

Cet approvisionnement a été entretenu jusque dans le dernier mois du siége.

Plus de 100,000 hommes de la garde nationale mobile de la province arrivent à Paris au commencement de septembre.

Logés chez l'habitant, ils touchent d'abord une indemnité de vivres en argent fixée à 1 fr. 50 par homme et par jour.

Après Sedan, le 13e corps d'armée, fort de 35,000 hommes, se replie sur Paris; une division de 10,000 à 12,000 hommes occupe Clichy.

Il arrive de l'Est des parties des 6e et 7e corps.

15,000 hommes de la garde mobile sont envoyés dans les forts, 3,200 s'établissent sous Rosny, 3 bataillons du Tarn au plateau de l'Épine, près Montreuil.

Le 14e corps, disséminé dans les environs de Paris, compte 35,578 hommes, savoir :

Quartier général. . . . . . . .   1,065
1re division . . . . . . . . . . 12,913
2e   id.    . . . . . . . . . . 10,600
3e   id.    . . . . . . . . . . 11,000

Au 14 septembre, l'effectif des forts se trouve porté à 42,900 hommes, dont 29,900 dans les forts desservis par la guerre, y compris :

Les nouveaux ouvrages de Villejuif, de Clamart, de Montretout et de Gennevilliers;

13,000 dans les forts occupés par la marine.

Par décision du 15 septembre, toutes les troupes de l'armée, sans exception, opérant hors Paris, ont droit aux vivres de campagne.

Un ordre du Gouverneur, en date du 29 septembre, alloue, à partir du 1ᵉʳ octobre, le pain et les vivres de campagne en nature, à l'exclusion de toute indemnité représentative en argent aux officiers sans troupe, aux officiers et aux soldats de l'armée et de la garde nationale mobile placés dans Paris ou hors Paris.

Les archives retrouvées à la manutention du quai de Billy, après la Commune, ne permettant point de reconstituer, par les distributeurs, l'effectif des troupes nourries à un moment donné, on ne peut avoir d'une manière précise, et seulement pour le service des vivres de Paris, que la moyenne journalière des distributions faites dans le 3ᵉ trimestre 1870.

Un relevé de ces distributions, établi pour le pain et le biscuit, denrées de distribution normale, fait ressortir cette moyenne à 53,960.

En tenant compte de ce que la moyenne des mois de juillet et d'août a été, la première surtout, très-inférieure à celle de septembre, on arrive pour ledit mois de septembre à environ 90,000 rations distribuées par jour par la manutention des vivres de Paris et ses annexes, ci. . . . . . . . . . . . . . . 90,000

Pour avoir l'effectif général, il convient d'ajouter :
1º Les troupes nourries par la marine . . . . . . . 13,000
2º La moyenne approximative des rations distribuées en septembre par les services directs des corps d'armée, services s'alimentant par des envois de Paris. . . 62,000
La garde nationale mobile, d'un effectif de 113,000 hommes, ci . . . . . . . . . . . . . . . . . 113,000

ne touche pas encore de vivres, mais elle les perçoit à partir du 1ᵉʳ octobre, en sorte que l'on peut dire qu'au commencement de ce dernier mois, l'effectif général à nourrir n'est pas inférieur à . . . . . . . . . . . . 278,000

*Octobre.*

L'investissement est complet le 18 septembre.

A partir de cette époque, l'effectif des combattants militaires reste forcément stationnaire. Les distributions n'éprouvent d'autres mouvements que ceux résultant des allocations de vivres en nature faites à la garde nationale sédentaire, lorsqu'elle est appelée à opérer hors de l'enceinte, et d'autres allocations en nature qui sont autorisées en faveur de services divers ne se rattachant qu'indirectement à l'armée au fur et à mesure que les exigences du service militaire se développent et que les ressources alimentaires diminuent.

On citera les hôpitaux militaires, les ambulances créées de tous côtés, les sapeurs-pompiers, les sergents de ville, les employés du Ministère de la guerre, de la justice militaire, les ingénieurs, architectes et agents employés à la défense de l'extérieur, les employés des eaux, les ingénieurs et agents des télégraphes; les ouvriers civils employés par le service du génie et de l'artillerie, les sous-officiers et agents de l'École polytechnique, etc., qui sont admis à toucher des vivres dans les magasins militaires.

Novembre. — Vers la fin de novembre, plusieurs bataillons mobilisés de la garde nationale sédentaire sont envoyés hors de l'enceinte et reçoivent les vivres.

A cette époque, la moyenne des distributions et expéditions de pain faites à la manutention de Billy et de ses magasins annexes de l'intérieur, est de 240,000 rations, ci . . . . 240,000
Ce chiffre est à augmenter de la fabrication des forts annexes de la manutention de Paris . . . . . . . . . 12,000
De celle de la marine . . . . . . . . . . . . . . . 15.000
De celle du service créé à Saint-Denis, où le corps de défense du nord de Paris dépasse 30,000. . . . . . 11,000
De celle de Vincennes . . . . . . . . . . . . . . . 20,000

Effectif général. . . . 298,000

Décembre. — En décembre, la consommation s'augmente encore par suite de l'envoi autour de Paris, vers le 20, de quatre-vingt-deux bataillons de la garde nationale formant un effectif de près de 45,000 hommes et le nombre total des rationnaires s'élève à plus de 310,000.

Comme contrôle des évaluations qui précèdent, on a établi, pour le 4e trimestre 1870, comme on a fait pour le 3e, le relevé général des distributions effectuées par le service des vivres de Paris et de ses annexes. Ce relevé, qui est joint à la présente note, fait ressortir pour le pain et le biscuit une moyenne de 115,080.

Le complément pour atteindre le chiffre de 310,000 indiqué plus haut, est fourni par les services des divisions qu'alimentaient journellement des envois de Paris et par les manutentions de Vincennes, de Saint-Denis et de la marine.

1871. — Janvier. — En janvier, de nombreux bataillons de la garde nationale touchent les vivres, quoique paraissant devoir rester dans Paris, et la consommation journalière augmente de 7 à 8,000 rations.

Le corps de défense du Nord de Paris, à Saint-Denis, compte plus de 30,000 hommes; 24,000 se trouvent à Courbevoie, 20,000 à Neuilly.

Du 17 au 18 janvier, les divisions de Susbielle, Berthaut, de Bellemare et Faron, avec 30 batteries d'artillerie, font mouvement, et environ 100,000 hommes de l'armée, de la garde nationale mobile et de la garde nationale mobilisée prennent pour quatre jours de vivres.

Le 1er février, les distributions de pain assurées par le service des vivres de Paris et de ses annexes s'élèvent en moyenne à 252,000, ainsi réparties :

| | |
|---|---:|
| Distributions directes aux parties prenantes | 142,000 |
| Envois aux comptables des divisions | 110,000 |
| Ensemble | 252,000 |

A quoi on ajoute le produit approximatif de la fabrication du service de Vincennes, ci . . . . . . . . . . . 20,000

Total . . . . . 272,000

*L'Intendant militaire,*
*Signé* : Perrier.

Février.

---

## XXI.

### Note sur la mouture des grains.

L'une des grosses difficultés qui se présenta pour faire vivre la population de Paris pendant le siége, fut la mouture des blés qu'on avait emmagasinés dans la capitale.

Pour fabriquer de la farine avec le blé qu'on possédait, il fallait, en effet, des moulins. Or, on n'en avait dans Paris, avant le siége, que 3 ou 4, réunissant 50 paires de meules, 60 au plus.

Une paire de meules, en service régulier ne fournit guère par jour que 15 quintaux de farine ; les 60 paires existantes ne donnaient que 900 quintaux, et tous les jours il en fallait 6,000 quintaux pour approvisionner la population de 2 millions d'âmes. On dut donc ajouter 340 paires de meules aux 60 existantes.

Mais comme les moulins improvisés et disséminés dans des ateliers quelconques, avec des moteurs de tout genre, produisaient un travail moyen inférieur à celui des moulins bien établis et fonctionnant d'une manière normale, ce chiffre de 400 paires de meules dut être encore augmenté de plus d'un tiers.

C'est grâce à l'initiative du général de Chabaud-Latour qu'on pouvait disposer dans Paris d'un si grand nombre de meules ; il avait, dès le mois d'août (du 18 au 21), demandé qu'on en fît venir 300 paires de La Ferté-sous-Jouarre; sa motion avait été vivement appuyée par le maréchal Vaillant, M. Thiers et le général Trochu. Aussi le Conseil de défense s'était-il décidé à commander ces meules, qui arrivèrent à Paris avant l'investissement, et y furent d'un si grand secours.

Les moulins ont broyé pendant le siége 40 millions de kilogrammes de blé et grains divers pour la population civile seulement.

Il y avait encore bien d'autres difficultés à vaincre que celle de transformer ou de créer et d'installer toutes les usines nécessaires à cette énorme industrie qui employait à elle seule plus de 2,000 chevaux de force.

En effet, au lieu de moudre seulement le blé, l'orge, le seigle, les pois dont la trituration n'est pas difficile, il fallait, pour réduire en farine le riz, qui donne une poussière dure et poudreuse, l'avoine, qui a, au contraire, une pulpe huileuse, résoudre des problèmes spéciaux, délicats, et les résoudre sur l'heure.

Il fallait alimenter les machines à feu alors que le charbon et le coke avaient disparu. On a brûlé d'abord du pétrole, des huiles, puis du tan, du brai, et jusqu'à du fumier. Il a fallu improviser 500,000 sacs à farine, etc., etc.

La mouture n'arrivait qu'à grand'peine et seulement à la fin du siége, à produire chaque jour la farine nécessaire pour la consommation du lendemain. Il aurait suffi d'un accident pour arrêter un ou plusieurs moulins et priver de pain une partie de la population, à côté des céréales non écrasées. De là, pendant le siége, bien des inquiétudes. Le Ministère de la guerre dut venir plus d'une fois en aide à la Ville en lui prêtant des farines pour suppléer à l'insuffisance de la mouture.

## XXII.

*A M. le Docteur Ricord.*

Versailles, le 28 mai 1872.

Cher et excellent Docteur,

J'apprends que vous allez livrer à la publicité le résumé des travaux de vos ambulances pendant le siége de Paris. Cette publication intéressera vivement la 2ᵉ armée, à laquelle avaient été spécialement attachées les ambulances de la Presse. Permettez donc à l'ancien général en chef de cette armée de vous répéter encore une fois ce qu'il a eu occasion de vous dire si souvent sur nos champs de bataille, aux lits de nos blessés, et même dans une circonstance solennelle, sur les tombes de nos chers morts !

En toutes occasions nous vous avons trouvé d'un zèle admirable, intelligent, dévoué, aussi bien lorsqu'il fallait ramasser nos blessés sous le feu de l'ennemi, que lorsqu'il s'agissait de les soigner dans ces salles où tout avait été organisé par vos soins, avec une admirable sollicitude... Et permettez-moi de vous rappeler particulièrement ces excellents Frères de la doctrine chrétienne, si modestes, si dévoués, en même temps si vaillants... et aussi ces ambulances mobiles qui, tous les jours, sortaient de Paris, sur cinq points du périmètre, et parcouraient les tranchées et les postes avancés... Combien de malheureux fiévreux, congelés ou blessés, leur ont dû la vie, ou du moins de précieux adoucissements dans la mort!

Je serais heureux si vous vouliez bien m'associer à la publication de votre travail, en y joignant ce témoignage de ma bien vive et sincère gratitude.

Veuillez être près de vos zélés collaborateurs l'interprète de mes chaleureux remercîments, et croyez, cher et excellent Docteur, à mes sentiments les plus affectueux et les plus dévoués.

*Signé :* Général Ducrot.

## XXIII.

*A M. le Docteur Ricord.*

Saint-Denis, le 30 janvier 1871.
(Quartier général du corps d'armée.)

Monsieur le Président et cher Docteur,

Au moment où la guerre semble à son terme et où les malheurs qui en sont la suite vont ainsi prendre fin, je ne veux pas quitter le commandement des marins et celui du corps d'armée de Saint-Denis, sans me rendre, près des ambulances que vous dirigez, l'interprète de la reconnaissance de ceux qui servent avec moi, pour les soins si empressés et si intelligents que, sous votre énergique impulsion, elles ont apportés à leur douloureuse mission.

En aucune circonstance, dans l'organisation comme dans l'emploi des transports des blessés, dans l'assistance et dans les consolations à donner à ceux qui tombaient, ou bien sous le feu de l'ennemi, dans la sanglante affaire du 21 décembre, au Bourget, le service des ambulances et de leurs médecins, celui des brancardiers, Frères de la doctrine chrétienne ou autres, ne s'est trouvé au-dessous de la tâche qui lui incombait.

Elles ont apporté à l'intendance, déjà si surchargée de tant d'occupation, un concours opportun et efficace.

Il est de mon devoir autant que de mon sentiment, Monsieur le Président, de vous exprimer la confiance qu'elles nous inspiraient, et de vous assurer combien nous avons su apprécier leur utile et incessante coopération.

Je vous demande de transmettre à tous ceux qui vous secondaient avec tant de dévouement, le témoignage de cette appréciation, et notamment à M. le docteur Demarquay, à M. de La Grangerie, à M. l'abbé Bauër, à M. Gouzien.

Veuillez agréer, Monsieur le Président et cher Docteur, l'assurance de la haute considération de votre tout dévoué serviteur.

*Signé :* DE LA RONCIÈRE-LE NOURY,

*Vice-Amiral, commandant les marins détachés à Paris et le corps d'armée de Saint-Denis.*

## XXIV.

*A M. de La Grangerie.*

Paris, le 24 juin 1871.

Monsieur le Secrétaire général,

Je ne veux pas que vous remettiez à l'intendant militaire chargé des hôpitaux, au ministère de la guerre, votre belle ambulance de Longchamps, sans vous remercier personnellement des services que vous avez rendus pendant le siége de Paris, à l'armée de la défense nationale.

Le Comité des ambulances de la Presse et l'Administration que vous dirigiez, ont prouvé, pendant dix mois, tout ce qu'on pouvait attendre de l'initiative privée, bien comprise par des hommes de dévouement.

Vous avez très-heureusement combiné les secours aux blessés sur les champs de bataille avec les soins que réclame leur état dans les ambulances. Vos voitures, en desservant quotidiennement les postes avancés établis hors des fortifications, sur la ligne extrême de défense, ont ramené bien des malheureux atteints par les maladies ou par le feu de l'ennemi, et l'organisation administrative, aidée par des médecins zélés et intelligents, accourus en grand nombre à l'appel de votre président, n'a rien laissé à désirer.

Je souhaite que votre œuvre rencontre plus tard des imitateurs aussi infatigables que vous et vos collègues, et que la sévère économie dont vous avez fait preuve, la simplicité des moyens d'action que vous avez si heureusement combinés, donnent des résultats aussi considérables que ceux dont je suis heureux de vous féliciter.

Croyez, Monsieur le Secrétaire général, à mes sentiments de sincère attachement et de parfaite considération.

*L'Intendant général des armées de la Défense nationale,*

*Signé :* Wolf.

---

14ᵉ CORPS D'ARMÉE.

ÉTAT-MAJOR GÉNÉRAL.

XXV.

19 septembre 1870.

ORDRE.

L'escadron Franchetti est incorporé dans le 14ᵉ corps, sous les ordres du général Ducrot.

Il aura pour mission d'opérer en avant des grand'gardes de l'armée et de surveiller les mouvements de l'ennemi.

Par ordre :

*Le Général, chef d'état-major général,*

*Signé :* Appert.

## XXVI.

### Rapport au Général Ducrot.

21 septembre 1870.

Mon Général,

Suivant vos ordres, j'ai battu aujourd'hui la presqu'île de Gennevilliers, où je n'ai trouvé aucune trace de Prussiens. Partout les redoutes et les ouvrages sont déserts et sans troupes ; les villages sont abandonnés. Sur l'autre rive, Bezons est rempli de Prussiens.

J'ai pu, en dissimulant mes cavaliers derrière les maisons, surprendre une troupe ennemie groupée sur l'autre rive et lui faire subir un feu meurtrier.

En revenant le soir par le village de Colombes, le poste qui garde la barricade m'a salué d'une décharge sans crier « Qui vive ! » et a immédiatement abandonné son poste ; je n'ai pu rattraper les fuyards qu'au pont de Neuilly.

Le rond-point de Courbevoie est faiblement gardé ; et nos sentinelles avancées ne se tiennent qu'à une distance de cent mètres. Cependant Nanterre n'est point occupé par les Prussiens, qu'on ne voit qu'à Rueil.

Le peloton que j'avais laissé dans ces parages, en rentrant, a été fait prisonnier par la gendarmerie et pris pour des uhlans. La raison donnée est certes flatteuse, car l'officier affirmait qu'il n'y avait pas dans l'armée française de cavalerie aussi bien montée.

*Signé* : FRANCHETTI.

---

## XXVII.

Paris, le 27 septembre 1870.

*Général Trochu à Général Vinoy.*

Mon cher Général,

Ceci n'est point une lettre officielle, c'est un exposé que je vous fais, dans un intérêt public dont vous êtes préoccupé comme moi, des difficultés spéciales qui viennent s'ajouter à chaque instant aux difficultés générales de ma situation. Les unes et les autres forment autour de moi un perpétuel conflit que ne peuvent pas trancher les moyens ordinaires, lesquels sont aujourd'hui impuissants.

Il me faut, pour en sortir, le concours des bons esprits, et je réclame tout particulièrement le vôtre.

L'idée que vous avez eue de renforcer par votre artillerie attelée les points faibles de notre enceinte ou de nos dehors, était assurément juste, et je n'ai pu que l'approuver ; mais je pensais que vous vous borneriez à prescrire le placement des pièces, en utilisant la préparation existante, sans percer d'embrasures et sans modifier la forme du rempart.

En opérant autrement vous avez blessé sans le vouloir, et troublé dans ses responsabilités spéciales, le général de Bentzmann, qui commande l'artillerie de cette partie de l'enceinte. C'est un excellent homme, autant qu'un excellent officier, qui, atteint d'une maladie incurable, a voulu consacrer un reste de vie à la défense de Paris. Il s'est achevé en efforts de toute sorte pour préparer, avec des moyens tout à fait insuffisants, l'armement de la zone de l'enceinte où il opère. Douloureusement affecté par les faits que j'ai rappelés ci-dessus, il paraissait disposé à se retirer. J'ai l'espoir que le général Guiod apaisera ses préoccupations, et qu'elles n'auront pas d'autres suites fâcheuses pour nos affaires.

Mais je vous demande instamment de ménager avec soin des susceptibilités qui sont respectables, parce qu'elles ont pour origine des sentiments de dévouement à la chose publique, supérieurs aux susceptibilités d'arme spéciale, auxquelles d'ailleurs le règlement donnerait raison dans le cas présent.

Assuré d'être bien compris, je n'insiste pas, et vous renouvelle, mon cher Général, l'assurance de mes sentiments dévoués.

*Signé :* Général TROCHU.

## XXVIII.

### ORDRE.

La reconnaissance offensive que le général Vinoy, commandant le 13e corps, effectuera demain matin à la pointe du jour, comprendra le quadrilatère formé par les forts de Bicêtre et d'Ivry, le village de L'Hay et la ville de Choisy-le-Roi, qui en sera l'objectif.

La base de cette petite opération sera le terrain dissimulé aux vues de l'ennemi, dont le front est masqué par le village de Vitry, l'ouvrage du Moulin-Saquet, le village de Villejuif et l'ouvrage des Hautes-Bruyères. C'est en arrière de ce front qu'arriveront et se formeront les colonnes.

La colonne de droite, une brigade, cheminant en avant de l'ouvrage des Hautes-Bruyères, sa droite appuyée aux hauteurs de la Bièvre, aura pour mission d'occuper L'Hay, point que j'ai lieu de croire très-solidement défendu par des levées de terre, de l'artillerie et de l'infanterie. Cette brigade s'y tiendra pendant tout le cours de l'opération, qu'elle est essentiellement chargée de couvrir contre des retours venant de la droite par la route de Sceaux.

Une seconde colonne, qui pourra être d'un régiment seulement, occupera Chevilly, qui est à peu près dans les mêmes conditions de défense que L'Hay, et devra également y demeurer pendant toute l'opération. Une colonne spéciale, débouchant de Villejuif par la grand'route, ira occuper le point où cette grand'route coupe le chemin de Chevilly à Choisy-le-Roi par Thiais.

Il y a là une patte d'oie qu'il faut tenir. Le reste des troupes, moins la brigade gardée en réserve, formera une grosse colonne dont l'objectif sera Thiais et Choisy-le-Roi. Cette colonne cheminera par le plateau en avant du Moulin-Saquet, s'appuyant aux pentes de gauche. Aucune colonne ne sera engagée sur la route de Vitry à Choisy-le-Roi, qui est enfilée par l'artillerie. — Il a été entendu avec le général Vinoy que l'ensemble de ces troupes serait formé par la division de Maud'huy, une brigade du général Blanchard, une brigade du général d'Exea, et les bataillons de mobiles disponibles. Des ordres de détail très-précis, où entreront la fixation des heures et le calcul de la durée de la marche de chaque groupe, seront donnés à la réunion qui aura lieu aujourd'hui chez le général Vinoy. Les brigades des divisions Blanchard et d'Exea, qui concourront, devront faire leur mouvement, sans bruit, ce soir à la chute du jour, les chemins reconnus et les vivres pris. Elles coucheront toutes deux à portée de leur débouché du lendemain. La brigade de la division d'Exea sera tenue en réserve, pendant toute la durée de l'opération, en un point convenablement choisi. La brigade restant au général Blanchard devra se borner à faire, par des tirailleurs convenablement soutenus, une reconnaissance telle que celles qu'on exécute journellement sur les hauteurs de Châtillon. La brigade restant au général d'Exea et sa cavalerie se tiendront pendant l'opération en avant du fort de Charenton, la droite du côté de Maisons-Alfort, la gauche vers Créteil, chargée d'enlever la ferme des Mèches, qui paraît seule occupée par l'ennemi. La cavalerie battra la plaine, en évitant de se masser. Le général d'Exea ne pourrait pousser plus avant dans la plaine, du côté de Choisy-le-Roi, sans compromettre très-inutilement son effectif, par le feu des défenseurs de ce dernier point et de Montmesly. Son opération latérale, comme celle du général Blanchard, n'est qu'une démonstration à distance.

### OBSERVATIONS GÉNÉRALES.

Des renseignements qui se succèdent autour de moi, il résulte que l'ennemi occupe très-solidement la ligne de L'Hay à Choisy-le-Roi, en passant par Chevilly, la ferme de la Saussaie et Thiais. C'est une sorte de ligne fortifiée qui couvre les grands mouvements de troupes et de convois que l'armée prussienne fait entre Villeneuve-Saint-Georges et Versailles. Il y a donc tout lieu de croire que cette ligne sera difficile à enlever par des troupes qui se présentent devant elle sur un plateau découvert. Des pertes considérables et hors de proportion avec le but de l'opération peuvent s'ensuivre. J'ai donc décidé qu'elle ne serait abordée qu'après que le feu de tous les forts et ouvrages, qui ont des vues sur ces villages, aurait eu son cours pendant une demi-heure, à la pointe du jour. Des ordres précis seront donnés en conséquence, par le général Vinoy, au fort de Charenton, qui battra Choisy-le-Roi; au fort d'Ivry, qui voit à présent le pont de Choisy-le-Roi; au fort de Montrouge, qui a des vues sur L'Hay; enfin aux ouvrages du Moulin-Saquet et des Hautes-Bruyères, qui utiliseraient pour cet objet leurs pièces de 12.

Après une demi-heure (montre en main) de ce feu d'artillerie, qui ne devra pas être précipité, l'infanterie commencera son mouvement, ne montrant que des tirailleurs et des canons, gardés par des détachements couchés. Les masses seront dissimulées derrière les plis de terrain, et je répète qu'elles ne pourraient être montrées sur ce plateau découvert sans courir la chance de pertes très-considérables.

L'opération devra être rapidement conduite; la retraite devra se faire en bon ordre, le terrain à parcourir étant très-peu étendu. Les troupes désignées à l'avance pour cet objet réoccuperont en passant le Moulin-Saquet, Villejuif et les Hautes-Bruyères, avec le canon qui garnit les positions.

Paris, le 29 septembre 1870.

*Le Gouverneur de Paris,*
*Signé :* Général TROCHU.

---

## XXIX.

*Général Tripier à Général Vinoy.*

Paris, 6 octobre 1870.

Je regrette beaucoup de ne vous avoir pas rencontré hier soir. Je voulais vous entretenir des travaux à exécuter en avant de la ligne du Petit-Vitry au fort de Montrouge. M. le Gouverneur les a admis, et il n'y a guère que l'occupation de la maison Plichon, à la rencontre de la route d'Orléans et de la route de Bagneux, contre laquelle vous faites quelques objections, qui reste indécise.

Ces travaux ont pour but de donner une grande sécurité à cette partie de la fortification de Paris. Vous savez, comme moi, qu'à Sébastopol, les grandes parallèles qui enveloppaient la place, avaient beaucoup de puissance d'action. C'est le moyen que nous voulons employer, et je crois qu'il n'y en a pas d'autre, aussi bien pour l'attaque que pour la défense ; dans le moment il ne s'agit que de la défense ; mais si l'on voulait marcher en avant, l'emploi de ces grandes lignes éviterait les grandes pertes que l'on a éprouvées, lorsqu'on s'est porté sur L'Hay, Chevilly et Choisy.

Je vous prie de donner des ordres pour que l'on mette à ma disposition des ouvriers militaires pour l'exécution de la partie de ces travaux adoptée par le Gouverneur. Quant à ce que vous croyez ne pas devoir occuper, nous attendrons que vous ayez pris une décision à cet égard.

L'occupation de Cachan est une nécessité ; il y a là des ouvertures de souterrains de carrières pour aller au-dessous du fort de Montrouge, dont il faut être maître. L'aqueduc reste toujours une partie de l'enceinte, et Cachan en est la défense avancée indispensable. Cette occupation est admise par le Gouverneur.

Je vous prie donc de mettre demain à ma disposition les ouvriers militaires nécessaires pour exécuter les travaux.

Agréez, etc.

*Signé :* J. Tripier.

---

## XXX.

*Gouverneur de Paris à Général Vinoy.*

Vous avez été informé ce soir du mouvement de troupes très-considérable que l'ennemi a fait de votre côté. Il y a là des menaces d'accord avec les bruits qui courent dans le public, et aussi avec les dires des prisonniers, dont il faut absolument tenir compte. J'ajoute qu'indépendamment de ces menaces, dont la réalisation peut être immédiate, il convient de ne pas oublier que l'anniversaire de la bataille d'Iéna arrive dans trois jours (le 14 octobre), et que les Prussiens ont à un haut degré la croyance des anniversaires.

Ainsi, je vous recommande la vigilance plus encore que je ne vous l'ai recommandée hier.

Je vous prie de donner, dans ce sens, à tout votre monde les ordres les plus précis. A partir de demain matin, le général de Maud'huy devra entretenir, à poste fixe, deux veilleurs armés de bonnes lunettes dans le clocher de Villejuif, et il devra vous tenir constamment informé.

Si vous devez être attaqué, ce sera, comme toujours, avec un maximum d'artillerie et des masses très-considérables, mais qui, comme toujours aussi, ne se montreront guère.

Elles franchiront probablement de nuit le plateau sur lequel, de jour, elles seraient exposées à vos coups, et enfin elles s'efforceront d'agir par les points où elles peuvent cheminer à couvert en tournant vos positions, c'est-à-dire par la vallée de la Bièvre et par le bas de Vitry.

Vous avez, actuellement, d'Issy à Port-à-l'Anglais, à peu près 35,000 hommes; c'est suffisant pour tenir cette ligne, si étendue qu'elle soit, parce qu'il nous faut, nous aussi, ne montrer de masses nulle part. C'est avec un maximum d'artillerie, et en occupant opportunément tous les points de la ligne que nous avons rendus défensifs, qu'il faut tenir tête à cet orage s'il vient.

Préoccupez-vous donc, dès demain, de l'établissement de vos deux divisions et de vos bataillons de mobiles sur cette ligne défensive, chacun des points de cette ligne, qui ne devra pas être épaisse et représentera une sorte de ligne de tirailleurs, ayant à sa portée des réserves particulières convenablement postées et convenablement abritées. A tout cet ensemble, je donnerai pour réserve l'une des divisions du général Renault, que je vous enverrai dès demain.

Quant à votre artillerie, je la renforcerai : 1° par l'artillerie divisionnaire provenant du 14ᵉ corps ; 2° par sept batteries de 12, prises à la réserve de Paris, le tout formant un ensemble de vingt-deux batteries, soit cent trente-deux pièces de canon où le 12 figure pour une grande part. En y ajoutant l'action des forts et l'effet moral qu'ils produisent, il y aura là un appareil de bataille défensive, que je considère comme formidable, si les troupes, bien postées, font leur devoir.

Demain matin, de bonne heure, quatre batteries de 12, partant des Tuileries et de l'École-Militaire, chemineront vers vous par la chaussée du Maine, la route d'Orléans, prendront à gauche par Arcueil et arriveront en arrière des Hautes-Bruyères, où vous aurez un officier qui les postera. L'emplacement utile pour ces vingt-quatre pièces me paraît être entre les Hautes-Bruyères et Villejuif, derrière l'épaulement, car il pourra y avoir là un grand effort d'artillerie à faire. Mais cette ligne sera mince, et il faudra qu'elle soit soutenue : 1° par une forte réserve abritée en arrière et à droite de la redoute des Hautes-Bruyères, dans la dépression que vous connaissez ; 2° par une autre forte réserve portée en avant et près du fort de Bicêtre, dans une dépression qui doit exister près du glacis. Celle-là sera un peu éloignée, mais je ne crois pas qu'il y ait de couvert plus rapproché. Vous aurez d'ailleurs, à l'entrée de Villejuif, une troisième réserve qui pourrait se porter sur le plateau à sa droite, s'il en était besoin. Celle-là ne sera pas vue.

La division du général Renault arrivera, dans l'après-midi, de bonne heure, je pense, sur l'avenue qui est en avant de la porte d'Italie, à hauteur du fort de Bicêtre.

En réalité, elle aura fait une étape, et il faudra la mettre au bivouac à son arrivée. Vous aurez là un ou deux officiers pour la recevoir, l'installer dans les terrains à droite et à gauche de l'avenue, qui devra rester libre pour ses trois batteries.

Enfin, trois batteries de 12, formant votre complément d'artillerie, partant également du bois de Boulogne, traverseront la Seine au pont de la Concorde, et suivront les quais de la rive gauche, jusqu'à la porte de la Gare, sortiront de l'enceinte et s'arrêteront à hauteur du Port-à-l'Anglais, sur la grande avenue.

Des batteries de la division de renfort, stationnées route d'Italie, comme des trois batteries de 12 stationnées à hauteur du Port-à-l'Anglais, le général d'Ubexi disposera pour la défense de vos positions (concurremment avec ses propres batteries), depuis Villejuif jusqu'au Port-à-l'Anglais, en passant par le Moulin-Saquet et Vitry. Il faudra avoir des officiers pour donner à tout cet ensemble, qui sera compliqué, les emplacements utiles pour la défense.

Toute la journée de demain, jusqu'à la nuit, devra être consacrée à cette organisation défensive, à laquelle je vous prie de donner tous vos soins. Il faudra la perfectionner les jours suivants si l'ennemi ne prononce pas l'attaque attendue.

Le général Blanchard, immédiatement prévenu, devra prendre, dans sa zone, toutes les dispositions défensives qui le concernent avec son canon et son infanterie.

*Signé :* Général TROCHU.

(Cette lettre est arrivée à minuit, dans la nuit du 10 au 11 octobre.)

## XXXI.

*Gouverneur de Paris à Général Vinoy.*

Les renseignements qui me parviennent ce soir tendraient à me faire croire que le grand mouvement de concentration qui s'est fait ces jours derniers aurait peut-être pour but une expédition en province.

Afin de nous renseigner sur ce point, veuillez donner des ordres au général Blanchard pour qu'il fasse demain une grande reconnaissance jusque sur le plateau de Châtillon ; il a à sa disposition tous les moyens nécessaires pour tâter fortement l'ennemi sur ces positions.

Veuillez me faire connaître l'heure à laquelle le général Blanchard se mettrait en route.

*Signé :* Général TROCHU.

(Lettre arrivée le 13 octobre, à minuit et quart; à 2 heures, au général Blanchard ; à 4 heures, aux généraux de Susbielle et de La Mariouse.)

## XXXII.

### Rapport du Général Vinoy sur l'affaire du 13 octobre 1870.

Monsieur le Gouverneur,

Dans la soirée du 12 courant, vous m'avez prescrit d'opérer une grande reconnaissance sur Bagneux et Châtillon et de tâter fortement l'ennemi vers ses positions.

J'ai transmis immédiatement vos ordres, et pour en diriger et en surveiller l'exécution, je me suis transporté le lendemain, dès six heures du matin, au fort de Montrouge.

Mes instructions n'ont pu parvenir au général Blanchard qu'à une heure assez avancée de la nuit, et les dispositions à prendre nécessitant un certain temps, l'attaque des villages n'a pu commencer que vers neuf heures. Cette circonstance n'a pas été défavorable au résultat de la journée, car l'attention de l'ennemi est surtout éveillée au point du jour; plus tard il se relâche un peu de sa surveillance.

A neuf heures précises, toutes les troupes étaient postées aux points qui leur avaient été assignés d'avance. Elles se mettaient en mouvement à un signal convenu : deux coups de canon tirés par le fort de Montrouge.

La 3e division du 13e corps (général Blanchard) était spécialement chargée de l'action; elle devait être soutenue par la brigade Dumoulin, de la division de Maud'huy, et par la brigade de La Charrière, division de Caussade.

Deux bataillons du 13e de marche, avec 500 gardiens de la paix, devaient s'emparer de Clamart, s'y maintenir, surveiller Meudon et pousser les avant-postes jusque sur le plateau de Châtillon.

Le général de Susbielle, avec le reste de sa brigade (le 14e de marche et un bataillon du 13e), renforcée de 500 gardiens de la paix, devait attaquer Châtillon par la droite; les mobiles de la Côte-d'Or et un bataillon des mobiles de l'Aube devaient forcer Bagneux, s'y établir solidement, tandis que le 35e de ligne, avec un autre bataillon de la Côte-d'Or, devait aborder Châtillon de front et occuper Fontenay, pour surveiller la route de Sceaux.

Le 42e de ligne, avec le 3e bataillon de l'Aube, recevait l'ordre de rester en réserve en arrière de Châtillon, vers le centre des opérations, au lieu dit la Baraque.

La brigade de La Charrière avait pour mission de se porter sur la route de Bourg-la-Reine, et de maintenir les forces que l'ennemi dirigerait de ce côté, pour essayer de tourner notre gauche.

La colonne de droite s'empare, sans coup férir, de Clamart, s'y maintient, mais trouve près du plateau de Châtillon des positions fortement occupées. Elle s'arrête donc sans pousser plus avant.

Le général de Susbielle attaque vigoureusement Châtillon, soutenu par son artillerie de campagne et par celle des forts d'Issy et de Vanves. Mais il est arrêté dès l'entrée du village par des barricades qui se succèdent, et par une vive fusillade partie des maisons crénelées.

Il est obligé d'emporter une à une toutes ces maisons et de faire appel à l'énergie de ses troupes, tout en usant d'une extrême prudence, pour continuer cette guerre de siége. Le général reçoit un coup de feu à la jambe, mais sa blessure est heureusement sans gravité ; il reste à cheval et continue à commander sa brigade.

La colonne de gauche enlève rapidement Bagneux, après une vive résistance : les mobiles de la Côte-d'Or et de l'Aube, sous la conduite du lieutenant-colonel de Grancey, se montrent aussi solides que de vieilles troupes. C'est dans cette attaque que le commandant de Dampierre, chef de bataillon de l'Aube, est tombé à la tête de son bataillon.

Pendant ce temps, le 35ᵉ de ligne et un bataillon de la Côte-d'Or, sous les ordres du colonel de La Mariouse, tentent de se frayer un passage entre Bagneux et Châtillon ; mais ils sont arrêtés par la mousqueterie et l'artillerie ennemies ; ils sont obligés, eux aussi, de faire le siége des maisons et des murs de parc, crénelés et vigoureusement défendus, et ils parviennent jusqu'au cœur du village.

La brigade Dumoulin, qui avait pris position à la grange Ory, reçut l'ordre de se porter en avant pour appuyer le mouvement du colonel de La Mariouse ; elle occupa le bas de Bagneux, tandis que le 35ᵉ cheminait par le centre, pour forcer la position de Châtillon.

La brigade de La Charrière s'acquittait convenablement de la tâche qui lui avait été confiée. Elle faisait taire, par son artillerie judicieusement dirigée, le feu d'une batterie ennemie, postée vers l'extrémité de Bagneux, et qui s'efforçait d'inquiéter nos réserves, dans le but de tourner notre gauche.

Après cinq heures de combat, vous avez ordonné la retraite ; elle s'est effectuée dans le plus grand ordre. L'ennemi a essayé de reprendre rapidement ses positions, et il a engagé un feu très-vif de mousqueterie et d'artillerie ; mais nos batteries divisionnaires et les pièces du fort de Vanves, de Montrouge et d'Issy l'ont arrêté court dans cette tentative. Les troupes laissées en réserve ont appuyé la retraite avec calme.

Le but que vous vous étiez proposé a été complétement atteint; nous avons obligé l'ennemi à montrer ses forces, à appeler de nombreuses troupes de soutien, à essuyer le feu meurtrier de nos pièces de position et de notre excellente artillerie de campagne. Il a dû subir de fortes pertes, tandis que les nôtres sont peu sensibles, eu égard aux résultats obtenus. J'estime que nous n'avons pas eu plus de 30 hommes tués et 80 blessés.

Vous avez pu juger vous-même, Monsieur le Gouverneur, par l'attitude des troupes qui reprenaient leurs campements, de l'élan et de la vigueur qu'elles avaient dû déployer dans l'attaque.

*Le Général commandant en chef le 13<sup>e</sup> corps,*

*Signé :* Vinoy.

---

## XXXIII.

### ORDRE.

Dans le combat d'hier, la division Blanchard, du 13<sup>e</sup> corps, les bataillons de la garde mobile et le corps des gardiens de la paix qui y sont attachés, ont acquis de nouveaux droits à la reconnaissance du Gouvernement de la Défense nationale et du pays. Les troupes ont montré de la vigueur, de l'aplomb, des habitudes d'ordre et de discipline dont j'ai à les féliciter.

Le 35<sup>e</sup> régiment d'infanterie et les bataillons de la Côte-d'Or, qui déjà s'étaient brillamment conduits au combat de Villejuif, les bataillons de l'Aube, qui abordaient l'ennemi pour la première fois, les gardiens de la paix, qui ont perdu un officier et plusieurs hommes, se sont hautement distingués.

Le lieutenant-colonel de Grancey, des bataillons de la Côte-d'Or, a énergiquement contribué, à la tête de la garde mobile, au succès de la journée.

Le commandant de Dampierre, des bataillons de l'Aube, entraînant sa troupe à l'attaque de Bagneux, où il est entré le premier, a succombé glorieusement, et je donne ici à ce vaillant officier des regrets que l'armée partagera tout entière.

Paris, le 14 octobre 1870.

*Le Gouverneur de Paris,*

*Signé :* Général Trochu.

## XXXIV.

### Rapport du Général Ducrot sur le combat de la Malmaison.
(21 octobre 1870.)

Monsieur le Gouverneur,

La sortie ordonnée par vous, en avant de nos lignes, s'est exécutée hier conformément au programme que j'avais eu l'honneur de vous soumettre.

Les troupes d'attaque étaient formées en trois groupes :

1er groupe, général Berthaut, 3,400 hommes d'infanterie, 20 bouches à feu, un escadron de cavalerie : destiné à opérer entre le chemin de fer de Saint-Germain et la partie supérieure du village de Rueil.

2e groupe, général Noël, 1,350 hommes d'infanterie, 10 bouches à feu : destiné à opérer sur le côté Sud du parc de la Malmaison et dans le ravin qui descend de l'étang de Saint-Cucufa à Bougival.

3e groupe, colonel Cholleton, 1,600 hommes d'infanterie, 18 bouches à feu, un escadron de cavalerie : destiné à prendre position en avant de l'ancien moulin au-dessus de Rueil, à relier et à soutenir la colonne de droite et la colonne de gauche.

En outre, deux fortes réserves étaient disposées, l'une à gauche, sous les ordres du général Martenot, composée de 2,600 hommes d'infanterie et de 18 bouches à feu ; l'autre au centre, commandée par le général Paturel, composée de 2,000 hommes d'infanterie, de 28 bouches à feu et de deux escadrons de cavalerie.

A 1 heure, tout le monde était en position et l'artillerie ouvrait son feu sur toute la ligne, formant un vaste demi-cercle de la station de Rueil à la ferme de la Fouilleuse ; elle concentrait son feu pendant trois quarts d'heure, sur Buzenval, la Malmaison, la Jonchère et Bougival. Pendant ce temps, nos tirailleurs et nos têtes de colonne s'approchaient des objectifs à atteindre, c'est-à-dire la Malmaison pour les colonnes Berthaut et Noël, Buzenval pour la colonne Cholleton.

A un signal convenu, l'artillerie a cessé instantanément son feu et nos troupes se sont élancées avec un admirable entrain sur les objectifs assignés ; elles sont arrivées promptement au ravin qui descend de l'étang de Saint-Cucufa au chemin de fer américain, en contournant la Malmaison. La gauche du général Noël a dépassé ce ravin et a gravi les pentes qui montent à la Jonchère ; mais elle s'est trouvée bientôt arrêtée sous un feu violent de mousqueterie partant des bois et des maisons, où l'ennemi était resté embusqué malgré le feu de notre artillerie. En même temps, quatre compagnies de zouaves, sous les ordres du commandant Jacquot, se trouvaient acculées dans l'angle que forme le parc de la Malmaison au-dessous de la Jonchère, et auraient pu être très-compromises, sans l'énergique intervention du bataillon de Seine-et-Marne, qui est arrivé fort à propos pour les dégager. Ce bataillon s'est porté résolûment sur les pentes qui dominent Saint-Cucufa, sa droite appuyée au parc de la Malmaison ; il a ouvert un feu très-vif sur l'ennemi, qu'il a forcé de reculer, et a permis ainsi aux quatre compagnies de zouaves d'entrer dans le parc.

Dès le commencement de l'action, quatre mitrailleuses, sous les ordres du capitaine de Grandchamp, et la batterie de 4 du capitaine Nismes, le tout sous la direction du commandant de Miribel, s'étaient portées, avec une remarquable audace, très en avant, pour soutenir l'action de l'infanterie. Ses positions étaient d'ailleurs très-bien choisies et les résultats ont été très-satisfaisants.

En même temps, les francs-tireurs de la 2ᵉ division, commandés par le capitaine Faure-Biguet (colonne Cholleton), se précipitaient sur Buzenval, y entraient et se dirigeaient, sous bois, vers le bord du ravin de Saint-Cucufa.

Vers 5 heures, la nuit arrivant et le feu ayant cessé partout j'ai prescrit aux troupes de rentrer dans leurs cantonnements respectifs.

Nous avions eu, devant nous, pendant le combat, la 9ᵉ division du 5ᵉ corps prussien, une fraction du 4ᵉ corps et un régiment de la Garde. Ces troupes ne nous ont opposé qu'une force d'artillerie inférieure à la nôtre.

En résumé, le but a été atteint, c'est-à-dire que nous avons enlevé les premières positions de l'ennemi, que nous l'avons forcé à faire entrer en ligne des forces considérables, qui, exposées pendant presque toute l'action au feu formidable de notre artillerie, ont dû éprouver de grandes pertes. Le fait est d'ailleurs constaté par les récits de quelques prisonniers que nous avons pu ramener.

Mais ce que je me plais surtout à reconnaître avec un sentiment de grande satisfaction, c'est l'excellente attitude de nos troupes : zouaves, gardes mobiles, infanterie de ligne, tirailleurs Dumas, francs-tireurs de la ville de Paris, tout le monde a fait son devoir.

Les batteries du commandant de Miribel ont poussé l'audace jusqu'à la témérité, ce qui a amené un incident fâcheux : la batterie de 4 du capitaine Nismes a été surprise tout à coup près de la porte de Longboyau par une vive fusillade qui, presque à bout portant, a tué le capitaine commandant la compagnie de soutien, 10 canonniers et 15 chevaux; il en est résulté un instant de désordre pendant lequel 2 pièces de 4 sont tombées entre les mains de l'ennemi.

Tel est, Monsieur le Gouverneur, succinctement et sauf rectifications ultérieures, le récit de cette affaire du 21. J'aurai l'honneur de vous transmettre plus tard l'état de nos pertes en tués et blessés, qui, je l'espère, sont relativement peu considérables; je vous ferai connaître, en même temps, les noms de ceux qui se sont particulièrement distingués.

Je dois ajouter que, pendant l'opération principale, la colonne du général Martenot faisait une utile diversion à notre gauche; un bataillon s'installait à la ferme de la Fouilleuse, et ses tirailleurs poussaient jusqu'aux crêtes, occupant même pendant un instant la redoute de Montretout et les hauteurs de Garches.

A droite, le régiment de dragons, appuyé d'une batterie à cheval, se portait dans la direction de la Seine, entre Argenteuil et Bezons, et canonnait quelques postes ennemis. La droite de cette colonne de cavalerie se reliait avec les troupes du général de Bellemare, qui était venu prendre position derrière Colombes.

Veuillez agréer, etc.

*Signé :* Général A. Ducrot.


*P. S.* — En terminant, je dois mentionner particulièrement les éclaireurs Franchetti, qui avaient été placés dans ces différentes colonnes et qui, comme toujours, se sont montrés aussi dévoués qu'intelligents et intrépides.

*Signé :* Général A. Ducrot.

## XXXV.

**Journal des marches et opérations militaires du 14e corps.**

#### EMPLACEMENT DES TROUPES.

La 1<sup>re</sup> division est campée au Champ-de-Mars, la 2<sup>e</sup> division et la 3<sup>e</sup> sont réparties dans les divers quartiers de la ville de Paris et de la banlieue par les soins de la 1<sup>re</sup> division militaire.

Les troupes font l'exercice deux fois par jour et concourent au service de la place.

**13 septembre 1870.** — La 1<sup>re</sup> division du 14<sup>e</sup> corps d'armée est partie à huit heures et demie du matin de son campement du Champ-de-Mars, pour aller s'établir en avant des forts détachés dans les positions suivantes :

La ligne est partagée en quatre groupes composés chacun d'un régiment de marche ; au premier sont jointes deux compagnies de chasseurs à pied, une batterie de mitrailleuses et deux escadrons de gendarmerie à cheval. Au troisième, une batterie de canons rayés et deux escadrons de gendarmerie.

Le 1<sup>er</sup> groupe occupe un petit plateau situé entre le village du Val, près Meudon et le fort d'Issy, la droite au viaduc de Meudon et à cheval sur le chemin de fer.

Le 2<sup>e</sup> groupe, composé seulement d'un régiment, est en avant du fort de Vanves, la droite à la route de Clamart, la gauche vers Châtillon.

Le 3<sup>e</sup> a sa droite à la route de Chatillon, sa gauche en avant du fort de Montrouge.

Le 4<sup>e</sup> a sa droite au sommet des pentes qui dominent la Bièvre en avant du fort de Bicêtre et a sa gauche à la route d'Italie à 200 mètres en arrière de Villejuif.

Les deux escadrons de gendarmerie de la droite campés ; les escadrons du centre établis à Châtillon et à Bagneux, ceux de la gauche à Villejuif.

Le quartier général à Châtillon.

La 2<sup>e</sup> division est venue camper au Champ-de-Mars à l'emplacement de la 1<sup>re</sup> division.

**14 septembre.** — La 1re division resserre sa position et vient se placer, la droite aux Moulineaux, la gauche à la route de Châtillon en avant des forts d'Issy et de Vanves, ses avant-postes dans les bois de Meudon et de Clamart.

La 3e division quitte vers 4 heures les casernes qu'elle occupait dans Paris et vient occuper la position comprise entre la rivière de Bièvre en face d'Arcueil-Cachan et la Seine à Vitry-sur-Seine en avant des forts de Bicêtre et d'Ivry, le régiment de gendarmerie à Villejuif.

---

**15 septembre.** — La 2e division part à 8 heures du matin du Champ-de-Mars pour venir occuper la position entre Châtillon et la rivière de Bièvre en avant du fort de Montrouge.

Le grand quartier général quitte l'École militaire à quatre heures, pour s'établir à Montrouge, route d'Orléans, N° 199.

---

**16 septembre.** — Le 14e corps occupe les positions suivantes :

1re division en avant des forts d'Issy et de Vanves, son extrême droite aux Moulineaux appuyée à la Seine, la gauche à la route de Châtillon appuyée à une grande usine entourée de murs, ses avant-postes dans les bois de Meudon et de Clamart vers la redoute de Châtillon.

Le quartier général à Vanves, rue des Vinaigriers, N° 15, la gauche à la rivière de Bièvre.

2e division, en avant du fort de Montrouge, du fort de Vanves. Quartier général en avant et à l'Est.

3e division, en avant des forts de Bicêtre et d'Ivry, la droite appuyée à la Bièvre, la gauche à la Seine à Vitry-sur-Seine, ses avant-postes en avant des redoutes des Hautes-Bruyères et du Moulin-Saquet.

Quartier général à Villejuif.

La brigade de cavalerie en arrière des forts d'Issy et de Vanves, 2 régiments de marche à l'entrée de Vanves, 2 autres sur les glacis du fort de Vanves.

Quartier général à la maison de santé de Vanves.

Le régiment de gendarmerie à cheval à Villejuif.

Le général Ducrot prend le commandement supérieur des 13e et 14e corps.

**17 septembre.** — A 5 heures du matin, au point du jour et après avoir craint une attaque sur la gauche du corps d'armée, les trois divisions et la cavalerie se mettent en mouvement, d'après les ordres du Gouverneur de Paris, pour aller occuper les positions suivantes :

La 1re division s'établit en colonnes sur la droite du chemin de Châtillon à Montrouge, de façon à se trouver massée entre Châtillon à gauche et Clamart à droite.

La 2e division se masse de chaque côté de la redoute de Châtillon en soutien de l'artillerie, en se défilant des vues de l'ennemi ; elle laisse libre la route qui traverse Châtillon. Elle envoie un bataillon occuper le village de Fontenay-aux-Roses, qui est mis en état de défense autant que possible.

Les batteries de 4 sont placées l'une à gauche de la redoute de Châtillon, l'autre à l'ancien télégraphe pour battre la vallée jusqu'à Sceaux ; la batterie de mitrailleuses avec l'infanterie.

Le quartier général à Châtillon, près de la redoute.

La 3e division envoie ses deux batteries de 4 sur la hauteur en avant de Bagneux, l'infanterie s'établit obliquement à la route d'Orléans, la gauche vers le fort de Montrouge, la droite au village de Bagneux, ayant avec elle sa batterie de mitrailleuses.

Le quartier général est à Bagneux.

Les diverses batteries se couvrent par des retranchements rapides.

Les deux premiers régiments de la brigade de cavalerie se placent sur le chemin qui va de Vanves à Clamart.

Le régiment de gendarmerie à cheval s'établit en arrière de Montrouge (du fort). La cavalerie envoie des reconnaissances pour éclairer le terrain.

Le quartier général du 14e corps d'armée se porte à Châtillon, où se portent également le général commandant le 14e corps et le général commandant l'armée de la Défense nationale.

---

**18 septembre.** — Le 14e corps d'armée modifie un peu ses positions à 5 heures du matin.

La 1re division se porte sur le plateau, le long du bois de Clamart, sa droite vers la ferme de Trivaux, sa gauche appuyée à la maison rouge placée en avant et à gauche de la redoute ; elle détache le 15e régiment de marche à la ferme de Plessis-Piquet qui est crénelée et barricadée et mise en très-bon état de défense ; le moulin de Plessis-Piquet est occupé par les chasseurs à pied de la division. Les francs-tireurs du 16ᵉ de marche à la ferme de Trivaux.

Les zouaves placés au château de Meudon envoient 1,000 hommes à l'extrême droite de la 1ʳᵉ division, dans les bois.

La 2ᵉ division se porte toute sur la gauche de la redoute de Châtillon, entre cette redoute et l'ancien télégraphe. La cavalerie à la droite de la redoute.

On établit des épaulements pour placer des batteries de façon à battre la vallée, vers Sceaux. Des reconnaissances poussées au loin, vers les bois de Verrières, signalent la présence d'un parti ennemi assez nombreux, dont les éclaireurs se montrent partout et échangent quelques coups de fusil avec nos avant-postes.

Dans la nuit du 18 au 19 quelques coups de feu sont encore échangés de divers côtés, surtout à la ferme et au moulin de Plessis-Piquet.

**19 septembre.** — A cinq heures du matin, les deux premières divisions, la cavalerie et l'artillerie, se mettent en mouvement pour une grande reconnaissance.

La veille, la division de Maud'huy, du 13ᵉ corps d'armée, était venue remplacer la 3ᵉ division (de Maussion) à Villejuif et aux redoutes du Moulin-Saquet et des Hautes-Bruyères.

La 2ᵉ division (d'Hugues) marche dans le même ordre, à gauche et à droite de la route de Châtillon à Villacoublay.

Le 15ᵉ régiment de marche reste dans ses positions de Plessis-Piquet pour pouvoir couvrir le flanc gauche. Le bataillon de la 2ᵉ division qui occupait Fontenay-aux-Roses est remplacé par un bataillon de la 3ᵉ division.

La cavalerie forme le centre de la reconnaissance; elle marche par escadron en six colonnes de deux escadrons chaque. Chacune de ces colonnes est suivie de deux batteries marchant par demi-batterie.

La 3ᵉ division (de Maussion) envoie un régiment à la redoute de Châtillon, savoir : un bataillon à droite de la redoute, un dans la redoute et le troisième vers le télégraphe.

La 1ʳᵉ division (de Caussade) marche 500 mètres en avant de la cavalerie et de la 2ᵉ division; douze pièces de 12 envoyées de Paris sont placées pour protéger la retraite en cas de besoin et défendre la position, savoir : huit pièces dans l'ouvrage et quatre pièces vers le télégraphe, dans les petits épaulements effectués le 18.

Vers six heures et demie, nos tirailleurs se trouvent en présence de ceux de l'ennemi, et la fusillade commence.

Les Prussiens occupent les maisons du Petit-Bicêtre. Sur l'ordre du général en chef, les deux batteries à cheval de la réserve se portent rapidement en avant de notre droite et ouvrent le feu sur le Petit-Bicêtre. Aussitôt l'ennemi fait avancer ses batteries, et ses obus arrivent à la limite du bois au milieu des zouaves, qui éprouvent quelques pertes. Le 19ᵉ de marche de la division d'Hugues, précédé par ses francs-tireurs, se porte rapidement au Pavé-Blanc pour occuper les maisons qui y sont situées; toutes nos batteries se portent sur notre front pour répondre à l'artillerie prussienne, et la canonnade augmente d'intensité et les obus pleuvent de tous côtés. Malheureusement notre droite, un peu démoralisée par les obus ennemis, et voyant les tirailleurs du 7ᵉ bataillon de mobiles de la Seine et ses propres tirailleurs obligés de céder, commence à reculer, malgré des efforts des officiers et du général en chef lui-même.

Les Prussiens voient ce mouvement, et augmentent leurs efforts. A ce moment, prenant en considération la jeunesse de ses troupes, le général en chef ordonne la retraite, qui s'effectue en bon ordre, protégée par la cavalerie, qui s'est montrée très-ferme, et par l'artillerie, dont le mouvement s'effectue par échelons avec beaucoup de calme et de précision.

A hauteur des bivouacs, les divisions s'arrêtent, prennent leurs sacs et reçoivent l'ordre de reprendre leurs positions de la veille en arrière, à gauche et à droite de la route de Vanves à Châtillon. La cavalerie poursuit sa route pour rentrer dans Paris.

Le général en chef place deux batteries de 12 et deux batteries de 4 dans les épaulements près du télégraphe, deux batteries dans les épaulements de droite de la redoute, conservant toujours le bataillon dans le cimetière, dont le mur a été crénelé. Il se porte de sa personne dans la redoute, armée de huit pièces de 12 et de trois mitrailleuses, et occupée par un bataillon de la 3ᵉ division et le 4ᵉ bataillon de la garde mobile d'Ille-et-Vilaine.

L'ennemi fait avancer successivement vers notre gauche quatre batteries qui ouvrent un feu très-violent sur notre position, mais nos pièces répondent avec avantage. Le 15ᵉ de marche, sous les ordres du lieutenant-colonel Bonnet, et qui occupait Plessis-Piquet, effectue sa retraite en très-bon ordre, après une défense énergique et avoir ainsi protégé le flanc gauche du corps d'armée dans sa retraite.

Vers une heure, le feu de l'artillerie ennemie était éteint, et ne reprend que vers 2 heures pour appuyer le mouvement de fortes colonnes d'infanterie qui se portent sur l'ouvrage. Notre feu recommence alors avec vigueur, et nos pièces de 12 et nos mitrailleuses, tirant à 1,000 ou 1,200 mètres, font beaucoup de mal à l'ennemi.

Cependant, informé que les conduites d'eau étaient coupées et que les divisions d'infanterie s'étaient, par suite d'une erreur, portées trop en arrière pour pouvoir soutenir les défenseurs de la redoute de Châtillon (la 1re était rentrée dans Paris et les deux autres se trouvaient près des forts de Montrouge et de Vanves), le général songe à la retraite, et il fait d'abord filer les caissons vides et autres voitures inutiles, suivies bientôt des batteries et des troupes de défense et des mitrailleuses; ne pouvant, faute d'avant-trains, sauver les huit pièces de 12, il les fait enclouer et sort le dernier de la redoute avec la 4e compagnie du 4e bataillon de la garde mobile d'Ille-et-Vilaine. Cette retraite s'effectue en bon ordre, protégée par la 2e division d'infanterie, dirigée par les généraux Renault et d'Hugues, et toutes les troupes viennent se reformer entre les forts de Vanves et de Montrouge.

D'après les ordres du Gouverneur de Paris, le 14e corps d'armée et la division de Maud'huy, du 13e corps d'armée, rentrent le soir à Paris, pour camper : le 14e corps, au Champ-de-Mars et aux environs, et la division de Maud'huy, au rond-point d'Italie.

Dans cette affaire les Prussiens ont dû perdre beaucoup de monde, tandis que nos pertes ont été minimes : 84 tués, 401 blessés, 255 disparus.

---

**20 septembre.** — A 2 heures de l'après-midi, le 14e corps d'armée se met en mouvement et vient occuper les positions suivantes :

La 1re division à Clichy-la-Garenne, la gauche au chemin de fer et se prolongeant vers Saint-Ouen;

La 2e division à Neuilly, la gauche au bois de Boulogne, la droite vers Villiers;

La 3e division entre Boulogne à droite et le saillant du bastion du Point-du-Jour à gauche.

Les batteries d'artillerie marchent avec leurs divisions.

Les réserves d'artillerie vont s'établir entre Sablonville et Champerret-Levallois.

Le régiment de gendarmerie à cheval, qui seul reste attaché au 14e corps d'armée, est campé aussi entre Sablonville et Champerret-Levallois.

Le 4e bataillon de la garde mobile d'Ille-et-Vilaine est cantonné près la porte Maillot, à gauche de l'avenue de Neuilly.

Le 7e bataillon de la mobile de la Seine vient s'établir à la droite de l'avenue de Neuilly.

La compagnie des francs-tireurs de l'Aisne, forte de 36 hommes, commandée par le capitaine Dallé, est mise à la disposition du 14e corps.

Le Gouverneur de Paris envoie au 14e corps les bataillons de la garde mobile suivants : 8e de la Seine, 3e du Finistère, 1er des Côtes-du-Nord, qui sont cantonnés à Pantin, sous le commandement du commandant Warnet, de l'état-major général.

**21 septembre.** — A 6 heures du matin, le 19e régiment de marche va prendre position au rond-point de Courbevoie ; ses bataillons sont répartis de la manière suivante :

Un bataillon au rond-point même et dans les maisons crénelées qui l'avoisinent.

Un bataillon près de la caserne de Courbevoie ; des tirailleurs occupent la levée du chemin de fer entre la route de Pontoise et la route de Colombes et les premières maisons qui ont vue sur le chemin d'Asnières.

Le 3e bataillon est placé en réserve sur la rive droite de la Seine, à droite et à gauche du pont de Neuilly, et dans les maisons les mieux situées pour voir l'avenue qui conduit au rond-point de Courbevoie. Un peloton de gendarmes est mis à la disposition du commandant de ce régiment pour fournir des vedettes. Les troupes reçoivent l'ordre d'être toujours prêtes à prendre les armes au premier ordre.

L'artillerie doit toujours être prête à atteler deux sections de 4 et une section de mitrailleuses.

Les 3 divisions d'infanterie commencent à créneler des maisons et à organiser leurs barricades défensives, suivant les ordres du général en chef.

**22 septembre.** — On travaille aux barricades et autres défenses, et les divers corps prennent leur position de combat de manière à connaître parfaitement les différents points à défendre et les lignes de retraite, barricades successives.

Les batteries divisionnaires reconnaissent les emplacements qu'elles doivent occuper et l'on commence les différentes batteries dont l'emplacement est fixé par le général en chef, et qui sont situées de la manière suivante : deux batteries placées l'une à droite et l'autre à gauche du chemin de fer, une batterie sous le pont de Neuilly, une batterie au pont de Suresnes, deux batteries au parc de Rothschild, près du bois de Boulogne, et une grosse batterie au rond-point de Courbevoie. Un régiment de la 2ᵉ division, le 19ᵉ, reste au rond-point de Courbevoie et est renforcé par un 4ᵉ bataillon ; un bataillon est placé au pont de Neuilly. Les francs-tireurs de l'Aisne sont placés aux abords du pont de Suresnes.

Les bataillons de mobiles suivants ont été placés, savoir :

Le 7ᵉ bataillon de la Seine à la droite de l'avenue de Neuilly, se reliant par sa droite à la division d'Hugues.

Le 4ᵉ bataillon d'Ille-et-Vilaine, à la gauche de l'avenue ; le 6ᵉ bataillon de la Seine dans le parc Saint-James et dans le bois de Boulogne jusqu'à la Cascade ; le 1ᵉʳ d'Ille-et-Vilaine, se reliant à la division de Maussion, par sa gauche. Ces bataillons reçoivent l'ordre de faire le plus promptement possible des travaux de défense qui seront perfectionnés tous les jours.—A 7 heures du soir, un bataillon escorte 14 voitures allant chercher des armes et des munitions au Mont-Valérien.

Le 1ᵉʳ bataillon des mobiles de l'Aisne, mis au 14ᵉ corps, est placé près la porte des Sablons.

---

**24 septembre.** — Une compagnie d'infanterie est placée dans l'île de Puteaux pour protéger la batterie du pont et pour garder l'île ; on y commence des ouvrages défensifs.

On établit une batterie flottante à la pointe de l'île de Puteaux, et l'on retire la section d'artillerie qui se trouvait au pont de Suresnes.

La batterie du rond-point de Mortemart au bois de Boulogne, est armée de 2 pièces de 30 de la marine, et la batterie du chemin de fer à Courbevoie de 3 pièces du même calibre, desservies par l'artillerie de marine.

On améliore et on perfectionne tous les travaux de défense, barricades, créneaux, etc.

---

**25 septembre.** — Sous la surveillance des officiers du génie, on complète les travaux de défense. — Les divisions fournissent des travailleurs à ce sujet comme d'habitude.

---

**26 septembre.** — Deux compagnies de la division d'Hugues sont envoyées au barrage de Suresnes, afin d'organiser défensivement les maisons situées en avant et de défendre le barrage contre toute attaque.

Le commandant Warnet, commandant les bataillons de mobiles placés à Pantin, envoie deux détachements de 300 hommes de ces bataillons, l'un à l'usine Deutch, dite ferme de Rouvray, ouvrage avancé devant l'estacade du canal de Saint-Denis, l'autre à l'usine Gauthier, vis-à-vis de l'estacade du canal de l'Ourcq.

---

**27 septembre.** — Un escadron de gendarmerie part vers une heure en reconnaissance, sous la direction d'un officier d'ordonnance du général en chef. (Rien de nouveau.)

Vers la même heure, reconnaissance par les éclaireurs Franchetti. (Rien de nouveau.)

Le 3e bataillon de l'Aube et le 5e du Loiret, mis à la disposition du 14e corps, sont placés à Billancourt.

---

**28 septembre.** — A 5 heures et demie une division de gendarmerie part sous la conduite du capitaine Faverot, officier d'ordonnance du général en chef, pour faire une reconnaissance. (Rien de nouveau.)

---

**29 septembre.** — Une partie des troupes du 14e corps d'armée fait un mouvement en avant de ses positions et vient à 7 heures du soir occuper les emplacements suivants, savoir :

Les chasseurs à pied et les volontaires de la 1re division sur le prolongement de l'avenue de Neuilly au delà du pont; la tête de colonne à hauteur du rond-point de Courbevoie, à gauche de la route, laissant la chaussée libre, sous le commandement du commandant Cajard.

Les chasseurs à pied et les volontaires de la 2e division qui sont à la disposition du commandant Cholleton, du 19e de marche, en arrière de ceux de la 1re division. Les chasseurs à pied et les volontaires de la 3e division de l'autre côté de la chaussée sous les ordres du commandant Neltner.

Le 15e de marche, sous les ordres du lieutenant-colonel Bonnet, sur l'avenue de Neuilly, entre les barricades qui coupent cette avenue sur le côté droit. Le 23e de marche (deux bataillons), sous les ordres du lieutenant-colonel de Podio, en face du 15e.

A partir de la deuxième barricade, deux compagnies de 60 hommes des francs-tireurs de Paris. — Les éclaireurs de la garde nationale de la Seine, 150 hommes.—Deux compagnies de 60 hommes du 34e bataillon de la garde nationale de la Seine. — Deux compagnies de 60 hommes du 6e bataillon de la garde mobile de la Seine. — Deux compagnies de 60 hommes du 7e bataillon de la garde mobile de la Seine. — Deux compagnies de 60 hommes du 1er bataillon de la garde mobile de la Seine. — Deux compagnies de 60 hommes du 1er bataillon de la garde mobile de l'Aisne. — Deux compagnies de 60 hommes du 4e bataillon de la garde mobile d'Ille-et-Vilaine. — Toutes ces troupes sous le commandement du général Martenot.

Trois batteries de 4, trois batteries de mitrailleuses, deux batteries de 12, plus une batterie de 4 de quatre pièces, et une batterie de 4 à six pièces montées, en colonne sur la chaussée, à partir du rond-point de Courbevoie et descendant jusqu'au pont de Neuilly. Quatre escadrons de gendarmerie en arrière de l'infanterie.

---

**30 septembre.** — A 2 heures du matin les chasseurs à pied et les volontaires de la 2e division, ainsi que la section du génie, se mettent en route sous les ordres du commandant Cholleton, du 19e de marche. Ils se dirigent par Nanterre vers le château de Bois-Préau, où ils sont rejoints vers 4 heures par un détachement de sapeurs et de gardes mobiles du Mont-Valérien. A 3 heures et demie, les troupes qui ont fait mouvement le 30 à 7 heures du soir, et celles qui occupent le rond-point (sauf l'artillerie de cette position), se mettent en marche dans l'ordre suivant :

1° Le peloton des tirailleurs des Ternes ;
2° Les chasseurs à pied et les volontaires de la 1re division ;
3° L'artillerie, les batteries de 4, les mitrailleuses, les batteries de 12 ;
4° Le 15e de marche ;
5° Les chasseurs à pied et les volontaires de la 3e division ;
6° Un bataillon du 19e de marche ;
7° Deux bataillons du 23e de marche ;
8° Les gardes nationaux sédentaires et les mobiles ;
9° Les quatre escadrons du régiment de gendarmerie à cheval ;
ces troupes laissent leurs sacs et leurs effets de campement.

Les troupes de la 3e division sont sous les ordres du général Paturel, et celles de la 1re sous ceux du général de la Charrière.

A 5 heures les troupes, après avoir contourné le Mont-Valérien, débouchant sur le plateau qui domine Nanterre et Rueil, viennent prendre position, savoir : les tirailleurs des Ternes, les chasseurs à pied et les volontaires de la division en tirailleurs sur les pentes qui descendent vers Rueil et le château de Bois-Préau, l'artillerie en avant du moulin situé vers la droite, avec 2 batteries aux environs de la Maison-Brûlée placée à gauche. La brigade de la Charrière en arrière de l'artillerie, la droite vers le moulin.

Pendant ce mouvement, les troupes sous le commandement du commandant Cholleton se portent sur le château de la Malmaison, afin de pétarder les portes et les murs du parc, y pénétrer et enlever le poste prussien qui l'occupe ; mais le jour trop avancé ne leur permet pas d'accomplir leur mission, leur arrivée ayant été signalée.

Prévenu de ce contre-temps, le général en chef arrête le mouvement en avant de la brigade Paturel, qui se portait vers la gauche, et fait donner l'ordre au général Martenot et à la cavalerie de rester dans le chemin creux qui passe sous le fort du Mont-Valérien. Enfin, vers 8 heures, l'opération n'ayant pas abouti, le général fait rentrer les troupes dans leurs campements, le régiment de gendarmerie formant l'arrière-garde pour protéger le mouvement.

**1er octobre.** — A 5 heures et demie, reconnaissance par deux pelotons de gendarmerie sous les ordres du capitaine Faverot, officier d'ordonnance du général en chef.

Le général américain Burnside, avec un colonel de la même nation, passe à nos avant-postes pour entrer dans Paris, venant du quartier-général du roi de Prusse.

A 1 heure, corvée de légumes en avant de Nanterre.

**2 octobre.** — Les reconnaissances ne signalent rien de nouveau.

Deux compagnies des francs-tireurs de Paris vont occuper l'île de Puteaux. — Corvée de légumes à midi.

**3 octobre.** — Une division du régiment de gendarmerie va, à 5 heures et demie du matin, faire une reconnaissance sous les ordres de M. le capitaine de Louvencourt, officier d'ordonnance du général en chef. (Rien à signaler.)

**4 octobre.** — Vers 2 heures du matin, les francs-tireurs de Paris, sous les ordres du commandant Thierrard, passent les avant-postes pour se diriger sur Nanterre et Rueil. A 5 heures le régiment de gendarmerie à cheval et deux bataillons de mobiles sous les ordres du général Martenot, se portent vers le même lieu. Une torpille a sauté à la porte de Sablonville. Deux morts et huit blessés. — La reconnaissance n'a pas rencontré l'ennemi. La corvée des pommes de terre a eu lieu à midi.

---

**5 octobre.** — A 5 heures et demie, une division de gendarmerie sous le commandement du capitaine Berthier, officier d'ordonnance du général en chef, fait une reconnaissance. (Rien à signaler.)

A 9 heures, l'artillerie de la 3ᵉ division, la batterie flottante du pont de Suresnes, la batterie de marine du Pin-Mortemart, les batteries flottantes de l'île Séguin, entament un feu très-vif sur Sèvres et Saint-Cloud, afin de détruire les ouvrages signalés comme construits par les Prussiens. Le Mont-Valérien se joint à eux. Le feu dure jusque vers 2 heures.

---

**6 octobre.** — A 5 heures et demie une division de gendarmerie, sous le commandement de M. de Montbrison, officier d'ordonnance du général en chef, fait une reconnaissance en avant de Courbevoie vers Bezons. (Rien à signaler.) La corvée des pommes de terre a eu lieu à une heure du côté d'Asnières.

Reconnaissance en avant de Nanterre vers Rueil. Cette reconnaissance se composait du régiment de gendarmerie et de deux escadrons de dragons, plus quatre pièces de 4 de la batterie de Courbevoie et deux mitrailleuses. Elle n'a pas rencontré l'ennemi.

---

**7 octobre.** — A une heure, les troupes désignées ci-dessous prennent part à une reconnaissance, savoir : 200 hommes des francs-tireurs de Paris, commandant Thierrard ; 200 hommes du 7ᵉ bataillon de mobiles de la Seine ; 200 hommes du 4ᵉ bataillon d'Ille-et-Vilaine ; 200 hommes du bataillon de l'Aisne, sous les ordres du général Martenot, prennent la route du Mont-Valérien et se dirigent vers le moulin qui domine Rueil et Nanterre.

Une batterie de 12 de la réserve, une batterie de 4 et une batterie de mitrailleuses de la 2e division, les francs-tireurs volontaires de la 1re et de la 2e division suivent l'artillerie.

Quatre escadrons de cavalerie (deux de gendarmes et deux de dragons), sous le commandement du colonel Bonaparte et la batterie à cheval, sortent par la route de Bezons, tournent à gauche après avoir passé le chemin de fer, se dirigent sur Nanterre et viennent se placer entre Rueil et Nanterre, pour observer Chatou et Croissy; un escadron est détaché dans la direction de Charlebourg.

Les francs-tireurs volontaires de la ligne et de la mobile du Mont-Valérien, appuyés par quatre compagnies de mobiles, quittent le fort vers une heure, se dirigent vers le château de Richelieu, prennent le chemin creux qui se dirige vers Boispréau et se portent vers l'ouest du parc de la Malmaison.

Les volontaires de la première et de la deuxième division, précédés par les francs-tireurs de Paris, se portent vers l'est du même parc.

A 2 heures et demie, le Mont-Valérien ouvre son feu sur Bougival, la Jonchère et les hauteurs de Buzenval; mais en arrivant près du parc, nos soldats sont saisis de panique, et se replient vers Rueil avant d'avoir pétardé les murs.

Nos batteries et le Mont-Valérien continuent leur feu; mais bientôt voyant que les Prussiens ne ripostent pas et sont invisibles, le général en chef ordonne de rentrer dans les cantonnements.

8 octobre. — Rien à signaler.
La corvée des pommes de terre a lieu à 10 heures.

9 octobre. — Les deux compagnies de chasseurs de la 2e division placées au pont de Suresnes, sont relevées par deux compagnies de la même division.

A 7 heures et demie, un peloton de gendarmerie et un peloton de dragons partent en reconnaissance vers Bezons et vers Houilles. Le tir a été bon et les mitrailleuses font quelques décharges sur des voitures chargées de troupes, mais la distance était trop grande. Le Mont-Valérien a aussi envoyé quelques obus sur Houilles.

A 10 heures et demie, le général en chef fait cesser le feu et les troupes rentrent dans leurs campements.

A 7 heures on place des postes aux portes Dauphine, Maillot, des Ternes, Sablonville et d'Asnières pour garder les fougasses.

La corvée des légumes a eu lieu à 2 heures.

**10 octobre.** — Une brigade de nouvelle formation, sous le commandement du général Berthaut, est mise à la disposition du général commandant en chef les 13e et 14e corps.

Elle est composée ainsi qu'il suit :

Un régiment de zouaves de marche;

Le 36e régiment de marche;

Deux bataillons de la garde mobile du Morbihan.

La corvée des pommes de terre a lieu à 1 heure.

Par suite de l'arrivée de la brigade Berthaut les changements suivants ont lieu dans le cantonnement des troupes :

Les zouaves sont placés dans la caserne de Courbevoie et occupent la ligne de retranchements depuis la Seine jusqu'à la ligne du chemin de fer.

Le 36e de marche occupe le rond-point de Courbevoie et les maisons à l'entour.

Un bataillon de la garde mobile du Morbihan dans Puteaux.

Un demi-bataillon dans l'usine située sur la route du Mont-Valérien au rond-point de Suresnes, l'autre demi-bataillon dans l'usine située au-dessous du barrage de Suresnes et auprès de ce barrage.

Le 19e de marche est placé dans les bâtiments de l'hospice de la Vieillesse et aux alentours, le n° 1 du 22e de marche et les deux compagnies du 20e rejoignent leurs corps.

---

**11 octobre.** — Le 2e régiment de dragons de marche passe sous le commandement du général Berthaut, commandant toutes les troupes placées sur la rive gauche de la Seine.

Le 2e bataillon des francs-tireurs de Paris (commandant Thierrard) va prendre position à l'usine du rond-point des Bergères et le demi-bataillon de la garde mobile du Morbihan se retire vers Puteaux.

A 7 heures un peloton de francs-tireurs de la 1re division, un peloton de la 2e division, un peloton de dragons et quarante gendarmes sous le commandement du capitaine Faverot, officier d'ordonnance du général en chef, partent en reconnaissance en avant d'Asnières, pour protéger l'examen par le génie des ouvrages à construire près du pont d'Asnières. Deux compagnies de zouaves sont jointes à ces troupes.

A 9 heures, la division de Caussade, tout entière, quitte son campement pour se mettre à la disposition du général Vinoy; elle est suivie par les trois batteries de réserve du commandant Pachon.

La 2e division appuie à droite sa première brigade pour occuper les principales positions abandonnées par la première; quatre pièces d'artillerie de 4 dans la batterie à droite du chemin de fer, deux pièces de 4 à gauche de la voie.

A 2 heures, le Mont-Valérien tire une vingtaine de coups de canon sur la cour d'honneur du château de Saint-Cloud.

---

**12 octobre.** — A 8 heures du matin, un peloton de dragons et un peloton de gendarmes partent en reconnaissance sous les ordres du capitaine Berthier, officier d'ordonnance du général en chef.

A 1 heure, les troupes suivantes quittent leurs cantonnements et se portent, savoir :

Quatre compagnies des gardes mobiles du Mont-Valérien, les francs-tireurs volontaires du capitaine L'lopis, auxquels sont joints les tirailleurs de la Seine, du capitaine Dumas, se dirigent vers la Malmaison par le sud du Mont-Valérien, la Briqueterie, le château de Richelieu, Bois-Préau.

Les zouaves, deux bataillons de la garde mobile du Morbihan, deux escadrons de dragons, une batterie de 4, une de mitrailleuses et une de 12 se dirigent vers le même point par Nanterre et Rueil, dans la plaine (général Berthaut).

Les francs-tireurs de la 2e division (capitaine Faure-Biguet) et un bataillon du 19e de marche, sous les ordres du lieutenant-colonel Cholleton avec deux batteries de 12 et une de 4, vers la maison brûlée au-dessous du Mont-Valérien.

A 2 heures, la batterie de 4 du général Berthaut donne le signal et toutes les batteries et le Mont-Valérien canonnent vivement les massifs boisés compris entre la Malmaison, l'île de Croissy et la Jonchère. Après cette canonnade, les tirailleurs des 3e et 4e bataillons du Morbihan et les zouaves dépassent la Malmaison et s'arrêtent devant un fort retranchement armé de canons que l'ennemi a établi à la jonction de la route de la Jonchère et du chemin de fer américain. Ils se jettent dans le saut de loup de la Malmaison pour éviter la mitraille qui pleut sur eux, et ne se retirent que sur l'ordre du général Berthaut, dans le plus grand ordre, sous le feu des obus et de la mitraille.

Les autres colonnes n'ont pas été engagées. Nous n'avons éprouvé aucune perte et nous avons reconnu l'emplacement d'une batterie ennemie.

A 5 heures, toutes les troupes étaient rentrées dans les cantonnements.

**13 octobre.** — A 7 heures, un peloton de cavalerie avec un officier d'état-major et un capitaine d'artillerie, fait une reconnaissance pour rechercher les points les plus favorables pour placer des batteries lors de la reconnaissance offensive qui doit suivre.

A dix heures, cette reconnaissance, commandée par le général Berthaut, et composée de quatre bataillons d'infanterie, d'une batterie de 4 et d'une section de 12, se met en mouvement; elle se porte sur les bords de la Seine, entre Bezons et le pont des Anglais et canonne les maisons signalées comme postes des Prussiens. La batterie de Courbevoie lance une quinzaine d'obus sur Houilles et Bezons; les Prussiens répondent faiblement, et à midi, la reconnaissance rentre à Courbevoie.

La corvée des légumes part à 1 heure.

Quatre bataillons de la garde mobile de Seine-et-Marne, mis à la disposition du général en chef, arrivent à 3 heures et campent, deux dans l'avenue de Neuilly et deux sur le boulevard Maillot.

---

**14 octobre.** — A 10 heures du matin, les quatre bataillons de Seine-et-Marne se mettent en route et vont occuper la rive gauche de la Seine, en avant d'Asnières, se reliant à Courbevoie.

La section de la batterie de 12 du rond-point de Courbevoie, reçoit les deux autres de manière que la batterie soit complète.

---

**15 octobre.** — A 10 heures, le général Berthaut avec quatre pièces de 4 et quatre pièces de 12, un bataillon de zouaves, deux bataillons de mobiles et quatre escadrons de dragons, se porte vers Argenteuil et canonne vigoureusement les maisons du voisinage et surtout la fabrique qui se trouve un peu au sud. Les Prussiens répondent par quelques coups de canon, mais bientôt le feu cesse et la reconnaissance, dont le tir a été très-bon, rentre dans ses cantonnements.

La corvée des légumes part à 1 heure.

---

**16 octobre.** — Les trois bataillons de la garde mobile, stationnés à Pantin, cessent, à dater de ce jour, de faire partie du 14e corps.

Trois nouveaux bataillons de mobiles, le 2e d'Ille-et-Vilaine, le 4ᵉ des Côtes-du-Nord, et le 6ᵉ de la Somme, sont mis à la disposition du 14ᵉ corps.

A midi, le général Berthaut fait une reconnaissance vers Argenteuil avec quatre bataillons, le régiment de dragons et deux escadrons de gendarmerie, son artillerie, plus une batterie de 12 et une de 4. Il canonne le pont d'Argenteuil, et les Prussiens abandonnent leurs travaux.

---

**17 octobre.** — A 9 heures, les trois bataillons de la garde mobile, annoncés, arrivent à Neuilly; le 2ᵉ d'Ille-et-Vilaine est donné au général Martenot, les deux autres sont mis à la disposition du général Berthaut.

Le Mont-Valérien, la canonnière de Suresnes, la batterie Mortemart, et une batterie de 12 de la 3ᵉ division tirent une cinquantaine de coups de canon sur le parc Pozzo et sur le tunnel du chemin de fer, vers midi.

---

**18 octobre.** — Une colonne de trois bataillons, sous les ordres du général Berthaut, le régiment de dragons, la batterie de 12 et la batterie de 4, se porte à 1 heure vers Argenteuil; elle est suivie par une batterie de 12 de la réserve, et deux escadrons de gendarmerie restent en réserve.

Toute l'artillerie se porte aux environs de l'ouvrage du moulin et, soutenue par la batterie de Courbevoie, elle met le feu à la fabrique signalée comme l'atelier des Prussiens et force les quelques petits postes prussiens à se replier. L'ennemi a répondu par une quinzaine de coups de canon qui ne nous font aucun mal.

---

**19 octobre.** — A midi, corvée des légumes.

A 1 heure, la 1ʳᵉ division (de Caussade) vient reprendre ses cantonnements en revenant de Bicêtre, où elle avait été mise à la disposition du général Vinoy. La 2ᵉ division reprend également ses positions.

Une compagnie de 60 pontonniers s'établit aux environs du pont de Clichy et établit deux passerelles pour réunir les arches qui existent au pont d'Asnières.

---

**20 octobre.** — A 7 heures du matin, un peloton de 40 gendarmes part en reconnaissance sous le commandement du capitaine Faverot, officier d'ordonnance du général en chef.

A 11 heures, corvée des légumes.

A 3 heures, reconnaissance vers Rueil. Deux pièces de 12 de siége, placées au chemin qui descend du Mont-Valérien à Rueil, canonnent Chatou et le pont sur la Seine; elles sont couvertes par deux compagnies de francs-tireurs de Paris et 600 mobiles, une batterie de 12 et une batterie de mitrailleuses en réserve sous le Mont-Valérien.

Trois pièces de siége de 24 sont conduites au Mont-Valérien.

---

Le **21 octobre**. — A 8 heures, un peloton de 40 gendarmes emportant un repas d'avoine, part pour une reconnaissance du côté de Rueil.

A midi, les troupes ci-après désignées font un mouvement en avant de Rueil et la Malmaison, savoir :

1er groupe, général Berthaut, deux bataillons des mobiles de Seine-et-Marne de 500 hommes chacun, deux bataillons de zouaves de 600 hommes chacun, un bataillon du 36e de marche de 500 hommes, un bataillon des mobiles du Morbihan de 500 hommes, trois compagnies du 2e bataillon des francs-tireurs de Paris, 200 hommes. Total 3,400 hommes, 20 bouches à feu, un escadron de gendarmerie, 10 éclaireurs Franchetti.

2e groupe, général Noël, francs-tireurs volontaires du capitaine L'lopis, 150 hommes ; quatre compagnies de mobiles du Mont-Valérien, 400 hommes ; deux compagnies de chasseurs à pied de la 1re division, 150 hommes ; deux compagnies de chasseurs à pied de la 2e division, 150 hommes ; deux compagnies de chasseurs à pied de la 3e division, 150 hommes ; francs-tireurs des Ternes, 50 hommes ; francs-tireurs volontaires de la 3e division, 300 hommes. Total 1,350 hommes, 10 bouches à feu, 10 éclaireurs Franchetti.

3e groupe, colonel Cholleton, francs-tireurs volontaires de la 1re division, 300 hommes ; francs-tireurs volontaires de la 2e division, 300 hommes ; deux bataillons du 19e de marche de 500 hommes chacun. Total 1,600 hommes, 18 bouches à feu, 20 éclaireurs Franchetti.

4e groupe, réserve de gauche, général Martenot, deux bataillons d'Ille-et-Vilaine à 500 hommes chaque, deux bataillons de la Seine à 500 hommes chaque, un bataillon de l'Aisne à 600 hommes. Total 2,600 hommes et 18 bouches à feu.

5e groupe, réserve du centre, général Paturel, quatre bataillons de la 2ᵉ brigade de la 2ᵉ division à 500 hommes chacun. Total 2,000 hommes, 28 pièces d'artillerie, deux escadrons de gendarmerie.

La brigade Berthaut se porte entre le chemin de fer de Saint-Germain et la partie supérieure de Rueil. Son artillerie aux environs de la station, ses tirailleurs à Bois-Préau et près de la Malmaison.

La brigade Noël sort du Mont-Valérien par le sud et prend le chemin qui va de la Briqueterie au château de Richelieu; son artillerie sur le versant qui descend du château de Buzenval, ses tirailleurs vers la Malmaison.

Les troupes du colonel Cholleton se portent aux environs de l'ancien moulin et se dirigent bientôt vers Buzenval.

La brigade Martenot prend position entre la Briqueterie et le chemin de Saint-Cloud, ses tirailleurs vers Montretout.

La brigade Paturel vient se placer en arrière du moulin de Nanterre, entre ce village et le Mont-Valérien.

Le général en chef fait porter toute son artillerie en avant sur le plateau, de façon à écraser la Malmaison et la Jonchère.

A 1 heure et demie, l'artillerie ouvrait son feu sur toute la ligne, soutenue par le Mont-Valérien, et formant un vaste demi-cercle de la station de Rueil à la ferme de la Fouilleuse ; elle concentrait son feu pendant trois quarts d'heure sur Buzenval, la Malmaison, la Jonchère et Bougival. Pendant ce temps, nos tirailleurs et nos têtes de colonne s'approchaient :

Les colonnes Berthaut et Noël de la Malmaison, la colonne Cholleton de Buzenval.

Au signal convenu, l'artillerie a cessé son feu et nos [troupes se sont élancées sur les objectifs assignés ; elles sont arrivées promptement au ravin qui descend de l'étang de Saint-Cucufa au chemin de fer américain en contournant la Malmaison.

La gauche du général Noël a dépassé ce ravin et a gravi les pentes qui montent à la Jonchère ; mais elle s'est trouvée bientôt arrêtée par un feu violent de mousqueterie partant des bois et des maisons, où l'ennemi était resté embusqué malgré le feu de notre artillerie.

En même temps, quatre compagnies de zouaves, sous les ordres du commandant Jacquot, se trouvaient acculées dans l'angle que forme le parc de la Malmaison au-dessous de la Jonchère, et auraient pu être compromises, sans l'énergique intervention du bataillon de Seine-et-Marne. Ce bataillon s'est porté résolument sur les pentes qui dominent Saint-Cucufa, sa droite au parc de la Malmaison ; il a ouvert un feu très-vif sur l'ennemi qu'il a forcé de reculer, et a permis ainsi aux quatre compagnies de zouaves d'entrer dans le parc.

Dès le commencement de l'action, 4 mitrailleuses, sous les ordres du capitaine de Grandchamp, et la batterie de 4 du capitaine Nismes, le tout sous la direction du commandant de Miribel, s'étaient portées avec une remarquable audace très en avant pour soutenir l'action de l'infanterie.

En même temps, les francs-tireurs de la 2e division, commandés par le capitaine Faure-Biguet, se précipitaient sur Buzenval, y entraient, et se dirigeaient sous bois vers le bord du ravin de Saint-Cucufa.

Les Prussiens débouchant des bois en grand nombre, l'ordre a été donné de se retirer ; mais à ce moment, la batterie de 4 du capitaine Nismes, surprise près la porte de Longboyau par une vive fusillade, a eu presque tous ses chevaux tués ou blessés. Il en est résulté un instant de désordre pendant lequel deux pièces sont tombées entre les mains de l'ennemi. La retraite s'est faite en bon ordre, et les Prussiens, craignant l'action de notre artillerie et du Mont-Valérien, et d'un autre côté, salués par quelques décharges de mitrailleuses, n'ont pas essayé de nous inquiéter.

Pendant l'opération principale, la colonne Martenot envoyait un bataillon à la Fouilleuse, et ses tirailleurs, poussant jusqu'aux crêtes, occupèrent un instant la redoute de Montretout.

A droite, le régiment de dragons, appuyé d'une batterie à cheval, se portait vers la Seine, entre Argenteuil et Bezons, et canonnait quelques postes de l'ennemi.

Toutes les troupes avaient rejoint les cantonnements à 7 heures et demie.

---

## XXXVI.

Mon cher général,

Vous m'avez prié de vous donner quelques détails sur la part que les tirailleurs de la Seine avaient prise au combat de la Malmaison, le 21 octobre.

Voici ce que je sais personnellement :

Le 21 octobre, à huit heures du matin, au moment où les tirailleurs se réunissaient sur la pelouse de Passy pour faire l'exercice, l'ordre leur fut brusquement donné de se rendre au Mont-Valérien. Cet ordre, venu de je ne sais quel état-major (1),

---

(1) État-major général de la garde nationale, qui avait demandé au général Ducrot l'autorisation de lui envoyer les tirailleurs pour prendre part à l'opération, et qui les fit partir dans l'état de désarroi qu'indique le sergent-major Turquet.

fut aussitôt exécuté, bien que la compagnie n'eût que 62 hommes présents sur 120, bien que les deux capitaines fussent les seuls officiers présents, bien que notre chirugien n'eût pas été appelé, bien que nous n'ayions pas encore mangé, bien que nous n'ayions pas la provision de cartouches réglementaire.

En arrivant à la Porte-Maillot, le déploiement de forces que nous y rencontrâmes nous fit comprendre que nous allions assister à une bataille. Nos deux capitaines nous engagèrent alors à nous procurer quelques vivres que nous trouvâmes difficilement dans l'avenue de Neuilly. Nous complétâmes ces vivres tant bien que mal au rond-point de Courbevoie, pendant la halte.

C'est dans ces détestables conditions que nous sommes entrés en ligne, à onze heures, avec les francs-tireurs du Mont-Valérien, commandés par le capitaine L'lopis.

Jetés en avant de vos lignes le long du mur de gauche de la Malmaison, les tirailleurs de la Seine ont vigoureusement enlevé les vignes qui se trouvaient devant eux. Pendant deux heures ils se sont bravement, sinon intelligemment battus. Nous étions des conscrits voyant le feu pour la première fois, et nous avons pu commettre des fautes de manœuvre, mais nous n'y pouvions rien, nos cadres étant incomplets.

Vers quatre heures, je crois, vous avez fait replier mes camarades qui manquaient de cartouches, et auxquels vous ne pouviez en donner, vos caissons n'étant pas approvisionnés pour les carabines Snider dont nous étions armés.

Que s'est-il exactement passé de trois heures à la fin de la journée? Je ne le sais, ayant reçu ma troisième blessure vers trois heures.

Tout ce que je puis vous dire, c'est que les tirailleurs de la Seine ont fait leur devoir comme de vieux soldats, et que 17 hommes de ma compagnie sur 62, ont été tués ou blessés.

Recevez, mon cher général, l'assurance de l'entier dévouement de votre collègue.

Edmond Turquet,
*Ancien sergent-major aux tirailleurs.*

FIN DU TOME PREMIER.

# TABLE DES MATIÈRES

## LIVRE I

### PREMIÈRES OPÉRATIONS DEVANT PARIS

#### PREMIÈRE PARTIE

PAGES.

Chap. I  — Reconnaissances qui précédèrent l'investissement. . . . . . . . . . . . . . . . . . 1
Chap. II. — Combat de Montmesly . . . . . . . . . . . 10
Chap. III. — Journée du 18 septembre. . . . . . . . . . 13

#### DEUXIÈME PARTIE

Chap. I  — Combat de Châtillon . . . . . . . . . . . . . 26
Chap. II. — Opérations sur le plateau de Villejuif. — Reconnaissance en avant du fort de Charenton. 68
Chap. III. — Les troupes se concentrent dans Paris. . . . 70

# LIVRE II

## DES RESSOURCES DE LA DÉFENSE

### PREMIÈRE PARTIE

|  | PAGES. |
|---|---|
| **Personnel de la défense** | 75 |

Chap. I<sup>er</sup>. — Troupes de ligne :
- 1. — Infanterie . . . . . . . . . . . . . . . . . . . . . 76
- 2. — Cavalerie . . . . . . . . . . . . . . . . . . . . . 82
- 3. — Artillerie . . . . . . . . . . . . . . . . . . . . . 83
- 4. — Pontonniers . . . . . . . . . . . . . . . . . . . . 85
- 5. — Génie . . . . . . . . . . . . . . . . . . . . . . . 85

Chap. II. — Garde nationale mobile :
- 1. — Infanterie . . . . . . . . . . . . . . . . . . . . . 86
- 2. — Artillerie . . . . . . . . . . . . . . . . . . . . . 96

Chap. III. — Garde nationale :
- 1. — Infanterie . . . . . . . . . . . . . . . . . . . . . 96
- 2. — Cavalerie . . . . . . . . . . . . . . . . . . . . . 108
- 3. — Artillerie . . . . . . . . . . . . . . . . . . . . . 109

Chap. IV. — Corps francs :
- 1. — Infanterie . . . . . . . . . . . . . . . . . . . . . 109
- 2. — Cavalerie. — Escadron Franchetti . . . . . . . . 111
- 3. — Artillerie . . . . . . . . . . . . . . . . . . . . . 113
  - Corps d'artillerie des mitrailleuses . . . . . . 114
- 4. — Pontonniers . . . . . . . . . . . . . . . . . . . . 121
- 5. — Génie . . . . . . . . . . . . . . . . . . . . . . . 121
  - Légion du génie auxil<sup>re</sup> de la garde nationale . 122
  - Brigade auxiliaire de la 2<sup>e</sup> armée (génie civil) . 125

## DEUXIÈME PARTIE

|  | PAGES. |
|---|---|
| **Matériel de la défense.** | 128 |
| Chap. Ier. — Armement de l'enceinte et des forts | 128 |
| Chap. II. — Mitrailleuses. | 131 |
| Chap. III. — Pièces de sept. | 139 |
| Chap. IV. — Locomotives et wagons blindés. | 148 |
| Chap. V. — Flottille. | 155 |
| Chap. VI. — Munitions d'artillerie. | 156 |
| Chap. VII. — Poudre | 156 |
| Chap. VIII.— Voitures et affûts | 157 |
| Chap. IX. — Armes portatives. | 157 |
| Chap. X. — Munitions d'infanterie | 158 |

## TROISIÈME PARTIE

| | |
|---|---|
| **Approvisionnements et services divers** | 159 |
| Chap. Ier. — Subsistances militaires | 159 |
| Chap. II. — Vivres-viande. | 167 |
| Chap. III. — Habillement, équipement | 170 |
| Chap. IV. — Service hospitalier. | 171 |
| Chap. V. — Moyens de communication avec l'extérieur. | 183 |

## QUATRIÈME PARTIE

| | |
|---|---|
| **Coup d'œil sur Paris et ses environs.** | 185 |

## CINQUIÈME PARTIE

| | |
|---|---|
| **Système de défense de Paris.** | 188 |
| Chap. Ier. — Fortifications de Paris | 188 |
| Chap. II. — Travaux entrepris avant l'investissement pour compléter la défense de Paris. | 197 |

## SIXIÈME PARTIE

PAGES.

Du commandement dans Paris . . . . . . . . . . . . . . . 204

État moral de Paris au moment de l'investissement . . . 212

---

# LIVRE III

## OPÉRATIONS MILITAIRES DES 13ᵉ ET 14ᵉ CORPS
### DEPUIS L'INVESTISSEMENT JUSQU'A LA FIN DE SEPTEMBRE.

---

### PREMIÈRE PARTIE

Opérations de la division d'Exea (1ʳᵉ du 13ᵉ corps) pendant les premiers jours du Siège . . . . . . . . . . . . . . 219

---

### DEUXIÈME PARTIE

Opérations du 14ᵉ corps du 20 au 30 septembre . . . . . 227

---

### TROISIÈME PARTIE

Opérations du 13ᵉ corps du 22 au 30 septembre . . . . . . 246
   Combat de Villejuif . . . . . . . . . . . . . . . . . . . 247
   Combat de Chevilly . . . . . . . . . . . . . . . . . . . 255
   Combat de Notre-Dame-des-Mèches . . . . . . . . . . 288

# LIVRE IV

OPÉRATIONS MILITAIRES DES 13ᵉ ET 14ᵉ CORPS

DU 1ᵉʳ AU 21 OCTOBRE.

## PREMIÈRE PARTIE

PAGES.

Examen des positions défensives autour de Paris et plan de sortie par la Basse-Seine . . . . . . . . . . . . . . . 295

## DEUXIÈME PARTIE

**Opérations du 13ᵉ corps du 1ᵉʳ au 21 octobre.** . . . . . . . 321

Chap. Iᵉʳ. — Opérations des 2ᵉ et 3ᵉ divisions du 13ᵉ corps du 1ᵉʳ au 21 octobre . . . . . . . . . . . . 322

Combat de Bagneux-Châtillon. . . . . . . . 325

Chap. II. — Opérations de la division d'Exea (1ʳᵉ du 13ᵉ corps) du 1ᵉʳ au 21 octobre. . . . . . . . 350

## TROISIÈME PARTIE

**Opérations du 14ᵉ corps du 1ᵉʳ au 21 octobre.** . . . . . . 359

Combat de la Malmaison. . . . . . . . . . . . . . . . . 373

# TABLE

DES

# PIÈCES JUSTIFICATIVES

|      |                                                                                                      | PAGES. |
|------|------------------------------------------------------------------------------------------------------|--------|
| A.   | Notice sur les papiers du général Ducrot volés par la Commune.                                       | 425    |
| I.   | — Composition du 13ᵉ corps.                                                                          | 427    |
| II.  | — Composition du 14ᵉ corps.                                                                          | 429    |
| III. | — Lettre du général Renault, commandant le 14ᵉ corps, au Ministre de la guerre.                      | 431    |
| IV.  | — Lettre du Gouverneur au général Vinoy.                                                             | 433    |
| V.   | — Id. id.                                                                                            | 433    |
| VI.  | — Lettre de service nommant le général Ducrot commandant en chef des 13ᵉ et 14ᵉ corps.               | 434    |
| VII. | — Rapport du commandant Franchetti.                                                                  | 434    |
| VIII.| — Composition du 5ᵉ corps d'armée prussien.                                                          | 435    |
| IX.  | — Lettre du Directeur de la Compagnie générale des eaux de Paris.                                    | 438    |
| X.   | — Lettre du général de Caussade au général Ducrot.                                                   | 438    |
| XI.  | — Rapport du capitaine d'état-major de Chabannes au général Ducrot.                                  | 439    |
| XII. | — Rapport du général Ducrot sur le combat de Châtillon.                                              | 440    |
|      | Note du capitaine Trève.                                                                             | 446    |

|        |                                                                                                                                 | PAGES. |
|--------|---------------------------------------------------------------------------------------------------------------------------------|--------|
| XIII.  | — Extraits des procès-verbaux du Gouvernement de la Défense nationale relatifs aux élections de la garde mobile.                | 447    |
| XIV.   | — Rapport du Ministre de la guerre sur l'organisation des corps francs.                                                         | 448    |
| XV.    | — Extrait d'une lettre du Ministre de la guerre au commandant Franchetti                                                        | 450    |
| XVI.   | — Ordre d'organisation d'un corps franc d'artillerie.                                                                           | 450    |
| XVII.  | — Le commandant Pothier est nommé commandant du corps franc d'artillerie.                                                       | 451    |
| XVIII. | — Le corps franc d'artillerie prend le nom de corps d'artillerie des mitrailleuses.                                             | 451    |
| XIX.   | — Rapport du commandant Laprade, directeur du parc du corps d'artillerie des mitrailleuses.                                     | 452    |
| XX.    | — Renseignements sur les effectifs de l'armée de Paris aux diverses époques de la défense et sur les approvisionnements de cette armée. | 455    |
| XXI.   | — Note sur la mouture des grains.                                                                                               | 459    |
| XXII.  | — Lettre du général Ducrot au docteur Ricord, directeur des Ambulances de la Presse.                                            | 460    |
| XXIII. | — Lettre du vice-amiral de La Roncière-Le Noury au docteur Ricord                                                               | 641    |
| XXIV.  | — Lettre de l'intendant général Wolf à M. Dardenne de la Grangerie, secrétaire général des Ambulances de la Presse.             | 462    |
| XXV.   | — Ordre d'incorporation de l'escadron Franchetti dans le 14e corps                                                              | 463    |
| XXVI.  | — Rapport du commandant Franchetti                                                                                              | 464    |
| XXVII. | — Lettre du Gouverneur au général Vinoy                                                                                         | 464    |
| XXVIII.| — Ordre du Gouverneur pour une reconnaissance offensive en avant de Villejuif.                                                  | 465    |
| XXIX.  | — Lettre du général Tripier au général Vinoy                                                                                    | 468    |
| XXX.   | — Lettre du Gouverneur de Paris au gén$^{al}$ Vinoy.                                                                            | 469    |
| XXXI.  | — Ordre du Gouverneur pour une reconnaissance offensive vers le plateau de Châtillon.                                           | 471    |
| XXXII. | — Rapport du général Vinoy sur l'affaire du 13 octobre.                                                                         | 472    |
| XXXIII.| — Ordre du jour du Gouverneur de Paris                                                                                          | 474    |

|  |  | PAGES. |
|---|---|---|
| XXXIV.— | Rapport du général Ducrot sur le combat de la Malmaison | 475 |
| XXXV. — | Copie du journal des marches et opérations militaires du 14ᵉ corps | 478 |
| XXXVI.— | Lettre de M. Edmond Turquet, député à l'Assemblée nationale (sergent-major des Tirailleurs de la Seine), au général Ducrot | 497 |

www.ingramcontent.com/pod-product-compliance
Lightning Source LLC
Chambersburg PA
CBHW070310240426
43663CB00038BA/1319